Empirische Forschung im Kontext Schule

Timo Burger · Nicole Miceli
(Hrsg.)

Empirische Forschung im Kontext Schule

Einführung in theoretische
Aspekte und methodische Zugänge

 Springer VS

Herausgeber
Timo Burger
Mainz, Deutschland

Nicole Miceli
Mainz, Deutschland

ISBN 978-3-658-15436-3   ISBN 978-3-658-15437-0   (eBook)
DOI 10.1007/978-3-658-15437-0

Die Deutsche Nationalbibliothek verzeichnet diese Publikation in der Deutschen National-
bibliografie; detaillierte bibliografische Daten sind im Internet über http://dnb.d-nb.de abrufbar.

Springer VS
© Springer Fachmedien Wiesbaden 2017

Lektorat: Stefanie Laux

Gedruckt auf säurefreiem und chlorfrei gebleichtem Papier

Springer VS ist Teil von Springer Nature
Die eingetragene Gesellschaft ist Springer Fachmedien Wiesbaden GmbH
Die Anschrift der Gesellschaft ist: Abraham-Lincoln-Str. 46, 65189 Wiesbaden, Germany

Inhaltsverzeichnis

Autor*innenangaben IX

I Einführung

Timo Burger und Nicole Miceli
Einleitung 3

Marc Bienefeld und Pia Gausling
Themenfindung und Fragestellung für empirische Forschungsprojekte 9

II Schul- und Unterrichtsforschung

Ina Semper, Lisa Mende und Nils Berkemeyer
Schul- und Unterrichtsforschung –
Thematische Einführung in die einzelnen Abschnitte 31

Till-Sebastian Idel, Christina Huf und Sven Pauling
Schulentwicklungsforschung als qualitative Prozessanalyse.
Das Beispiel der wissenschaftlichen Begleitung des Schulversuchs Primus .. 49

Tobias Leonhard und Katharina Lüthi
Pädagogischen Programmen auf der Spur – Bildungspotentiale an der
Differenz zwischen pädagogischem Anspruch und seiner Realisierung 67

Marion Plien und Sascha Ulrich
Kognitive Karten im Kontext von Unterrichtsforschung:
Filmisch inspirierte kognitive Karten Jugendlicher 85

Davinia Palomares-Montero and Estefanía López-Requena
Empirical research in the school context. Introduction to
methodological approaches: the service-learning strategy. 107

III   Schule aus Sicht verschiedener Akteure

Herbert Altrichter, Julia Zuber und Christoph Helm
Schule aus Sicht verschiedener Akteure. 125

Brigitte Kottmann und Susanne Miller
Selektion inklusive?! Widersprüche bei der Umsetzung
von Inklusion in der Schule 141

Nicole Miceli
„Win, win, win". Orientierungsmuster von Lehrkräften zur individuellen
Förderung von Schüler*innen in heterogenen Lerngruppen 161

Nina Edelbruck
„Ein Kann-Kind ist eins, das noch überlegt ob's jetzt in
die Schule geht oder nicht." Eine rekonstruktive Studie
zum Übergang von der Kindertageseinrichtung in die Grundschule. 175

Katharina Hombach
Jugendliche und Schule: Zur Sicht von Jugendlichen
auf Schule und Lehrer*innen 191

Karin Bräu
Eltern und Schule am Beispiel von Hausaufgaben 205

IV   Soziale Konstruktionen im schulbezogenen Kontext

Hannelore Faulstich-Wieland
Soziale Konstruktionen im schulbezogenen Kontext 221

Jürgen Budde und Johanna Geßner
Ethnographie der Hausaufgabenkontrolle 235

Timo Burger
Konstruktionen von Vaterschaft im Kontext Grundschule. 253

Laura Fuhrmann
Peers oder Punkte – Leistungskonstruktion zwischen peerrelevanten und
schulischen Anforderungen 273

Steffen Fröhlich und Christine Schlickum
Sichten auf SpracheN 291

V   Länderübergreifende Forschung im schulbezogenen Kontext

Carla Schelle
Länderübergreifende Forschung im schulbezogenen Kontext: Definition
von Begrifflichkeiten, Kulturkonstruktionen, Bezugstheorien. 307

Sandra Früchtenicht und Mamadou Mbaye
Binationale hermeneutische Rekonstruktion als Zugang zur fremden
Schulkultur 321

Annika Rauch und Christophe Straub
Zur Konstruktion der deutschen Identität in einem französischen Schulbuch . . 331

Bettina Fritzsche
Anerkennungsverhältnisse an deutschen und englischen Grundschulen.
Bericht zu einem binational-vergleichenden ethnographischen Projekt. 343

VI Ausblick

Anne Köker und Jan Christoph Störtländer
Studentische Forschung im Praxissemester –
Empirische Zugänge zur eigenen Praxis durch Forschendes Lernen........ 359

Jessica Dzengel
Kasuistik in der Lehrerbildung als Vermittlungsinstanz zwischen Theorie
und Praxis? 373

Timo Burger und Nicole Miceli
Abschließende Reflexionsfragen.................................. 393

Autor*innenangaben

Altrichter, Herbert, Dr., 1954, Univ. Prof. für Pädagogik und Pädagogische Psychologie an der Johannes Kepler Universität Linz. Arbeitsschwerpunkte: Bildungsreform und Governance des Bildungswesens, Schulentwicklung, Evaluation, qualitative Forschungsmethoden, neue Lernformen, Lehrerbildung. E-Mail: herbert.altrichter@jku.at

Bienefeld, Marc, Master of Arts, 1984, Wissenschaftlicher Mitarbeiter an der Fakultät für Erziehungswissenschaft der Universität Bielefeld, AG 9: Medienpädagogik, Forschungsmethoden und Jugendforschung. Arbeitsschwerpunkte: Sekundäranalysen, Replikationsstudien, quantitative Forschungsmethoden. E-Mail: m.bienefeld@uni-bielefeld.de

Berkemeyer, Nils, Prof. Dr. phil, 1975, Inhaber des Lehrstuhls für Schulpädagogik und Schulentwicklung am Institut für Erziehungswissenschaft der Friedrich-Schiller-Universität Jena. Arbeitsschwerpunkte: Gerechtigkeit im Schulsystem, Schulsystementwicklungsforschung, Steuerung des Schulsystems, schulinterne Steuerung und Management, Regionalisierung, Netzwerke im Bildungsbereich. E-Mail: nils.berkemeyer@uni-jena.de

Bräu, Karin, Prof. Dr. phil, Professorin für Erziehungswissenschaft/ Schulpädagogik am Institut für Erziehungswissenschaft der Johannes Gutenberg-Universität Mainz. Arbeitsschwerpunkte: Rekonstruktive Schul- und Unterrichtsforschung, Ethnografie, Konstruktion und Umgang mit Differenz, Hausaufgaben. E-Mail: braeu@uni-mainz.de

Burger, Timo, Diplom-Pädagoge, 1984, Wissenschaftlicher Mitarbeiter am Institut für Erziehungswissenschaft der Johannes Gutenberg-Universität Mainz. Arbeitsschwerpunkte: Systemtheorie, Konstruktivismus, Vaterforschung, informelle Lernprozesse im Jugendalter, qualitative Sozialforschung. E-Mail: timo.burger@uni-mainz.de

Budde, Jürgen, Prof. Dr. phil., 1968, Professor für Theorie der Bildung, des Lehrens und Lernens am Institut für Erziehungswissenschaft der Europa-Universität Flensburg. Arbeitsschwerpunkte: Erziehungs- und Bildungsprozesse in Schule und Unterricht, Praxistheorie, neue Lernkulturen, Umgang mit Heterogenität und Inklusion. E-Mail: juergen.budde@uni-flensburg.de

Dzengel, Jessica, Dr. phil., wissenschaftliche Mitarbeiterin an der Leibniz Universität Hannover, Arbeitsschwerpunkte: Lehrerbildung erste und zweite Phase, Professionalisierungstheorie, qualitativ-rekonstruktive Schul- und Unterrichtsforschung. E-Mail: jessica.dzengel@iew.uni-hannover.de

Edelbruck, Nina, Diplom-Pädagogin, 1976, Lehrerin an der Geschwister-Scholl-Schule (Berufliche Schule; Fachbereich Sozialwissenschaften) in Leutkirch im Allgäu. Von 2010-2015 Wissenschaftliche Mitarbeiterin am Institut für Erziehungswissenschaft der Johannes Gutenberg-Universität Mainz. Arbeitsschwerpunkte: Transitionsforschung, Übergang in die Grundschule, Methoden der Kindheitsforschung. E-Mail: n.edelbruck@gss-leutkirch.de

Faulstich-Wieland, Hannelore, Prof. Dr., 1948, Universitätsprofessorin am Fachbereich Allgemeine, Interkulturelle und International Vergleichende Erziehungswissenschaft der Universität Hamburg. Arbeitsschwerpunkte: Genderforschung, Koedukation, Berufsorientierung. E-Mail: Hannelore.Faulstich-Wieland@uni-hamburg.de

Fuhrmann, Laura, Master of Education, 1990, Wissenschaftliche Mitarbeiterin am Institut für Erziehungswissenschaft der Johannes Gutenberg-Universität Mainz. Arbeitsschwerpunkte: Leistungskonstruktion, schulische Leistungsbewertung, Hausaufgabenpraxis, Ethnografie, qualitative Sozialforschung. E-Mail: lfuhrmann@uni-mainz.de

Fröhlich, Steffen, Bachelor of Education, 1991, Student im M.Ed. Studiengang an der Johannes-Gutenberg-Universität Mainz, mit den Fächern: Sozialkunde, Ev. Religionslehre, Geschichte und Bildungswissenschaften. E-Mail: stfroehl@stundents.uni-mainz.de

Fritzsche, Bettina, Dr. Prof., 1968, Professur für Allgemeine Erziehungswissenschaft mit dem Schwerpunkt qualitative Forschungsmethoden an der pädagogischen Hochschule Freiburg, Arbeitsschwerpunkte: Rekonstruktive Bildungsforschung, Ethnographie und Videographie pädagogischer Praktiken, Kulturvergleichende Bildungsforschung, Heterogenität u. Ungleichheit. E-Mail: bettina.fritzsche@ph-freiburg.de

Früchtenicht, Sandra, 1979, Wissenschaftliche Mitarbeiterin und Doktorandin am Institut für Erziehungswissenschaft der Johannes Gutenberg-Universität Mainz. Arbeitsschwerpunkte: Hermeneutische Schul- und Unterrichtsforschung (Deutschland, Frankreich), Schulpädagogik und Didaktik. E-mail: fruechte@uni-mainz.de

Gausling, Pia, Master of Arts, 1990, Wissenschaftliche Mitarbeiterin an der Fakultät für Erziehungswissenschaft der Universität Bielefeld, AG 9: Medienpädagogik, Forschungsmethoden und Jugendforschung. Arbeitsschwerpunkte: Qualitative Forschungsmethoden, Wissenstransfer und Kooperation in Organisationen. E-Mail: pgausling@uni-bielefeld.de

Geßner, Johanna, Master of Education, 1990, Wissenschaftliche Mitarbeiterin am Institut für Erziehungswissenschaft der Europa-Universität Flensburg. Arbeitsschwerpunkte:

Qualitative Unterrichts- und Hausaufgabenforschung, Ethnografie, Persönlichkeitsbildung. E-Mail: johanna.gessner@uni-flensburg.de

Helm, Christoph, Magister, Dr., 1983, Assistenzprofessor am Institut für Pädagogik und Psychologie an der Johannes Kepler Universität Linz. Arbeitsschwerpunkte: Unterrichtsforschung, Kompetenzmessung in der Berufsbildung. E-Mail: christoph.helm@jku.at

Hombach, Katharina, Diplom-Pädagogin, Diplom-Sozialpädagogin, 1981, Wissenschaftliche Mitarbeiterin im Wandelwerk – Zentrum für Qualitätsentwicklung der Fachhochschule Münster. Arbeitsschwerpunkte: Curriculumentwicklung, Hochschuldidaktik, Übergang Schule-Beruf, qualitative Sozialforschung. E-Mail: katharina.hombach@fh-muenster.de

Huf, Christina, Prof. Dr., Professur für Erziehungswissenschaft mit dem Schwerpunkt Pädagogik der frühen Kindheit, Westfälische Wilhelms-Universität Münster, Arbeitsschwerpunkte: Pädagogik der Kindheit; Ethnografische Kindheitsforschung; Übergänge in der Kindheit; Methodologie qualitativ vergleichender Kindheits- und Unterrichtsforschung. E-Mail: christina.huf@uni-muenster.de

Idel, Till-Sebastian, Prof. Dr., Professur für Schultheorie und empirische Schulforschung an der Universität Bremen, Fachbereich 12: Erziehungs- und Bildungswissenschaften, Arbeitsschwerpunkte: Transformation von Schule, Unterricht und pädagogischer Professionalität, Methodologie qualitativer Schul- und Unterrichtsforschung, Lehrer*innenbildung. E-Mail: idel@uni-bremen.de

Köker, Anne, Dr. phil, Wissenschaftliche Mitarbeiterin an der Fakultät für Erziehungswissenschaft der Universität Bielefeld, Arbeitsschwerpunkte: Lehrerprofessionalisierung in den Praxisphasen, Lehrerkompetenzen im Bereich Deutsch als Zweitsprache, Lehrerkooperation, Schulentwicklung, Allgemeine Didaktik. E-Mail: akoeker1@uni-bielefeld.de

Kottmann, Brigitte, Dr., Grundschullehrerin, 1971, Akademische Oberrätin mit dem Schwerpunkt Grundschulpädagogik an der Fakultät für Erziehungswissenschaft an der Universität Bielefeld. Arbeitsschwerpunkte: Umgang mit Heterogenität, Selektion durch die Feststellung von sonderpädagogischem Förderbedarf, Forschendes Lernen in Lernwerkstätten, das Schülerhilfeprojekt Schule für alle sowie der Studiengang Integrierte Sonderpädagogik in Bielefeld. E-Mail: brigitte.kottmann@uni-bielefeld.de

Leonhard, Tobias, Prof. Dr., Leiter der Professur für Professionsentwicklung am Institut Vorschul- und Unterstufe der Pädagogischen Hochschule FHNW in Solothurn. Arbeitsschwerpunkte: Qualitativ-rekonstruktive Professions- und Hochschulforschung im Kontext schul- bzw. berufspraktischer Studien. E-Mail: tobias.leonhard@fhnw.ch

López-Requena, Estefanía, Ph.D. student, 1991, at the Department of Teaching Methods at the University of Valencia. Research specialties: Educational Innovation, Learning Methods, Service-Learning, Social Entrepreneurship in Education. Co-founder of CREEM App. E-mail: Estefania.lopreq@gmail.com

Lüthi, Katharina, Master of Arts, Wissenschaftliche Mitarbeiterin am Institut Vorschul-
und Unterstufe der Pädagogischen Hochschule FHNW in Solothurn. Arbeitsschwerpunkte: Entwicklung und Gestaltung von Formaten der berufspraktischen Studien. Pro-
motionsvorhaben zu Professionalisierungsprozessen in Bildungsnetzwerken. Qualitative
Methoden der Sozialforschung. E-Mail: katharina.luethi@fhnw.ch

Mbaye, Mamadou, Master of Arts, 1982, Doktorand und DAAD-Stipendiat am Institut für
Erziehungswissenschaft der Johannes Gutenberg-Universität Mainz. Arbeitsschwerpunkte: Schulforschung, Umgang mit „Fehlern", hermeneutische Fallrekonstruktionen, Fremdsprachenunterricht in Deutschland und Senegal. E-Mail: mamadoumbaye1@gmail.com

Mende, Lisa, 1990, 1. Staatsexamen für das Lehramt Gymnasium, wissenschaftliche Mitarbeiterin am Institut für Erziehungswissenschaft an der Friedrich-Schiller-Universität
Jena. Arbeitsschwerpunkte: Lehrerbildung, Professionalisierung, Kompetenz und Per-
formanz. E-Mail: lisa.mende@uni-jena.de

Miceli, Nicole, Diplom-Pädagogin, wissenschaftliche Mitarbeiterin am Institut für Erzie-
hungswissenschaft der Johannes Gutenberg-Universität Mainz. Arbeitsschwerpunkte:
Schulentwicklungsforschung, Schulautonomie, rekonstruktive Organisationsforschung,
Umgang mit Heterogenität. E-Mail: miceli@uni-mainz.de

Miller, Susanne, Prof. Dr., Grundschullehrerin, 1964, Professorin für Erziehungswissenschaft mit dem Schwerpunkt Grundschulpädagogik an der Universität Bielefeld. Arbeitsschwerpunkte: Umgang mit Heterogenität, Armut und soziale Ungleichheit in der Schule,
Übergänge vom Elementar- in den Primarbereich, Sachunterrichtsdidaktik.
E-Mail: susanne.miller@uni-bielefeld.de

Palomares-Montero, Davinia, Ph.D., 1980, Assistant Professor at the Department of Teaching Methods at the University of Valencia. Research specialties: Curriculum Studies,
Didactics and Innovation, Social Entrepreneurship, Service-Learning methodology, assessment of Research Public Institutions. E-Mail: davinia.palomares@uv.es

Pauling, Sven, Master of Education, wissenschaftlicher Mitarbeiter der Universität Bre-
men, Fachbereich 12: Erziehungs- und Bildungswissenschaften, Arbeitsschwerpunkte:
Professionsforschung, Schulentwicklungsforschung, Reform- und Alternativschulen.
E-Mail: pauling@uni-bremen.de

Plien, Marion, Dr., 1977, Akademische Oberrätin für Fachdidaktik am Geographischen
Institut der Johannes Gutenberg-Universität Mainz. Arbeitsschwerpunkte: Didaktik und
Methodik des Geographieunterrichts, Film- und Mediengeographie sowie ihre Didak-
tik, Wahrnehmungsgeographie, qualitativ-empirische Sozial- und Unterrichtsforschung.
E-Mail: m.plien@geo.uni-mainz.de

Rauch, Annika, Master of Arts, Wissenschaftliche Mitarbeiterin am Institut für Erziehungswissenschaft, Johannes Gutenberg-Universität Mainz. Arbeitsschwerpunkte: Her-

meneutische Schul- und Unterrichtsforschung (Deutschland und Frankreich), Schulbuchforschung, Interkulturelle Bildungsforschung mit Schwerpunkt Frankreich.
E-Mail: raucha@uni-mainz.de

Schelle, Carla, Dr. Prof., 1962, Hochschullehrerin am Institut für Erziehungswissenschaft
der Johannes Gutenberg-Universität Mainz. Arbeitsschwerpunkte: rekonstruktive Schul-
und Unterrichtsforschung (Deutschland, Frankreich, Senegal), Kasuistik in unterschiedlichen kulturellen Kontexten. E-Mail: schelle@uni-mainz.de

Schlickum, Christine, Dr. phil, Dr., 1975, Wissenschaftliche Mitarbeiterin am Institut
für Erziehungswissenschaft der Johannes Gutenberg-Universität Mainz. Arbeitsschwerpunkte: Pädagogische Umgänge mit Differenz, Professionsforschung, rekonstruktions-
logische Forschungsmethoden. E-Mail: schlicku@uni-mainz.de

Semper, Ina, 1979, wissenschaftliche Mitarbeiterin am Institut für Erziehungswissenschaft
an der Friedrich-Schiller-Universität Jena. Arbeitsschwerpunkte: Chancengerechtigkeit
der Schulsysteme, Schulentwicklungsforschung, Bildung und Anerkennung.
E-Mail: ina.semper@uni-jena.de

Störtländer, Jan Christoph, Master of Education, 1981, Wissenschaftlicher Mitarbeiter
und Prozessleiter des Beratungszentrums kritisch-reflexive Praxisorientierung/Bi-Pro-
fessional (Qualitätsoffensive Lehrerbildung) an der Universität Bielefeld. Arbeitsschwerpunkte: Bildungstheorie, Professionalisierung und Lehrerbildung, schulische Praxisphasen, qualitative Sozialforschung. E-Mail: jan_christoph.stoertlaender@uni-bielefeld.de

Straub, Christophe, 1985, Wissenschaftlicher Mitarbeiter am Institut für Erziehungswissenschaft, Johannes Gutenberg-Universität Mainz. Arbeitsschwerpunkte: Hermeneutische Schul- und Unterrichtsforschung, Interkulturelle Bildungsforschung mit Schwerpunkt Frankreich, Politische Bildung, Schulbuchforschung
E-Mail: christophe.straub@uni-mainz.de

Ulrich, Sascha, Master of Education, 1989, Projektmitarbeiter im Studienbüro Bildungswissenschaften am Zentrum für Lehrerbildung sowie im Dekanat des Fachbereichs 05
der Johannes Gutenberg-Universität Mainz. Arbeitsschwerpunkte: Bildungsberatung, Li-
teratur- und Mediendidaktik, Didaktik der Gesellschaftswissenschaften, Lehrerbildung.
E-Mail: sasulric@uni-mainz.de

Zuber, Julia, Magistra, 1982, wissenschaftliche Mitarbeiterin am Institut für Pädagogik
und Psychologie an der Johanes Kepler Universität Linz. Arbeitsschwerpunkte: Umsetzung bildungspolitischer Reformmaßnahmen im Schulsystem, Wirkung von Instrumen-
ten neuer Steuerung im Schulsystem. E-Mail: julia.zuber@jku.at

I Einführung

Einleitung

Timo Burger und Nicole Miceli

Die gegenwärtige universitäre Lehramtsausbildung scheint zunehmend durch eine deutlich stärkere Verzahnung von sowohl theoretischen als auch empirischen Lerninhalten geprägt zu sein. Eine nicht unwesentliche Rolle spielen bei dieser Entwicklung neuere lerntheoretische und didaktische Erkenntnisse, die zumeist unter konstruktivistischen Vorzeichen stehen. Das forschende Lernen wird dabei als Möglichkeit gesehen, den Studierenden einen eigenen Zugang zu Wissen sowie eine eigenständige Reflexion zu ermöglichen und so Bildungsprozesse anzustoßen (vgl. Kergel/Hepp 2016, S. 34ff.):

> „Nicht der Fundus überlieferbaren Wissens macht das Fundamentale der Bildung durch Wissenschaft aus, sondern das eigene Suchen und Finden, Problematisieren und Einsehen, ‚Staunen' und Erfinden, Untersuchen und Mitteilen. Wenn man überhaupt Bildung an der Universität ermöglichen will (und nicht nur schulischen Unterricht oder Training für den Beruf), dann gehört Erfahrung eines Forschungsprozesses dazu. Bildung durch Wissenschaft verlangt die intensive aktive Auseinandersetzung damit, wie Wissenschaft betrieben wird" (Huber o.J., S. 3).

Das erworbene Wissen soll den Studierenden durch die tieferen Lernprozesse im Gegensatz zu trägem Wissen nachhaltiger zur Verfügung stehen und sie so in die Lage versetzen, dieses flexibel anwenden zu können (vgl. Huber o.J., S.3).

Ergänzend zu einer auf Theorie fußenden Reflexion von Unterrichtsinteraktionen oder allgemeinen schulalltäglichen Situationen in Seminaren, gehören daher vermehrt auch kleinere bis mittelgroße Forschungsprojekte zum Alltag heutiger Lehramtsstudierender. Hinzu kommt die Möglichkeit, auch in diesem Rahmen Qualifikationsarbeiten im bildungswissenschaftlichen Bereich des Lehramtsstu-

diums zu verfassen und hier wie dort erstmalig eigenständige Projekte zu entwickeln. Angrenzend an diese Bestandteile des Studiums unterstreichen aktuelle
Entwicklungen, wie die Implementierung fachdidaktischer Studienmodule – bspw.
im Rahmen der bundesweit durchgeführten Qualitätsoffensive Lehrerbildung –
in Form bildungswissenschaftlicher Lehr-Lern-Forschungslabore (LLF) die hier
umschriebene Festschreibung empirischer und wissenschaftlich systematischer
Arbeit unter den Studierenden. Lehr-Lern-Labore, die im schulischen Kontext
schon zahlreich etabliert sind (vgl. Pawek 2009, S. 187), sind im Bereich des Forschenden Lernens angesiedelt (vgl. Lange 2012, S. 24). Ein derartiges Labor zeichnet sich besonders dadurch aus, dass „die Lernenden […] von sich aus auf grundsätzliche Fragen und Probleme stoßen, […] selber über Lösungswege nachdenken
und Antworten erarbeiten" (Henke-Bockschatz 1997, S. 406). Lehramtsstudierende können dabei unter multiprofessioneller Anleitung quasi-natürlich (vgl. Lewin
1967, S. 85) und unter lebensweltlich eingebetteten (vgl. Lange 2004, S. 297),
konkreten Problemstellungen, eigene Forschungsperspektiven entwickeln (Heldt
2012, S. 16) und selbstständig beforschen. Die Verknüpfung des dadurch praktisch
erzielten Wissens mit wissenschaftlicher Erkenntnis begegnet dabei dem Problem
der Relationierungsleistungen (vgl. Müller-Fohrbrotd 1978) der Referenzsysteme
Wissenschaft und Praxis. Denn das, was im Kontext Universität erlernt wird, ist
nicht eins zu eins auf die Praxis übertragbar, sondern muss stets übersetzt, transformiert und adaptiert werden, damit es zu einer anwendungsfähigen und ebenso
wissenschaftlich informierten Praxis werden kann (vgl. Schneider 2008, S. 81).
Wesentlich sind dabei Fragen „wie Praxis mit den theoretischen und methodischen
Instrumentarien der Wissenschaft zum Thema gemacht [wird]" (Koch-Priewe,
Kolbe & Wild 2004, S. 18). Diese Vorgehensweise stellt demnach auf ein *neues*
Verhältnis zur Praxis (vgl. Osterwalders 1999, S. 60) ab. Und genau hierdurch
können letztlich wiederkehrenden Herausforderungen wie trägem oder unreflek-
tiertem Wissen nachhaltig entgegengewirkt werden.

Die Herausforderung, die sich für die Studierenden bei einer derart konzipier-
ten Lehrer*innenbildung stellt, ist das hierbei – häufig innerhalb einer zeitlich
begrenzten Bearbeitungsdauer – eine vollkommen eigenständige Beschäftigung
mit sowie eine aktive Suche nach spezifischen Themen, Fragestellungen, Erhe-
bungs- wie auch Auswertungsmethoden und Forschungsperspektiven erfolgen
soll. Eine Orientierung im Dickicht der vorhandenen, zumeist unüberschaubaren
Themenkomplexe innerhalb der zahlreichen, zum großen Teil hoch komplexen
Forschungsliteratur ist für viele Studierende dabei jedoch eher problematisch. Die
hieran notwendig anknüpfenden Überlegungen hinsichtlich der für den Erkenntnisgewinn geeigneten Theorien und Methoden scheinen oftmals gar entmutigend.

Denn woran sollen sich die Studierenden im Rahmen der Vielzahl an möglichen Forschungszugängen und -perspektiven orientieren; wie sich einen ersten Überblick über mögliche Themenbereiche verschaffen?

Genau dieser Frage geht im Folgenden der hier als Lehrbuch konzipierte Sammelband nach. Er gibt einen ersten thematisch gegliederten Überblick über aktuelle empirische Forschungsprojekte im schulbezogenen Kontext. In einem *einleitenden Beitrag* werden zunächst die Herausforderungen der Themenfindung systematisch dargestellt und Möglichkeiten des Umgangs damit benannt (Bienefeld/Gausling). Anschließend ist das Lehrbuch in unterschiedliche thematische Kapitel gegliedert, die Einblicke – u.a. in die Schul- und Unterrichtsforschung, die Forschung zu den Sichten unterschiedlicher Akteure auf Schule, die Forschung zur sozialen Konstruktion sowie zu länderübergreifenden Forschungsperspektiven geben. Jedes Kapitel wird durch einen einführenden Beitrag, der sich mit den Begrifflichkeiten und wichtigen theoretischen Bezügen beschäftigt, gerahmt. Anschließend werden verschiedene – thematisch passende – Forschungsprojekte vorgestellt, die jeweils auch weitere, sich daran möglicherweise anschließende Forschungsfragen eröffnen. Die Beiträge gewähren sowohl einen forschungslogischen Einblick in theoretische Perspektiven als auch methodische – sowohl qualitative wie auch quantitative – Zugänge und regen mit weiterführenden Lesehinweisen zu einem eigenständigen wissenschaftlichen Arbeiten mit Projektbezug an.

Im Kapitel *Schul- und Unterrichtsforschung* widmet sich der einführende Beitrag (Semper/Mende/Berkemeyer) zunächst der Bedeutung dieser Thematik für die Bildungsforschung und geht anschließend auf die unterschiedlichen Kontexte ein, in denen eine derart angelegte Forschung stattfinden kann. Anschließend werden diese in verschiedene Bezugstheorien und Modelle eingeordnet. Die folgenden Beiträge knüpfen thematisch an die Schul- und Unterrichtsforschung an und stellen Forschungsprojekte zur Schulentwicklungsforschung im Rahmen eines Schulversuchs (Idel/Huf/Pauling), zu Pädagogischen Programmen (Leonhard/Lüthi), zu Mental Maps im Geografieunterricht (Plien/Ulrich) sowie zur service-learning strategy (Palomares-Montero/López-Requena) vor.

Die *Schule aus der Sicht verschiedener Akteure* wird im nächsten Kapitel fokussiert. Im einleitenden Artikel (Altrichter/Zuber/Helm) werden zunächst verschiedene Bilder von Schule differenziert, bevor im Anschluss die unterschiedlichen schulischen Akteure mit jeweils bedeutsamen Fragestellungen und Bezugstheorien in den Blick genommen werden. Die sich anschließenden Forschungsbeiträge nehmen die verschiedenen Akteure in den Blick. Die Sicht der Lehrer*innen hinsichtlich einer inklusiven Beschulung (Kottmann/Miller) sowie der individuellen Förderung von Schüler*innen (Miceli) kommt in den ersten beiden Beiträgen zum Tragen. Die Sichten der Kinder (Edelbruck) und Jugendlichen (Hombach) werden in den folgenden beiden Beiträgen betrachtet, während im abschließenden Beitrag (Bräu) die Sicht der Eltern an der Schnittstelle zwischen Schule und Elternhaus – den Hausaufgaben – in den Fokus gestellt wird.

Im anschließenden Kapitel mit dem Thema *Soziale Konstruktionen im schulbezogenen Kontext* wird einleitend auf eine grundsätzliche Konstruktion von Wissen im Betrieb Wissenschaft verwiesen (Faulstich-Wieland). Wie solche Konstruktionsprozesse im Kontext Schule nun vollzogen und entsprechend reflektiert bzw. empirisch rekonstruiert werden (können), wird in den in diesem Kapitel verorteten Beiträgen an Beispielen der Hausaufgabenkontrolle (Budde/Geßner), von Vaterschaft (Burger), der Leistungserzeugung (Fuhrmann) und SpracheN (Fröhlich/Schlickum) gezeigt.

Das folgende Kapitel widmet sich der *Länderübergreifenden Forschung im schulbezogenen Kontext*. Im einleitenden Beitrag (Schelle) werden zunächst die Herausforderungen einer standortgebundenen Forschung herausgestellt, bevor anschließend ein geeignetes Verfahren zur methodengeleiteten Rekonstruktion beleuchtet wird. Abschließend erfolgt die Einordnung länderübergreifender Forschung in entsprechende Bezugstheorien. Die thematisch anschließenden Forschungsbeiträge beschäftigen sich zum einen mit deutsch-senegalesischen sowie deutsch-französischen Projekten und widmen sich der Rekonstruktion von fremden Schulkulturen (Früchtenicht/Mbaye) sowie der Konstruktion von Identitäten in Schulbüchern (Rauch/Straub). Zum anderen werden Anerkennungsverhältnisse an deutschen und englischen Grundschulen (Fritzsche) in den Blick genommen.

Das Lehrbuch wird im *Ausblick* mit zwei Beiträgen abschließend gerahmt. Im ersten Beitrag (Köker/Störtländer), steht ein Beispiel einer gelungenen praktischen Implementation der empirischen Forschung in der universitären Lehramtsausbildung im Mittelpunkt und zeigt verschiedene Forschungsverläufe auf. Der finale Beitrag (Dzengel) nähert sich kritisch der Frage, inwieweit Kasuistik in der Lehrer*innenbildung als Vermittlungsinstanz zwischen Theorie und Praxis gesehen werden kann. Ergänzt werden diese beiden Artikel mit weiterführenden Reflexionsfragen (Burger/Miceli).

Durch den in diesem Lehrbuch thematisch geordneten Einblick in ausgewählte Forschungsbereiche soll den Studierenden eine grundlegende Orientierung geboten werden, sich inhaltlich und methodisch zu positionieren. Auf Grundlage der Zugänge sollen die Studierenden in der Lage sein, sich ein Bild über mögliche eigene Forschungsprojekte und -perspektiven sowie über allgemeine Anknüpfungspunkte zu verschaffen. Die Struktur des Buches ermöglicht es, dass einzelne Kapitel auch unabhängig voneinander zur Orientierung herangezogen werden können, um in den Phasen des eigenen Forschungsprojektes oder der Anfertigung der

eigenen Bachelorarbeit einen hilfreichen Überblick über die Themenlandschaft
der empirischen Forschung im Kontext Schule zu erhalten.

Literaturverzeichnis

Huber, L. (o.J.). *Warum Forschendes Lernen nötig und möglich ist*; http://www.fh-pots-dam.de/fileadmin/user_upload/forschen/material-publikation/Huber_Warum_Forschendes_Lernen_noetig_und_moeglich_ist.pdf (Stand: 11.07.2016)

Kergel, D./Hepp, R.D. (2016). Forschendes Lernen zwischen Postmoderne und Globalisierung; In: Kergel, D./Heidkamp, B. (Hrsg.). *Forschendes Lernen 2.0: Partizipatives Lernen zwischen Globalisierung und medialem Wandel*. Springer VS, Wiesbaden, S. 19–43, DOI: 10.1007/978-3-658-11621-7

Koch-Priewe, B., Kolbe, F. U., & Wildt, J. (Hrsg.) (2004). *Grundlagenforschung und mikrodidaktische Reformansätze zur Lehrerbildung*. Bad Heilbrunn/Obb.: Klinkhardt.

Lange, D. (2012). Forschendes Lernen in der Politischen Bildung. In: D. Lange, T. Grabbert, & I. Heldt (Hrsg.), *Lebenslanges Lernen. Bd. 2.: Das Politik-Labor. Forschendes Lernen in der politischen Bildung* (S. 24–30). Baltmannsweiler: Schneider-Verlag Hohengehren.

Müller-Fohrbrodt, G., Cloetta, B., & Dann, H.-D. (1978). *Der Praxisschock bei jungen Lehrern. Formen, Ursachen, Folgerungen; eine zusammenfassende Bewertung der theoretischen und empirischen Erkenntnisse* (1. Aufl.). Stuttgart: Klett.

Osterwalder, F. (1999). Wissenschaft und Lehrerbildung. In: Graf von Nayhauss, H.-C., J. Rekus, & E. Philipp (Hrsg.), *Karlsruher pädagogische Beiträge* (S. 44–60). Karlsruhe.

Pawek, C. (2009). *Schülerlabore als interessefördernde außerschulische Lernumgebungen für Schülerinnen und Schüler aus der Mittel- und Oberstufe*. Dissertation. Kiel.

Schneider, R. (2008). *Forschendes Lernen in der Lehrerausbildung. Entwicklung einer Neukonzeption von Praxisstudien am Beispiel des Curriculumbausteins „Schulentwicklung": Eine empirisch-qualitative Untersuchung zur Ermittlung hochschuldidaktischer Potentiale*. Dissertation. Dortmund.

Themenfindung und Fragestellung für empirische Forschungsprojekte

Marc Bienefeld und Pia Gausling

1 Einleitung

Nahezu alle Forschungsprojekte – unabhängig davon, ob es sich um ein millionenschweres und international gefördertes Forschungsprogramm handelt oder um eine empirisch ausgerichtete Bachelorarbeit – zeichnen sich durch mindestens zwei Gemeinsamkeiten aus. Zum einen ist es ihr Ziel, anknüpfend an den aktuellen Wissensstand, neue Erkenntnisse zu generieren bzw. bestehendes Wissen zu überprüfen. Zum anderen steht ganz am Anfang eine Projektidee – „eine Frage, der man nachgehen, oder ein Problem, das man lösen möchte" (Bauer et al. 2013, S. 19). Eine solche Idee bildet folglich also den Ausgangspunkt für die konkrete Forschungsfrage und ist somit die Basis des gesamten Projektverlaufs. Besonders Studierenden und jungen Wissenschaftler*innen fällt es jedoch häufig schwer, eine Fragestellung zu entwickeln, die innerhalb eines vorgegebenen Rahmens angemessen bearbeitbar ist, nicht überfordert und trotzdem einen wissenschaftlichen Erkenntnisgewinn sicherstellt.

Ziel dieses Beitrages ist es, den Prozess vorzustellen, wie aus einem anfänglichen Forschungsinteresse eine konkrete Fragestellung gewonnen werden kann. Zudem möchten wir eine Orientierungshilfe anbieten, wobei die hier gewonnenen Erkenntnisse auf das eigene Projekt übertragen werden können[1]. Da die Themen-

---

[1] Die Ausführungen in diesem Artikel richten sich entsprechend der Konzeption des Sammelbandes insbesondere an Studierende des Lehramtes, die das Ziel verfolgen, eine empirisch ausgerichtete Bachelorarbeit zu schreiben. Dennoch lassen sich viele

findung allerdings kein isolierter Prozess ist, sondern alle weiteren Elemente des Forschungsprozesses beeinflusst, erscheint es zunächst sinnvoll, sich noch einmal den idealtypischen Ablauf eines solchen Projektes vor Augen zu führen und so die Rolle der Themensuche und -konkretisierung adäquat einordnen zu können.

2   Der idealtypische Forschungsprozess

Nach Diekmann (2011, S. 187ff.) und Aeppli et al. (2014, S. 51) lässt sich der idealtypische Ablauf eines Forschungsprojektes in fünf Hauptphasen einteilen:

1. Themensuche und Präzisierung der konkreten Forschungsfrage
2. Untersuchungsplanung
3. Datenerhebung
4. Datenauswertung
5. Berichterstattung

Da die *Themenfindung und Präzisierung der konkreten Forschungsfrage* Gegenstand der weiteren Ausführungen dieses Aufsatzes sind, soll an dieser Stelle lediglich erwähnt werden, dass zunächst immer unterschieden werden muss, ob es sich um ein Forschungsprojekt handelt, das für einen Auftraggeber durchgeführt wird und der Themenbereich (zumindest grob) vorgegeben ist oder ob der/die Wissenschaftler*in bei der Auswahl über große Freiheit verfügt und die Möglichkeit hat, das eigene Interesse als Ausgangspunkt zu nutzen (vgl. Schnell et al. 2013, S. 5). Klassische Auftragsforschung im Sinne eines externen Geldgebers spielt im Kontext von studentischen Abschlussarbeiten sicherlich nur in Einzelfällen eine Rolle. Dennoch gibt es Fachbereiche, in denen es üblich ist, dass ein (zumindest grober) Themenbereich vorgegeben ist bzw. vorgeschlagen wird. In beiden Fällen sollte der/die Wissenschaftler*in am Ende dieses Schrittes über eine angemessene und prozessleitende Fragestellung verfügen, deren Gegenstand klar umrissen und ausreichend definiert ist. Dies umfasst auch, dass die verwendeten Begriffe präzisiert

---

Aspekte auf andere wissenschaftliche Arbeitsprozesse übertragen. Aus diesem Grund wird im weiteren Verlauf der Begriff Projekt genutzt, um dieser Vielfalt gerecht zu werden. Gleiches gilt für die angesprochene Personengruppe, weshalb im Folgenden neben dem Begriff Studierende auch Wissenschaftler*in bzw. Forscher*in verwendet wird. Diese Begriffe erscheinen auch deshalb angemessen, da sie in diesem Kontext verdeutlichen, dass das Verfassen einer Abschlussarbeit oder die Durchführung eines studentischen Forschungsprojektes einem vollwertigen wissenschaftlichen Arbeitsprozess entsprechen.

und operationalisiert werden (vgl. Rost 2013, S. 55f.; Schöneck und Voß 2013, S. 18f.).

Ist die Forschungsfrage einmal formuliert, geht es bei der *Untersuchungsplanung* nun darum, diese in einen strukturierten Handlungsplan zu übertragen (vgl. Diekmann 2011, S. 209). Die Fragestellung bestimmt an dieser Stelle auch, welche Forschungsstrategie gewählt werden muss. In Anlehnung an Böhm-Kasper, Schuchart und Weishaupt (2009) sowie Diekmann (2011) lassen sich vier grundsätzliche Arten unterscheiden:

1. *Explorative Forschung*: Erforschung von Bereichen, über deren Struktur keine oder nur vage Vermutungen bestehen. Dient der Gewinnung von Hypothesen.
2. *Deskriptive Forschung*: Beschreibung eines Sachverhaltes in seinem Zustand.
3. *Explanatorische Forschung*: Erklärung und Vorhersage von Gegebenheiten durch Prüfung von Hypothesen und Theorien.
4. *Evaluationsforschung*: Bewertung eines Sachverhaltes.

Neben der Entscheidung für eine Forschungsstrategie umfasst die Untersuchungsplanung auch die Auswahl bzw. Konstruktion eines geeigneten Messinstrumentes zur Datenerhebung. Abhängig von dem Forschungsthema kann hier gegebenenfalls auf ein bereits bewährtes Instrument zurückgegriffen werden (Kruse 2007, S. 134). Dies empfiehlt sich gerade bei Studienarbeiten bzw. für Nachwuchswissenschaftler*innen mit wenig Forschungserfahrung, da die Entwicklung und die anschließende Anwendung eines eigenen Messinstrumentes einen sehr hohen Arbeits- und Zeitaufwand erfordern, der im Rahmen studentischer Forschungsprojekte kaum praktizierbar ist (Böhm-Kasper et al. 2009, S. 74f.). Des Weiteren umfasst die Planung auch die Bestimmung des Forschungsdesigns, die Festlegung der Population sowie die Auswahl und Rekrutierung der Stichprobe (Eid et al. 2011, S. 13).

Sind diese planerischen Schritte abgeschlossen, folgt die *Datenerhebung*. In dieser Phase findet der praktische Einsatz des ausgewählten Erhebungsinstrumentes statt. Unabhängig davon, ob es sich um eine qualitative, quantitative oder triangulative[2] Erhebung handelt, schließt dieser Schritt auch die Aufbereitung der

---

2   Die quantitative Forschung zielt darauf ab „einen Zugang zur Realität über die Erfassung von Häufigkeiten sowie die Durchführung von Messoperationen (vergleichbar mit dem Wiegen oder der Längenbestimmung im Alltag)" (Böhm-Kasper et al. 2009, S. 16) zu schaffen und die gewonnenen Ergebnisse zu generalisieren. Bei der qualitativen Forschung stehen hingegen die individuelle Perspektive des Subjektes und das Erschließen latenter Sinnstrukturen im Vordergrund (vgl. Bauer et al. 2013, S. 38; Döring & Bortz 2016, S. 301 ff.). Während die wissenschaftliche Diskussion lange darum

zuvor gewonnenen Daten mit ein. Damit ist gemeint, dass das Datenmaterial, z.B. durch Transkription oder Erstellung eines Datenfiles, in eine auswertbare Form übertragen wird.

Die anschließende *Datenauswertung* dient nun dazu, einen Bezug zwischen den Daten und der Fragestellung herzustellen. Dieser Schritt ist notwendig, da der Untersuchungsgegenstand in der Regel nicht offen liegt und Rückschlüsse auf z.B. statistische Zusammenhänge oder latente Sinnstrukturen erst durch eine methodisch kontrollierte Datenanalyse ermöglicht werden (vgl. Böhm-Kasper et al., S. 107; Mayring 2002, S. 22).

Den Abschluss bildet die *Berichterstattung*. Diese besteht nicht nur aus einer Beschreibung des methodischen Vorgehens und einer Ergebnispräsentation, vielmehr stellt eine Reflexion des Verhältnisses zwischen der Forschungsfrage und den gewonnenen Erkenntnissen das zentrale Element dar. Neben der Ergebnisdiskussion gehören zur Berichterstattung auch eine kritische Reflexion des gesamten Forschungsprozesses, eine Diskussion des praktischen oder wissenschaftlichen Mehrwerts, das Aufzeigen der Grenzen der Untersuchung und ggf. die Erläuterung möglicher Anknüpfungspunkte für weitere Forschungsvorhaben (vgl. Rost 2013, S. 265ff.). Auch wenn diese Beschreibung eines idealtypischen Forschungsprozesses zunächst sehr linear und unveränderbar erscheint, muss darauf hingewiesen werden, dass sich die verschiedenen Phasen auch gegenseitig beeinflussen und gegebenenfalls Rückschleifen zu den vorherigen Forschungsschritten notwendig sind.

▶   **Lesehinweise**
Aeppli, Gasser, Gutzwiller & Tettenborn (2014)
Diekmann (2011)
Döring und Bortz (2016)

3   Themenfindung und anfängliche Forschungsidee

Die Themenfindung und die spätere Überführung in eine konkrete Forschungsfrage können als wesentliche Schritte im Rahmen einer Forschungsarbeit gesehen werden. Sie markieren den Beginn jedes Projektes und bestimmen gleichzeitig den weiteren Forschungsverlauf wie im Abschnitt zuvor beschrieben. Insofern mag es nicht verwundern, dass diese Aufgabe eine besondere Herausforderung für den/die

---

kreise, welche Methode die „richtige" sei, wird heute der Mehrwert einer Kombination beider Zugänge innerhalb eines Forschungsprojektes betont. Diese Verknüpfung wird als triangulative Forschung bezeichnet (vgl. Abel et al. 1998, S 154).

Forschende*n darstellt (Klewin et al. 2014, S. 153). Aufgrund der möglichen Themenvielfalt, Kontextabhängigkeit und des gegebenenfalls zirkulären Ablaufs soll hier nicht der Versuch unternommen werden, den Prozess der Themenfindung in Form eines idealtypischen Ablaufs vorzustellen. Stattdessen besteht das Ziel darin, eine Strukturierungshilfe zu entwickeln, die verschiedene Hinweise und mögliche Vorgehensweisen beinhaltet. Da die Themenfindung und die Konkretisierung einer Forschungsfrage als Arbeitsschritte aufgefasst werden können, die jeder/jede Forscher*in zunächst individuell bearbeiten muss, sollen die hier beschriebenen Ausführungen lediglich mögliche Ansätze enthalten, die als Hilfestellung oder Anstoß dienen können.

Trotz der zuvor beschriebenen Vielfalt lassen sich jedoch grundlegende Kriterien bestimmen, die die Auswahl des Themas beziehungsweise die Themenfindung erleichtern und einen ersten Schritt Richtung „Konkretisierung der Forschungsfrage" darstellen. Nach Umberto Eco (2010, S. 14f.) bestehen vier Faustregeln, die bei der Themenwahl Berücksichtigung finden sollten:

1. Das Thema soll den Interessen des Kandidaten entsprechen.
2. Die Quellen, die herangezogen werden müssen, sollen für den Kandidaten auffindbar sein.
3. Der Kandidat soll mit den Quellen, die herangezogen werden müssen, umgehen können.
4. Die methodischen Ansprüche des Forschungsvorhabens müssen dem Erfahrungsbereich des Kandidaten entsprechen.

Eco bezieht diese Regeln auf das Verfassen einer wissenschaftlichen Abschlussarbeit, jedoch können diese auch bei wissenschaftlichen Arbeiten anderer Art, z.B. im Rahmen studentischer Forschungsprojekte, Orientierung bieten und Anwendung finden.

Kann das Thema frei bestimmt werden, sollte die Wahl den eigenen Interessen und Neigungen folgen. So können ein persönliches Interesse und eine Identifikation mit dem gewählten Thema dazu beitragen, dass man diese besondere Arbeitsbelastung auch tatsächlich über einen längeren Zeitraum hinweg mit Freude und Begeisterung bewältigen kann (vgl. Bauer et al. 2013, S. 24; Schöneck und Voß 2013, S. 26). Zudem kann ein thematisches Interesse von Vorteil sein, da man sich so eventuell bereits während des Studiums, z.B. im Rahmen einschlägiger Lehrveranstaltungen, mit thematisch relevanter Literatur auseinandergesetzt hat und die Einarbeitungsphase entsprechend verkürzt werden kann (Eco 2010, S. 14; Schöneck und Voß 2013, S. 25). Auch wenn das Thema vorgegeben ist, sollte versucht werden, Teilbereiche zu identifizieren, die auch dem eigenen wissenschaftlichen Interesse entsprechen, denn das

„Interesse an einem Thema für eine wissenschaftliche Untersuchung ist wichtig. Schliesslich [sic] setzen sich Forschende während einer längeren Zeitspanne vertieft mit dem gewählten Thema auseinander, was bedingt, dass sie sich genügend dafür interessieren sollten. Ansonsten besteht die Gefahr, im Verlauf der Forschungsarbeiten das Interesse zu verlieren und lieber etwas anderes untersuchen zu wollen" (Aeppli et al. 2014, S. 117).

Ferner ist zu berücksichtigen, dass ein Forschungsgegenstand gewählt wird, der mittels eigener Ressourcen (z.B. zeitliche Ressourcen, methodische und organisatorische Kompetenz) angemessen bearbeitbar ist. Da der Zeitrahmen für studentische Arbeiten meist eng gesteckt ist, sollten bereits im Vorfeld die bestehenden und noch benötigte Ressourcen – bezogen auf die Themenwahl und -eingrenzung – in den Blick genommen werden (vgl. Bauer et al. 2013, S. 25; Franck 2011, S. 58).

Für eine erste Literaturrecherche und für das Abstecken des Themas bietet es sich anfangs an, aktuelle Zeitschriftenaufsätze oder Beiträge in Handbüchern zu sichten, um so eine generelle Übersicht über den Themenkomplex zu erhalten:

„Diese Arbeitsphase dient dazu, sich einen Überblick über das Thema zu verschaffen. Den Überblick versperren Sie sich, wenn Sie in die Tiefe gehen: Die Literatursichtung geht in die Breite, um einen Rundumblick auf das Thema zu bekommen. Deshalb sind weder ‚Klassiker' oder ältere Standardwerke in dieser Phase geeignete Texte, sondern Handbucharktikel, Sammelbesprechungen oder aktuelle Zeitschriftenaufsätze, in denen der Stand der Forschung bzw. Diskussion referiert wird" (Franck 2011, S. 60).

Fallbeispiel

Im Folgenden sollen mittels eines fortlaufenden Fallbeispiels die in diesem Beitrag beschriebenen Arbeitsschritte – begonnen bei der Themenfindung bis hin zur forschungsmethodischen Umsetzung – einmal exemplarisch am Ende jedes Abschnittes veranschaulicht werden.

In einem ersten Schritt werden die Themenfindung und die Entwicklung einer anfänglichen Forschungsidee, bezogen auf den Bereich der Schulforschung, konkretisiert:

Ein aktuelles Forschungsfeld im Kontext Schule ist das der Inklusion. Hierbei kann es sich – vor allem für Lehramtsstudierende – anbieten, im Rahmen einer studentischen Abschlussarbeit oder eines Forschungsprojektes sich mit dieser Thematik empirisch auseinanderzusetzen. So nimmt z.b. im Kontext Schule aktuell das Forschende Lernen im neu eingeführten Praxissemester im Lehramtsstudium einen bedeutsamen Stellenwert hinsichtlich studentischer Forschungsvorhaben ein (vgl. Klewin et al. 2014). Vor diesem Hintergrund kann der Forschungsgegenstand der Inklusion insbesondere im Rahmen des Praxissemesters durch Studierende empirisch bearbeitet und analysiert werden. Um sich diesem Themenfeld anzunähern, können beispielsweise Handbücher zur Bildungsforschung und Schulforschung einen ersten Eindruck über gegenwärtige Forschungsansätze und -ergebnisse im Bereich *Inklusion* vermitteln. Ferner kann auch der Besuch von Seminaren zu dieser Thematik dazu beitragen, Debatten, theoretische Ansätze und Begriffe einer inklusiven Pädagogik kennen zu lernen und zu bearbeiten. Eine anfängliche Forschungsidee könnte somit darin bestehen, die Inklusionspraxis an Schulen tiefergehend zu untersuchen.

▶ **Lesehinweise**
Bauer et al. (2013)
Eco (2010)

4   Themenerarbeitung und -analyse

Ist das angestrebte Thema als Gesamtfeld bestimmt, besteht der nächste Schritt darin, sich in das Thema einzuarbeiten und es näher zu analysieren, um auf diese Weise das eigene Erkenntnisinteresse weiter zu präzisieren. Nach Franck (2011, S. 59) können die drei folgenden Fragen hierbei als Grundlage dienen:

• Was möchte ich über das Thema wissen?
• Was interessiert mich an dem Thema?
• Welche Fragen oder Probleme sollen beantwortet beziehungsweise geklärt werden?

So besteht eine erste Überlegung darin, über welches thematisches Wissen man als Forscher*in bereits verfügt bzw. was man noch wissen möchte. Zum anderen ist abzuklären, welche Aspekte an dem Thema für einen selbst als interessant und bedeutsam erscheinen. Im Anschluss kann die Thematik dahingehend untersucht werden, inwiefern unbeantwortete Fragen oder ungelöste (Forschungs-)Probleme vorhanden sind (vgl. ebd.). Insofern sollte das Thema ein (Forschungs-)Problem

als Ausgangspunkt haben, welches in der Wissenschaft noch nicht erschöpfend bearbeitet worden ist und somit als Forschungsdesiderat betrachtet werden kann (vgl.
Bauer et al. 2013, S. 23; Döring und Bortz 2016, S. 144f.). Das Ermitteln einer For-
schungslücke lässt sich über eine fundierte Literaturrecherche und eine Sichtung
aktueller empirischer Untersuchungen in dem gewählten Themenfeld realisieren
(Döring und Bortz 2016, S. 145). So sollen – wie bereits im Abschnitt zuvor beschrieben – neue Erkenntnisse gewonnen werden, die den Beteiligten sowie den
Lehrenden bislang noch nicht bekannt sind und nicht über eine einfache Literatur-
oder Internetrecherche erlangt werden können (vgl. Huber 2003, S. 16; Fichten
2010, S. 133). Jedoch ist hierbei darauf hinzuweisen, dass „neu" nicht bedeutet,
„das Rad neu zu erfinden". Es ist nicht nötig und auch nicht zwingend zielführend,
in jedem Projekt den Anspruch zu haben, einen grundsätzlichen Paradigmenwech-
sel herbeizuführen. Wissenschaftlicher Fortschritt vollzieht sich nicht immer in
großen Revolutionen und auch neue Erkenntnisse in kleinen Teilbereichen sorgen
für einen kontinuierlichen Erkenntniszuwachs.

    Eine praktische Übung, die den Prozess der Themenerschließung und -analyse
eventuell unterstützen kann, stellt die „Zwei-Spalten-Methode" (Esselborn-Krumbiegel 2008, S. 50) dar. In einer Gegenüberstellung wird aufgelistet, welche thematischen Elemente man als Forschende*r als besonders interessant bzw. faszinierend
empfindet und welche Aspekte an dem Thema als irritierend aufgefasst werden.
Diese Form der Herangehensweise kann dazu beitragen, dass die Motivation für
die Bearbeitung des jeweiligen Themas konkreter und der „Erkenntnisrahmen",
in dem sich das Thema einordnen lässt, sichtbar wird (ebd.). Zusätzlich können
mittels dieser Methode aber auch notwendige Arbeitsschritte und Vorarbeiten sowie potentielle „Stolpersteine" und Problematiken identifiziert werden (vgl. ebd.).
Demgemäß kann die Zwei-Spalten-Methode eine gute Übung darstellen, um das
Thema grob zu erschließen und erste Hinweise für das weitere Vorgehen – sowohl
inhaltlich als auch methodisch – zu erhalten.

    Bei all den Überlegungen können insgesamt das individuelle Interesse sowie
die Formulierung von Fragen an den Gegenstand seitens des/der Forschers*in als
wegweisend gesehen werden. Vor diesem Hintergrund konstatiert Franck (2011):
„Wer nichts wissen will, dem und der fällt auch nichts ein – und das Schreiben
schwer. Wer keine Fragen hat, wird auch keine Antworten finden – und im ‚Stoff‘
ertrinken" (ebd., S. 70f.).

    Abschließend sollen noch kurz drei Thementypen erwähnt werden, die im Rah-
men von Abschlussarbeiten bzw. studentischen Forschungsvorhaben laut Franck
(2011, S. 62) kaum bearbeitbar sind und eher vermieden werden sollten: Hierzu gehören zum einen sogenannte „Hochstapler-Themen". Bei diesen handelt es sich um
Themenkomplexe, die eine intensive Forschungsarbeit erfordern, um fundiert und

ernstlich analysiert werden zu können. Dies können studentische Arbeiten jedoch nicht leisten. Weiterhin ist von der Bearbeitung von Jahrhundert-Themen abzuraten: „Den Grund des Seins, die Wurzeln des Guten (oder Bösen), den Anfang des Universums sollten Sie erforschen, wenn Sie einige Jahre Zeit haben und für diese Forschung gut bezahlt werden oder zumindest ein angemessenes Stipendium bekommen" (ebd.). An dieser Stelle kommt noch einmal zum Ausdruck, dass insbesondere die persönlichen vorhandenen Ressourcen bei der Themenwahl, Themeneingrenzung und der späteren Umsetzung nicht zu vernachlässigende Stellgrößen darstellen. Drittens erscheinen Mode-Themen als nicht geeignet für studentische Abschluss- bzw. Forschungsarbeiten. Demnach besteht die Gefahr, aufgrund einer Vielzahl an Veröffentlichungen sich im Thema zu verlieren und dieses daraufhin lediglich oberflächlich abzuhandeln anstatt einen individuellen Bezugspunkt zu entwickeln und den eigenen Gegenstandsbereich zu schärfen (vgl. ebd.).

Zusammenfassend können die Themenwahl und -erarbeitung als ein individueller Prozess aufgefasst werden, den jede/r Studierende autonom und selbstverantwortlich – jedoch in Absprache mit dem/r jeweiligen Betreuer*in – durchläuft.

Fallbeispiel

Die tiefergehende Erarbeitung des Themas „Inklusionspraxis an Schulen" kann darin bestehen, weitere aktuelle Artikel und Untersuchungsergebnisse zu sichten, um so einen generellen Überblick über das Themenfeld und über potentielle Forschungslücken zu erhalten. Die Literaturrecherche kann unter anderem über das sogenannte „Schneeballsystem" erfolgen. Dabei kann z.B. ein Handbuchartikel über inklusive Pädagogik eine Grundlage für die Recherchearbeit darstellen. Die Literaturangaben, die darin als Quellen aufgeführt werden, können für weitere Literaturrecherchen genutzt werden:

„Das Schneeballsystem startet bei einer Quelle, die bereits bekannt ist oder die Sie als erste entdeckt haben. Das kann z.B. ein Lehrbuch sein oder eine Literaturempfehlung aus einer Lehrveranstaltung. In den Literaturbelegen zu dieser Ausgangsquelle werden Sie Hinweise auf weitere Quellen zum Thema finden. Gehen Sie diesen Literaturhinweisen nach, werden Sie in anderen Quellen auf weitere Hinweise stoßen usw." (Sandberg 2013, S. 70).

Ferner werden bei der Veröffentlichung von Forschungsergebnissen in der Regel auch weitere Forschungsimplikationen und noch offene Fragen thematisiert. Diese können als Ausgangspunkt für die eigene Projektidee dienen.

Damit die Inklusionsthematik jedoch bei der näheren Auseinandersetzung den/
die Forschende*n nicht überfordert – bedingt durch eine Vielzahl an Publikationen und aktuellen Debatten –, sollte frühzeitig versucht werden, einen individuellen Fokus zu legen und eine spezifische Problematik bzw. einen spezifischen
Teilbereich im Kontext Inklusion zu identifizieren und zu bearbeiten.

Vor diesem Hintergrund kann das gewählte Thema „Inklusionspraxis an Schulen" mithilfe der vorgestellten *Zwei-Spalten-Methode* (Esselborn-Krumbiegel
2008, S. 50) noch weiter erschlossen und analysiert werden:

Was fasziniert mich an der Inklusionsthematik?

- Inklusion stellt ein aktuelles Forschungsfeld dar
- Der Forschungsgegenstand der Inklusion ist bislang erst ansatzweise erforscht
- bildungspolitisch intensiv und kontrovers diskutiert
- unterschiedliche Akteure bzw. Berufskulturen sind bei der Umsetzung von Inklusion involviert (z.b. Lehrkräfte, Sonderpädagog*innen, Sozialpädagog*innen bzw. generell Schulbegleiter*innen)
- Was passiert bei der Zusammenarbeit zwischen den unterschiedlichen Professionen?
- Neue Form der innerschulischen Kooperation
- Was sind die Potentiale einer solchen Kooperation?
- Wenige empirisch abgesicherte Kenntnisse über diese Form der Kooperationspraxis im Kontext Inklusion

Was irritiert mich an der Inklusionsthematik?

- Der Bereich der Inklusion kann als ein sehr weites Themengebiet und For-
  schungsfeld aufgefasst werden
- Es besteht eine Vielzahl an Literatur und an Anknüpfungspunkten
- Unterschiedliche Begriffsdefinitionen bzw. Verwendung unterschiedlicher Ter-
  mini und Konzepte
- Inwiefern sind die schulischen Rahmenbedingungen für die Umsetzung von
  Inklusion von Bedeutung (räumlich, zeitlich, materiell, personell, finanziell)?
- Häufig stehen die Lehrkräfte im Mittelpunkt der Untersuchungen. Wie gestaltet
  sich speziell die Kooperation zwischen Lehrkräften und Sonderpädagog*in-
  nen?
- Welche Herausforderungen bestehen bei einer solchen Kooperation bzw. kom-
  men zum Tragen?
- Inwiefern wirken sich der berufliche Status bzw. das professionelle Selbst- und
  Fremdverständnis auf die Kooperationspraxis aus?

Möglicherweise wird somit auf Grundlage der Literatursichtung und der Identifizierung individueller Bezugspunkte erkennbar, dass die Kooperation zwischen Lehrer*innen und Sonderpädagog*innen in inklusiven Klassen ein neues Themenfeld darstellt, welches erst ansatzweise erforscht worden ist.

In einem nächsten Schritt kann diese Forschungsidee stärker eingegrenzt und konkretisiert werden.

▶ **Lesehinweise**
Esselborn-Krumbiegel (2008)
Franck (2011)

5   Themeneingrenzung – Von der groben Forschungsidee zu einer konkreten Fragestellung

Ist durch die Auseinandersetzung mit dem eigenen Erkenntnisinteresse und einer ersten (oberflächlichen) Beschäftigung mit themenspezifischer Literatur sowie mit der Frage nach Forschungslücken eine anfängliche Forschungsidee entstanden, gilt es nun, das Thema einzugrenzen und in eine präzise Fragestellung zu überführen. Dieser Schritt stellt – sowohl für die ausführenden Wissenschaftler*innen, als auch für Leser und Gutachter*innen – sicher, was der eigentliche Gegenstand des Forschungsprojektes ist und dass dieser sich innerhalb eines gut bearbeitbaren Rahmens befindet (vgl. Aeppli et al. 2014, S. 119). Wird ein zu globales Thema wie beispielsweise „Inklusion" gewählt, dann besteht die große Gefahr – wie bereits im Fallbeispiel angesprochen –, dass die Arbeit ausufert und Unmengen an Daten erhoben und Seiten geschrieben werden, ohne sich dem Thema auch nur ansatzweise in einer für wissenschaftliche Arbeiten angemessenen Tiefe annähern zu können. Um solch eine unglückliche Auswahl zu vermeiden und sicherzustellen, dass der/die Wissenschaftler*in sich nicht überfordert, muss der zuvor bestimmte Themenbereich weiter eingegrenzt werden. Eine gute Möglichkeit kann darin bestehen, den Gegenstand des Projektes unter folgenden Gesichtspunkten weiter zu konkretisieren (vgl. Franck 2011, S. 62f.):

1. Zeitlich: Zum Beispiel von 1850 bis 1890, ab 2011, während der Kanzlerschaft von Konrad Adenauer
2. Geographisch: Zum Beispiel Deutschland, Nordrhein-Westfalen oder Bielefeld
3. Institution: Zum Beispiel Kindergärten, Schulen, Universitäten, Kleinbetriebe
4. Personengruppen: Zum Beispiel unter 3-Jährige, Studierende, Rentner*innen
5. Quelle: Zum Beispiel Kinofilme, Schulbücher, Werbeplakate

6. Vertreter*innen: Zum Beispiel Maria Montessori, Karl Popper, Klaus Hurrel-
    mann
7. Theoretischer Ansatz: Zum Beispiel aus systemtheoretischer, governanceana-
    lytischer oder lerntheoretischer Perspektive

Häufig ist es sinnvoll, eine Kombination mehrerer dieser Aspekte zu wählen. Dieser Prozess muss unter Berücksichtigung der zuvor festgestellten Forschungslücken
und der disziplineigenen Perspektive erfolgen. Wenn der zu untersuchende Bereich
nun genau bestimmt und eingegrenzt ist, besteht die nächste Aufgabe darin,

> „das konkrete, gewählte Forschungsproblem sprachlich zu verdichten zu einem ein-
> zigen Satz in Form einer Frage, die wir *Forschungsfrage* (Hervorh. im Original)
> nennen. Mit einer solchen Formulierung in Frageform kann man u.a. leicht überprü-
> fen, ob die Gewinnung neuen Wissens wirklich das vorrangige Ziel des Vorhabens
> ist und nicht etwa im Schatten von anderen angestrebten Nebenzielen steht oder
> sogar nur als deren Anhängsel erscheint" (Bauer et al. 2013, S. 30).

Der/die Wissenschaftler*in sollte bestrebt sein, die Forschungsfrage so konkret
und einfach wie möglich zu formulieren, denn nur auf diese Weise wird für den gesamten Projektverlauf ein strukturiertes und klares Vorgehen ermöglicht. Gleichzeitig muss die Forschungsfrage jedoch auch insoweit erschöpfend sein, als dass
sich alle weiteren Schritte aus ihr ableiten lassen und sie am Ende des Projektes
in ihrem vollen Umfang beantwortet werden kann (vgl. Bauer et al. 2013, S. 30ff.).
Diese Aspekte sollten unbedingt sichergestellt und während des Projektverlaufs
immer wieder in den Fokus der Aufmerksamkeit gerückt werden, um zu gewährleisten, dass die Wissenschaftler*innen die Struktur und das Ziel nicht aus den
Augen verlieren. Wenn die Forschungsfrage formuliert ist, ist es ratsam, die bereits recherchierten Quellen erneut auf ihre Übereinstimmung und Relevanz zu
prüfen und gegebenenfalls weitere Recherchearbeiten zu betreiben. Anschließend
erfolgt eine erneute und gezielte Auseinandersetzung mit den ausgewählten Materialien. Dieser Schritt ermöglicht unter anderem die spätere Darstellung des bisherigen wissenschaftlichen Kenntnisstandes, die Begründung der Relevanz der
Forschungsfrage und die Ableitung des weiteren Vorgehens.

Fallbeispiel

Bezogen auf das hier bereits angeführte Fallbeispiel kann die Forschungsidee
z.B. nach geographischen, institutionellen, personen- bzw. akteursspezifischen
und theoretischen Gesichtspunkten eingegrenzt werden: So soll die Untersu-

chung beispielsweise in einer Stadt in Nordrhein-Westfalen stattfinden (geographisch). Als Institution wird eine inklusive Grundschule bzw. eine Ganztagsschule gewählt. Insbesondere zur gegenwärtigen Ganztagsschulforschung lassen sich aktuelle und differenzierte Forschungsergebnisse und Ansätze finden (z.B. hierzu Fischer et al. 2011; Prüß et al. 2009). Das Sample soll sich – entsprechend dem inklusiven Setting – aus Lehrkräften und Sonderpädagog*innen zusammensetzen (Personengruppen, Akteure). Der empirische und theoretische Fokus des Projektes wird daraufhin auf die Kooperation zwischen diesen Professionen in inklusiven Klassen gelegt (multiprofessionelle Kooperation). Daraus resultierend soll die Untersuchung aus einer kooperationstheoretischen Perspektive erfolgen. Eine weitere Eingrenzung der Fragestellung besteht darin, dass im Rahmen von Kooperation speziell die Möglichkeiten und Grenzen in den Blick genommen werden. Demgemäß lautet die Forschungsfrage folgendermaßen: Welche Möglichkeiten und Grenzen sind mit multiprofessioneller Kooperation an inklusiven Grundschulen verbunden?

Das Thema kann somit wie folgt lauten: Die Möglichkeiten und Grenzen multiprofessioneller Kooperation in inklusiven Settings am Beispiel einer Grundschule in Nordrhein-Westfalen.

▶ **Lesehinweise**
Eco (2010)
Franck (2011)

6   Forschungsmethodische Umsetzung

Nachdem die Forschungsfrage konkretisiert und präzisiert worden ist, kann im nächsten Schritt die forschungsmethodische Umsetzung des Vorhabens zur Beantwortung der Forschungsfrage geplant und realisiert werden.

Wie schon weiter oben (siehe Abschnitt *Der idealtypische Forschungsprozess*) dargestellt, lassen sich grob vier unterschiedliche Forschungsstrategien unterscheiden. Die Wahl einer entsprechenden Forschungsstrategie und Methode wird durch die Forschungsfrage und die Problemstellung – im Sinne einer Gegenstandsangemessenheit – bestimmt (vgl. Flick 2014, S. 53; Wilson 1982, S. 501; Bennewitz 2010, S. 46).

Die Anwendung quantitativer Methoden (z.B. einer standardisierten Befragung mittels Fragebogen) eignet sich in der Regel vor allem dann, wenn Zusammenhänge zwischen verschiedenen Beobachtungen überprüft und erklärt werden sollen, um auf diese Weise generalisierbare Aussagen über größere Populationen zu ermöglichen (vgl. Kruse 2007, S. 133; Bauer et al. 2013, S. 67f.; Böhm-Kasper et al. 2009, S. 120; Uhlendorff und Prengel 2010). Da solche Forschungsarbeiten die Prüfung von Hypothesen bzw. Theorien zum Ziel haben, sollten über den zu untersuchenden Gegenstand bereits theoretische Annahmen und erste Forschungsergebnisse vorliegen. Diese können dann als theoretische Grundlage bzw. als Bezugsrahmen für die empirische Analyse und die Ableitung von Hypothesen dienen (vgl. Uhlendorff und Prengel 2010, S. 138). Optional kann der Forschungsgegenstand auch (zunächst) rein deskriptiv erfasst werden, um so „Kenntnisse über die Beschaffenheit von Sachverhalten der Erziehungs- und Bildungswirklichkeit" (Böhm-Kasper et al. 2009, S. 51) zu erwerben.

Die Anwendung qualitativer Forschungsmethoden (zum Beispiel die Durchführung qualitativer Interviews oder einer teilnehmenden Beobachtung) bietet sich hingegen dann an, wenn die Forschungsfrage „darauf abzielt, menschliche und soziale Sachverhalte zu verstehen und in ihrer Tiefenstruktur zu ergründen" (Bauer et al. 2013, S. 67). Hierbei stehen die individuellen und subjektiven Wahrnehmungen und Deutungsmuster der Befragten im Vordergrund (vgl. Bennewitz 2010, S. 44). Ferner erweisen sich qualitative Untersuchungen häufig als das geeignete Mittel, wenn es das Ziel ist, Gegenstände zu erfassen, die bislang kaum erforscht sind und somit nur wenige empirisch abgesicherte sowie theoretische Kenntnisse vorliegen. Bei einem solchen explorativen und induktiven Vorgehen besteht das Ziel in einer Hypothesenentwicklung (vgl. *Explorative Forschung*) (vgl. Bauer et al. 2013, S. 68; Bennewitz 2010, S. 46; Mayring 2002, S. 36f.; Reinders und Ditton 2015, S. 54f.).

Im Rahmen der Projektplanung ist somit eine Vielzahl an Entscheidungen zu treffen, die sich sowohl auf die forschungsmethodische Ausrichtung als auch auf den Einsatz vorhandener Ressourcen beziehen. So empfehlen Bauer et al. (2013) beispielsweise, zu Beginn abzuklären, ob tatsächlich eine Primärerhebung zur Beantwortung der Forschungsfrage erforderlich ist. Gegebenenfalls besteht stattdessen die Möglichkeit, Sekundärdaten, also bereits erhobene Daten, für die Untersuchung zu nutzen (vornehmlich bei quantitativen Studien möglich). Bei der Verwendung von sekundärstatistischen Daten sollte jedoch zunächst überprüft werden, inwiefern diese die gewünschten Informationen enthalten (vgl. ebd., S. 70; Schöneck und Voß 2013, S. 34). Neben der Wahl der Methode bzw. der Erhebungsform ist auch der Feldzugang für die Realisierung des Projektes von Bedeutung. So kann es sich bei einer studentischen Forschungsarbeit anbieten, andere Studierende als Sample auszuwählen, um so einen einfachen Zugang zu den Untersuchungsteilnehmer*innen zu erhalten. In diesem Zusammenhang kann sich insbesondere im Rahmen quantitativer populationsbeschreibender Untersuchungen der Feldzugang als problematisch erweisen, da hier eine angemessene Stichprobengröße von Nöten ist (vgl. Bauer et al. 2013, S. 70, 74; Böhm-Kasper et al. 2009, S. 47;

Eid et al. 2011, S. 214). Bei der Durchführung einer schriftlichen standardisierten Befragung müssen zum Beispiel geringe Rücklaufquoten sowie ein erheblicher zeitlicher, personeller sowie unter Umständen auch finanzieller Aufwand (z.B. bei Paper-Pencil-Fragebögen) für die Erhebung einkalkuliert werden (vgl. Schöneck und Voß 2013, S. 37, 40; Döring und Bortz 2016, S. 413).

Insgesamt wird somit deutlich, dass – ausgehend von der Forschungsfrage – unterschiedliche methodische und planerische Schritte vorzunehmen sind. Hierbei ist es ratsam, in jeder Forschungsphase (siehe *Der idealtypische Forschungsprozess*) sich die zentrale Fragestellung immer wieder vor Augen zu führen, Rückbezüge zu dieser herzustellen und die jeweilige forschungsmethodische Ausrichtung entsprechend der Forschungsfrage angemessen und fundiert zu begründen.

Fallbeispiel

Die Untersuchung der multiprofessionellen Kooperationspraxis im Kontext Inklusion kann dahingehend erfolgen, als dass die Wahrnehmungen und Deutungsmuster der direkt beteiligten Akteure in den Vordergrund gestellt werden. Da somit die individuellen Sichtweisen von Lehrer*innen und Sonderpädagog*innen den Forschungsschwerpunkt darstellen und der zu behandelnde Gegenstand in der Wissenschaft bisher erst teilweise untersucht worden ist, sollte eine explorative und induktive Vorgehensweise angestrebt werden. Die Untersuchung wäre dementsprechend qualitativer Natur. Hierbei kann es sich anbieten, über leitfadengestützte Interviews die jeweiligen Perspektiven und Wahrnehmungen der Kooperation im Hinblick auf Möglichkeiten und Grenzen zu erfassen. Alternativ könnten über das Gruppendiskussionsverfahren Beziehungs- und Kommunikationsmuster sowie subjektive Bedeutungsstrukturen der Akteure als Ausdruck der Kooperationspraxis erschlossen werden (vgl. Mayring 2002, S. 77). Eine weitere Möglichkeit besteht darin, in Form einer teilnehmenden Beobachtung die Kooperationspraxis an sich zu erheben (z.B. im Unterricht oder in einer Besprechung). Dabei kann zum Beispiel der Frage nachgegangen werden, inwiefern sich im Unterricht oder im Rahmen einer Besprechung spezifische Kooperationspraxen und damit verbundene Möglichkeiten und Grenzen widerspiegeln.

Insgesamt lässt dieses Fallbeispiel erkennen, dass verschiedene Erhebungsverfahren zur Beantwortung der Forschungsfrage angewandt werden können. Die Wahl einer konkreten Methode ist – wie schon weiter oben genannt – jedoch von den persönlichen Möglichkeiten und Ressourcen sowie der jeweiligen Problemstellung abhängig.

▶ **Mögliche Datenquellen für Sekundäranalysen**
Allgemeine Bevölkerungsumfrage der Sozialwissenschaften (ALLBUS).
http://www.gesis.org/allbus
Nationales Bildungspanel (NEPS). https://www.neps-data.de.
Sozio-oekonomisches Panel (SOEP). http://www.diw.de/soep.
Statistik der Bundesagentur für Arbeit (2016). http://www.statistik.
arbeitsagentur.de.
Weiterbildungsstatistiken (2016). http://www.die-bonn.de/weiterbil-
dung/statistik/weiterbildungsstatistik_links.aspx.

▶ **Lesehinweise**
Bauer et al. (2013)
Böhm-Kasper, Schuchart & Weishaupt (2009)
Friebertshäuser, Langer & Prengel (2010)

7   Fazit

Wie die gesamten Ausführungen zeigen, handelt es sich bei der Erarbeitung eines
Forschungsthemas beziehungsweise einer Forschungsfrage und der anschließenden Projektplanung um einen vielschichtigen Prozess, in dem es viel zu bedenken
und zu berücksichtigen gilt. Eine ausdrückliche Empfehlung – gerade für Wissenschaftler*innen ohne langjährige Erfahrung – ist es, sich nicht nur auf theoretische
Ausführungen und Planungshilfen zu verlassen, sondern in einen Austausch mit
anderen Wissenschaftler*innen zu treten. Neben den direkt greifbaren (Studien-)
Kolleg*innen bieten sich hierfür Kolloquien und eventuell Tagungen an. In diesen
Kontexten ist es unter Umständen möglich, die eigenen Ideen vorzustellen und er-
fahrene Kolleg*innen um Rat zu bitten. Die Präsentation auf einer wissenschaftlichen Tagung setzt in der Regel allerdings voraus, dass zumindest die theoretischen
Aspekte ausreichend aufgearbeitet sind.

Abschließend folgt ein kurzer Fragenkatalog, der als Hilfestellung gedacht ist,
um bereits frühzeitig überprüfen zu können, ob das Forschungsthema angemessen
gewählt und die Forschungsfrage passend formuliert und konkretisiert ist:

• Um was für eine Art von Projekt handelt es sich (z.B. Masterarbeit oder Auf-
  tragsforschung)?
• Welcher (zeitliche) Rahmen steht zur Verfügung?
• Ist der Themenbereich vorgegeben?

- Falls der Themenbereich vorgegeben ist, lassen sich Teilbereiche identifizieren, die dem eigenen Erkenntnisinteresse entsprechen?
- Falls der Themenbereich nicht vorgegeben ist, welches Thema interessiert mich?
- Habe ich zu diesem Themenkomplex bereits Vorkenntnisse (Seminarinhalt, Hausarbeit etc.) und kann ich auf diese Weise die Einarbeitungsphase verkürzen?
- Welche Erkenntnisse konnte ich durch eine erste überblicksartige Literaturrecherche gewinnen?
- Was für Studien und Forschungsergebnisse gibt es zu der Thematik?
- Lassen sich bereits erste ungelöste Forschungslücken identifizieren?
- Auf welchen Teilbereich kann ich das gesamte Themenspektrum eingrenzen, sodass dieser sowohl meinem Interesse entspricht und gleichzeitig einen wissenschaftlichen Erkenntnisgewinn verspricht?
- Wie kann ich den eingegrenzten Themenbereich (unter Berücksichtigung verschiedener Gesichtspunkte, siehe hierzu Abschnitt *Themeneingrenzung*) weiter präzisieren?
- Wie lautet (m)eine aus den vorherigen Schritten abgeleitete und auf möglichst wenige Sätze verdichtete Forschungsfrage?
- Ist die Frage so konkret und einfach wie möglich formuliert?
- Welchen wissenschaftlichen oder praktischen Zugewinn verspricht die Fragenauswahl? Lässt sich dieser hinreichend und eindeutig formulieren?
- Berücksichtigt die Fragestellung die fachspezifische Perspektive?
- Sind meine vorhandenen Quellen für den Einstieg in die darauffolgende intensive Literaturarbeit passend und ausreichend? Ist eine erneute Recherche notwendig?
- Sind die verwendeten Begriffe hinreichend operationalisiert?
- Ist die Grundgesamtheit eindeutig zu bestimmen? Kann ein Zugang zum Feld durch die zur Verfügung stehenden Ressourcen sichergestellt werden?
- Steht ein bereits bewährtes Erhebungsinstrument zur Verfügung oder bringt die Fragestellung die Notwendigkeit mit sich, ein neues Instrument zu entwickeln?
- Verfüge ich über ausreichende methodische Kenntnisse, um die gewählte Forschungsfrage mithilfe der erhobenen Daten zu beantworten? Falls nicht, lassen sich die notwendigen Kompetenzen tatsächlich innerhalb des vorgegebenen Rahmens erlernen?
- Lässt sich die Fragestellung auch sonst mithilfe der vorhandenen Ressourcen bearbeiten?

Literaturverzeichnis

Abel, J., Möller, R. & Treumann, K.P. (1998). *Einführung in die empirische Pädagogik*. Stuttgart: Kohlhammer.

Aeppli, J., Gasser, L., Gutzwiller, E., & Tettenborn, A. (2014). *Empirisches wissenschaftliches Arbeiten: Ein Studienbuch für die Bildungswissenschaften*. 3. Aufl. Bad Heilbrunn: Klinkhardt.

Bauer, W., Bleck-Neuhaus, J., Dombois, R., & Wehrtmann, I. (2013). *Forschungsprojekte entwickeln – Von der Idee bis zur Publikation*. Baden-Baden: Nomos.

Bennewitz, H. (2010). Entwicklungslinien und Situation des qualitativen Forschungsansatzes in der Erziehungswissenschaft. In B. Friebertshäuser, A. Langer, & A. Prengel (Hrsg.), *Handbuch Qualitative Forschungsmethoden in der Erziehungswissenschaft*. 3. Aufl. Weinheim, München: Juventa.

Böhm-Kasper, O., Schuchart, C., & Weishaupt, H. (2009). *Quantitative Methoden in der Erziehungswissenschaft*. Darmstadt: WBG.

Diekmann, A. (2011). *Empirische Sozialforschung: Grundlagen, Methoden, Anwendungen*. Reinbek: Rowohlt.

Döring, N., & Bortz, J. (2016). *Forschungsmethoden und Evaluation in den Sozial- und Humanwissenschaften*. Berlin, Heidelberg: Springer.

Eco, U. (2010). *Wie man eine wissenschaftliche Abschlußarbeit schreibt: Doktor-, Diplom und Magisterarbeiten in den Geistes- und Sozialwissenschaften*. 13. Aufl. Wien: Facultas.

Eid, M., Gollwitzer, M., & Schmitt, M. (2011). *Statistik und Forschungsmethoden*. 2. Aufl. Weinheim, Basel: Beltz.

Esselborn-Krumbiegel, H. (2008). *Von der Idee zum Text: Eine Anleitung zum wissenschaftlichen Schreiben*. 3. Aufl. Paderborn: Schöningh.

Fichten, W. (2010). Forschendes Lernen in der Lehrerbildung. In: U. Eberhardt (Hrsg.), *Neue Impulse in der Hochschuldidaktik*. Wiesbaden: Springer VS.

Fischer, N. et al. (2011). *Ganztagsschule: Entwicklung, Qualität, Wirkungen. Längsschnittliche Befunde der Studie zur Entwicklung von Ganztagsschulen (StEG)*. Weinheim, Basel: Beltz Juventa.

Flick, U. (2014). *Qualitative Sozialforschung: Eine Einführung*. Reinbek: Rowohlt.

Franck, N. (2011). *Fit fürs Studium: Erfolgreich reden, lesen, schreiben*. 10. Aufl. München: DTV.

Friebertshäuser, B., Langer, A. & Prengel A. (2010). *Handbuch Qualitative Forschungsmethoden in der Erziehungswissenschaft*. 3. Aufl. Weinheim, München: Juventa.

Huber, L. (2003). Forschendes Lernen in Deutschen Hochschulen. Zum Stand der Diskussion. In: A. Obolenski, & H. Meyer (Hrsg.), *Forschendes Lernen*. Bad Heilbrunn: Klinkhardt.

Klewin, G., Schüssler, R., & Schicht, S. (2014). Forschend lernen – Studentische Forschungsvorhaben im Praxissemester. In R. Schüssler, V. Schwier u.a. (Hrsg.), *Das Praxissemester im Lehramtsstudium: Forschen, Unterrichten, Reflektieren*. Bad Heilbrunn: Klinkhardt.

Kruse, O. (2007). *Keine Angst vor dem leeren Blatt: Ohne Schreibblockaden durchs Studium*. 12. Aufl. Frankfurt: Campus.

Mayring, P. (2002). *Einführung in die qualitative Sozialforschung*. 5. Aufl. Weinheim, Basel: Beltz.

Prüß, F., Kortas, S., & Schöpa, M. (2009). *Die Ganztagsschule: von der Theorie zur Praxis. Anforderungen und Perspektiven für Erziehungswissenschaft und Schulentwicklung.* Weinheim, München: Juventa.

Reinders, H., & Ditton, H. (2015). Überblick Forschungsmethoden. In: H. Reinders, H. Ditton, C. Gräsel, & B. Gniewosz (Hrsg.), *Empirische Bildungsforschung. Strukturen und Methoden.* Wiesbaden: Springer VS.

Rost, D. H. (2013). *Interpretation und Bewertung pädagogisch-psychologischer Studien.* 3. Aufl. Bad Heilbrunn: Klinkhardt.

Sandberg, B. (2013). *Wissenschaftliches Arbeiten von Abbildung bis Zitat. Lehr- und Übungsbuch für Bachelor, Master und Promotion.* München: Oldenbourg.

Schnell, R., Hill, P. B., & Esser, E. (2013). *Methoden der empirischen Sozialforschung.* 10. Aufl. München: Oldenbourg.

Schöneck, N. M., & Voß, W. (2013). *Das Forschungsprojekt: Planung, Durchführung und Auswertung einer quantitativen Studie.* 2. Aufl. Wiesbaden: Springer VS.

Uhlendorf, H., & Prengel, A. (2010). Forschungsperspektiven quantitativer Methoden im Verhältnis zu qualitativen Methoden. In B. Friebertshäuser, A. Langer, & A. Prengel (Hrsg.), *Handbuch Qualitative Forschungsmethoden in der Erziehungswissenschaft.* 3. Aufl. Weinheim, München: Juventa.

Wilson, Th. P. (1982). Qualitative „oder" quantitative Methoden in der Sozialforschung. *Kölner Zeitschrift für Soziologie und Sozialpsychologie*, 34, 487-508.

II Schul- und Unterrichtsforschung

Schul- und Unterrichtsforschung

Thematische Einführung in die einzelnen Abschnitte

Ina Semper, Lisa Mende und Nils Berkemeyer

1 Definition der Begrifflichkeiten

Die empirische Schul- und Unterrichtsforschung kann als bedeutsamer Teil der empirischen Bildungsforschung gelten. Die empirische Bildungsforschung hat ihre Wurzeln zwar in den frühen Ansätzen empirischer pädagogischer Forschung, steht jedoch seit jeher in einem engen Verhältnis bspw. zur pädagogischen Psychologie, Entwicklungspsychologie, Bildungssoziologie und Bildungsökonomie (Tippelt und Schmidt 2010a) und hat damit einen ausgeprägten inter- und multidisziplinären Charakter.

Empirische Bildungsforschung zeichnet sich durch drei zentrale Merkmale aus (Gräsel 2011, S. 14):

1. *Problemorientierung:* Gewinnung wissenschaftlicher Erkenntnisse zur Analyse und Verbesserung des Bildungswesens auf der Ebene des Gesamtsystems (bspw. Schulformen, Übergänge, Curricula), der einzelnen Institution (bspw. Schulentwicklung, Schulleitung) und des Lernens von Individuen (bspw. Unterrichtsqualität).
2. *Interdisziplinarität:* Aufnahme theoretischer und methodischer Anregungen verschiedener Disziplinen und Weiterentwicklung vor dem Hintergrund des eigenen Forschungsstandes.

3. *Verwendung empirischer Forschungsmethoden:* Erkenntnisgewinnung mittels empirischer, überwiegend quantitativer Forschungsmethoden, orientiert an den wissenschaftlichen Standards empirischer Sozialwissenschaften.

Knapp zusammengefasst, widmet sich die empirische Bildungsforschung der Frage, „wer welche Qualifikationen und Kompetenzen im Bildungssystem erwirbt, wovon dieser Qualifikations- und Kompetenzerwerb abhängig ist, und welche Auswirkungen er hat" (Gräsel 2011, S. 14). Der überwiegende Teil der aktuellen empirischen Bildungsforschung ist vor allem an Studien zur Effizienz und Effektivität von Bildungseinrichtungen interessiert und bedient sich dafür überwiegend quantitativer Verfahren (Zedler und Döbert 2010, S. 33). Doch auch qualitative Zugänge, die auf die Interpretation bzw. Rekonstruktion subjektiver Sichtweisen von Akteuren, Aushandlungsprozessen von sozialem Sinn oder tieferliegender Sinnstrukturen abzielen, sind bedeutsam und gewinnen, insbesondere auch durch die Möglichkeiten der Triangulation mit quantitativen Methoden (siehe bspw. Flick 2011), größere Aufmerksamkeit.

Die wissenschaftliche Auseinandersetzung mit den Gegenständen der empirischen Schul- und Unterrichtsforschung – Schule und Unterricht – ist aus unterschiedlichen Perspektiven möglich, und je nachdem, welche Disziplin sie mit welchem Erkenntnis- bzw. Forschungsinteresse unter welchen historisch-gesellschaftlichen Bedingungen in den Blick nahm und nimmt, rücken unterschiedliche Aspekte in den Vordergrund und andere treten zurück. Theoretische Fundierungen, und damit verbundene Prämissen, können sich daher ebenso unterscheiden wie verwendete Fachtermini und methodische Zugänge. Entsprechend herrscht auch über die theoretische Bestimmung der beiden Forschungsgegenstände Schule und Unterricht kein allgemein anerkannter Konsens, wohl aber existieren verschiedene Versuche einer Begriffsbestimmung mit jeweils mehr oder weniger großen Schnittmengen.

1.1   Schule

Schule ist wesentlich eine Veranstaltung des Staates und deren Besuch in Deutschland für alle Heranwachsenden verpflichtend. Die allermeisten Menschen können daher hierzulande auf eigene Schulerfahrungen zurückblicken und besitzen mehr oder weniger alltägliche Vorstellungen darüber, was Schule ist und wie sie sein sollte. Diesen alltäglichen Wissensbeständen stehen wissenschaftliche Perspektiven auf Schule gegenüber.

Es gibt verschiedene Versuche, vorhandene Zugänge und Ansätze zur Beschreibung von Schule zu systematisieren bzw. zu klassifizieren. Eine Variante ist die Systematisierung verschiedener wissenschaftstheoretischer Grundpositionen entlang unterschiedlicher Handlungsebenen (Wiater 2012, S. 18f.):

1. *Makrotheorien*: Fokus auf äußere Organisationsstruktur des Schulsystems (bspw. Organisationstheorie, Systemtheorie, strukturfunktionale Theorie, Kulturtheorie).
2. *Mesotheorien*: Bereich zwischen Organisationsstruktur und konkreten Interaktionen (bspw. Theorien zur Schulkultur, Theorie des Schullebens, der Schulentwicklung usw.).
3. *Mikrotheorien*: schulinterne Interaktionsprozesse der Schule (bspw. schulische Interaktionstheorie, Handlungstheorie, Instruktions- und Lerntheorie, Theorie der Unterrichtsmethoden usw.).

Weitere Möglichkeiten der Differenzierung bestehen in der Unterscheidung nach wissenschaftstheoretischer Grundposition (bspw. Geisteswissenschaftliche Pädagogik, Empirisch-analytische Pädagogik), nach disziplinärer Herkunft der Forschungsfragen (bspw. Pädagogik, Psychologie, Soziologie) oder nach Theoriegraden, die den Geltungsbereich von Schultheorien als Unterscheidungskriterium nutzen (bspw. Subjektive Theorien, Gesamtdarstellungen von Schule) (Wiater 2012, S. 18f.).

Blömeke und Herzig (2009) differenzieren zwischen: 1. Theorien, die die Beziehungen zwischen Schule und Gesellschaft, also die Außenbeziehungen der Schule, auf der Makroebene entweder empirisch oder normativ analysieren und 2. zwischen Theorien, die den Blick auf die inneren Strukturen von Schule richten, also die Einzelinstitution auf der Mesoebene bezüglich ihrer Wirkungen und der Beziehungen der Akteure analysieren (S. 17). Traditionell fokussiert sich die (Bildungs-)Soziologie auf die Makroebene, d.h. auf die Rolle der Schule in der Gesellschaft, wohingegen die (Einzel-)Schule vor allem von der Pädagogik bzw. Erziehungswissenschaft in den Blick genommen wird (Schwippert und Goy 2008, S. 395). Die (pädagogische) Psychologie schließlich beschäftigt sich besonders mit der Erforschung der Mikroebene der Schule, des Unterrichts und der in ihm ablaufenden Lernprozesse (ebd.). Diese klare Zuordnung der „Zuständigkeiten" trägt heute in Zeiten der verstärkten interdisziplinären Zusammenarbeit unter dem begrifflichen Dach der (empirischen) Bildungsforschung nicht mehr.

Auch im zeitlichen Kontext kann eine Differenzierung bestehender Schultheorien vorgenommen werden (Blömeke und Herzig 2009, S. 16): Ältere Schultheorien fokussieren Schule als historische, politische, soziale und kulturell gestaltete

Institution, während neuere Theorien die Perspektive der Schulentwicklung auf-
nehmen (bspw. Rahm 2005) und die Schule als „Lernende Organisation" (Dalin
und Rolff 1990) verstehen. Schulentwicklungstheorien thematisieren damit Fragen, die in klassischen Schultheorien bislang ausgeblendet wurden (Blömeke und
Herzig 2009, S.23).

1.2   Unterricht

Hinsichtlich der wissenschaftlichen Bestimmung von Unterricht finden sich ebenfalls vielfältige theoretische Zugänge (wir beziehen uns in der Folge ausschließlich
auf Schulunterricht).

Einen umfassenden Systematisierungsversuch bestehender Unterrichtstheorien
unternehmen Baumgart et al. (2005, S. 19ff.), welche grob zwischen vier verschiedenen „Theoriefamilien" von Unterricht differenzieren. Diese unterscheiden sich
zum einen in ihrer dominierenden Sichtweise auf Unterricht und der Beschreibung
bzw. Analyse seiner zentralen Aufgaben, zum anderen bezüglich der Erwartungen,
welche an das professionelle Handeln von Lehrkräften und die Rolle der Schüler*innen gestellt werden (ebd.):

1. Ansätze, die *Unterricht als technologische Aufgabe der Lehrer*innen* beschreiben. Sie sind verbunden mit der Annahme, dass Unterricht eine Struktur-
   und Prozesslogik hat, welche relativ unabhängig von den Akteuren, Inhalten
   und den jeweils verfolgten Zielen des Unterrichts besteht. Die Professionalität
   der Lehrpersonen besteht in der Kenntnis dieser Unterrichtslogik, in „Regel-
   wissen" zur Planung und Gestaltung von Unterricht.
2. Ansätze, die *Unterricht als Vermittlung und Aneignung von Kultur* verstehen.
   Diese Fragen v.a. nach der Auswahl und Legitimation von Unterrichtsinhalten.
3. Ansätze, die *Unterricht als Arrangement für selbstständiges Lernen* betrachten. Sie beschreiben Unterricht weder von der Eigenlogik noch von den Inhalten her, sondern „vom Kinde aus".
4. Ansätze, die *Unterricht als Interaktion und Kommunikation* verstehen. Diese
   gehen davon aus, dass Unterricht als Interaktions- und Kommunikationsform
   jenseits inhaltlicher Intentionen und offizieller Lernziele von Schule erzieht
   bzw. sozialisiert. Bedingungen und Wirkungen des Unterrichts müssen Lehrpersonen bewusst sein, um ihren Unterricht professionell gestalten und verbessern zu können.

Trotz dieser unterschiedlichen Ansätze der Gegenstandsbestimmung besteht ein weitgehender Konsens darüber, welche Merkmale für Unterricht als konstitutiv gelten können (Jank und Meyer 2014, S.42f.):

- Unterricht ist ein Interaktionsprozess von Lehrern*innen und Schülern*innen.
- Unterricht ist institutionell eingebettet und auf Dauer angelegt.
- Unterricht verläuft zielorientiert und planmäßig.
- Unterricht hat eine curriculare und soziale Ordnung.
- Unterricht dient nicht nur der Unterrichtung, sondern auch der Erziehung und der Vermittlung von Sozial- und Sachkompetenz.
- Unterricht erfordert eine pädagogisch gestaltete Umgebung.
- Unterricht wird von wissenschaftlich qualifiziertem Personal durchgeführt.
- Unterricht steht unter Aufsicht des Staates.

Diese Merkmale verdeutlichen zugleich, dass es sich bei Unterricht um ein komplexes soziales Geschehen handelt, das zwar in einem geregelten Rahmen stattfindet, aber dennoch von vielen variablen Bedingungen und Merkmalen beeinflusst wird.

▶ **Lesehinweise**
Blömeke et al. (2009)
Hellekamps et al. (2011)
Arnold et al. (2009)
Merkens (2010)
Lüders (2014)

2 Kontexte der Schul- und Unterrichtsforschung

Schule und Unterricht existieren nicht für sich allein. Unterricht findet im Zusammenspiel von Lehrer*innen und Schüler*innen in Schulen statt (Mikroebene) und wird daher sowohl durch Rahmenbedingungen und Merkmale des Systems (Makroebene) beeinflusst als auch durch Merkmale der Einzelorganisation Schule (Mesoebene), was eine klare Trennung von Schul- und Unterrichtsforschung erschwert. Entsprechend vielfältig sind die Kontexte, in denen geforscht wird:

- systemische Strukturen und der Einfluss (gesellschaftlicher, rechtlicher, organisatorischer) Rahmenbedingungen auf Schule und Unterricht

- soziale Herkunft der Schüler*innen, Bildungsbeteiligung, Chancengerechtig-
  keit
- Einzelschulorganisation, Schulkultur, Schulqualität, Schulentwicklung
- Unterrichtsqualität, Unterrichtsinteraktion, Unterrichts- bzw. Klassenklima
- Handeln von Akteuren wie Lehrer*innen, Schüler*innen, Schulleitungen oder
  Eltern
- Lehrerprofessionsforschung
- Schüler- und Lehrerbiographieforschung – und viele weitere mehr.

Im Zeitverlauf zeigen sich zudem thematische und methodologisch-methodische
Konjunkturen, die häufig in einem engen Zusammenhang zu den jeweiligen ge-
sellschaftlich-politischen Herausforderungen zu sehen sind. Im Folgenden sollen einige bedeutsame Stränge der empirischen Schul- und Unterrichtsforschung
schlaglichtartig beleuchtet werden.

Das Schulsystem und seine innere Differenzierung in verschiedene Schulstufen
und Schulformen stellt einen Forschungskontext dar, welcher seine Wurzeln in
den 1960er Jahren hat. Qualitativ werden unterschiedliche Schulformen bspw. in
ihrer Bedeutung als spezifischer Erfahrungsraum untersucht, während quantitativ
(z.T. vergleichend) Untersuchungen hinsichtlich verschiedener Merkmale und Bedingungen der Schulformen durchgeführt werden. Wichtige Forschungsbeiträge
liefert bspw. das 1973 gegründete Institut für Schulentwicklungsforschung (IFS)
in Dortmund, welches sich kontinuierlich Analysen zu systembezogenen Fragen
und zu Entwicklungen einzelner Schulformen, Schulstufen oder des Schulsystems insgesamt widmet (Holtappels 2005, S. 33). In den 1970er Jahren kam es
u.a. in Gefolge der von Picht (1964) ausgerufenen „Bildungskatastrophe" zu einem
verstärkten Forschungsinteresse am Thema Bildungsbeteiligung nach sozialer
Herkunft und weiteren Ungleichheitsfaktoren, deren Sinnbild das „katholische
Arbeitermädchen vom Lande" wurde. Weitere wichtige Forschungsarbeiten der
1970er und 1980er Jahre sind die Studien zur Wirkung der Gesamtschule unter
der Leitung von Helmut Fend (1982), in denen das gegliederte Schulsystem mit
der Gesamtschule hinsichtlich des Leistungserwerbs und der sozialen Selektivität
verglichen wird. In der Gegenwart bestätigen u.a. die Ergebnisse der PISA-Studien
den Zusammenhang von sozialer Herkunft, Bildungsbeteiligung und Kompetenzerwerb erneut (zuerst Baumert und Schümer 2001). Weitere fokussierte Ungleich-
heitsmerkmale sind die Region (zur Übersicht Kemper und Weishaupt 2011), der
Migrationshintergrund und das Geschlecht (siehe bspw. Quenzel und Hurrelmann
2010; Hadjar und Hupka-Brunner 2013). In jüngerer Zeit werden unter dem Begriff
der „Kontexte" von Bildung gesellschaftliche, soziale, sozialräumliche, institutionelle, organisationale oder familiäre Bedingungen von Bildung als Kontexteffekte

modelliert und analysiert (Becker und Schulze 2013; Böhm-Kasper et al. 2007). Zudem existieren erste Versuche, regionale Disparitäten innerhalb und zwischen den Schulsystemen der deutschen Bundesländer indikatorengeleitet aufzuzeigen (Berkemeyer et al. 2014).

Für die Reproduktion von Ungleichheiten können besonders die Übergänge im Bildungswesen als „Gelenkstellen" identifiziert werden, wobei dem Übergang von der Grundschule in die weiterführende Schule zentrale Bedeutung zukommt, denn hier spielt das Entscheidungsverhalten der Eltern und die Empfehlungspraxis der Grundschulen zusammen. Beispiele hierfür sind quantitativ orientierte bildungssoziologische Forschungen zu Bildungsaspirationen und Entscheidungsverhalten in Abhängigkeit von bestimmten Merkmalen (bspw. Maaz et al. 2010) vor dem Hintergrund von Rational-Choice-Modellen (Boudon 1974; Erikson und Jonsson 1996; Breen und Goldhorpe 1997; Esser 1999) und Forschungen zur Empfehlungspraxis von Grundschullehrkräften (bspw. Stubbe et al. 2012; van Ophuysen et al. 2015). Im Rahmen der Habitusforschung wird dagegen die Rolle milieubedingter Passungsverhältnisse bei der Entstehung von Ungleichheiten untersucht (bspw. Bourdieu 1982; Kramer und Helsper 2010; Kramer et al. 2014; Lange-Vester 2015). Groß angelegte Längsschnittstudien, wie die 1995 begonnene und 2004 beendete Studie LAU (Aspekte der Lernausgangslage und der Lernentwicklung), bei der ein ganzer Hamburger Schülerjahrgang bis zum Abitur begleitet wurde, nehmen zusätzlich die individuellen Bildungsbiographien in den Blick (bspw. Behörde für Schule und Berufsbildung 2011, 2012). Gegenwärtig ist es die Panel-Studie „Bildungsverläufe in Deutschland" (NEPS), die Bildungsprozesse und Bildungswege über die gesamte Lebensspanne hinweg längsschnittlich zu beschreiben versucht (Blossfeld et al. 2011).

Die Leistungen bzw. Kompetenzen von Schüler*innen werden seit Beginn des 21. Jahrhunderts vermehrt auf der Ebene des Systems im Rahmen internationaler und nationaler Schulleistungsstudien (PISA, TIMSS, PIRLS/IGLU) untersucht. Diese sind Teil einer umfassenden Monitoringstrategie der Bildungspolitik, zu der ebenso zentrale Lernstandserhebungen, die Bildungsberichterstattung sowie die Überprüfung und Umsetzung der nationalen Bildungsstandards gehören (KMK 2015; für einen Überblick der Forschungen zu den Bildungsmonitoringinstrumenten siehe Hermstein et al. 2015).

Die Entwicklung und Gestaltung der Einzelschule wird von der Schulentwicklungsforschung insbesondere auf der Mesoebene erforscht. Hier interessiert v. a. die Schule als pädagogische Organisation, die zwischen vorgegebenen Rahmen- und Arbeitsbedingungen vor Ort handelt, in bestimmte lokale Kontexte eingebunden ist und die ihre soziale Realität durch das Zusammenwirken verschiedener Akteure erhält. Bedeutsame Forschungsfelder sind bspw.: die Schulkultur (v.a.

Helsper et al. 2001), das Schulleitungshandeln (Berkemeyer et al. 2015; Bonsen 2016), Schulprogrammarbeit (bspw. Holtappels 2004), schulische Kooperationen und Netzwerke (Berkemeyer et al. 2009) und schulische Steuerungsgruppen (zur Übersicht Berkemeyer und Feldhoff 2010). Diesen Forschungsfeldern wird sich auf vielfältige Weise genähert. So existieren qualitative, fallorientierte Einzelschulforschungen, verschiedene Längsschnittstudien zu Schulentwicklungsprozessen, häufig als Begleitforschung wie bspw. zum Modellvorhaben „Selbstständige Schule in Nordrhein-Westfalen" (Holtappels et al. 2008) oder zum Projekt „Schulen im Team – Unterricht gemeinsam entwickeln" (Berkemeyer et al. 2008), experimentelle und quasi-experimentelle Studien sowie Mixed-Methods Designs (zur Übersicht siehe Kolbe 2010).

Auf der Mikroebene ist es vorrangig der Unterricht und damit verbundene Fragestellungen, die von der empirischen Unterrichtsforschung in den Blick genommen werden. Helsper und Klieme (2013) nennen zwei große Linien, um das Forschungsfeld zu sondieren. Ein Strang der Unterrichtsforschung befasst sich mit der Rekonstruktion von Ordnungen und Mustern des Unterrichts, bspw. die qualitative Schul- und Unterrichts- und Lernkulturforschung oder Interaktionsforschung, etwa zu Adressierungs- und Anerkennungspraktiken. Mit diesen Zugängen kommen die Perspektiven der Schüler*innen, Lehrer*innen und weiterer schulischer Akteure ebenso in den Blick der Forschung wie die Mikroprozesse der Interaktionen und des Lernens in konkreten Unterrichtssituationen. Der zweite große Strang der Unterrichtsforschung befasst sich mit der Qualität und Wirksamkeit von Unterricht, wobei, wie Helsper und Klieme (2013) pointiert zusammenfassen, nach „Wechselwirkungen zwischen individuellen Dispositionen und Lernaktivitäten der Schülerinnen und Schüler, professionellen Kompetenzen und aktuellen Handlungen von Lehrpersonen, sozialen Kontextbedingungen und Interaktionsprozessen" (S. 284) gesucht wird.

Die Forschung zur Qualität und Wirksamkeit von Unterricht ist stets auch Forschung zur Lehrperson und zu deren Einfluss auf den Lernerfolg der Schüler*innen. Traditionell widmet sich diese zunächst Fragen nach dem „guten Lehrer", seinen Persönlichkeitsmerkmalen und Führungsstilen, ab den 1970er Jahren vermehrt der Betrachtung spezifischer Handlungs- und Verhaltensweisen und deren Einfluss auf das Lernen der Schüler*innen. Darauf aufbauend konnten zahlreiche Aspekte lern- und leistungsrelevanter Unterrichtsmerkmale eingekreist werden, so dass heute schließlich mehrere populäre Übersichten mit Merkmalen „guten" bzw. „wirksamen" Unterrichts vorliegen (bspw. Meyer 2004; Helmke 2009; Hattie 2013). Aktuell beschäftigt sich die Unterrichtsqualitätsforschung in verschiedenen groß angelegten nationalen (bspw. COACTIV) und internationalen Studien (bspw. TEDS-M, TEDS-FU) mit der Erfassung berufsspezifischer Kompetenzen von Lehrkräften, deren Genese und z.T. deren Auswirkungen auf das Schüler*innenlernen.

▶ **Lesehinweise**
   Tippelt und Schmidt (2010b)
   Reinders et al. (2011)
   Helsper und Böhme (2008)
   Bohl et al. (2010)
   Terhart et al. (2014)

3   Bezugstheorien/Modelle der Schul- und Unterrichtsforschung

Der Schul- und Unterrichtsforschung wird häufig vorgeworfen, nicht über ausreichende Theorieentwicklungen zu verfügen, bspw. bezogen auf Schulentwicklung (u.a. Bohl 2009; Rolff 2007) und deren Zieldimension, schulische Qualität (u.a. Ditton 2000; Gröhlich 2012). Ditton führt dies vor allem auf die Komplexität der Forschungsgegenstände – Schule und Unterricht – selbst zurück (Ditton 2000, S.76).

Theoretische Modelle der Schul- und Unterrichtsforschung reduzieren notwendig die Komplexität schul- und unterrichtlicher Realität. Dies geschieht zunächst durch Versuche, relevante Einflussgrößen und Merkmale auf Unterricht zu extrahieren, später durch zunehmend komplexere Versuche, Wirkzusammenhänge zu modellieren. Im Folgenden wird ein kurzer Überblick über wichtige Paradigmen der Unterrichtsforschung gegeben und auf zwei derzeit einflussreiche Modelle verwiesen, die bestehende Theorien verschiedener Bezugsdisziplinen und empirisch bestätigte Wirksamkeitsvariablen integrieren.

Üblicherweise wird in der Unterrichtsqualitätsforschung (bzw. der Forschung zur Lehrperson) zwischen mindestens drei, zeitlich aufeinanderfolgenden Paradigmen unterschieden: 1. dem Persönlichkeitsparadigma, 2. dem Prozess-Produkt-Paradigma und 3. dem Expertenparadigma (Bromme 1997).

3.1   Das Persönlichkeitsparadigma

Die empirische Unterrichtsforschung der 1950er und 1960er Jahre ist gekennzeichnet durch die Suche nach positiven Persönlichkeitsmerkmalen von Lehrern*innen, die deren erzieherische Wirkung erklären sollten, zumeist, ohne dafür

Unterricht zu beobachten (Bromme 1997, S. 183). Ab den 1970er Jahren wird vermehrt versucht, mittels systematischer Unterrichtsbeobachtungen unterrichtliche
Effekte einzelner Lehrerpersönlichkeitsmerkmale, wie bspw. Lehrstile, nachzuweisen (ebd.).

3.2   Das Prozess-Produkt-Paradigma

Beeinflusst durch den Behaviorismus erfährt die empirische Unterrichtsforschung
in den 1970er Jahren einen bedeutsamen Wandel. Nicht mehr die Persönlichkeit,
sondern Handlungs- und Verhaltensweisen der Lehreri*nnen stehen nun im Fokus, etwa die Anzahl von Fragen, Klarheit der Sprache oder Strukturierung des
Unterrichtsgesprächs. Die anfängliche Vermutung einer direkten Wirkung dieser
Merkmale auf die Schüler*innen weicht unter dem Einfluss der Forschungsergebnisse einer indirekten Wirkung über die kognitiven Prozesse der Schüler*innen
bzw. Wechselwirkungen zwischen Unterrichtsmethoden und Schülerfähigkeiten
(Bromme 1997). Zentrale Annahme des erweiterten Prozess-Produkt-Paradigmas
ist nun der Einfluss der Lehrerhandlungen auf die Schülerleistungen in Abhängigkeit von deren Aktivitäten, Deutungen und Interaktionen sowohl untereinander, als
auch in Abhängigkeit vom Fach und Zeitpunkt der Handlung (ebd., S. 184).

Das behavioristische „Modell schulischen Lernens" von Caroll (1963) wird in
diesem Zusammenhang häufig als Ausgangspunkt für Modellbildungen in der Un-
terrichts(qualitäts)forschung angesehen (Einsiedler 2000; Gröhlich 2012). Carroll
stellt die benötigte und tatsächliche genutzte Lernzeit in den Fokus seines Mo-
dells. Die benötigte Lernzeit wird durch Merkmale der Schüler*innen und des
Unterrichtes beeinflusst, die tatsächlich genutzte Lernzeit durch Merkmale der
Schüler*innen wie Ausdauer (Lernmotivation), aber auch durch die zugestande-
ne Lernzeit und die gegebenen Lerngelegenheiten. Zusammen bestimmen sie das
Verhältnis benötigter und tatsächlich genutzter Lernzeit und damit den Lernerfolg.

Dieses Modell bietet für zahlreiche weitere Modelle der Unterrichtsqualitätsforschung Anknüpfungspunkte (Bloom 1976; Walberg 1984; Slavin 1994). Besonders der Einbezug individueller Schülermerkmale sowie deren Zusammenhang
mit Merkmalen der Unterrichtsqualität wurden in der Folge häufig adaptiert und
weiterentwickelt. So differenziert etwa Walberg (1984) im „Produktivitätsmodell
schulischen Lernens" zwischen drei großen, sich gegenseitig bedingenden Merk-
malsgruppen, welche Einfluss auf das Lernen der Schüler*innen haben: Neben allgemeinen Personenmerkmalen der Schüler*innen (bspw. Fähigkeit, Entwicklung,
Motivation) und Merkmalen des Unterrichts (Quantität und Qualität) kommen nun

Umweltmerkmale (bspw. häusliche Umwelt, Klassenzimmer, Gleichaltrigengruppe, Massenmedien) hinzu.

Im Lauf der Zeit wurden weitere Betrachtungsebenen eingeführt und um Variablen ergänzt. Der Unterricht wird nicht mehr isoliert betrachtet, sondern als Teil von Schule und Gesellschaft, welcher in verschiedene soziale Kontexte und Rahmenbedingungen eingebettet ist, deren Wirkzusammenhänge vielfältig sind.

3.3 Expertenparadigma

Durch den Einfluss der kognitionspsychologischen Expertiseforschung rückt ab Mitte der 1980er Jahre wieder vermehrt die Lehrperson in den Mittelpunkt der Forschung (Krauss und Bruckmaier 2014). Nun liegt der Fokus auf dem berufsspezifischem, professionellem Wissen und Können, auf fachlicher und fachdidaktischer Expertise sowie auf subjektiven und intuitiven Theorien zum Lehrern und Lernen (Helmke 2009, S. 49). Das Expertenparadigma wird in der gegenwärtigen Forschung als (wechselseitige) Ergänzung zum Prozess-Produkt-Paradigma verstanden (ebd.).

Klieme (2006) fasst die Unterschiede zwischen den Grundannahmen der gegenwärtigen Forschung und denen der behavioristischen Unterrichtsforschung zusammen (ebd. S. 765f.):

- Unterricht und das darin verhandelte Wissen wird als sozialer Prozess verstanden, welcher eine Ko-„Produktion" beteiligter Akteure darstellt.
- Lehrer*innen sind keine „Verursacher" von Schülerlernen, sondern erschaffen eine Lernumgebung als Raum von Lerngelegenheiten, welche von den Beteiligten gemeinsam gestaltet und im Sinne eines Angebots individuell genutzt werden.
- Ziele und Inhalte prägen Prozesse und Ergebnisse von Unterricht, Erkenntnisse über Zusammenhangsmuster sind also nur bedingt über Fächer und Inhalte hinweg verallgemeinerbar.
- Unterricht wird durch institutionelle, soziale und kulturelle Kontexte beeinflusst.

3.4   Integrative Modelle gegenwärtiger Schul- und Unterrichtsforschung

Aktuell bedeutsame Modelle der Schul- und Unterrichtsforschung zeichnen sich dadurch aus, dass sie verschiedene theoretische Ansätze und empirisch bestätigte Annahmen integrieren und so versuchen, Schul- und Unterrichtsqualität in einer der Komplexität der Gegenstände angemesseneren Art und Weise zu modellieren.

Den in Bezug auf Unterricht aktuellen „`state of the art` in Forschung und Lehre" (Kohler und Wacker 2013, S. 242) stellt das „Angebots-Nutzungs-Modell unterrichtlicher Wirkungen" von Andreas Helmke (2003, 2009) dar, welches unter Aufgreifen der Überlegungen Franz E. Weinerts und Helmut Fends entstand. Helmke (2009) integriert „Faktoren der Unterrichtsqualität in einem umfassenden Modell der Wirkungsweise und Zielkriterien des Unterrichts", wie er es selbst beschreibt (S. 73), in den drei großen Feldern „Unterricht/Angebot", „Lernaktivitäten/Nutzung" und „Wirkungen/Ertrag". Auf Basis eines um Mediationsprozesse ergänzten Prozess-Produkt-Modells beinhaltet es Kontextmerkmale auf verschiedenen Ebenen des Bildungssystems und Merkmale professioneller Lehrkräfte aus dem Expertenparadigma. Das Angebot-Nutzungs-Modell wird seitdem häufig aufgegriffen, etwa von Frank Lipowsky, der es vereinfacht (Lipowsky 2014, S. 77) oder von Karl-Heinz Arnold, der es zu einem „lehr-lerntheoretischen und didaktischen Modell der Wirksamkeit von Unterricht" erweitert (Arnold 2009, S. 19).

Aus der Tradition der Educational Effectivness-Forschung, wo der Frage nach der Effektivität von Schulen angesichts differenter Einflussfaktoren nachgegangen wird, entsteht ebenfalls ein Modell, welches sowohl vorhandene theoretische Modelle als auch empirisch gut gesicherte Ergebnisse der Schuleffektivitätsforschung integriert: Das „dynamic model of educational effectiveness" (Creemers und Kyriakides 2008, S. 46). Es zeichnet sich durch eine Modellierung von Einflussfaktoren auf den vier Ebenen System/Kontext, Schule, Unterricht und Schüler*innen aus, die, direkt und indirekt, auf verschiedene Outcomes der Schüler*innen (kognitiver, affektiver, und psychomotorischer Art, Lernzuwachs) wirken. Schuleffektivität wird zudem in einem engen Bezug zu Schulentwicklung als dynamischer Prozess verstanden, der von sich ständig ändernden Erfordernissen und Möglichkeiten geprägt ist. Der Anlage nach soll es sowohl der Bildungspolitik als auch den Praktikern in den Schulen einen Rahmen und eine Orientierung für Schulentwicklungsaufgaben bieten (ebd., S. 50). Der sogenannte „dynamic approach to school improvement" (DASI) enthält daher konkrete Handlungsstrategien für die Praxis von Schulentwicklungsprozessen (Creemers et al. 2013).

▶ **Lesehinweise**
Holtappels (2014)
Helmke (2009)
Bromme (1997)

Literaturverzeichnis

Arnold, K.-H. (2009). Unterricht als zentrales Konzept der didaktischen Theoriebildung und Lehr-Lern-Forschung. In K.-H. Arnold, U. Sandfuchs & J. Wiechmann (Hrsg.), *Handbuch Unterricht* (UTB, Bd. 8423, 2., aktualisierte Aufl., S. 15–22). Bad Heilbronn: Klinkhardt.

Arnold, K.-H., Sandfuchs, U. & Wiechmann, J. (Hrsg.). (2009). *Handbuch Unterricht* (UTB, Bd. 8423, 2., aktualisierte Aufl.). Bad Heilbronn: Klinkhardt.

Baumert, J. & Schümer, G. (2001). Familiäre Lebensverhältnisse, Bildungsbeteiligung und Kompetenzerwerb. In J. Baumert, E. Klieme, M. Neubrand, M. Prenzel, U. Schiefele, W. Schneider et al. (Hrsg.), *PISA 2000. Basiskompetenzen von Schülerinnen und Schülern im internationalen Vergleich* (S. 159–202). Opladen: Leske + Budrich.

Baumgart, F., Lange, U. & Wigger, L. (Hrsg.). (2005). *Theorien des Unterrichts. Erläuterungen – Texte – Arbeitsaufgaben* (Studienbücher Erziehungswissenschaft, Bd. 5). Bad Heilbrunn/Obb.: Klinkhardt.

Becker, R. & Schulze, A. (Hrsg.). (2013). *Bildungskontexte. Strukturelle Voraussetzungen und Ursachen ungleicher Bildungschancen* (SpringerLink : Bücher). Wiesbaden: Imprint: Springer VS.

Behörde für Schule und Berufsbildung (Hrsg.). (2011). *LAU – Aspekte der Lernausgangslage und der Lernentwicklung. Klassenstufen 5, 7 und 9* (Hanse – Hamburger Schriften zur Qualität im Bildungswesen, Bd. 8). Münster: Waxmann.

Behörde für Schule und Berufsbildung (Hrsg.). (2012). *LAU – Aspekte der Lernausgangslage und der Lernentwicklung. Klassenstufen 11 und 13* (Hanse – Hamburger Schriften zur Qualität im Bildungswesen, Bd. 9). Münster: Waxmann.

Berkemeyer, J., Berkemeyer, N. & Schwikal, A. (2015). Lernen als Leitbild. Internationale Erfahrungen zum Schulleitungshandeln im Kontext von Professionalisierungsprozessen von Lehrkräften. In J. Berkemeyer, N. Berkemeyer & F. Meetz (Hrsg.), *Professionalisierung und Schulleitungshandeln. Wege und Strategien der Personalentwicklung an Schulen* (1. Aufl., S. 12–32). Weinheim: Beltz Gelberg.

Berkemeyer, N., Bos, W., Manitius, V., Hermstein, B., Bonitz, M. & Semper, I. (2014). *Chancenspiegel 2014. Regionale Disparitäten in der Chancengerechtigkeit und Leistungsfähigkeit der deutschen Schulsysteme* (Bertelsmann Stiftung, Institut für Schulentwicklungsforschung der Technischen Universität Dortmund & Institut für Erziehungswissenschaft der Friedrich-Schiller-Universität Jena, Hrsg.), Gütersloh.

Berkemeyer, N., Bos, W., Manitius, V. & Müthing, K. (Hrsg.). (2008). *Unterrichtsentwicklung in Netzwerken. Konzeptionen, Befunde, Perspektiven* (Netzwerke im Bildungsbereich, Bd. 1). Münster: Waxmann.

Berkemeyer, N. & Feldhoff, T. (2010). Schulische Steuergruppen. In T. Bohl, W. Helsper, H. G. Holtappels & C. Schelle (Hrsg.), *Handbuch Schulentwicklung. Theorie – Forschungs-*

befunde – Entwicklungsprozesse – Methodenrepertoire (UTB Schulpädagogik, Bd. 8443, 1. Aufl., S. 183–186). Bad Heilbrunn: Klinkhardt.

Berkemeyer, N., Manitius, V., Müthing, K. & Bos, W. (2009). Ergebnisse nationaler und internationaler Forschung zu schulischen Innovationsnetzwerken. Eine Literaturübersicht. *Zeitschrift für Erziehungswissenschaft 12* (4), 667–687.

Blömeke, S., Bohl, T., Haag, L., Lang-Wojtasik, G. & Sacher, W. (Hrsg.). (2009). *Handbuch Schule. Theorie – Organisation – Entwicklung* (UTB, Bd. 8392). Bad Heilbrunn: Klinkhardt.

Blömeke, S. & Herzig, B. (2009). Schule als gestaltete und zu gestaltende Institution – ein systematischer Überblick über aktuelle und historische Schultheorien. In S. Blömeke, T. Bohl, L. Haag, G. Lang-Wojtasik & W. Sacher (Hrsg.), *Handbuch Schule. Theorie – Organisation – Entwicklung* (UTB, Bd. 8392, S. 15–28). Bad Heilbrunn: Klinkhardt.

Bloom, B. S. (1976). *Human characteristics and school learning.* New York: McGraw-Hill.

Blossfeld, H.-P., Roßbach, H.-G. & Maurice, J. von. (2011). Education as a Lifelong Process. The German National Educational Panel Study (NEPS). *Zeitschrift für Erziehungswissenschaft 14* (Sonderheft 2, S. 19–34). doi:10.1007/s11618-011-0179-2.

Bohl, T. (2009). Theorien und Konzepte der Schulentwicklung. In S. Blömeke, T. Bohl, L. Haag, G. Lang-Wojtasik & W. Sacher (Hrsg.), *Handbuch Schule. Theorie – Organisation – Entwicklung* (UTB, Bd. 8392, S. 553–559). Bad Heilbrunn: Klinkhardt.

Bohl, T., Helsper, W., Holtappels, H. G. & Schelle, C. (Hrsg.). (2010). *Handbuch Schulentwicklung. Theorie – Forschungsbefunde – Entwicklungsprozesse – Methodenrepertoire* (UTB Schulpädagogik, Bd. 8443, 1. Aufl.). Bad Heilbrunn: Klinkhardt.

Böhm-Kasper, O., Schuchart, C. & Schulzeck, U. (Hrsg.). (2007). *Kontexte von Bildung. Erweiterte Perspektiven in der Bildungsforschung.* Münster: Waxmann.

Bonsen, M. (2016). Schulleitung und Führung in der Schule. In H. Altrichter & K. Maag Merki (Hrsg.), *Handbuch Neue Steuerung im Schulsystem* (Educational Governance, Bd. 7, 2., überarbeitete und aktualisierte Auflage, S. 301–323). Wiesbaden: Springer VS.

Boudon, R. (1974). *Education, Opportunity, and Social Inequality. Changing Prospects in Western Society.* New York/London/Sydney/Toronto: John Wiley & Sons.

Bourdieu, P. (1982). *Die feinen Unterschiede. Kritik der gesellschaftlichen Urteilskraft* (Suhrkamp-Taschenbuch Wissenschaft, Bd. 658, 24. Auflage). Frankfurt am Main: Suhrkamp.

Breen, R. & Goldhorpe, J. H. (1997). Explaining educational differentials. Towards a formal rational action theory. *Rationality and society 9,* 275–305.

Bromme, R. (1997). Kompetenzen, Funktionen und unterrichtliches Handeln des Lehrers. In F. E. Weinert (Hrsg.), *Psychologie des Unterrichtes und der Schule* (Enzyklopädie der Psychologie, Themenbereich D Praxisgebiete; Ser. 1 Pädagogische Psychologie; Bd. 3, S. 177–212). Göttingen: Hogrefe.

Caroll, J. B. (1963). A model of school learning. *Teacher College Record 64* (8), 723–733.

Creemers, B. P. M. & Kyriakides, L. (2008). A theoretical based approach to educational improvement. Establishing links between educational effectiveness research and school improvement. In W. Bos, H. G. Holtappels, H. Pfeiffer, H.-G. Rolff & R. Schulze-Zander (Hrsg.), *Jahrbuch der Schulentwicklung. Daten, Beispiele und Perspektiven* (Eine Veröffentlichung der Arbeitsstelle für Schulentwicklungsforschung der Universität Dortmund, Bd. 15, S. 41–61). Weinheim: Juventa Verl.

Creemers, B., Kyriakides, L., Panayiotou, A., Bos, W., Holtappels, H. G., Pfeifer, M., Vennemann, M., Wendt, H., Scharenberg, K., Smyth, E., McMahon, L., McCoy, S., Damme, J. V., Vanlaar, G., Antoniou, P., Charalambous, C., Charalambous, E., Maltezou, E., Zupanc, D., Bren, M., Cankar, G., Hauptman, A., Rekalidou, G., Penderi, E., Karadimitriou, K., Dimitriou, A., Desli, D. & Tempridou, A. (2013). *Establishing a knowledge base for quality in education: testing a dynamic theory for education. Handbook on designing evidence-based strategies and actions to promote quality in education.* Münster: Waxmann.

Dalin, P. & Rolff, H.-G. (1990). *Institutionelles Schulentwicklungsprogramm. Eine neue Perspektive für Schulleiter, Kollegium und Schulaufsicht.* Soest: Soester Verl.-Kontor.

Ditton, H. (2000). Qualitätskontrolle und Qualitätssicherung in Schule und Unterricht. Ein Überblick zum Stand der empirischen Forschung. In A. Helmke, W. Hornstein & E. Terhart (Hrsg.), Qualität und Qualitätssicherung im Bildungsbereich: Schule, Sozialpädagogik, Hochschule. *Zeitschrift für Pädagogik.* (Beiheft 41, S. 73–92). Weinheim und Basel: Beltz Verlag.

Einsiedler, W. (2000). Von Erziehungs- und Unterrichtsstilen zur Unterrichtsqualität. In M. K. W. Schweer (Hrsg.), *Lehrer-Schüler-Interaktion. Pädagogisch-psychologische Aspekte des Lehrens und Lernens in der Schule* (Reihe Schule und Gesellschaft, Bd. 24, S. 109–128). Wiesbaden, s.l.: VS Verlag für Sozialwissenschaften.

Erikson, R. & Jonsson, J. O. (1996). Explaning Class Inequality in Education: The Swedish Test Case. In R. Erikson & J. O. Jonsson (Hrsg.), *Can Education Be Equalized? The Swedish Case in Comparative Perspective.* (S. 1–63). Stockholm: Westview Press.

Esser, H. (1999). *Situationslogik und Handeln* (Soziologie, spezielle Grundlagen / Hartmut Esser ; Bd. 1). Frankfurt/Main: Campus-Verl.

Fend, H. (1982). *Gesamtschule im Vergleich. Bilanz der Ergebnisse des Gesamtschulversuchs.* Weinheim: Beltz.

Flick, U. (2011). *Triangulation. Eine Einführung* (Qualitiative Sozialforschung, Bd. 12, 3., aktualisierte Auflage). Wiesbaden: VS Verlag für Sozialwissenschaften / Springer Fachmedien Wiesbaden GmbH Wiesbaden.

Gräsel, C. (2011). Was ist Empirische Bildungsforschung? In H. Reinders, H. Ditton, C. Gräsel & B. Gniewosz (Hrsg.), *Empirische Bildungsforschung. Gegenstandsbereiche* (S. 13–27). Wiesbaden: VS Verlag für Sozialwissenschaften / Springer Fachmedien Wiesbaden, Wiesbaden.

Gröhlich, C. (2012). *Bildungsqualität. Strukturen und Prozesse in Schule und Unterricht und ihre Bedeutung für den Kompetenzerwerb* (Empirische Erziehungswissenschaft, Bd. 33). Münster [u.a.]: Waxmann.

Hadjar, A. & Hupka-Brunner, S. (Hrsg.). (2013). *Geschlecht, Migrationshintergrund und Bildungserfolg.* Weinheim: Beltz Juventa.

Hattie, J. (2013). *Lernen sichtbar machen.* Baltmannsweiler: Schneider-Verl. Hohengehren.

Hellekamps, S., Plöger, W. & Wittenbruch, W. (Hrsg.). (2011). *Schule. Handbuch der Erziehungswissenschaft 3* (Handbuch der Erziehungswissenschaft, 1. Aufl.). Stuttgart: UTB.

Helmke, A. (2003). *Unterrichtsqualität erfassen, bewerten, verbessern* (1. Auflage). Seelze: Klett Kallmeyer.

Helmke, A. (2009). *Unterrichtsqualität und Lehrerprofessionalität. Diagnose, Evaluation und Verbesserung des Unterrichts* (1. Aufl.). Seelze-Velber: Kallmeyer.

Helsper, W. & Böhme, J. (Hrsg.). (2008). *Handbuch der Schulforschung* (2., durchges. und erw. Aufl.). Wiesbaden: VS, Verl. für Sozialwiss.

Helsper, W., Böhme, J., Kramer, R.-T. & Lingkost, A. (Hrsg.). (2001). *Schulkultur und Schulmythos. Gymnasien zwischen elitärer Bildung und höherer Volksschule im Transformationsprozeß. Rekonstruktionen zur Schulkultur I* (Studien zur Schul- und Bildungsforschung, Bd. 13). Wiesbaden: VS Verlag für Sozialwissenschaften.

Helsper, W. & Klieme, E. (2013). Quantitative und qualitative Unterrichtsforschung – eine Sondierung. Einführung in den Thementeil. *Zeitschrift für Pädagogik 59* (3), 283–290.

Hermstein, B., Semper, I., Berkemeyer, N. & Mende, L. (2015). Thematisierungen von Bildungsmonitoringinstrumenten seitens der Bildungsforschung. *Die Deutsche Schule 107* (3), 248–263.

Holtappels, H. G. (Hrsg.). (2004). *Schulprogramme – Instrumente der Schulentwicklung. Konzeptionen, Forschungsergebnisse, Praxisempfehlungen* (Veröffentlichung des Instituts für Schulentwicklungsforschung der Universität Dortmund). Weinheim: Juventa.

Holtappels, H. G. (2005). Bildungsqualität und Schulentwicklung. In H. G. Holtappels & K. Höhmann (Hrsg.), *Schulentwicklung und Schulwirksamkeit. Systemsteuerung, Bildungschancen und Entwicklung der Schule; 30 Jahre Institut für Schulentwicklungsforschung* (Eine Veröffentlichung des Instituts für Schulentwicklungsforschung der Universität Dortmund, S. 27–47). Weinheim: Juventa-Verl.

Holtappels, H. G. (Hrsg.). (2014). *Schulentwicklung und Schulwirksamkeit als Forschungsfeld. Theorieansätze und Forschungserkenntnisse zum schulischen Wandel.* Münster, Westf: Waxmann.

Holtappels, H. G., Klemm, K. & Rolff, H.-G. (Hrsg.). (2008). *Schulentwicklung durch Gestaltungsautonomie. Ergebnisse der Begleitforschung zum Modellvorhaben „Selbstständige Schule" in Nordrhein-Westfalen.* Münster: Waxmann.

Jank, W. & Meyer, H. (2014). *Didaktische Modelle. [alle Schulformen]* (11. Aufl.). Berlin: Cornelsen.

Kemper, T. & Weishaupt, H. (2011). Region und soziale Ungleichheit. In H. Reinders, H. Ditton, C. Gräsel & B. Gniewosz (Hrsg.), *Empirische Bildungsforschung. Gegenstandsbereiche* (S. 209–219). Wiesbaden: VS Verlag für Sozialwissenschaften / Springer Fachmedien Wiesbaden, Wiesbaden.

Klieme, E. (2006). Empirische Unterrichtsforschung: aktuelle Entwicklungen, theoretische Grundlagen und fachspezifische Befunde. Einführung in den Thementeil. *Zeitschrift für Pädagogik 52* (6), 765–773.

KMK (Sekretariat der Ständigen Konferenz der Kultusminister der Länder in der Bundesrepublik Deutschland) (2015). Gesamtstrategie Kultusministerkonferenz zum Bildungsmonitoring. Beschluss der 350. Kultusministerkonferenz vom 11.06.2015. https://www.kmk.org/fileadmin/Dateien/veroeffentlichungen_beschluesse/2015/2015_06_11-Gesamtstrategie-Bildungsmonitoring.pdf. Zugegriffen 10.03.2016.

Kohler, B. & Wacker, A. (2013). Das Angebots-Nutzungs-Modell. Überlegungen zu Chancen und Grenzen des derzeit prominentesten Wirkmodell der Schul- und Unterrichtsforschung. *Die Deutsche Schule 105* (3), 241–257.

Kolbe, F.-U. (2010). Einführung: Methoden der Schulentwicklungsforschung. In T. Bohl, W. Helsper, H. G. Holtappels & C. Schelle (Hrsg.), *Handbuch Schulentwicklung. Theorie – Forschungsbefunde – Entwicklungsprozesse – Methodenrepertoire* (UTB Schulpädagogik, Bd. 8443, 1. Aufl., S. 133–137). Bad Heilbrunn: Klinkhardt.

Kramer, R.-T. & Helsper, W. (2010). Kulturelle Passung und Bildungsungleichheit – Potenziale einer an Bourdieu orientierten Analyse der Bildungsungleichheit. In H.-H. Krüger, U. Rabe-Kleberg, R.-T. Kramer & J. Budde (Hrsg.), *Bildungsungleichheit revisited. Bildung und soziale Ungleichheit vom Kindergarten bis zur Hochschule* (Studien zur Schul- und Bildungsforschung, Bd. 30, 1. Aufl., S. 103–125). Wiesbaden: VS Verl. für Sozialwiss.

Kramer, R.-T., Thiersch, S. & Helsper, W. (Hrsg.). (2014). *Schülerhabitus. Theoretische und empirische Analysen zum Bourdieuschen Theorem der kulturellen Passung* (Studien zur Schul- und Bildungsforschung, Bd. 50). Wiesbaden: Springer VS.

Krauss, S. & Bruckmaier, G. (2014). Das Experten-Paradigma in der Forschung zum Lehrberuf. In E. Terhart, H. Bennewitz & M. Rothland (Hrsg.), *Handbuch der Forschung zum Lehrerberuf* (2., überarbeitete und erweiterte Auflage, S. 241–261). Münster, New York: Waxmann.

Lange-Vester, A. (2015). Habitusmuster von Lehrpersonen – auf Distanz zur Kultur der unteren sozialen Klassen. *Zeitschrift für Soziologie der Erziehung und Sozialisation 35* (4), S. 360-376.

Lipowsky, F. (2014). Unterricht. In E. Wild & J. Möller (Hrsg.), *Pädagogische Psychologie* (Springer-Lehrbuch, 2. vollst. überarb. und aktualisierte Aufl., S. 69–105). Berlin: Springer.

Lüders, M. (2014). Erziehungswissenschaftliche Unterrichtstheorien. *Zeitschrift für Pädagogik 60* (6), 832–849.

Maaz, K., Baumert, J., Gresch, C. & McElvany, N. (Hrsg.). (2010). *Der Übergang von der Grundschule in die weiterführende Schule. Leistungsgerechtigkeit und regionale, soziale und ethnisch-kulturelle Disparitäten* (Bildungsforschung, Bd. 34). Berlin: Bundesministerium für Bildung und Forschung (BMBF).

Merkens, H. (2010). *Unterricht. Eine Einführung* (1. Aufl.). Wiesbaden: VS Verl. für Sozialwiss.

Meyer, H. (2004). *Was ist guter Unterricht?* (5. Aufl.). Berlin: Cornelsen.

Picht, G. (1964). *Die deutsche Bildungskatastrophe – Analyse und Dokumentation:* Walter.

Quenzel, G. & Hurrelmann, K. (Hrsg.). (2010). *Bildungsverlierer. Neue Ungleichheiten* (1. Aufl.). Wiesbaden: VS Verl. für Sozialwiss.

Rahm, S. (2005). *Einführung in die Theorie der Schulentwicklung* (Beltz Studium Erziehung und Bildung). Weinheim: Beltz.

Reinders, H., Ditton, H., Gräsel, C. & Gniewosz, B. (Hrsg.). (2011). *Empirische Bildungsforschung. Gegenstandsbereiche.* Wiesbaden: VS Verlag für Sozialwissenschaften / Springer Fachmedien Wiesbaden, Wiesbaden.

Rolff, H.-G. (2007). *Studien zu einer Theorie der Schulentwicklung* (Beltz-Bibliothek). Weinheim: Beltz.

Schwippert, K. & Goy, M. (2008). Leistungsvergleichs- und Schulqualitätsforschung. In W. Helsper & J. Böhme (Hrsg.), *Handbuch der Schulforschung* (2., durchges. und erw. Aufl., S. 387–421). Wiesbaden: VS, Verl. für Sozialwiss.

Slavin, R. E. (1994). Quality, appropriateness, incentive, and time: A model of instructional effectivness. *International Journal of Education Research 21* (2), 141–157.

Stubbe, T. C., Bos, W. & Euen, B. (2012). Der Übergang von der Primar- in die Sekundarstufe. In W. Bos, I. Tarelli, A. Bremerich-Vos & K. Schwippert (Hrsg.), *IGLU 2011. Lese-*

kompetenzen von Grundschulkindern in Deutschland im internationalen Vergleich (S. 209–226). Münster: Waxmann.

Terhart, E., Bennewitz, H. & Rothland, M. (Hrsg.). (2014). *Handbuch der Forschung zum Lehrerberuf* (2., überarbeitete und erweiterte Auflage). Münster, New York: Waxmann.

Tippelt, R. & Schmidt, B. (2010a). Einleitung der Herausgeber. In R. Tippelt & B. Schmidt (Hrsg.), *Handbuch Bildungsforschung* (3., durchges. Aufl., S. 9–19). Wiesbaden: VS, Verl. für Sozialwiss.

Tippelt, R. & Schmidt, B. (Hrsg.). (2010b). *Handbuch Bildungsforschung* (3., durchges. Aufl.). Wiesbaden: VS, Verl. für Sozialwiss.

van Ophuysen, S., Riek, K., Dietz & Sarah-Lena. (2015). Soziale Gerechtigkeit am Übergang von der Grundschule zur weiterführenden Schule – die Perspektive der Lehrkräfte. In V. Manitius, B. Hermstein, N. Berkemeyer & W. Bos (Hrsg.), *Zur Gerechtigkeit von Schule. Theorien, Konzepte, Analysen* (S. 332–351). Münster: Waxmann.

Walberg, H. J. (1984). Improving the productivity of American Schools. *Educational Leadership 41*, 19–27.

Wiater, W. (2012). *Theorie der Schule* (Didaktik, 5., überarb. Aufl.). Donauwörth: Auer.

Zedler, P. & Döbert, H. (2010). Erziehungswissenschaftliche Bildungsforschung. In R. Tippelt & B. Schmidt (Hrsg.), *Handbuch Bildungsforschung* (3., durchges. Aufl., S. 23–45). Wiesbaden: VS, Verl. für Sozialwiss.

Schulentwicklungsforschung als qualitative Prozessanalyse

Das Beispiel der wissenschaftlichen Begleitung des Schulversuchs Primus

Till-Sebastian Idel, Christina Huf und Sven Pauling

1   Einleitung

Empirische Arbeiten, die im erziehungswissenschaftlichen Lehramtsstudium entstehen, befassen sich zunehmend auch mit Vorhaben in der Unterrichts- und Schulentwicklungsforschung. Diese werden in Lehrforschungsseminaren oder in Abschlussarbeiten oft mit qualitativen Methoden begleitend erforscht. Studierende führen in diesen Projekten Interviews mit beteiligten Akteuren durch, häufig mit Lehrpersonen, zum Teil auch mit Schüler*innen. Diese werden in vielen Projekten ergänzt durch Unterrichtsbeobachtungen. Ziel solcher Vorhaben ist es zum einen, das Ge- bzw. Misslingen der Veränderung von Schule und Unterricht in einem bestimmten Bereich – etwa der Einführung neuer Methoden im Fachunterricht, der Umstellung auf regelmäßige individualisierende Planarbeit in den Hauptfächern, Maßnahmen zur Förderung der Methodenkompetenz etc. – eingegrenzt auf eine Teilfragestellung und/oder eine bestimmte Akteursperspektive zu untersuchen. Zum anderen reichen die Erkenntnisse aus einer solchen „niedrigschwelligen" Forschung aber auch über die konkrete Qualität der Implementierung neuer Konzepte hinaus. Denn was Studierende in solchen Projekten ebenso entdecken können, ist die Logik und Prozessstruktur, in die Unterrichts- und Schulentwicklung in einer konkreten Schulkultur, also an einer bestimmten Schule, in einem bestimmten Kontext mit darin sozialisierten Lehrpersonen und Schüler*innen eingebettet ist. Solche studentischen Forschungsvorhaben können damit auch dazu führen, sich von einfachen Transfervorstellungen von in die Praxis zu übertragenden Modellen, Konzepten und Theorien zu verabschieden. Stattdessen kann in diesen Projekten die Erkenntnis gefördert werden, dass die Implementierung oder Etablierung von Neuerungen immer eine „Rekontextualisierung" im Sinne Fends darstellt: „In mehreren Stufen werden (...) Vorgaben umgesetzt und je nach den Handlungsbedingungen vor Ort respezifiziert" (Fend 2006, S. 174). Im Großen und Ganzen lassen sich diese überschaubaren Forschungsprojekte als Spielart einer „Praxisforschung" bezeichnen (Idel/Thünemann 2014), die oft nicht nur ein reines Forschungsinteresse verfolgt, sondern zugleich der beforschten Praxis gegenüber nützlich sein will.

In diesen überschaubaren studentischen Projekten spiegelt sich im Kleinen und in Ansätzen viel von dem, was Schulentwicklungsforschung auch im Großen und grundsätzlich ausmacht, gerade wenn sie als evaluative Schulbegleitforschung angelegt ist. Diese Projekte werden in der Regel von Ministerien in Auftrag gegeben. Fragen des Ge- und Misslingens von Reformmaßnahmen sollen durch begleitende Forschung beantwortet werden, um auf der Grundlage wissenschaftlich erzeugter Evidenz politisch entscheiden und administrativ handeln zu können, bisweilen auch um die Gestaltung der Reformprozesse durch die Professionellen zu unterstützen. Eine solche Schulentwicklungsforschung – und ebenso studentische Forschungsprojekte in diesem Bereich – ist daher in besonderer Weise durch die Spannung zwischen analytischen und praktisch-konzeptionellen Perspektiven und damit durch die Frage geprägt, „wie eine Integration von (wissenschaftlicher) Erforschung und (politischer und professioneller) Praxis der Schulentwicklung gelingen kann" (Emmerich/Maag Merki 2014, S. 4). Von diesen Forschungsprojekten werden in der Regel nicht nur belastbare empirische Beschreibungen, sondern in gleicher Weise gestaltungsorientierende Hinweise und Empfehlungen erwartet. Für Projekte in der begleitenden Evaluationsforschung stellt sich daher nicht nur die für jede Forschung übliche Anforderung, eine Passung von Fragestellung, Gegenstand und Methode herzustellen. Gleichermaßen muss auch vor dem Hintergrund der jeweils an sie gestellten Erwartungen konzeptionell geklärt werden, wie die Spannung zwischen distanzierter Beobachtung und Beschreibung (Forschung) und beratender Einflussnahme (Entwicklung) austariert werden soll. Im Folgenden soll ein solches größeres Schulbegleitforschungsprojekt vorgestellt werden, das mit qualitativen Methoden Prozesse der Schul- und Unterrichtsentwicklung in einem Schulversuch im Bundesland Nordrhein-Westfalen beleuchtet. Im Unterschied zur quantitativen Schulentwicklungsforschung werden in einer *qualitativen Prozessanalyse* mit sinnverstehenden Methoden Fallstudien erstellt und verglichen. Ziel ist es, tiefenscharfe Analysen zu Entwicklungsprozessen in Einzelschulen zu erhalten, die sich den jeweiligen Standortbedingungen und Ereignisabläufen in hohem Maße anschmiegen können (Idel 2010; Kolbe 2004; Bastian u.a. 2002; Arnold u.a. 2000). Eine solche Anlage eignet sich in besonderer Weise für begrenzte Reformmaßnahmen, in die eine geringere Anzahl von Fällen einbezogen ist, oder für gezielte Untersuchungen von aus einem größeren Sample ausgewählten Fällen (etwa in Ergänzung quantitativer Gesamterhebungen). Der Beitrag ist folgendermaßen aufgebaut: Zunächst wird der theoretische und methodologische Ansatz der qualitativen Prozessanalyse erläutert, dann das bildungspolitische Reformvorhaben – der Schulversuch Primus[1] –, das den Gegenstand der Schulentwicklungsforschung darstellt. Anschließend werden erste fallübergreifende Ergebnisse skizziert. Am Ende wird das Problem andiskutiert, wie die wissenschaftliche Begleitung ihrer Unterstützungsfunktion gerecht werden kann, ohne die notwendige Distanz zum Feld aufzugeben, ein Problem wiederum, mit dem auch studentische Vorhaben in der Praxisforschung umgehen müssen. Insgesamt soll am exemplarischen Fall deutlich werden, mit welchem Konzept von Schulentwicklung und Schulentwicklungsforschung eine qualitative Prozessanalyse operiert. Bedeutsam ist – dies sei schon vorweggestellt – ein offenes feldsensibles Verständnis von Schulentwicklung, in dem es zuallererst darum geht, Schulentwicklung als Herstellungsleistung der Akteure vor Ort zu verstehen. Damit wird in diesem Ansatz der Schulentwicklungsforschung das Grundprinzip der qualitativen Methodologie zum Ausdruck gebracht, nämlich das des unvoreingenommenen Fremdverstehens (Rosenthal 2011).

2   Theoretische Bezüge: Qualitative Praxisanalyse – Anlage der wissenschaftlichen Begleitforschung

Die folgende theoretische Fundierung von Schulentwicklung ist eine grundlagentheoretische Heuristik, die einen hermeneutisch-rekonstruktiven Ansatz in der Schulentwicklungsforschung repräsentiert und entsprechend qualitativ aus-

---

1   Die wissenschaftliche Begleitforschung zum Schulversuch Primus ist an den Universitäten Bremen und Münster angesiedelt. In der Ausschreibung wurden Anträge von Konsortien erwartet, d.h. von Zusammenschlüssen von Kolleg*innen, die unterschiedliche Expertisen in die wissenschaftliche Begleitung einbringen konnten. In Bremen sind dies die Expertisen von Ursula Carle in Fragen der Altersmischung und von Till-Sebastian Idel in Fragen der Schul(entwicklungs)- und Unterrichtsforschung, in Münster die Expertise von Christina Huf im Hinblick auf Übergangs- und qualitative Unterrichtsforschung.

gerichteten Forschungsarbeiten zugrunde gelegt werden kann. Gängige Konzepte der Schulentwicklung (Dalin u.a. 1995) fassen Schulentwicklung oft als ein absichtsvolles, planmäßiges und zielorientiertes Handeln von Lehrpersonen, die als kollektiver Akteur vorgestellt werden. Zudem operieren sie in der Regel mit normativen Setzungen, wenn sie Schulentwicklungsprozesse an vorgängigen Modellierungen von gelingender Schul- und Unterrichtsentwicklung und an Standards von Schulqualität messen. Mit der Konzeption eines handelnden Kollektivsubjekts sind dann auch immer mehr oder weniger weitreichende Wirkungsannahmen verbunden, die in der Regel einfachen Kausalplänen folgen: Schulentwicklung wird als Verfahren einer rationalen Selbststeuerung der Einzelschule gedacht und mit mehr oder weniger impliziten „Machbarkeitsvisionen" (Göhlich 2008, S. 263) und Optimierungspostulaten unterlegt.

Der Ansatz der qualitativen Prozessanalyse grenzt sich von einem solchen Verständnis von Schulentwicklung ab und gründet seine Konzeptualisierung auf drei „große" sozial- und erziehungswissenschaftliche Theorielinien: *Erstens* wird – im Anschluss an gehaltvolle akteurtheoretische Modelle, wie sie auch in der Educational Governance (Maag Merki u.a. 2014; Heinrich 2007) Anwendung finden – Schulentwicklung nicht als lineare Umsetzung eines konzeptualisierten Programms von oben nach unten durch einen rational handelnden kollektiven Akteur begriffen, sondern als „eigensinnige Übersetzungsleistung" (Idel/Rabenstein 2013) in empirisch zu rekonstruierenden *Akteurskonstellationen* vor Ort, die im „handelnden Zusammenwirken von Akteuren" (Schimank 2010) entstehen. In Anlehnung an praxistheoretische Entwürfe von Sozialität lässt sich *zweitens* Handeln als in *Praktiken* situierte Aktivität begreifen (Schatzki 1996). Praktiken beruhen zu einem Großteil auf einem impliziten Erfahrungswissen. Sie sind nur in begrenztem Sinne intentional gesteuert und vollziehen sich als routinisierte Aktivitätsvollzüge, die an soziale Ordnungen gebunden sind und diese Ordnungen zugleich in ihrem Vollzug immer wieder aufs Neue herstellen. Giddens bezeichnet dieses rekursive Zusammenspiel von Praktiken und Ordnungskonstitution als Dualität von Handeln und Struktur(en) (Giddens 1984), wobei letztere als Regel-Ressourcen-Komplexe zu verstehen sind, die zum Handeln ermächtigen. Sie stellen den Akteuren Möglichkeiten zum Handeln zur Verfügung und begrenzen dieses durch handlungsstrukturierende Normen und soziale Regeln. *Drittens* wird von der erziehungswissenschaftlichen Bildungsgangforschung das Konzept der *Entwicklungsaufgaben* übernommen (Hericks 2006) und auf die Ebene von Schulentwicklung adaptiert. Entwicklungsaufgaben entstehen im Schnittfeld von gesetzten Anforderungen von außen und deren interner Verarbeitung in der Organisation der Einzelschule durch die Professionellen, wobei jeweils spezifische Lösungsmuster sozial konstruiert werden. Das Konzept der Entwicklungsaufgabe kann darüber hinaus auch eine Brücke schlagen zwischen Schulentwicklung und Professionalisierung, die in einem wechselseitigen Ermöglichungsverhältnis zueinanderstehen. Entwicklungsaufgaben lassen sich auf der Ebene der Organisation wie auch auf der Ebene der einzelnen Professionellen lokalisieren.

Vor diesen knapp skizierten Ausgangsannahmen werden die Entwicklungsprozesse an den fünf am Schulversuch Primus beteiligten Schulen in einem Fallstudiendesign aus einer theoretisch elaborierten *Akteursperspektive* erschlossen. Einem ethnografischen Vorgehen (Breidenstein u.a. 2013) vergleichbar, wird in möglichst normativer Zurückhaltung beobachtet und beschrieben, was an den jeweiligen Standorten geschieht, wie die Akteure die Anforderungen der Schul- und Unterrichtsentwicklung auf sich nehmen und in Herausforderungen übersetzen. Dabei werden nicht von vornherein Maßstäbe des Gelingens von außen an die Standorte angelegt. Vielmehr wird das Ziel verfolgt, die kasuistische Logik der Realisierung der Reform und die darin am Standort entstehenden *Möglichkeitsräume* zu erschließen. Aus der Logik der rekonstruierten Prozesse sollen die Möglichkeitsbedingungen des Schulversuchs heraus präpariert werden, um so ein Verständnis für die Schulentwicklungsprozesse an den Primusschulen zu gewinnen und dieses zu übergreifenden Einsichten in und über den Schulversuch zu verdichten.

Schulentwicklungstheoretisch wird damit der Fokus auf die organisationalen und pädagogischen Praktiken der vor Ort beteiligten Akteure und die in diesen Praktiken aufkommenden Strukturbildungen gelegt (Killus/Paseka 2013). In diesen Strukturbildungen entstehen an den neu gegründeten fünf Primusschulen – die mehr oder weniger noch personell, programmatisch und organisatorisch jeweils mit den Bestandsschulen, die sie ersetzen sollen, verbunden sind und von diesen herkommen – sukzessive neue Schul- und Lernkulturen. Insbesondere werden in den Untersuchungen der wissenschaftlichen Begleitforschung die Aktivitäten der Schulleitungen und Kollegien beobachtet. Darüber hinaus werden aber auch Perspektiven weiterer bedeutsamer Akteure in die Analysen einbezogen (Eltern, Schüler*innen, kommunal-politische Akteure), um von dorther ein Verständnis für die jeweils standortspezifische „Rekontextualisierung" (Fend) des Schulversuchs zu erlangen. Schulentwicklung wird so als am jeweiligen Standort situierte Arbeit an Entwicklungsaufgaben und -lösungen verstanden, die in *Entwicklungsstrategien* formuliert werden:

1. Entwicklungsstrategien sind Aktivitäten und Maßnahmen, die gleichermaßen auf *pädagogischen Sinngebungen und organisationalen Überlegungen* beruhen. Die Akteure versuchen einerseits, sich die pädagogischen Zielsetzungen zu eigen zu machen. Andererseits beziehen sie diese auf den von ihnen aus-

buchstabierten organisationalen Möglichkeitsraum vor Ort: Was wäre zu tun und wie ist das in unserem jeweiligen Kontext möglich? Welche Entwicklungsaufgaben ergeben sich daraus für uns?

2. Entwicklungsstrategien gehen nicht auf einzelne Urheber zurück, sondern sind den innerschulischen *Akteurskonstellationen* zuzurechnen, in denen sie in einem jeweils zu bestimmenden Modus verhandelt werden.

3. Die Akteure handeln zusammen in *Praktiken der Entscheidungsfindung, der Konzeptualisierung, der Realisierung und der Reflexion von Entwicklungsstrategien,* wofür sich die Schulen unterschiedliche Formate gegeben haben (Steuergruppen, erweiterte Schulleitungszusammenkünfte, Arbeitsgruppen etc.).

4. Die gemeinsame Arbeit an Entwicklungsstrategien fußt einerseits auf *konzeptuellem Wissen.* Damit ist das explizite, gewissermaßen bewusste deklarative Wissen der Akteure über pädagogische Ansätze, Methoden, Theorien etc. gemeint, das im Schulversuch etwa in der Entwicklung von individualisierendem, differenzsensiblem Unterricht unter Bedingungen gesteigerter Heterogenität in jahrgangsübergreifenden Lerngruppen heranzuziehen ist, um fachlich begründete Arrangements zu kreieren. Andererseits, und dies ist ein für die Entwicklung nicht zu unterschätzender Faktor, rekurrieren Lehrpersonen in der Schulentwicklung auf das je eigene *Erfahrungswissen und darin eingeschlossene Orientierungsrahmen und Überzeugungen.* Dieses ist in der Regel nur zu einem Teil immer gleich intentional verfügbar, also im Sinne eines knowing-that auch gewusst. Es hat vielmehr die Gestalt eines praktischen Handlungswissens, eines impliziten knowing-how, das durch nachgehende Reflexion verfügbar gemacht werden kann und somit bearbeitbar wird.

5. Die Arbeit an Schulentwicklungsstrategien folgt einer *heuristischen Logik* (Bastian u.a. 2002). In einem rekursiven Suchprozess werden von den Akteuren Probleme aufgeworfen, Entwicklungsaufgaben formuliert und Lösungsmuster entwickelt. In der Reflexion der praktischen Bewährung dieser Lösungsmuster werden Entwicklungsaufgaben aufs Neue reformuliert, sie werden verschoben, neu gefasst, ebenso wie die Muster bzw. Handlungsansätze, die zu ihrer Lösung ersonnen wurden. So gesehen handelt es sich bei Schulentwicklung um ein von den Akteuren vollzogenes *iteratives Geschehen des Ausprobierens:* In der Wiederholung von Versuchen der Problemdefinition und der Formulierung von Lösungsmustern ereignet sich die Veränderung der schulischen Praxis in einer Folge von Übergängen, in denen Routinen variiert und umgeschrieben werden (Idel/Rabenstein 2016).

Vor diesem schulentwicklungstheoretischen Hintergrund werden vielfältige Daten mit verschiedenen Methoden erhoben und analysiert, um die Fallspezifik an den Standorten des Schulversuchs zu rekonstruieren. Zu diesem kasuistischen Vorgehen zählt auch das für qualitatives Forschen konstitutive Prinzip der Komparation und Kontrastierung (Dinkelaker u.a. 2011), das insbesondere in der Dokumentarischen Methode und der Grounded Theory methodologisch ausgearbeitet wurde (Nohl 2007; Strübing 2004). Im Vergleich der Schulen werden über die einzelnen Fallstudien hinaus übergreifende Bedingungen der Realisierung des Schulversuchs herausgearbeitet. In den mitlaufenden komparativen Analysen der Entwicklungen an den fünf Einzelschulen lassen sich Gemeinsamkeiten ebenso wie Unterschiede in Bezug auf das Gemeinsame im Schulversuch identifizieren, indem die Fälle füreinander als Gegenhorizonte herangezogen werden. In der wissenschaftlichen Begleitforschung werden verschiedene Forschungsmethoden und -verfahren trianguliert, um unterschiedliche Daten aus mehreren Perspektiven zu erhalten. Dieses Set an Erhebungen wurde über die fünf Versuchsschulen hinweg vereinheitlicht, um vergleichbare Daten zu erhalten. Neben einem standardisierten Schulleitungsbogen wurden im ersten Jahr der wissenschaftlichen Begleitforschung Dokumente analysiert, teilstandardisierte Leitfadeninterviews mit Schulleitungen, Lehrkräften, Eltern und Repräsentanten der Schulträger sowie Gruppendiskussionen über Entwicklungsstände und -aufgaben durchgeführt, die in Form von SWOT-Analysen in den Schulen durchgeführt wurden.[2] Die Auswertung dieser vielfältigen Daten wird mithilfe des Kodierverfahrens der Grounded Theory und des Kodierparadigmas nach Strauss und Corbin (1996) organisiert. Im Kern geht es bei diesem Verfahren darum, empirisch begründete Kategorien über eine immer stärker abstrahierende und systematisierende Arbeit an Begriffen zu (er)finden. Diese werden aus einzelnen Daten gewonnen, dimensioniert, miteinander vernetzt und hierarchisiert und schließlich zu übergreifenden Schlüsselkategorien integriert, so dass eine auf das Phänomen bezogene – hier die Schulentwicklung im Schulversuch Primus – und in dessen Datenstruktur begründete Theorie mittlerer Reichweite entsteht (Böhm u.a. 1992). Die im übernächsten Abschnitt dargestellten ersten Befunde sind Umrisse einer solchen Arbeit an einer Grounded Theory über das Entwicklungsgeschehen im Schulversuch Primus, die im Verlauf der wissenschaftlichen Begleitforschung weiter angereichert und ausgearbeitet werden müssen.

---

2   Die SWOT-Analyse (= Strengths, Weaknesses, Opportunities, Threats) ist ein aus der Organisationsberatung stammendes Verfahren. Es dient der Explikation von systeminternen Stärken und Schwächen bzgl. eines Entwicklungsziels und systemexterner Chancen und Risiken im relevanten Umfeld.

▶ **Lesehinweise**
Killus unf Paseka (2013)
Idel (2010)
Horstkemper und Tillmann (2010)
Kolbe (2004)
Strübing (2004)
Muckel und Breuer (2016)
Breidenstein et al. (2013)

3　Das Projekt: Der Schulversuch Primus

Primus ist Teil des nordrhein-westfälischen Reformprogramms zur Förderung des „Längeren gemeinsamen Lernens", [3] mit dem auf die Dysfunktionalitäten des überkommenen exklusiven dreigliedrigen Schulsystems reagiert wird (Leistungsineffizienz, Gerechtigkeitsprobleme sowie fehlende Elastizität, um auf den demographischen Wandel und gestiegene Bildungsaspirationen einzugehen). Wie in fast allen anderen Bundesländern auch, wurden im Zuge der Schulstrukturreform in Nordrhein-Westfalen neue integrierte Sekundarschulen eingerichtet (Idel u.a. 2016; Liegmann 2016; Wittek 2014; Liegmann/Bouß 2012; Tillmann 2012; Wiechmann 2009). Der Schulversuch Primus reiht sich in diese Restrukturierungsmaßnahmen ein, geht aber über diese noch hinaus, weil er sich sowohl auf die Primar- als auch auf die Sekundarstufe bezieht. Das Akronym PRIMUS steht für ‚Schulversuch zur Erprobung des Zusammenschlusses von *PRIM*arstufe *U*nd der *S*ekundarstufe'. Primusschulen sollen leistungsfähige und chancengerechte Schulen sein. Vor dem Hintergrund des demographischen Wandels sollen sie insbesondere im ländlichen Raum ein wohnortnahes Schulangebot sicherstellen (Artikel 2, Absatz 2, 6. Schulrechtsänderungsgesetzes, NRW). An Primus nehmen seit dem Schuljahr 2013/14 bzw. 2014/15 nur fünf Standorte bzw. Einzelschulen teil, die aus dem Zusammenschluss existierender Grund- und Sekundarschulen als Neugründungen entstehen und sukzessive aufgebaut werden. Der Schulversuch ist also ein überschaubares, gleichwohl aber ambitioniertes bildungspolitisches und schulpädagogisches Vorhaben. Wie in kaum einer anderen staatlichen Maßnahme werden auf konsequente Weise äußere schulstrukturelle Veränderungen mit solch einer weitreichenden inneren Schulreform verbunden. Folgende Eckpunkte des Schulversuchs sind von Bedeutung:

3　Vgl. www.schulministerium.nrw.de/docs/Schulsystem/Versuche/Primus/index.html sowie www.schulministerium.nrw.de/docs/Schulpolitik/Gemeinsam/.

- Primusschulen sind inklusive Langformschulen von Klasse 1 bis 10, die alle Bildungsgänge integrieren. Sie sollen eine durchgängige Jahrgangsmischung etablieren. Von den Schulen wird dabei erwartet, dass die Nahtstelle des Übergangs in die Sekundarstufe schulorganisatorisch möglichst in der Jahrgangsmischung der Lerngruppe 4/5/6 aufgeht.
- Lehrkräfte des Sekundarschullehramts sollen mit einem sichtbaren Anteil ihrer Lehrverpflichtung in der Primarstufe, Grundschullehrkräfte umgekehrt auch bis Klasse 7 unterrichten. Die pädagogische Gestaltung des Übergangs soll als gemeinsame Aufgabe in kooperativer Weise von den Stufenlehrkräften konzeptionell ausgestaltet und auch ganz konkret handlungspraktisch verantwortet werden.
- Die Schulen sollen eine individualisierte, inklusive Lernkultur und alternative Formen der Leistungsbewertung möglichst unter Verzicht auf Noten bis in Klasse 8 entwickeln. Die Bildungsverständnisse der beiden Schulstufen sollen in Kommunikation gebracht werden, sich wechselseitig befruchten und ergänzen. An allen Schulen sind auch Lehrkräfte mit sonderpädagogischer Ausbildung tätig.
- Die Schulen sollen im offenen (bis Klasse 3) bzw. im gebundenen Ganztag (ab Klasse 4) geführt werden. Dies macht die Kooperation mit anderen pädagogischen Fachkräften, insbesondere Erzieher/innen notwendig.

Die vom Ministerium für Schule und Weiterbildung aufgeworfenen Forschungsfragen, die in einer Ausschreibung der wissenschaftlichen Begleitforschung formuliert wurden, lassen sich zu vier Beobachtungsfeldern verdichten:

1 *Welches Gefüge bedingt die Errichtung der Primusschule am jeweiligen Standort?* Hierzu sind die Vorgeschichten und Entwicklungspfade der fünf Schulen aus einer ex-post-Perspektive zu rekonstruieren. Wichtig sind hier Fragen nach der schulstrukturellen Ausgangslage am Standort, nach den zentralen Ereignissen, Akteuren, Reformimpulsen und Reformmotiven im lokalen Kräftefeld.
2. *Wie verläuft die Genese und weitere Entwicklung des pädagogischen Konzepts?* Mit dem Antrag auf die Errichtung einer Primusschule musste auch ein pädagogisches und schulorganisatorisches Konzept eingereicht werden. Dieses stellt eine konkrete Antwort auf die Zielsetzungen des Schulversuchs dar. Es ist zu untersuchen, von wem die pädagogischen Konzepte formuliert wurden, welche pädagogischen Zielsetzungen, Programme und Entwürfe zu ihrer Umsetzung in ihnen enthalten sind.
3. *Wie werden die Zielsetzungen des Schulversuchs bearbeitet?* Mit Blick auf die Realisierung des jeweiligen pädagogischen Konzepts nach Errichtung des

Schulversuchs ist zu klären, wie diese Entwürfe umgesetzt, welche Erfahrungen damit gesammelt, wie sie korrigiert und welche Probleme und Aufgaben im Schulentwicklungsalltag entstehen. Genauer ist die Praxis des Schulversuchs daraufhin zu beobachten, in welcher Weise an den fünf Schulen organisationale Schulentwicklungsstrukturen (Schulleitung, Schulmanagement, Steuergruppen und professionelle Lerngemeinschaften) und Kapazitäten in der Schul- und Unterrichtsentwicklung aufgebaut werden.

4. *Wie positionieren sich die am Schulversuch beteiligten Akteure?* Die Tragfähigkeit und erfolgreiche Bewährung des Schulversuchs hängt nicht nur von strukturellen Rahmenbedingungen und Voraussetzungen am Standort, sondern ebenso davon ab, wie sich Akteure in den Schulversuch einbringen und welche Gelegenheiten sie erhalten, den Schulversuch zu beeinflussen und mitzugestalten.

▶ **Lesehinweise**

www.schulministerium.nrw.de/docs/Schulsystem/Versuche/Primus/index.html www.schulministerium.nrw.de/docs/Schulpolitik/Gemeinsam/.

Idel et al. (2016)

Helmer und Wittek (2013)

4 Ergebnisse: Erste Befunde aus der Beobachtung der Schulentwicklungsarbeit

Bevor wir erste Kategorien vorstellen, soll noch einmal die Besonderheit der Prozessstruktur des Schulversuchs verdeutlicht werden: Grundsätzlich ist zu berücksichtigen, dass sich die Primusschulen *gleichzeitig in einem Entwicklungs- und Leistungsprozess* befinden. Auch wenn sie Schulen im Schulversuch sind, haben die Primusschulen kein echtes Entwicklungsmoratorium, in dem sie mit Konzepten und Maßnahmen experimentieren könnten und in dem die Bewährungsanforderungen stillgestellt wären. Sowohl von den Eltern wie auch von den Schulträgern wird die Erwartung an die Schulen herangetragen, dass sie – trotz oder gerade weil es sich um Schulen im Versuch handelt – gute Arbeit leisten sollen. Möglicherweise wird in dieser Situation, in der Eltern auch einen Vertrauensvorschuss investieren müssen, mehr von den Primusschulen erwartet als von etablierten Schulen. Die Schulen sehen sich also in der Situation des Aufbaus, wo viele Energien und Anstrengungen in die Schulentwicklungsarbeit einfließen müssen, mit einem erhöhten Performanzdruck konfrontiert. Die Schulen sind in ihrer Rezeption und

Übersetzung der mit dem Schulversuch verbundenen pädagogischen Zielsetzungen mit den Anforderungen einer *komplexen Schulentwicklung* konfrontiert. Im Schulversuch sind so ziemlich alle neo-reformpädagogischen Konzepte und Maßnahmen angelegt, die momentan im schulpädagogischen und bildungspolitischen Diskurs verheißungsvoll gehandelt werden. An den damit verbundenen komplexen Entwicklungsaufgaben müssen mit dem allmählichen Ausbau der Primusschule in jedem Schuljahr neue Kolleg/innen mitarbeiten; damit entsteht ein komplexes Wechselspiel aus Routinisierung, Weiterentwicklung und Neuanfang. Das Tableau der Schulentwicklung dehnt sich Jahr um Jahr aus, ohne dass einmal angegangene Entwicklungsaufgaben immer schon bereits gelöst seien, vielmehr werden diese oft auch mitgenommen. Um kontinuierliche Entwicklungsarbeit leisten zu können, sind sie vor die Aufgabe gestellt, *Schulentwicklung zu institutionalisieren,* d.h. Schulentwicklungskapazität und organisationale Schulentwicklungsstrukturen und -prozesse aufzubauen, was auch heißt, routiniert auf neue Entwicklungsanforderungen zu reagieren. Diese Entwicklungsherausforderungen sind aber nur zum Teil zu antizipieren, sie entstehen in einer je spezifischen *Eigendynamik der Schulentwicklung,* mit der die Schulen konfrontiert werden. Schulentwicklung ist als nicht-linearer Prozess ein nur in Grenzen bestimmbares Geschehen, in dessen Offenheit es dann zu wenig antizipierbaren Ereignissen, Wendungen und Problemstellungen kommen kann, die wiederum zu Prüfsteinen für die Schulentwicklung werden können.

Aus dieser spezifischen Prozessstruktur der Schulentwicklung im Schulversuch Primus resultieren fünf Kristallisationspunkte der Schulentwicklungsarbeit, die im fallübergreifenden Vergleich der ersten Interviews und Gruppendiskussionen der wissenschaftlichen Begleitforschung mit den am Schulversuch beteiligten Schulleitungen und Professionellen rekonstruiert werden konnten. Sie zeigen sich in den fünf beteiligten Schulen in fallspezifischer unterschiedlicher Lagerung und Zuspitzung.

1. *Aufbau von Erfahrungsgemeinschaften:* Die fünf Primusschulen sind einem kontinuierlichen Wachstumsprozess ausgesetzt, in dem sie sich zu Praxisgemeinschaften formen müssen. Neue Kolleginnen, die Jahr für Jahr an die Schulen kommen, müssen integriert werden, konzeptuelles und Erfahrungswissen muss transferiert werden, Bereitschaften, den Schulentwicklungsprozess zu unterstützen, müssen entfaltet werden.

2. *Weiterentwicklung professioneller Identität und Fachlichkeit:* Damit verbunden ist die Notwendigkeit, dass sich die Professionellen für sich und gemeinsam im Schulversuch weiterqualifizieren müssen. Für alle Schulen ist der Schulentwicklungsprozess mit kontinuierlichen Qualifizierungsnotwendigkeiten

verbunden. Das bezieht sich nicht nur auf einzelne Kompetenzen oder Kompetenzbereiche, sondern betrifft auch tiefergehend bzw. ganz grundlegend die professionelle Identitätskonstruktion, etwa wenn die Lehrkräfte in der anderen Stufe unterrichten sollen, für die sie nicht qualifiziert wurden und in der sie noch keine Erfahrungen gesammelt haben. Individuelle und kollektive Akteure müssen also zu organisationalen Lernprozessen produktiv zusammengebracht und auf Dauer gestellt werden.

3. *Suche nach Vorbildern und kreative Anverwandlung:* Die Schulleitungen und die sukzessiv entstehenden Kollegien vor Ort haben alle Gelegenheiten genutzt, um sich konzeptuelles Wissen etwa im Rahmen von Hospitationen an anderen Schulen zu beschaffen. Sie haben sich so mit Vorbildern beschäftigt, ohne diese aber zu kopieren. Vielmehr suchen sie nach eigenen Lösungen, lassen sich inspirieren und adaptieren Vorbilder im Modus mimetischer Lernprozessen, in denen sie sich kreativ anverwandeln.

4. *Symbolische Darstellungspolitiken und Öffentlichkeitsarbeit:* Die Primusschulen betreiben Öffentlichkeitsarbeit, sie machen sich bekannt und öffnen sich zum umgebenden Sozialraum. Sie erzeugen Transparenz nach außen und versuchen, Vertrauen – insbesondere bei den Eltern – durch offensive Informationspolitik zu mobilisieren.

5. *Auseinandersetzung mit Ungewissheiten, auch im Sinne von nicht-vorhandener Planungssicherheit:* In der oben beschriebenen Prozessstruktur einer nur teilweise antizipierbaren Ereignisdynamik leiden manche der Schulen insbesondere unter Planungsunsicherheiten. Zugespitzt konnte diese Problematik in einer der fünf Schulen beobachtet werden, deren Bestandsperspektive aufgrund einer uneindeutigen Positionierung des Schulträgers unklar war. Es kann sich aber auch – weniger dramatisch, aber dennoch hinderlich – um Probleme in der Personalzuweisung u.ä. handeln.

5   Fazit: Responsive Begleitung

Die Arbeit der wissenschaftlichen Begleitforschung erschöpft sich nicht in Datenerhebungen und der analytischen Rekonstruktion der Entwicklungsprozesse im Schulversuch. Von Anfang ist sie auf eine formative Evaluation hin angelegt worden und hat damit auch den Auftrag, beratend und unterstützend in den Schulversuch zurückzuwirken. Sie muss damit das Verhältnis zwischen distanzierter Forschung und einflussnehmender Beteiligung als ein weiterer externer Akteur im Schulversuch austarieren. Im Schulversuch geschieht dies über Rückmeldungen und Moderationen während Vernetzungstreffen der fünf Schulen, die ein- bis zweimal im Schuljahr stattfinden. Diese Treffen bieten eine wichtige Plattform für die fünf Schulen, die mehr oder weniger weit auseinanderliegend auf alle Regierungsbezirke des Landes verstreut sind. Die Schulen haben zwischen den Vernetzungstreffen nur wenig bis keinen Kontakt miteinander. Die Vernetzungstreffen eröffnen die Möglichkeit, der übergreifenden Ebene des Schulversuchs Ausdruck zu verschaffen und für die beteiligten Einzelschulen den Schulversuch als kollektives Unternehmen und sich selbst als Teil eines größeren Ganzen erfahrbar zu machen. Die Treffen verbinden die Schulen und unterstützen die Bildung eines Zugehörigkeitsgefühls, das für die Einzelschulen, die an den Standorten auf sich gestellt als Solitärschulen den Schulversuch repräsentieren, enorm wichtig erscheint.

Die wissenschaftliche Begleitforschung wartet auf diesen Treffen nicht mit Empfehlungen auf, sie bietet nur eine dritte Perspektive auf den Schulversuch und Beobachtungen und Beschreibungen an, die von einem anderen Standort aus gewonnen wurden, nämlich von dem einer handlungsentlasteten Prozessethnografie, d.h. einer teilnehmenden Beobachtung des Schulentwicklungsprozesses, die registriert, dokumentiert und analysiert, die Praxis selbst aber nicht zu entscheiden und zu verantworten hat – im Unterschied zu den Schulleitungen und Kollegien an den fünf Primusschulen. Dieses wissenschaftliche, weil theoretisch fundiert und methodisch kontrolliert gewonnene Wissen ist dann kein höheres Wissen, sondern es ist unter anderen Praxisbedingungen, nämlich denen wissenschaftlicher Arbeit und Wissensfabrikation entstanden. Es geht so bei Rückspiegelungen der Beobachtungen nicht um eine Übertragung des gültigeren wissenschaftlichen Wissens in die Praxis der Schulentwicklung; dies würde sich auch nicht mit dem oben skizzierten Selbstverständnis einer ethnographisch angelegten, normativ enthaltsamen Begleitforschung vertragen. Allenfalls sollen in und durch Rückmeldungen Anschlussoptionen an wissenschaftliche Beschreibungen geschaffen und darüber Sichtweisen vervielfältigt werden, die die im Schulversuch handelnden Akteure auf sich einnehmen können und mit denen sie ihre Organisationsfantasie und Reflexivität bereichern können (Althans/Engel 2016; Huf 2016; Schelle/Reh 2004). Die zentrale Entwicklungsaufgabe für eine wissenschaftliche Begleitung ist es hier, im Prozess der Begleitung Responsivität herzustellen. Wissenschaftliche Begleitforschung muss empfänglich sein, sich offen halten für die Perspektive der Akteure in der Praxis, für ihre Nöte, ihre Strategien, für das, was sie umtreibt. Letztlich ist dies Voraussetzung für das Fremdverstehen, um das es in der qualitativen Sozialforschung geht und das der Weg ist, um Neues zu entdecken.

Spannt man hier nun wieder den Bogen zu studentischen Forschungsarbeiten im Rahmen des Bachelor- und Masterstudiums, so ist auch in einer solchen Praxisforschung oft zu klären, wie das im qualitativen Forschungsprozess gehobene Wissen wieder in die Praxis kommt, und zwar so, dass es anschlussfähig, d.h.

durch die beforschten Akteure selbst bearbeitbar wird. Häufig ist das Versprechen, praxisdienliches Wissen zu Tage zu fördern, das Eintrittsbillett, um überhaupt ins Feld zu gelangen und Daten abzuschöpfen. Hier mag der theoretische Ansatz der qualitativen Prozessanalyse hilfreich sein. Denn mit einem solchen prozessoffenen und zugleich akteursensiblen Verständnis von Schulentwicklung kann den Akteuren, die man für die eigene Forschung gewinnen möchte, klargemacht werden, dass man sich für ihr Wirken interessiert und nicht mit vorab gesetzten Maßstäben die Praxis bewertend einordnet. Der Fokus der qualitativen Prozessanalyse auf Entwicklungsstrategien der Akteure setzt diese ins eigene Recht, ohne die bestehende Praxis der Schul- und Unterrichtsentwicklung bloß beschreibend zu verdoppeln oder inhaltlich zu affirmieren.

An der qualitativen Prozessanalyse können sich all jene studentischen Forschungsprojekte orientieren, denen es darum geht, Unterrichts- und Schulentwicklungsprozesse mit qualitativen Methoden der Befragung und Beobachtung als Geschehen zu beobachten, in dem Professionelle ihre eigene wie auch die Praxis der Organisation Schule durch experimentierendes Handeln im Rahmen „situierter Kreativität" (Combe/Paseka 2012) verändern und so ihre eigenen liebgewonnenen Routinen umschreiben. Im Mittelpunkt steht dann – im Gegensatz zu einer standardisierten und an Sozialtechnologien orientierten Transfer- und Schulentwicklungsforschung – der Gedanke, dass Schul- und Unterrichtsentwicklung ein Werk handlungsmächtiger eigensinniger Akteure ist, die sich Entwicklungsaufgaben stellen und in deren Bearbeitung Professionalisierung und Schulentwicklung in ein empirisch zu rekonstruierendes Wechselspiel bringen.

Literaturverzeichnis

Arnold, Eva, Bastian, Johannes, Combe, Arno, Schelle, Carla & Reh, Sabine (2000). *Schulentwicklung und Wandel der pädagogischen Arbeit*. Hamburg: Bergmann + Helbig.

Althans, Birgit, Engel, Juliane (Hrsg.) (2016). *Responsive Organisationsforschung. Methodologien und institutionelle Rahmungen von Über*gängen. Wiesbaden: Springer VS.

Bastian, Johannes, Combe, Arno & Reh, Sabine (2002). Professionalisierung und Schulentwicklung. In: *Zeitschrift für Erziehungswissenschaft*, 3 (5) 2002, S. 417-435.

Böhm, Andreas, Legewis, Heiner & Muhr, Thomas (1992). *Kursus Textinterpretation: Grounded Theory*. Technische Universität Berlin. Interdisziplinäres Forschungsprojekt. ATLAS Forschungsbericht 1992 (Nr. 92-3).

Breidenstein, Georg, Hirschauer, Stefan, Kalthoff, Herbert & Nieswand, Boris (2013). *Ethnografie. Die Praxis der Feldforschung*. Konstanz: UVK.

Combe, Arno/Paseka, Angelika (2012). Und sie bewegt sich doch. Gedanken zu Brückenschlägen in der aktuellen Professions- und Kompetenzdebatte. In: *Zeitschrift für Bildungsforschung* (2) 2012, S. 91-107.

Dalin, Peer, Rolff, Hans-Günther & Buchen, Hans (1995). *Institutioneller Schulentwicklungs-Prozess. Ein Handbuch*. 2. Aufl. Bönen: Kettler.

Dinkelaker, Jörg, Idel, Till-Sebastian & Rabenstein, Kerstin (2011). Generalisierungen und Differenzbeobachtungen. Zum Vergleich von Fällen aus unterschiedlichen pädagogischen Feldern. In: *Zeitschrift für Qualitative Forschung (ZQF)*, Schwerpunktthema: Auf der Suche nach dem Gegenstand. Methodologisch-methodische Probleme der empirischen Analyse pädagogischer Ordnungen, 2 (12) 2011, S. 257-277.

Emmerich, Marcus/Maag Merki, Katharina (2014). Die Entwicklung von Schule. Theorie – Forschung – Praxis. In: *Enzyklopädie Erziehungswissenschaft Online*, Weinheim und Basel: Beltz Juventa.

Fend, Helmut (2006). *Neue Theorie der Schule. Einführung in das Verstehen von Bildungssystemen*. Wiesbaden: Springer VS.

Giddens, Anthony (1984). *Die Konstitution der Gesellschaft. Grundzüge einer Theorie der Strukturierung*. Frankfurt am Main: Campus Verlag.

Göhlich, Michael (2008). Schulentwicklung als Machbarkeitsvision. Eine Re-Vision im Horizont professioneller Ungewissheit. In: Helsper, W., Busse, Susan, Hummrich, Merle & Kramer, Rolf-Torsten (Hrsg.): *Pädagogische Professionalität in Organisationen*. Wiesbaden: Springer VS. S. 263-276.

Heinrich, Martin (2007). *Governace in der Schulentwicklung. Von der Autonomie zur evaluationsbasierten Steuerung*. Wiesbaden: Springer VS.

Hellmer, Julia/Wittek, Doris (Hrsg.) (2013). *Schule im Umbruch begleiten*. Opladen: Barbara Budrich Verlag.

Hericks, Uwe (2006). *Professionalisierung als Entwicklungsaufgabe. Rekonstruktionen zur Berufseingangsphase von Lehrerinnen und Lehrern*. Wiesbaden: Springer VS.

Huf, Christina (2016). Wechselspiele von Responsivitäten im Prozess ethnografisch vergleichender Forschung. In: Althans, Birgit/Engel, Juliane (Hrsg.): *Responsive Organisationsforschung. Methodologien und institutionelle Rahmungen von Übergängen*. Wiesbaden: Springer VS. S. 285-306.

Horstkemper, Marianne/Tillmann, Klaus-Jürgen (2010). Schulformvergleiche und Studien zur Einzelschule. In: Helsper, Werner/Böhme, Jeanette (Hrsg.): *Handbuch Schulforschung*. Wiesbaden: Springer VS. S. 285-320.

Idel, Till-Sebastian (2010). Fallstudien und Hermeneutisch-rekonstruktive Schulforschung. In: Bohl, Thorsten, Helsper, Werner Holtappels, Heinz-Günther & Schelle, Carla (Hrsg.): *Handbuch Schulentwicklung*. Bad Heilbrunn: Verlag Julius Klinkhardt, S. 138-140.

Idel, Till-Sebastian/Rabenstein, Kerstin. Lehrkräfte als ,kreative Subjekte' (2016). Überlegungen zum Verhältnis von Profession und Innovation. In: Idel, Till-Sebastian, Dietrich, Fabian, Kunze, Katharina, Rabenstein, Kerstin & Schütz, Anna (Hrsg.): *Professionsentwicklung und Schulstrukturreform*, Bad Heilbrunn: Julius Klinkhardt. S. 278-295.

Idel, Till-Sebastian/Thünemann, Silvia (2014). „Hineinstolpern ins Feld" – Überlegungen zu möglichen Transfereffekten in der Pilotphase von Praxisforschung. In: *Transfer von Praxisforschungsergebnissen. TriOS – Forum für schulnahe Forschung, Schulentwicklung und Evaluation*, 1 (9) 2014, S. 75-90.

Idel, Till-Sebastian, Rabenstein, Kerstin & Reh, Sabine (2013). Transformation der Schule – praxistheoretisch gesehen. Rekonstruktionen am Beispiel von Familiarisierungspraktiken. In: Rürup, Matthias/Bormann, Inka (Hrsg.): *Innovationen im Bildungssystem. Analytische Zugänge und empirische Befunde*, Wiesbaden: Springer VS, S. 249-268.

Idel, Till-Sebastian, Dietrich, Fabian, Kunze, Katharina, Rabenstein, Kerstin & Schütz, Anna (Hrsg.) (2016). *Professionsentwicklung und Schulstrukturreform. Zwischen Gymnasium und neuen Schulformen in der Sekundarstufe.* Bad Heilbrunn: Verlag Julius Klinkhardt.

Killus, Dagmar/Paseka, Angelika (2013). Wie kommt Neues in bestehende Systeme? Dynamiken und Beharrungstendenzen in Schulentwicklungsprozessen. In: Hellmer, Julia/ Wittek, Doris (Hrsg.): *Schule im Umbruch begleiten.* Opladen, Berlin & Toronto: Budrich UniPress, S. 17-31.

Kolbe, Fritz-Ulrich (2004). Schulentwicklungsforschung als Prozessforschung. Ein Beitrag zur rekonstruktiven empirischen Bildungsforschung am Beispiel der Einführung ganztägiger Schulangebote. In: *sozialersinn*, 3/2004, S. 477-505.

Liegmann, Anke B. (2016). Die Ordnungen der Schulformen. Ein bundesweiter Vergleich der Schulformen mit mehreren Bildungsgängen. In: Idel, Till-Sebastian, Dietrich, Fabian, Kunze, Katharina, Rabenstein, Kerstin & Schütz, Anna (Hrsg.) (2016): *Professionsentwicklung und Schulstrukturreform. Zwischen Gymnasium und neuen Schulformen in der Sekundarstufe.* Bad Heilbrunn: Verlag Julius Klinkhardt. S. 47-63.

Liegmann, Anke B./Bouß, Sarah (2012). Schulstruktur im Wandel. Aktuelle Bestandsaufnahme und Analyse von Entwicklungstendenzen und Begründungslinien. In: *Die Deutsche Schule* 104 (2) 2012, S. 200-215.

Maag Merki, Katharina, Langer, Roman & Altrichter, Herbert (Hrsg.) (2014). *Educational Governance als Forschungsperspektive. Strategien. Methoden. Ansätze.* Wiesbaden: Springer VS.

Muckel, Petra/Breuer, Franz (2016). Die Praxis der Reflexiven Grounded Theory. In: Equit, Claudia/Hohage, Christoph (Hrsg.): *Handbuch Grounded Theory.* Weinheim und Basel: Beltz Juventa. S. 158-179.

Nohl, Arnd-Michael (2007). Komparative Analyse als qualitative Forschungsstrategie. In: Straub, Jürgen, Weidemann, Arne & Weidemann, Doris (Hrsg.): *Handbuch Interkulturelle Kommunikation und Kompetenz.* Stuttgart: Metzler, S. 39-403.

Schelle, Carla/Reh, Sabine (2004). Fallorientierte Schulentwicklungsforschung. Was Schulen dabei über sich erfahren können. In: Ackermann, Heike/Rahm, Sibylle (Hrsg.): *Kooperative Schulentwicklung.* Wiesbaden: Springer VS. S. 249-267.

Rosenthal, Gabriele (2011). *Interpretative Sozialforschung. Eine Einführung.* Weinheim und Basel: Beltz Juventa.

Schatzki, Theodore R. (1996). *Social Practices. A Wittgensteinian Approach to Human Activity and the Social.* Cambridge: Cambridge University Press.

Schimank, Uwe (2010). *Handeln und Struktur. Einführung in eine akteurtheoretische Soziologie.* Weinheim und Basel: Beltz Juventa.

Strauss, Anselm, Corbin, Juliet (1996). *Grounded Theory. Grundlagen qualitativer Sozialforschung.* Weinheim: Beltz.

Strübing, Jörg (2004). *Grounded Theory. Zur sozialtheoretischen und epistemologischen Fundierung des Verfahrens der empirisch begründeten Theoriebildung.* Wiesbaden: Springer VS.

Tillmann, Klaus-Jürgen (2012). Das Sekundarschulsystem auf dem Weg in die Zweigliedrigkeit. Historische Linien und aktuelle Verwirrungen. In: *Pädagogik* 64 (5) 2012, S. 8-12.

Wiechmann, Jürgen (2009). Gemeinschaftsschule – ein neuer Begriff in der Bildungsland-schaft. *Zeitschrift für Pädagogik*, 55 (3) 2009, S. 409-429.

Wittek, Doris (2014). Gemeinschaftsschulen in Deutschland. Stand der Entwicklung und Potentiale für eine Weiterentwicklung des Schulsystems. In: *Pädagogik*, 66 (7/8) 2014, S. 193-208.

Pädagogischen Programmen auf der Spur

Bildungspotentiale an der Differenz zwischen pädagogischem Anspruch und seiner Realisierung

Tobias Leonhard und Katharina Lüthi

1 Einleitung

Die Erstellung von Qualifikationsarbeiten fällt deutlich leichter, wenn ein Thema bearbeitet wird, das Studierende subjektiv bedeutsam finden. Zugleich gilt es, die zur Verfügung stehenden Ressourcen im Blick zu behalten. Der Beitrag verdeutlicht an einem Beispiel, wie sich Studierende auf die „Jagd" nach subjektiv wie objektiv bedeutsamen Themen für Qualifikationsarbeiten in der Schul- und Unterrichtsforschung machen können, wie diese im Gesamtumfang überschaubar bleiben und was dabei jenseits der formalen „Kreditierung" zu gewinnen ist.

Den Ausgangspunkt bildet dabei die Perspektive, dass Schule und Unterricht ein „normatives Geschäft" sind (vgl. dazu Fuchs, Jehle & Krause 2013). „Pädagogisches Handeln ist konstitutiv rückgebunden an normative Leitbilder, wertstandpunktgebundene Entscheidungen, ethische Überzeugungen." (Ohlhaver & Wernet 1999, S. 21). Diese bleiben oft implizit, manifestieren und materialisieren sich aber auch in einer Vielzahl von offiziellen und inoffiziellen Programmen, die Aussagen darüber enthalten, wie Schule und Unterricht sein *sollten*. Die Antwort auf die Frage nach dem „Wie" beinhaltet in den meisten Fällen eine Vorstellung davon, was Gelingen oder Misslingen bedeutet und damit einen Bezug auf Werte und Normen. Bei Fragen zum „guten Unterricht" oder was eine „gute Lehrperson" ausmacht, ist das ganz offensichtlich, bei Konzepten wie dem „Selbstgesteuerten

Lernen", „Klassenrat", „Projektunterricht", „Schülerexperimenten", „Individualisierung", „Gemeinschaftsschule", „Montessori-Unterricht" oder „Inklusion" ist
die normative Fundierung mehr oder weniger latent.
   Der Beitrag kennzeichnet solche Konzepte als pädagogische Programme. Sie
sind in unterschiedlicher Intensität auch Gegenstand der Hochschullehre, erzeugen
je nach Gestaltung, dem Grad der Affirmativität derselben und der „Verve" und
Überzeugung der Hochschullehrenden in der Darstellung bei den Studierenden
Identifikation mit und Affinität zu den Konzepten und ihren normativen Fundierungen. Die so entstehenden Ansprüche und Ideale erzeugen den Wunsch, sie entweder im Praktikum, Referendariat oder in einer ersten beruflichen Anstellung
selbst zu realisieren, oder sie vor Ort zu beobachten, auch um zu sehen und zu
lernen, „wie man das nun ganz konkret macht".
   Der Beitrag verdeutlicht das exemplarisch am Programm der „Portfolioarbeit
im Kindergarten", dessen Leitideen Studierende der Pädagogischen Hochschule
FHNW affiziert haben und die im Rahmen einer BA-Arbeit eine Lehrperson besuchten, die mit ihren Kindern im Kindergarten Portfolioarbeit gestaltete.
   Anhand des konkreten empirischen Materials wird eine methodologische Vorgehensweise dargestellt, die es erlaubt, sich auch in weniger umfangreichen Qualifikationsarbeiten wie BA-Arbeiten mit pädagogischen Programmen auseinanderzusetzen. Der damit zu erzielende Gewinn wird am Ende dargestellt.

2   Theoretische Bezüge: Pädagogische Programme

Die etymologische Annäherung an den Begriff des „Pro-Gramms" zeigt, dass im
„Pro" mit „vor" und „vorher" sowohl die zeitliche Dimension einer Ankündigung
als auch die Präskription und damit Vorschrift enthalten ist. Im „Gramm" mani-
festiert sich die Schrift, und damit die Fixierung oder Festschreibung. Kenntlich
wird durch den Bezug auf die Wortherkunft, dass Programme (a) einer Logik der
Entscheidungen folgen, denn ein Programm schreibt etwas Bestimmtes vor, das
Anderes systematisch ausschließt, dass Programme (b) auf die Zukunft gerichtet
sind und dass sie (c) einer Vorstellung der Machbarkeit folgen (vgl. Mersch 2014,
S. 463 f.).
   Die Bedeutung (pädagogischer) Programme lässt sich auf unterschiedlichen
Ebenen bestimmen. Zunächst ist festzuhalten, dass pädagogische Zentralbegriffe
wie „Bildung" und „Erziehung" bestimmte Leitideen, normativ fundierte Men-
schenbildannahmen und Intentionen beinhalten und damit ein Programm zumindest implizieren.

Systemtheoretisch betrachtet bildet das Bildungssystem in einer funktional differenzierten Gesellschaft ein Teilsystem, das in seiner Kernfunktion einerseits relativ geschlossen ist, andererseits aber auch von anderen Teilsystemen wie dem Rechtssystem und dem Wirtschaftssystem wesentlich beeinflusst wird. Programme wie z.b. das „Lebenslange Lernen" bilden dabei die vermittelnde Schnittstelle zwischen dem Erziehungssystem und den anderen gesellschaftlichen Teilsystemen (vgl. dazu Schimank 1996, S. 261 ff.; Schimank & Volkmann 1999, S. 11 f.; Luhmann 2004, S. 89 ff.).

Aus schultheoretischer Sicht stellt sich die Entwicklung eines staatlichen Bildungswesens als Notwendigkeit dar, gesellschaftlichen Zusammenhalt zu stiften und zu reproduzieren (vgl. Fend 2006, S. 49 ff.). Programme in Form von Gesetzen (Schulgesetz) oder Vorschriften (Bildungs- oder Lehrplan) stellen dabei neben der Institutionalisierung zentrale Instrumente zur Aufrechterhaltung dieses Zieles dar und schaffen Verbindlichkeit.

Programme liefern durch ihren Zukunftsbezug Orientierung, sie ermöglichen Positionierung und Identifikation. Eine solche Positionierung stiftet Zugehörigkeit, ermöglicht Begründung und je nach Renommee – und nüchtern betrachtet auch Konjunktur – des Programms auch Legitimation oder gar die Immunisierung gegenüber Kritik[1].

Programme enthalten Entscheidungen für etwas, oft auf Basis der Ablehnung von etwas anderem, „neu" und „alt" bilden dabei die Differenzsetzung, die jedoch mit Qualitätsunterschieden konnotiert sind: Dass das neue Programm besser als das alte ist, ist die implizite Botschaft der Innovationsrhetorik, die Reichenbach für die Erziehungswissenschaft als „Neomanie" kennzeichnet (vgl. 2016, S. 19 f.). Gerade Programme, die wie „neue Lernkultur" oder „neue Leistungsbewertung" als Innovationen gerahmt werden, sind jedoch aussichtsreiche Kandidaten für Identifikationsphänomene bei Studierenden, versprechen sie doch, das „alte" und damit oft bildungsbiographisch selbst erlebte und ggf. erlittene, hinter sich zu lassen und etwas nicht nur neu und anders, sondern implizit auch immer besser zu machen.

Pragmatisch und unterrichtsbezogen lässt sich feststellen, dass jede Unterrichtsplanung durch die dafür zu treffenden Entscheidungen ein Programm aufstellt. Im Gegensatz zur Programmierung eines technischen Systems gilt für den Unterricht als Sozialsystem (vgl. Herzog 2006, S. 391 ff.) jedoch keineswegs, dass die Realisierung des Programms zwangsläufig oder auch nur in hohem Masse wahrscheinlich ist. Legt man Kontingenz als Ungewissheit über den tatsächlichen Verlauf als

---

1 Bildungsstandards und Kompetenzorientierung sind ein prominentes Beispiel für ein global mächtiges Programm, das hohe Immunisierungstendenzen aufweist (zur Kritik vgl. z.B. Gruschka 2007; 2011).

konstitutives Merkmal von Unterricht den Überlegungen zugrunde (vgl. Meseth, Proske & Radtke 2012), ist es nicht überraschend, dass sich in der Betrachtung von Programmen und dem Grad ihrer Realisierung Differenzen feststellen lassen. Programme formulieren allgemeine Erwartungen, der Versuch der Realisierung erfolgt jedoch in einer spezifischen personellen, räumlichen und zeitlichen Konstellation, die wesentlichen Einfluss auf den Grad der Realisierung haben.

Programme erscheinen vor diesem Hintergrund als Ideale, als Leitideen also, an die Annäherung, aber kaum die vollständige Realisierung denkbar ist. Nichtsdestotrotz kann eine hohe Identifikation mit diesen Idealen zu potentiell auch kontrafaktischen Idealisierungen des eigenen Handelns führen. Solche Idealisierungen sind zur kognitiven Ordnungsherstellung in professionellen Sinngemeinschaften einerseits notwendig (vgl. Schütze 2016, S. 94), bergen aber die Gefahr der Fehleranfälligkeit. Nach Schütze bedarf es „einer kritischen Entzauberung der automatisch-selbstverständlichen Idealisierungen" (ebd., S. 96) durch Kritik- und Reflexionsarrangements zur Bearbeitung grundlegender Paradoxien professionellen Handelns (vgl. Schütze 2000).

Wir plädieren in diesem Beitrag dafür, die eigene Qualifikationsarbeit als ein solches „Kritik- und Reflexionsarrangement" zu gestalten und versuchen, dies am folgenden Beispiel zu verdeutlichen.

▶ **Lesehinweise**
Herzog (2011) In: Becker (Hrsg.)
Fuchs, Jehle & Krause (2013) (Hrsg.)

---

3 Das Projekt: Portfolioarbeit im Kindergarten als Thema einer Bachelorarbeit

3.1 Kontext

Seit 2009 ist der Kindergarten in der Deutschschweiz Teil des staatlichen Schulwesens, zwei Schuljahre sind im Kindergarten obligatorisch und bilden zusammen mit der 1. und 2. Klasse der Primarstufe den ersten von insgesamt drei Zyklen der Volksschulbildung, an die sich dann entweder das berufliche Schulwesen oder die Maturitätsschulen (Gymnasien) anschließen.

Kindergartenlehrpersonen erwerben deshalb im Rahmen eines wissenschaftlichen Studiums einen BA-Abschluss. Das vorliegende Beispiel bezieht sich auf die BA-Arbeit zweier Studierender des Studiengangs Vorschul- und Primarstufe der Pädagogischen Hochschule FHNW.

3.2 Ausgangspunkt und Fragestellung

Ausgangspunkt der Arbeit war das Interesse an und die Identifikation der beiden Studierenden mit Portfolioarbeit im Kindergarten, eine Fragestellung ließ sich daraus aber nicht unmittelbar ableiten.

Eine BA-Arbeit zielt auf den Nachweis einer ersten wissenschaftlichen Qualifikation, und schließt damit Ideen von Studierenden für Entwicklungs- oder Gestaltungsprojekte, die Programme aus dem Studium zu realisieren versuchen, systematisch aus.

Das Ausgangsinteresse der Studierenden, zu sehen, „wie Portfolioarbeit im Kindergarten gemacht wird" ließ sich in der Vorbesprechung mit den Anforderungen einer wissenschaftlichen Auseinandersetzung dadurch in Einklang bringen, dass die Figur des „pädagogischen Programms" eingeführt wurde, und die Frage nach der Realisierung desselben eine wissenschaftliche Auseinandersetzung erfordert.

Die vorläufige Forschungsfrage wurde im Projektplan folgendermaßen formuliert:

„Wie gestaltet sich Portfolioarbeit im Kindergarten empirisch im Vergleich zum programmatischen Anspruch der Literatur?"

3.3 Portfolioarbeit im Kindergarten als pädagogisches Programm

„Das Portfolio dient dem Kind zum eigenverantwortlichen, mitbestimmenden und selbstreflektierenden Lernen" (Williner & Zeiter-Imseng 2011, S. 13)[2].

Das Portfolio ist „gleichsam die Erfolgsgeschichte des eigenen Lernens" (Müller 2005, S. 9).

„Ein Portfolio soll beim Kind Stolz und Zuversicht wachsen lassen. Stolz und Zuversicht als Begleiter auf der Reise ins Großwerden." (Bostelmann 2007, S. 16)

Die unverkennbar programmatischen Aussagen folgen einer gemeinsamen Semantik, die einerseits das „Selbst" in den Vordergrund stellt und damit an Bildungsideale wie Selbstbestimmung und Mündigkeit anschlussfähig ist, die andererseits eine Logik der Rechenschaftslegung und damit letztlich die bildungsökonomische

---

2   Dieses Unterrichtswerk ist aktuell in 8. (sic!) Auflage erschienen.

Perspektive beinhaltet, das, was man kann, „gefälligst" auch zu zeigen (kritisch dazu Häcker 2007). Diese Semantik lässt sich auch als Ausdruck und Mittel einer Subjektivierungsform kennzeichnen, die Bröckling (2007) als „unternehmerisches Selbst" beschreibt.[3] Die Studierenden setzten sich mit zwei aktuellen Unterrichtshilfen zur Portfolioarbeit auseinander, die die Ambivalenz des Portfoliokonzepts in interessanter Weise bereits abbilden (vgl. Tabelle 1).

Tabelle 1   Portfolio-Formate in zwei ausgewählten Unterrichtshilfen (eigene Darstellung)

	Kompetenz-orientiertes Beurteilungs-Instrument	Theoretisch fundiertes Entwicklungs-Instrument	Vorstrukturiertes Dokumentations-Instrument
Unterrichtshilfe 1	+	–	+
Unterrichtshilfe 2	–	+	–

Unterrichtshilfe 1 (Williner & Zeiter-Imseng 2011) präsentiert sich mit dem Selbstverständnis, Lernspuren sichtbar zu machen (ebd). Gesammelte Arbeiten der Kinder, die deren Wissen und Können in den drei Bereichen Selbst-, Sozial- und Sachkompetenz entlang von durch das Lehrmittel vorgeschlagenen „Nachweisen" dokumentieren, unterstreichen, dass dieses Portfolio die Rechenschaftslegung stark gewichtet (ebd.). Entsprechend ist das Portfolio auf Öffentlichkeit und Präsentation angelegt, fungiert gar als „Brückenbauer" für die Bereiche Lehren, Lernen und Beurteilen (ebd). Der Lehrperson soll es eine fundierte Einsicht über den Lern- und Entwicklungsweg sowie individuelle Lernfortschritte gewähren, den Eltern Einblick in Kompetenzen und Leistungsvermögen und dem Kind selber die Möglichkeit, Lernfortschritte einzuschätzen und zu bewerten sowie Verantwortung für das eigene Lernen zu übernehmen und sich eigene Ziele zu setzen (ebd.).

Unterrichtshilfe 2 (Röllin 2011) setzt sich dezidiert gegen den Zweck des Portfolios zur Beobachtung, Beurteilung und Bewertung von Leistungen (a.a.O., S. 4) und unterstreicht die Kernaufgabe von Portfolioarbeit im Kindergarten, die Identitätsbildung des Kindes zu unterstützen. In Bezug auf das Portfolio als persönliches Dokumentations-Instrument wird betont, „dass das Kind selber entscheidet,

---

3   Die Auseinandersetzung mit Portfolioarbeit im Kindergarten kann dabei deutlich machen, wie früh ein solches „Regime" bereits die kindliche Entwicklung beeinflusst.

was das Portfolio enthält und dass niemand ohne seine Erlaubnis Einblick nehmen darf" (a.a.O, S. 9).

Unterrichtshilfe 2 entfaltet den pädagogischen Hintergrund mit Bezug auf Meads Konzepte (1973) des „Ich" bzw. wie das Kind sich wahrnimmt, des „Mich" bzw. wie das Kind wahrnimmt, wie es die anderen sehen und des „Selbst" bzw. wie das Kind das „Ich" und „Mich" integriert und ausbalanciert (a.a.O., S. 6). Das Portfolio wird „als Mittel für ein Gespräch mit der Lehrperson, mit Eltern, anderen Kindern und anderen Fachpersonen" (a.a.O, S. 8) verstanden, das Gegenstände und Dokumente enthält, „die für das Kind von besonderer Bedeutung" sind (a.a.O., S. 21), das Kind in großer Autonomie möglichst selbstständig darüber verfügen solle, die Form offen zu halten sei und das Portfolio durch eine kindbezogene und bedarfsgerechte Unterstützung bestückt, organisiert, reorganisiert und bereinigt werden solle (ebd.).

Die Rolle der Unterstützung durch die Lehrperson legt unabhängig des zugrunde gelegten Portfolio-Verständnisses unaufhebbare Spannungsverhältnisse nahe: Prägnant ist hier die institutionalisierten Bildungsprozessen konstitutiv zugrundeliegende „Autonomieantinomie" (vgl. Helsper 2004) als Grundspannung, Selbstbestimmung als Bildungsziel unter Bedingungen hoher Fremdbestimmung und der Schulpflicht zu entwickeln.

Vor dem Hintergrund eigener Identifikation mit dem Programm der Portfolioarbeit im Kindergarten und sensibilisiert durch die identifizierten programmatischen Ansprüche haben die Studierenden den empirischen Zugang zur Beantwortung ihrer Fragestellung vorbereitet und durchgeführt.

3.4 Datengewinnung und aufbereitung

Die Studierenden fanden eine Lehrperson, die in ihrem Kindergarten mit dem Portfoliokonzept nach Williner und Zeiter-Imseng (2011) arbeitet, vereinbarten einen Besuch zur Beobachtung von Portfolioarbeit und machten sich vorgängig mit dem verwendeten Lehrmittel vertraut. Der Besuchsmorgen fand am Ende des Kindergartenjahrs statt, so dass die Studierenden einen Einblick in sowohl für die Kinder als auch für die Lehrperson erfahrungsgesättigte Portfolioarbeit gewinnen konnten. Zur Datengewinnung teilten sich die Studierenden in die Rolle einer Videojournalistin und einer Journalistin auf, die Beobachtungen in ein vorbereitetes Tabellenraster stichwortartig festhielt sowie zwischendurch das Gespräch mit den Kindern suchte. In eine Word-Tabelle trugen sie die transkribierten Interaktionen und Beobachtungen ein. Das so entstandene Unterrichtsprotokoll dokumentiert auf 60 Seiten einen rund 40 Minuten langen Ausschnitt von Portfolioarbeit im

Kindergarten, der entsprechend der Vorgabe des Lehrmittels zum Thema „Mein Körper" im Bereich der Selbstkompetenz folgende Unterrichtssequenzen abbildet:

• Spiegelübung: Ein Kind berührt einen Körperteil, das gegenüber stehende Kind berührt ebenfalls den gezeigten Körperteil;
• Plenum: Es werden jene Körperteile besprochen, die im Lehrmittel vorgegeben sind;
• Portfolioblatt: Die Kinder zeichnen einen Körper von vorne und hinten auf. Kinder, die die Aufgabe gelöst haben, massieren sich im Kreis mit einem Massageball gegenseitig verschiedene Körperteile;
• Austausch- und Vorzeigerunde: Die Kinder zeigen sich gegenseitig ihre Körperbilder;
• Rückblick auf das Portfoliojahr: Die Kinder teilen ihr Lieblingsthema zur Portfolioarbeit im Kindergartenjahr mit.

3.5 Objektiv-hermeneutische Rekonstruktion ausgewählter Daten

Die damit vorliegenden Protokolle wurden sequenzanalytisch unter Anwendung der Interpretationsmethode der Objektiven Hermeneutik (vgl. Wernet 2009) rekonstruiert.

Ziel objektiv-hermeneutischer Analyse ist die Rekonstruktion sog. latenter Sinnstrukturen als Ausdrucksformen einer sich in Interaktionen bzw. Sprache entwickelnden bzw. manifestierenden Strukturlogik. Grundlegende Annahme ist, dass sich in jeder spezifischen Situation nicht nur eine einzigartige Ausdrucksgestalt, sondern auch allgemeine Strukturmerkmale identifizieren lassen, die in Zusammenhang mit dem intendierten Programm gebracht werden können.

▶ **Lesehinweise**
Bröckling (2007)
Häcker (2007)
Wernet (2006)

4   Ergebnisse: Rekonstruktion eines Protokoll-ausschnitts

Die Rekonstruktion wird nur am folgenden Protokollausschnitt und aus Platzgründen verdichtet dargestellt.[4]

```
03.34.00  Ss   (Kinder bewegen sich)
03.53.00  L    Jetzt kommen alle auf den Zehenspitzen zurück in
               den Kreis. Laufen!
03.58.00  Ss   (Kinder laufen auf den Zehenspitzen in den Kreis.
               (Geräusche))
04.11.00  S    Also jetzt gibt es Portfolio
04.13.00  L    Wir haben schon angefangen damit (schmunzelt)
               (Polat & Studer, 2016)
Sequenz 1
L: Jetzt kommen alle auf den Zehenspitzen zurück in den Kreis.
   Laufen!
```

Die Aussage „jetzt kommen alle" lässt sich kontextfrei auf zwei differierende Lesarten als Bedeutungsmomente verdichten.

a) Die Aussage ist berichtend und kommentierend, etwa wenn der Reporter am Spielfeldrand den Einmarsch der Nationalelf ins Stadion für die Radiohörer beschreibt. Die kommentierende Person adressiert damit z.b. Zuhörer, aber nicht die Personen, über die sie in dem Moment spricht.

b) Die Aussage ist Ausdruck einer unbedingten Anweisung. Die Personen, deren Handlung sprachlich beschrieben wird, werden zugleich adressiert. Bemerkenswert ist, dass die Form damit den Imperativ an Verbindlichkeit übersteigt. Während ein Befehl wie „Herkommen!" oder „Hinsetzen!" noch verweigert werden kann, determiniert die Form „jetzt kommen alle" zumindest sprachlich das Handeln der adressierten Personen, und zwar in Bezug auf den Zeitpunkt („jetzt") und die Vollständigkeit der Personen („alle"). Die Aussage ist Ausdruck eines hierarchischen Kontextes, gedankenexperimentell sind nicht viele Kontexte denkbar, in denen eine Person andere Personen deterministisch adressiert.

---

4   Hinter der verdichteten Interpretation steht ein ausführliches Rekonstruktionsprotokoll, das die Lesarten der Textpassagen entsprechend der methodischen Darstellung von Wernet (2009) über „Geschichten" herleitet, Lesarten plausibilisiert und Anschlussoptionen kennzeichnet, die zu den Fallstrukturhypothesen führen.

Gewendet auf den tatsächlichen Kontext erscheint der Kindergarten hier als hierarchisch strukturierter Kontext, in der die Aktivitäten der Kinder durch eindeutige Ansagen der Lehrperson gesteuert werden.

Ergänzt man den ersten Teil der Aufforderung um „auf den Zehenspitzen zurück in den Kreis. Laufen!" verdichtet sich die bisher rekonstruierte Ausdrucksgestalt. Neben Zeitpunkt und Vollständigkeit der Personen erfolgt die Determinierung der Bewegung („auf Zehenspitzen") und der finalen räumlichen Anordnung der adressierten Personen („in den Kreis"). „Laufen!" determiniert die Geschwindigkeit der Bewegung auf Zehenspitzen zusätzlich und bestätigt als Imperativ den Charakter des Befehls als verbindliche Anweisung.

In der gedankenexperimentellen Entwicklung regelgeleiteter Anschlussoptionen scheint die Befolgung der Anweisungen oder deren Verweigerung möglich. Die folgende Sequenz macht deutlich, dass die Kinder der Aufforderung nachkommen.

Sequenz 2
S: Also jetzt gibt es Portfolio

Der Satz kann sinnvoll in zwei Bedeutungsmomente gegliedert werden. „Also" zu Beginn einer Aussage stellt eine Interpunktion dar, der Sprecher übernimmt die Initiative. Mit „Also jetzt" ist es auch Ausdruck einer gewissen Ungeduld. Das „jetzt gibt es Portfolio" ist eine interessante sprachliche Ausdrucksgestalt, die es kontextfrei auf ihren Bedeutungsgehalt zu prüfen gilt. Denn was „gibt es" in alltagssprachlichen Wendungen sonst? Es gibt Mittagessen, es gibt ein Donnerwetter, es gibt Regen am Wochenende. Die spezifische sprachliche Form verweist einerseits auf eine semantische Eindeutigkeit, etwas Feststehendes, in sich Geschlossenes, im „es gibt" scheint andererseits auch ein pathisches Moment auf, in dem sich etwas ereignet, oft ohne maßgeblichen Einfluss der Person auf das Geschehen.

Wendet man die Überlegungen auf den Kontext der Portfolioarbeit im Kindergarten, so kommt in der Aussage des Kindes zum Ausdruck, dass Portfolio in diesem Kindergarten eine feste und explizite Größe ist, aber auch, dass die Einflussnahme darauf, dass und wie das Portfolio im Kindergarten stattfindet, begrenzt ist. Als kontrastierendes Gedankenexperiment sind andere Ausdrucksformen denkbar, die z.B. mit der Frage: „Können wir jetzt an unseren Portfolios weitermachen?" zwar auch eine Erlaubnis einholen, die Person aber deutlich stärker als initiativ und wirksam konstituieren. Interessant an der Aussage des Kindes ist auch, dass es zu wissen scheint – oder meint – dass es „jetzt Portfolio gibt", die Aussage wird auf der Basis nicht explizierter Indikatoren getroffen, die auf eine

Regelmäßigkeit des Portfolioeinsatzes im vorliegenden Kontext schließen lassen. Das „Jetzt" verweist nicht zuletzt auf den sofortigen Beginn von „Portfolio".

```
Sequenz 3
L: Wir haben schon damit angefangen (schmunzelt)
```

Umso überraschender ist die Antwort der Lehrperson, deren „Schmunzeln" als freundliches Amüsement den Widerspruch gegenüber der Aussage des Kindes, das den offiziellen Beginn erwartet, zum Ausdruck bringt. Die Erwartung, dass die Arbeit am Portfolio noch bevorsteht, wird mit dem Hinweis korrigiert, dass „wir", also auch die Lehrperson „schon damit angefangen" haben.

Was kommt in dieser Sequenz über das Portfolio im Kindergarten zum Ausdruck? Es zeigt sich, dass der Begriff Portfolio gebräuchlich ist und dass das, was „Portfolio" als Aktivität für die Schüler ausmacht, für diese nicht eindeutig bestimmbar ist.

Aus dem Kontext kann die Diskrepanz zwischen dem angenommenen und tatsächlichen Beginn des „Portfolios" plausibilisiert werden. *Vor* der rekonstruierten Situation fordert die Lehrperson einige Kinder auf, bestimmte Körperteile zu bewegen und andere, diesen Bewegungen wie ein Spiegel zu folgen. *Nach* der rekonstruierten Situation erfolgt die Benennung einer Vielzahl von Körperteilen und -regionen, die dann als Portfolio-Arbeit gezeichnet und im Ordner abgeheftet werden sollen.

Weiterer Abschnitt aus dem Protokoll

Der folgende Abschnitt bildet den Abschluss und validiert die im vorigen Kapitel getroffenen Aussagen zur Portfolioarbeit im vorliegenden Kontext.

```
38.00.00  L    Au, die Portfolio schaue ich durch und ihr dürft
               diese dann auch nach Hause nehmen am Freitag. Die
               gehören euch, dass habt ihr alles erarbeitet.
38.10.00  Ss   Ja. Nicht du
38.14.00  L    Nicht ich.
38.14.00  S    Du hast gesagt, was wir machen müssen
38.17.00  L    Gearbeitet habt ihr, ich habe nie mitgemacht.
38.21.00  S    Du hast nur kontrolliert
38.23.00  L    Kontrolliert, genau.
38.24.00  S1   Nein, Du hast nur zugesehen.
38.25.00  L    Genau, ich habe zugesehen, wie ihr das macht.
38.30.00  S    Ob wir es gut oder nicht gut machen.
38.35.00  L    Habe ich irgendeinmal gesagt, es ist nicht gut?
```

```
38.36.00   Ss   (Gemurmel- durcheinander) Nein
38.38.00   L    Habe ich einmal gesagt, das musst du noch einmal
                üben?
38.40.00   Ss   (Gemurmel)
38.42.00   L    Bei paaren schon. So...
                (Polat & Studer, 2016)
```

Zusammenfassung

Bilanziert man die vorliegende Rekonstruktion, kann man feststellen, dass die beobachtbaren und dokumentierten Interaktionen die programmatisch-konzeptionellen Vorstellungen über Portfolioarbeit im Kindergarten zumindest irritieren. Andersgesagt erscheint das Programm in Teilen kontrafaktisch. Die postulierten Freiheitsgrade erscheinen in den Interaktionen gering, das Ausmaß an Vorgaben in den Aufgaben, deren Bearbeitung und Verwaltung sowie an Kontrolle ist hingegen hoch. Das Portfolio als Produkt erfüllt aber trotz dem Modus seines Zustandekommens ein programmatisches Postulat: Es zeigt die „Arbeit" der Kinder, es legt Rechenschaft über die Fähigkeiten der Kinder und über die Bemühungen der Lehrperson ab.

Für die Studierenden, die sich mit hohem Commitment dem Konzept der Portfolioarbeit im Kindergarten zugewandt haben, fiel die Bilanz auf den ersten Blick jedoch enttäuschend aus.

5   Diskussion

Was folgt aus der Feststellung einer erheblichen Differenz zwischen Programm und Realisierung? Ein solides methodisches Vorgehen und die Zusammenarbeit bei der Rekonstruktion durch eine Interpretationsgruppe stärkt die intersubjektive Gültigkeit der Aussagen, es liegt also kein „Interpretationsfehler" vor. So liegt es nahe, die rekonstruierte Differenz in eine Kritik an der Lehrperson zu überführen, die sich entweder als *Unverständnis* für das Programm „Portfolioarbeit" oder als *Unvermögen* seiner Realisierung artikulieren könnte. Ein solches Ergebnis wäre für eine wissenschaftliche Arbeit aber weder gewinnbringend noch akzeptabel, denn die damit getroffene Aussage wäre für und über den konkreten Einzelfall hinaus wertlos.

Worin also liegt der Gewinn der Analyse für eine wissenschaftliche Arbeit? Inwiefern weist die Analyse über den spezifischen Kontext hinaus und erlaubt generalisierte Aussagen, die nicht nur die formale Qualifikation als erfolgreiche Absolvierung einer BA-Arbeit im Blick haben, sondern in der vertieften wissenschaftlichen Auseinandersetzung mit der zukünftigen beruflichen Praxis ein Bildungspotential für die Studierenden selbst beinhalten?

Eine solche Analyse ermöglicht in mehrfacher Hinsicht ein differenziertes Problembewusstsein:

a) Zur Eigenart pädagogischer Programme

Dass Programme keineswegs widerspruchsfrei sein müssen, zeigt das vorliegende Beispiel deutlich. Die Portfolio-Semantik lässt ein breites Spektrum an Interpretationen zu, die an sehr unterschiedliche Orientierungen von Lehrpersonen anschließen können. Die vorliegenden empirischen Daten verweisen auf die Priorisierung der Rechenschaftslegung, die die verwendete Unterrichtshilfe nicht zwangsläufig nahelegt, die aber durch den Nachweischarakter Argumentationssicherheit z.b. gegenüber elterlichen Ansprüchen erlaubt. Allgemein gesprochen erzeugen Programme einen Sinnüberschuss, an den sich im realisierenden Zugriff viele Perspektiven anschließen können. Metaphorisch sind Programme also „große Dächer", unter die sehr Unterschiedliches passt, was durchaus auch eine Erklärung für den Erfolg der Programme darstellt.

Die normative Fundierung der Programme gerät durch das qualitativ-rekonstruktive Vorgehen in spezifischer und – wie wir meinen – produktiver Weise in den Blick. In der Interpretation erfolgt die „Zurückführung der geäußerten Lesartenvorschläge auf die ihnen zugrundeliegenden normativen Prämissen einer pädagogischen Praxis" (Ohlhaver & Wernet 1999, S. 23). Sie werden erst in der Diskussion um die beste Lesart zum Gegenstand der Auseinandersetzung, damit explizit und begründungspflichtig.

b) Zu den konstitutiven Antinomien pädagogischen Handelns

Folgt man der Analyse von Helsper (z.B. 2004), wonach pädagogisches Handeln von konstitutiven Antinomien als widersprüchliche Handlungsanforderungen geprägt ist, so zeigt das Beispiel der Portfolioarbeit im Kindergarten, dass das Programm den „Autonomiepol" der sog. Autonomie-Antinomie befördert und damit den „Heteronomiepol" ausblendet, der sich im empirischen Material jedoch eindrücklich als dominanter Ausdruck der dokumentierten Interaktionspraxis zeigt. Die forschende Auseinandersetzung verdeutlicht also die Spannungsverhältnisse und die damit verbundenen Handlungsanforderungen, die systematisch keinen Raum für die „reine Lehre" im Sinne der Priorisierung eines Poles der verschiedenen Antinomien lassen.

c) Zu den pragmatischen Herausforderungen beim Versuch, Programme zu realisieren

Man kann das Forschungsvorhaben der Studierenden auch als Lehrstück für die Wirkungsmacht eines Lehr- oder Unterrichtsmittels betrachten, sind es doch genau diese Artefakte, über die ein Programm in den Klassenraum kommt[5]. So praktisch es ist, mit „fertigen" Materialien („jetzt auch in DIN A 4") zu arbeiten, so stellt es auch eine Form der Entmündigung dar, derartige Vorschläge kritiklos zu übernehmen. Neben der Präformierung der Aktivitäten, die mit einem solchen Lehrmittel einhergeht, sind die empirischen Daten auch ein Beleg für transintentionale Wirkungen, die die Portfolioarbeit im konkreten Kontext erzielt. Allgemein betrachtet sind die Differenzen zwischen Programm und Realisierung der empirische Beleg für die Kontingenz pädagogischen Handelns in einem Sozialsystem, der helfen kann, allzu optimistische Wirkungshoffnungen und Programmverheißungen zu relativieren.

d) Alternativen und Handlungsspielräume in einer ähnlichen Situation

Die mit der Rekonstruktion zu erzielende Erkenntnis kann gewinnbringend sein, weil in der Frage nach regelgeleiteten Anschlussoptionen Handlungsspielräume sichtbar werden, deren Realisierbarkeit zwar grundsätzlich auch empirisch in Frage steht, die aber deutlich machen, dass Alternativen zumindest denkbar sind.

e) Methodische Zugänge als Schutz vor Idealisierungen

Nicht zuletzt bietet die Arbeit mit einem rekonstruktionslogischen Zugang das Potential, dass der Zweifel nicht nur zu einem das Berufsleben begleitenden Freund wird, sondern auch einen systematischen Weg findet, mit sich selbst umzugehen ohne zu „ver-zweifeln". Ein solches Vorgehen wird als aussichtsreich erachtet, einen „wissenschaftlich-reflexiven Habitus" (Helsper 2001, S. 11) zu stärken, der in wissenschaftlichen Methoden die Werkzeuge für Kritik- und Reflexionsarrangements findet und damit (zumindest programmatisch) vor Idealisierungen schützen kann.

6   Fazit

Die Auseinandersetzung mit pädagogischen Programmen und deren Realisierung eröffnet ein breites Feld für studentische Forschung im Rahmen von Qualifikationsarbeiten. Methodologisch und methodisch erweisen sich qualitativ-rekonstruktive Zugänge in mehrfacher Hinsicht als aussichtsreich. Sie werden als Weg beschrieben, auf dem sich so etwas wie ein wissenschaftlich-reflexiver Denkstil entwickelt (vgl. Helsper 2001; Dausien 2007) „weil und insofern sich professionelles Handeln konstitutiv im Spannungsfeld von Allgemeinem und Besonderen

---

5   Das macht die Erstellung sog. „Unterrichtsmaterialien" von Wirtschaftsunternehmen als Formen der „Öffentlichkeitsarbeit" auch so fragwürdig.

bewegt; weil und insofern professionelles Handeln selbst eine „Fallarbeit" darstellt" (Wernet 2006, S. 189). Sie erlauben bei gründlicher Auseinandersetzung auch, „durch den Einzelfall hindurch" auf die dahinterliegenden Bedingungen pädagogischen Handelns zu schauen. Studierenden erlauben sie aus pragmatischer Sicht, mit begrenzten Ressourcen und oft in der Schule „um die Ecke" ein eigenständiges Forschungsvorhaben zu verwirklichen, in denen die programmatischen Schriften als Horizont oft mannigfaltig, die empirischen Auseinandersetzungen damit eher seltener vorhanden sind. Die Einordnung eigener Ergebnisse in den Forschungsstand kann dabei durchaus dazu führen, dass sich bestimmte Ergebnisse empirischer Schul- oder Unterrichtsforschung auch nicht replizieren. Solide ausgeführte Arbeiten leisten damit potentiell einen Beitrag zur Vermehrung des wissenschaftlichen Wissens.

Literaturverzeichnis

Bostelmann, A. (2007) (Hrsg.). *Das Portfolio-Konzept für Kita und Kindergarten*. Mühlheim: Verlag an der Ruhr.

Bröckling, U. (2007). *Das unternehmerische Selbst. Soziologie einer Subjektivierungsform*. Frankfurt: Suhrkamp.

Dausien, B. (2007). Reflexivität, Vertrauen, Professionalität. Was Studierende in einer gemeinsamen Praxis qualitativer Forschung lernen können. Diskussionsbeitrag zur FQS-Debatte „Lehren und Lernen der Methoden qualitativer Sozialforschung". *Forum Qualitative Sozialforschung / Forum: Qualitative Social Research*, 8(1), http://nbn-resolving. de/urn:nbn:de:0114-fqs0701D4Da3.

Fend, H. (2006). *Neue Theorie der Schule*. Wiesbaden: Springer VS.

Fuchs, T., Jehle, May & Krause, S. (2013) (Hrsg.). *Normativität und Normative (in) der Pädagogik. Einsätze theoretischer Erziehungswissenschaft III*. Würzburg: Königshausen und Neumann.

Gruschka, A. (2007). Bildungsstandards oder das Versprechen, Bildungstheorie in empirischer Bildungsforschung aufzuheben. In: Ludwig A. Pongratz, Roland Reichenbach & Michael Wimmer (Hrsg.): *Bildung – Wissen – Kompetenz*. Bielefeld, S. 9-29.

Helsper, W. (2001). Praxis und Reflexion – die Notwendigkeit einer „doppelten Professionalisierung" des Lehrers. In: *journal für lehrerinnen und lehrerbildung* 3, S. 7-15.

Helsper, W. (2004). Pädagogisches Handeln in den Antinomien der Moderne. In: Heinz Hermann Krüger & Werner Helsper (Hrsg): *Einführung in Grundbegriffe und Grundfragen der Erziehungswissenschaft*. Wiesbaden: VS, S. 15-34.

Häcker, T. (2007). *Portfolio: ein Entwicklungsinstrument für selbstbestimmtes Lernen. Eine explorative Studie zur Arbeit mit Portfolios in der Sekundarstufe I*. Baltmannsweiler: Schneider Verlag Hohengehren.

Herzog, W. (2011). Schule und Schulklasse als soziale Systeme. In: R. Becker (Hrsg.), *Lehrbuch der Bildungssoziologie*. Wiesbaden: Springer VS, S. 163-202.

Herzog, W. (2006). *Zeitgemässe Erziehung. Die Konstruktion pädagogischer Wirklichkeit.* Weilerswist: Velbrück Wissenschaft. Studienausgabe.

Luhmann, N. (2004). Ökologische Kommunikation. Kann die moderne Gesellschaft sich auf ökologische Gefährdungen einstellen? Wiesbaden: Springer VS.

Mead, G. H. (1973). *Geist, Identität und Gesellschaft aus der Sicht des Sozialbehaviorismus.* Frankfurt a. M.: Suhrkamp.

Mersch, D. (2014) (Hrsg.). *Programm(e).* Zürich: Diaphanes.

Meseth, W.; Proske, M. & Radtke, F.-O. (2012). Kontrolliertes Laissez-faire. Auf dem Weg zu einer kontingenzgewärtigen Unterrichtstheorie. In: *Zeitschrift für Pädagogik 2,* S. 223-241.

Müller, A. (2005). Erlebnisse durch Ergebnisse. Das Lernportfolio als multifunktionales Werkzeug im Unterricht. In: *Grundschule 6,* S. 8-18.

Ohlhaver, F & Wernet, A. (1999). *Schulforschung – Fallanalyse – Lehrerbildung. Diskussionen am Fall.* Opladen: Leske + Budrich.

Polat, D. & Studer, C. (2015). Transkript zur Portfolioarbeit im Kindergarten. Pädagogische Hochschule FHNW (unveröffentlicht).

Reichenbach, R. (2016). Über Neomanie und die ‚posttheoretische' Phase in der Erziehungswissenschaft. In: Siegrid Blömeke, Marcelo Caruso, Sabine Reh, Ulrich Salaschek & Juri Stiller (Hrsg*.): Traditionen und Zukünfte. Beiträge zum 24. Kongress der Deutschen Gesellschaft für Erziehungswissenschaft.* Opladen, Berlin, Toronto: Barbara Budrich. S. 17-28.

Röllin, M. (2011). *Portfolio im Kindergarten. Unterrichtshilfe zur Identitätsbildung.* Hg. v. Bildungsdirektion des Kantons Zürich. Zürich. Online verfügbar unter http://www. vsa.zh.ch/internet/bildungsdirektion/vsa/de/schulstufen_schulen/schulstufen/kindergarten/_jcr_content/contentPar/downloadlist_0/downloaditems/83_1373275809532.spooler.download.1392905143104.pdf/001694_vsa_kiga_portfolio.pdf, zuletzt geprüft am 26.03.2016.

Schimank, U. (1996). *Theorien gesellschaftlicher Differenzierung.* Opladen: Leske + Budrich.

Schimank, U. & Volkmann, U. (1999). *Gesellschaftliche Differenzierung.* Bielefeld: transcript.

Schmidinger, E. (2006). Das Portfolio als Unterrichtsstrategie. Portfolios und Unterricht, ein wechselseitiges Verhältnis. In: Ilse Brunner (Hrsg.): *Das Handbuch Portfolioarbeit. Konzepte, Anregungen, Erfahrungen aus Schule und Lehrerbildung.* Seelze-Velber: Kallmeyer, S. 67–72.

Schütze, F. (2000). Schwierigkeiten bei der Arbeit und Paradoxien des professionellen Handelns: ein grundlagentheoretischer Aufriss. In: *Zeitschrift für qualitative Bildungs-, Beratungs- und Sozialforschung* 1 (1), S. 49–56.

Schütze, F. (2016). Das Konzept der Sozialen Welt Teil 2: Theoretische Ausformung und Weiterentwicklung. In: Michael Dick, Winfried Marotzki & Harald A. Mieg (Hrsg.): *Handbuch Professionsentwicklung.* Bad Heilbrunn: Verlag Julius Klinkhardt (UTB Erwachsenenbildung, 8622), S. 88–106.

Wernet, A. (2006). *Hermeneutik – Kasuistik – Fallverstehen.* Stuttgart: Kohlhammer.

Wernet, A. (2009). *Einführung in die Interpretationstechnik der Objektiven Hermeneutik.* Wiesbaden: Springer VS.

Williner, T.; Zeiter-Imseng, S. (2011). Portfolio im Kindergarten. Winterthur: ProKiga.

Williner, T.; Zeiter-Imseng, S. (2011). *Portfolio im Kindergarten*. Winterthur. Online verfügbar unter http://www.prokiga.ch/pi/PORTFOLIO-im-Kindergarten1.html [29.03.2016]

Kognitive Karten im Kontext von Unterrichtsforschung: Filmisch inspirierte kognitive Karten Jugendlicher

Marion Plien und Sascha Ulrich

1 Einleitung

> „Yet this pervasive human desire to reminisce, to explore, to visit, to fantasize, and to learn about places all over the world is much more than the idle curiosity [...] it reflects, and is part of, a fundamental human need: the need to know about the world around us." (Downs und Stea 1977, S. 21)

Dieses oben zitierte grundlegende Bedürfnis haben Downs und Stea in ihrer Monographie *Maps in minds. Reflections on cognitive mapping* aus dem Jahr 1977 theoretisch reflektiert und teils empirisch untersucht. Interessiert hat sie, wie sich Menschen die Welt erschließen, das Wissen über die Welt ordnen und dabei ihren eigenen Platz in der Welt finden. Den Autoren zufolge besteht das Bedürfnis des Menschen, die ihn umgebende Umwelt zu erkunden, darin, *places*[1] zu entde-

---

1   An dieser Stelle wird in Abgrenzung zum theoretischen Konzept des Ortes der deutschsprachigen Humangeographie der englische Terminus beibehalten. Während in der deutschen Forschung das Konzept Ort Materialitäten bezeichnet, die in einem Ausschnitt der Erdoberfläche unterschiedlicher Maßstabsebene vorkommen, handelt es sich bei *place* um die imaginative Vorstellung von und die empfundene Verbindung zu einem Ausschnitt der Erdoberfläche. Die Vorstellung beschränkt sich dabei auf Aspekte, die eine Bedeutung für den Vorstellenden besitzen, sodass *place* gleichzeitig

cken, an denen für ihn wichtige Menschen und Dinge zu finden sind oder die seine Fantasie- und Einbildungskraft zufrieden stellen. So werden (topographische und geographische) Kenntnisse über die Beschaffenheit von Ausschnitten der Erdoberfläche, deren Bedeutung für die Bedürfnisbefriedigung und deren Entfernung zum eigenen Standort memoriert (Downs und Stea 1977, S. 41f). Menschen entwickeln derart kognitive Karten, die aus einem immer dichter werdenden Netz an *places* bestehen. Diese „subjektive Karten" oder „Geographien des eigenen Lebens" (Kaminske 2013, S. 5) steuern die Wahrnehmung der Welt, bilden den Ausgangspunkt geographischer Bildungs- und Lernprozesse im Unterricht und sind handlungsleitend. Daher ist es einerseits wichtig, Erkenntnisse darüber zu gewinnen, welchen Einfluss diese lebensweltlichen Vorstellungen der Welt auf Lernprozesse haben und andererseits mit den Jugendlichen im Unterricht selbst die Entwicklung ihrer kognitiven Karten zu reflektieren. Im neuen Lehrplanentwurf wird daher gefordert, dass die Jugendlichen „anhand von kognitiven Karten/*mental maps* erläutern [können], dass Räume stets selektiv und subjektiv wahrgenommen werden" (Ministerium für Bildung, Wissenschaft, Weiterbildung und Kultur 2015, S. 3).

Downs und Stea (1977) zufolge bestehen kognitive Karten aus Kenntnissen, die vor Ort entwickelt oder auch medial vermittelt werden. Dabei gehen die Autoren nicht auf die Unterschiede des kognitiven Kartierens durch eine mediale Auseinandersetzung mit *places* im Gegensatz zu nicht-medialen Umwelterfahrungen ein, obwohl Medien ihre Informationen auf verschiedene Art und Weise zu sehen geben und damit zur Ausbildung unterschiedlicher Vorstellungen führen. So erzählen audiovisuelle Medien wie Spielfilme, TV-Serien, Dokumentarfilme oder Nachrichtensendungen Geschichten, die an Orten und in Landschaften spielen und versuchen damit den Eindruck zu vermitteln, ein (neutrales) Fenster zur Welt zu sein. Tatsächlich erschaffen sie aber Landschaften und *places*, die derart keine Entsprechung auf der Erdoberfläche haben und lassen uns Dinge erleben, die uns die nicht-medial erfahrbare Umwelt nicht bieten kann. Bei der/dem Zuschauer*in führt die Rezeption dieser filmischen Landschaften zu gelenkten ökologischen und gesellschaftlichen Umwelterfahrungen (Aitken und Zonn 1994, S. 69) und zur Ausbildung gesellschaftlich geteilter kognitiver Karten und Weltbilder, die zu einem Bestandteil materiell-sozialer Praktiken werden. Für Jugendliche, in deren Lebenswelten Spielfilme in quantitativer und qualitativer Hinsicht eine herausragende Rolle spielen (JIM-Studie 2015), leisten diese Umwelterfahrungen einen wichtigen Beitrag zu ihrem Sozialisations- und Enkulturationsprozess und stellen einen (zum Teil unreflektierten) Bestandteil ihrer kognitiven Karten dar.

---

die Bedeutung, die einem Ort zugeschrieben wird, umfasst (Downs und Stea 1977, 1982, Relph 1976).

Dieser Beitrag möchte mögliche Forschungsfragen zu kognitiven Karten Jugendlicher und deren Rolle für bzw. in unterrichtlichen Lernprozessen aufzeigen (vgl. Kap. 2) und am Beispiel der Untersuchung *Filmisch inspirierte kognitive Karten Jugendlicher* ein mögliches Forschungsdesign in diesem Themenfeld vorstellen. Zunächst werden dazu die theoretischen Perspektiven (vgl. Kap. 3) aufgezeigt, die sowohl die Erhebung als auch die Auswertung der empirischen Daten leiteten. Im Folgenden wird das Forschungsdesign erklärt (vgl. Kap. 4). Anschließend werden die bisher erzielten Ergebnisse präsentiert und diskutiert (vgl. Kap. 5 und 6). Schließlich folgt im Fazit eine kritische Auseinandersetzung mit dem Forschungsdesign (vgl. Kapitel 7).

2 Kognitive Karten im Kontext der Unterrichtsforschung

Es gibt eine Vielzahl geographiedidaktischer Studien über Raumvorstellungen von Kindern und Jugendlichen (beispielsweise Kullen 1986, Markert 1991, Dijk und Riezebos 1992, Hüttermann und Schade 1997, Schniotalle 2003 oder Schmeinck 2007). Dabei wurden mit Hilfe von *mental maps*[2] die kognitiven Karten von Lernern in Form von politischen Weltkarten erfasst, die entweder als stumme Umrisskarten vorgegeben wurden oder von den Jugendlichen selbst gezeichnet werden mussten. Neben der Erforschung dieser Weltbilder[3] wollten die Wissenschaftler

---

2   In der geographiedidaktischen Literatur wird vorwiegend der Begriff *mental map* verwendet, obwohl Downs und Stea (1977) ihre theoretische Denkfigur als *cognitive map* und damit als kognitive Karten bezeichneten. Der Terminus *mental map* wurde von Lynch (1960) für die von ihm entwickelte Theorie über die Form und Inhalte, wie sich Individuen einen städtischen Lebensraum vorstellen, gebraucht. In diesem Aufsatz wird daher zwischen *mental map* und kognitiver Karte/*cognitive map* unterschieden.

3   Die oben genannten Forschungen zum Thema geben an, dass sie die Weltbilder der Kinder und Jugendlichen untersuchen würden. Sie erfassen dabei allerdings nur die Raumvorstellung bzw. die *mental maps*. Denn das Bild im Begriff Weltbild muss vielmehr entsprechend des Begriffs Image im Sinne einer Einstellung verstanden werden. Wardenga (zit. nach Sperling 2004, S. 128) definiert den Begriff überzeugend als: „[...] eine durch Distanz entwickelte Erkenntnis von Welt als Ganzes bzw. der zu erfahrenden Wirklichkeit, wobei die vielen Erfahrungen zu einem Ganzen bzw. zu einer ganzheitlichen Vorstellung (und Bewertung) zusammengefügt werden." Eine Untersuchung des Weltbildes der Kinder würde eine erklärend-hermeneutische Analyse der gesamten Vorstellungen der einzelnen *mental maps* bedeuten, um die holistischen Alltagstheorien der Jugendlichen über die Welt (und die Bewertung der Welt) aufzudecken.

durch problemzentrierte Interviews und mit standardisierten Fragebögen die Wissensquellen der Kinder und Jugendlichen erfassen. Dabei konnte festgestellt werden, dass die Jugendlichen über Kenntnisse verschiedener Länder verfügen, die sie im Rahmen von Urlauben, Austauschen, aus Nachrichten oder Erzählungen von Freunden kannten. In einer Erhebung untersuchte Reuschenbach (2014) neben den kognitiven Karten auch die Kenntnisse der Kinder und Jugendlichen über gesellschaftliche Herausforderungen und Probleme im Mensch-Umwelt-System und deren Verortung in ihren subjektiven Karten. Das heißt sie untersuchte die Verortung der im Geographieunterricht erworbenen Vorstellungen. Die untersuchten kognitiven Karten beinhalteten vor allem stereotype Vorstellungen von ahistorischen bzw. traditionellen Lebensweisen in Räumen, die mental und räumlich weit entfernt von den Jugendlichen waren. So fehlten für diese Räume beispielsweise Vorstellungen über das Alltagsleben der Menschen. Außerdem besaßen die Jugendlichen sehr heterogene Vorstellungen über die gesellschaftlichen Herausforderungen und auch deren Verortung fiel differenziert aus. Ferner konnten alle Autoren*innen entsprechend der Theorie der kognitiven Karten (Downs und Stea 1982) das Interesse der Lerner*innen an bestimmten Ländern einerseits dadurch festmachen, dass sie genannt bzw. gezeichnet wurden und andererseits dadurch, dass die topographischen Kenntnisse in den Zeichnungen von beliebten Staaten größer waren.

Insgesamt ist es von Interesse, regelmäßig die kognitiven Karten Jugendlicher zu erfassen, weil sich diese stetig verändern. Vor allem die Medien und ihre wechselnde Fokussierung auf bestimmte Länder und Regionen haben darauf einen Einfluss. Auch die Erhebung von kognitiven Karten vor und nach der unterrichtlichen Auseinandersetzung mit Regionen stellt ein wichtiges Forschungsthema dar, um dabei nicht nur den Wissenszuwachs, sondern auch die Kompetenzentwicklung erfassen zu können, denn im Sinne eines kompetenzfördernden Geographieunterrichts sollen die Jugendlichen erlernen, Inhalte nach den Basiskonzepten des geographischen Denkens (Deutsche Gesellschaft für Geographie [8]2014, S. 11) mental zu organisieren. Schließlich fehlen auch Erhebungen, die den Einfluss des diskursiven Kontextes der gesellschaftlich geteilten Vorstellungen auf die kognitiven Karten untersucht haben. Auch der Einfluss von unterrichtlich behandelten Regionen auf die Entwicklung von *places* und damit auf die Bedeutungszuschreibung der kennengelernten Orte wurde bisher nicht erhoben. Diese beiden Arten von Raumvorstellungen und -bewertungen lassen sich ebenfalls mit dem Analyseinstrument der kognitiven Karten erfassen. Schließlich sollte neben Spielfilmen auch die Rolle anderer Medien (wie bspw. von Dokumentarfilmen, TV-Serien, (digitale) Kartenmedien oder Fotos) untersucht werden.

3 Filmisch inspirierte kognitive Karten: Theoretische Perspektiven

Im Zentrum des im Folgenden präsentierten Forschungsbeispiels stand die Frage, welchen Einfluss die Rezeption von filmischen Narrationen auf die kognitiven Karten von Jugendlichen hat. Dazu wurden zwei theoretische Perspektiven eingenommen. Kognitive Karten sind eine theoretische Denkfigur und ein Analyseraster von Downs und Stea (1977), das bei wahrnehmungsgeographischen Fragestellungen herangezogen und damit der Sozialgeographie zugeordnet wird. Die Theorie der filmischen Weltbilder bzw. der *cinematic world* von Escher (2006, S. 310f) lässt sich der Mediengeographie zuordnen.

3.1 Kognitive Karten

Bei den kognitiven Karten handelt es sich um räumlich bzw. topographisch verortete Kenntnisse über *places*, mit denen sich Menschen im Laufe ihrer Entwicklung auseinandergesetzt haben. Es sind *places*, an denen für sie wichtige Menschen und Dinge zu finden sind oder die ihre Fantasie- und Einbildungskraft zufrieden stellen. Dabei werden Kenntnisse über die Beschaffenheit von *places*, deren Bedeutung für die Bedürfnisbefriedigung und deren Entfernung zum eigenen Standort memoriert und Informationen gespeichert, die Antworten auf die Fragen *whatness*, *whereness* und *whenness* geben (Downs und Stea 1977, S. 41f.) (vgl. Abb. 1).

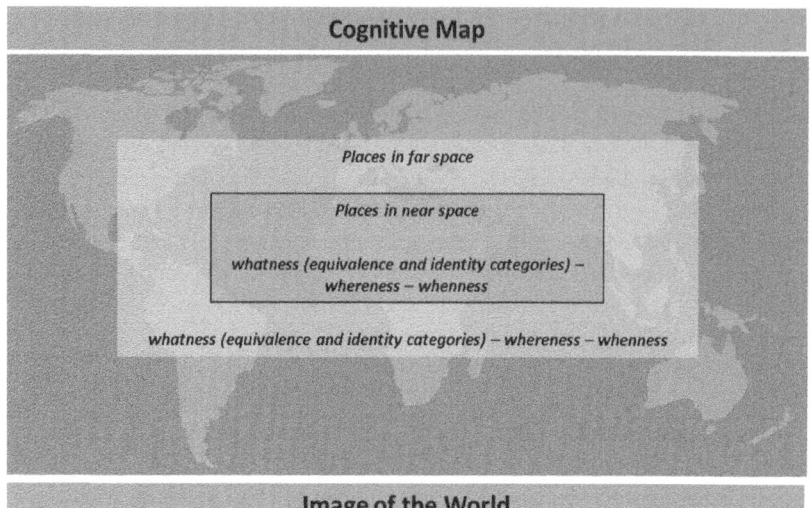

Abb. 1 Visualisierung der kategorialen mentalen Repräsentation der Welt in Form von
cognitive maps (Plien 2016).

Die Kategorie *whatness* umfasst Kenntnisse über Raumobjekte (in Form von Orten, Ländern, Landschaften oder Regionen), die auf zwei unterschiedliche Arten
gespeichert werden. Das Wissen wird dabei nach *equivalence* oder *identity categories* gedanklich strukturiert, also nach gesellschaftlich geteilten Ordnungsras-
tern, wie ländlich ⇔ städtisch, entwickelt ⇔ unterentwickelt oder nach individuellen Ordnungssystemen, wie Heimatort, Ort der Kindheit, Einkaufsort oder Ort der
ersten Liebe (Downs und Stea 1977, S. 84). Erstere stellen Bezugssysteme dar, mit
denen Ereignisse erklärt und gesellschaftliche Kommunikation über räumliches
Wissen ermöglicht wird. Dagegen zeichnen sich die *identity categories* durch individuelle Erfahrungen mit *places* aus. Gemeinsam ist beiden Kategorien, dass sie
Informationen vereinfachen müssen, um sich auf die Inhalte zu beschränken, die
für die Orientierung und Handlungen im Raum notwendig sind. Dabei können bei
Individuen einerseits völlig konträre mentale Repräsentationen eines Ausschnitts
der Erdoberfläche entstehen, weil die Bedürfnisse an diesen Ort unterschiedlich
sind und andererseits müssen gesamtgesellschaftliche Repräsentationen ausgehandelt werden, um eine gemeinsame Kommunikation zu ermöglichen. Das Wissen
über das *whereness* (vgl. Abb. 1) unterstützt das kognitive Kartieren, indem *places*
topographische Standorte auf der Erdoberfläche zugeordnet und Lagebeziehungen zwischen ihnen hergestellt werden. Schließlich helfen *equivalence categories*,

welche den zeitlichen Aspekt berücksichtigen, Ereignisse und Prozesse im Raum zu erklären und geben damit eine Antwort auf das *whenness* (vgl. Abb. 1). Dabei unterscheiden sich Bedürfnisse, die die unmittelbar umgebende Umwelt erfüllen muss, von denen, die an ferne *places* gerichtet werden. Der *near space* muss vor allem die *basic needs* erfüllen, das heißt beispielsweise Institutionen zum Erwerb von Nahrungsmitteln, Arbeits- und Bildungsstätten oder Freizeitmöglichkeiten anbieten, während der *far space* das Bedürfnis, fremde und exotische Länder kennen zu lernen, befriedigen muss (Downs und Stea 1982, S. 39-40). Menschen entwickeln kognitive Karten, die aus einem immer dichter werdenden Netz an *places* bestehen, und erschließen sich damit schrittweise die Welt. Dabei entwickeln sich kognitive Karten wie folgt:

- Diejenigen Bereiche, die dem Umweltwahrnehmenden (durch persönliche Reisen, durch den Alltag oder durch eine intensive mediale Vermittlung) bekannt sind, werden in Größe und Detailgenauigkeit überbetont und topographisch näher zum *near space* lokalisiert.
- Demgegenüber werden Regionen, über die vergleichsweise wenig in den Medien berichtet wird, kleiner und weniger detailliert imaginiert. Oft werden sie als blinde, weiße Flecken, lückenhaft und mit Stereotypen besetzt vorgestellt und mental weit entfernt positioniert.
- „Wenn originale Kenntnisse fehlen, bleibt als Grundlage für ein Weltbild in der Regel nur das Schulwissen übrig, da Nachrichten und andere Fernsehsendungen meist keinen systematischen räumlichen Überblick geben und nicht genau genug auf Einzelheiten eingehen." (Kaminske 2013, S. 4f.)
- Kognitiven Karten kennzeichnen sich durch die Elemente Wege *(path)*, Ränder *(edge)*, Bezirke *(district)*, Knotenpunkte *(node)* und Landmarken *(landmark)* (Lynch 1960, S. 49-82).

Kognitive Karten stellen dabei subjektive Produkte dar, welche die menschlichen Erfahrungen speichern und verorten. Sie offenbaren dadurch Biographien, subjektive Perspektiven auf die Welt und somit individuelle Weltbilder. (vgl. Abb. 1)

▶   **Lesehinweise**
Downs und Stea (1977)
Downs und Stea (1982)
Lynch (1960)
Werlen (2008)

3.2   Cinematic world

Filmemacher wollen auf gesellschaftliche Belange aufmerksam machen (Aitken 1991, S. 108) und ihre Anschauung zu sehen geben. Dazu erzählen sie Geschichten in Bild und Ton. Diese spielen an Orten und in Landschaften[4], sodass die Rezipient*innen gelenkt Ausschnitte der Erdoberfläche kennen lernen. Die Landschaften entsprechen aber nur scheinbar Ausschnitten der Erdoberfläche. Vielmehr müssen sie die filmisch erzählten Geschichten unterstützen, damit diese glaubwürdig werden und sich die Rezipienten*innen auf sie einlassen. Die filmische Landschaft muss für die/den Zuschauer*in die Narration topographisch verorten und authentisch sein.[5] Daher handelt es sich bei der filmischen Landschaft um materialisierte imaginäre Geographien, die ein Simulakrum nach Baudrillard (1985) darstellen und damit wirklicher sind als die Wirklichkeit. Imaginäre Geographien sind gesellschaftlich geteilte stereotype Vorstellungen von Orten, Menschen, Ländern, Landschaften, Gesellschaften und Kulturen. Sie kennzeichnen sich dadurch, dass sie das Fremde betonen, Kenntnisse aber auch auf Materialitäten projizierte Sehnsüchte, Wünsche, Fantasien und Ängste umfassen. So besteht Marrakesch in einer Vielzahl an Spielfilmen nur aus der Medina (Escher und Zimmermann 2005) und die mexikanische Gesellschaft in *Babel* (2006), *Dexter* (2006-2013) und *Breaking Bad* (2008-2013) nur aus fröhlichen Menschen oder Drogenbossen. Die Materialisierung der imaginären Geographien entsteht allerdings nicht nur durch die Wahl bestimmter außerfilmischer Landschaftselemente (wie Gebäude, Gegenstände, Figuren und Vegetationsformationen), die durch die Montage zu fiktiven Landschaften zusammengefügt werden, sondern vielmehr auch aus der Ästhetisierung und Inszenierung durch filmische Stilmittel (Plien 2012, S. 31-33; Plien 2015a, S. 54f.). Letztere machen etwas Unsichtbares sichtbar:

---

4   Die theoretische Denkfigur der Landschaft wird an dieser Stelle entsprechend Escher und Zimmermann (2001, S. 229) als ein subjektiv lebensweltlich und visuell wahrgenommener Ausschnitt der Erdoberfläche verstanden.

5   Die Inszenierung von Landschaften im Spielfilm entsprechend der Sehgewohnheiten der Rezipient*innen und damit entsprechend der massenmedialen Vermarktung führt außerdem dazu, dass bei der ersten Einblendung im Spielfilm durch den *Establishing Shot* bei der/dem Zuschauer*in alle kognitiven und affektiven (medialen) Erfahrungen zu dieser Landschaft erinnert und gefühlt werden. Die/der Rezipient*in entwickelt damit eine von der/dem Regisseur*in gewünschte Stimmung (Plien 2012, S. 31f.), sodass die Rolle der Landschaft im Spielfilm auch darin besteht, die/den Rezipient*in in die von der/dem Regisseur*in gewünschten Atmosphäre zu versetzen. Eine weitere Aufgabe der Landschaft besteht darin, die Message des Filmemachers audiovisuell erfahrbar zu machen.

„Das Abwesende im Bild anwesend zu machen, ist eine der frühen und wesentlichen
Aufgaben des Bildes, ob beim Jagdzauber, bei der Beschwörung der Dämonen oder
bei der Verehrung eines Gottes. Das Bild steht stellvertretend für etwas Anderes, das
nicht anwesend ist, dessen Existenz aber durch das Bild behauptet wird" (Hickethier
⁵2012, S. 40).

Rohmer (2000, S. 7f.) unterscheidet daher zwischen zwei Räumen einer filmischen
Narration. Der erste Raum, der *espace architectural*, umfasst die vorfilmische
Landschaft mit ihren Materialitäten bzw. das Setting. Dagegen entsteht der zweite
Raum, der *espace pictural*, wenn die Landschaft durch die ästhetische Inszenierung in die filmische Narration eingebunden wird. Die intertextuelle Landschafts-
konstruktion durch Spielfilme führt zur Konstruktion von *cinematic cities* und
landscapes, die eine eigene *cinematic world* bilden. Diese erweitert die kognitiven
Karten und die Wahrnehmung der Welt der Zuschauer*innen. *Cinematic cities*
und *landscapes* entstehen dadurch, dass bestimmte Landschaftselemente in einer
Vielzahl an Spielfilmen gleichermaßen durch die Montage konstruiert und in ihnen gleiche filmische Plots erzählt werden (Escher 2006, S. 310f.).

Spielfilme erzählen aber vor allem Geschichten, sodass die/der Rezipient*in
neben den gelenkten ökologischen und gesellschaftlichen Umwelterfahrungen
eine filmisch erzählte Geschichte verarbeitet und dabei persönliche Erfahrungen
macht, die nicht denjenigen in außerfilmischen Umwelten gleichen. Neben der
Unterhaltung durch den Plot kann die Verarbeitung einer filmischen Geschichte
bei Rezipient*innen zu weiteren bedeutsamen Erlebnissen führen: Sie kann zur
Erfüllung von Sehnsüchten und Wünschen, zur Wertorientierung oder sogar zur
Auseinandersetzung mit den Grundkomplexen des Lebens wie Liebe, eigene End-
lichkeit, Sinnfindung oder -verlust führen (Plien 2015a, S. 57f.; Plien 2015b, S.
170f.). Rohmer (2000, S. 7) nennt diesen Erfahrungsraum *espace filmique* und
grenzt ihn damit vom *espace architectural* und *pictural* ab. Die Erlebnisse werden
mit dem gesehenen Ausschnitt der Erdoberfläche erinnert, sodass *place* entsteht.
Place ist die Bedeutung, die einem Ausschnitt der Erdoberfläche zugeschrieben
wird (Relph 1976, S. 46f.). So ist Marrakesch auf diese Weise zu einem Symbol
der europäischen Orientimagination geworden, weil neben den entsprechenden
Landschaftselementen und -inszenierung in dieser *cinematic city* Geschichten
erzählt werden, in denen die Protagonisten und mit ihnen die Zuschauer*innen
sinnliche und märchenhafte Erfahrungen machen, die den Geschichten aus 1001
Nacht gleichen (Escher und Zimmermann 2005, S. 71f.). Marrakesch erlangt daher die Bedeutung eines Ortes, an dem die gesellschaftlich geteilte Orientimagination ausgelebt werden kann. Rezipient*innen sehen und erinnern zwar trotz
unterschiedlicher Vorkenntnisse und Einflussfaktoren auf die Filmrezeption und

-aneignung ähnliche Landschaften, machen aber andere Erfahrungen im *espace filmique*, sodass Spielfilme unterschiedliche Vorstellungen und *places* erzeugen (Plien 2015a), denn die Bedeutungszuschreibung hat wiederum einen Einfluss auf die Vorstellungsinhalte, die sich auf die bedeutsamen Aspekte eines Ausschnitts der Erdoberfläche konzentrieren.

▶ **Lesehinweise**
Escher und Zimmermann (2001)
Plien (2015b)

4   Das (Forschungs-)Projekt

Zur Annäherung der Beantwortung der Fragestellung leiteten ausgehend von den theoretischen Perspektiven die folgenden Teilfragen die empirische Arbeit, die eine explorative Vorstudie darstellt. Es handelt sich um eine Mischform aus qualitativem und quantitativem Forschungsdesign:

Tab. 1   Forschungsfragen (Plien und Ulrich 2016).

Theoretische Perspektiven	Teilfragen der Erhebung
Kognitive Karten (*whatness, whereness, whenness bzw. equivalence* und *identity categories*) ⇔ *cinematic world* (*espace pictural*/ Wahrnehmungsraum)	Wie viele und welche Länder lernen die Jugendlichen über Spielfilme kennen? Welche Art von Kenntnissen (vgl. *whatness, whereness, whenness* bzw. *equivalence and identity categories*) über Ausschnitte der Erdoberfläche gewinnen Jugendliche durch die Rezeption filmischer Narrationen? Wie stark gleichen sich die kognitiven Karten der Jugendlichen, die die gleichen Spielfilme gesehen haben? (Und damit: Wie stark ist die Lenkung der ökologischen und gesellschaftlichen Umwelterfahrungen bzw. des *espace pictural* bei den einzelnen Jugendlichen, die eine explorative Vorstudie darstellt?) Es handelt sich um eine Mischform aus qualitativem und quantitativem Forschungsdesign. Werden die durch Spielfilme erlangten Kenntnisse über Ausschnitte der Erdoberfläche gleichberechtigt mit anderen Kenntnissen in die kognitiven Karten integriert oder die wahrgenommenen Ausschnitte als fiktive Orte erkannt und damit nicht in die kognitiven Karten eingeordnet?

Kognitive Karten ⇔ *espace filmique*/ Erlebnisraum	Welchen Einfluss haben die besonderen Erlebnismomente filmischer Narrationen und damit das Verfolgen einer Geschichte auf die (Art der) Inhalte der kognitiven Karten? Entwickeln Jugendliche besonders intensive Verbindungen bzw. *places* mit Ausschnitten der Erdoberfläche, die sie in filmischen Narrationen gesehen haben? Wie wirkt sich das auf die Inhalte der kognitiven Karten aus?

Insgesamt 137 Jugendliche zweier Gymnasien beteiligten sich im Dezember 2013 an der empirischen Untersuchung ihrer kognitiven Weltkarten. Es handelt sich um eine bewusste Auswahl typischer Fälle vgl. (Meier Kruker und Rauh 2005, S. 54), die im Folgenden ausgeführt wird. Die Wahl nur rheinland-pfälzischer Gymnasien ergab sich daraus, dass das Schulfach Erdkunde in den einzelnen Bundesländern unterschiedlich intensiv unterrichtet wird (vgl. Stundentafeln) und dieser Einflussfaktor nicht zusätzlich untersucht werden sollte. Um die Entwicklungen der kognitiven Karten untersuchen zu können, wurden Unterstufen- (57 Jugendliche einer 5. Jahrgangsstufe), Mittelstufen- (47 Jugendliche einer 8. Jahrgangsstufe) und Oberstufenschüler*innen (33 Jugendliche einer 11. Jahrgangsstufe) befragt. 26 der 137 befragten Jugendlichen besaßen nicht die deutsche Staatsbürgerschaft. Zudem wurden leistungsstärkere und -schwächere Jugendliche befragt, um die Repräsentativität der Stichprobe zu erhöhen.[6]

Der Fragebogen enthielt offene und geschlossene Fragen. Zunächst wurden die Sozialdaten (Alter, Nationalität etc.) erfasst und erhoben, welche Länder die Jugendlichen durch Reisen oder den Geographieunterricht kennengelernt hatten, um Unterschiede der kognitiven Karten entlang dieser Einflussfaktoren zu eruieren. Außerdem wurde erhoben, wie oft die Teilnehmer*innen Filme schauten, um den Einfluss filmischer Narrationen auf die kognitiven Karten zu klären. Diese Informationen waren für die Auswertung der kognitiven Karten wichtig, um die Ergebnisse nicht nur zu beschreiben, sondern erklären zu können. Sie dienen damit der Explikation sowie der internen Validierung.

Die Theorientriangulation bedingte außerdem eine methodenexterne Triangulation (Flick 2011, S. 15f.), damit das Qualitätsmerkmal der „Inhaltsvalidität" (Meier Kruker & Rauh 2005, S. 33) gewährleistet werden konnte. Die verschiedenen theoretischen Perspektiven auf den Inhalt erfordern verschiedene methodische Datenerhebungsverfahren, die dem Inhalt entsprechen (vgl. Tab. 2).

---

6   In einer nächsten Studie sollten weitere Kriterien die Auswahl der Stichprobe ergänzen (bspw. Vorwissen und Kompetenzen im Umgang mit Spielfilmen und kognitiven Karten).

Tab. 2 Methodisches Vorgehen (Plien und Ulrich 2016)[7]

Theoretische Perspektiven	Datenerhebung	Operationalisierung
Kognitive Karte (*whatness, whereness, whenness* bzw. *equivalence and identity categories*)	Kartenskizze, Legende mit Assoziationen zum Ausschnitt der Erdoberfläche	1. Zeichne auf die DIN-A3-Seite eine skizzenhafte Weltkarte mit allen Kontinenten und Ländern, die dir spontan einfallen. Verwende dazu bitte einen blauen Stift. 2. Erstelle eine Legende (ebenfalls in blau) auf einer DIN-A4-Seite. Lege dazu eine Liste der Länder an, die du in die Weltkarte integriert hast und notiere stichpunktartig, was du mit diesen Ländern verbindest.
Einfluss des *espace pictural*/der *cinematic world* auf die kognitive Karte	Kartenskizze mit den verorteten Filmtiteln, Legende mit den erinnerten Assoziationen zu den gesehenen filmischen Landschaften	3. Trage in die einzelnen Länder deiner Weltkarte alle Filme ein, die in diesen Ländern spielen und die du gesehen hast. Verwende dazu einen grünen Stift. 4. Erstelle eine zweite Legende (ebenfalls in grün). Lege dazu eine Liste der Länder an, die du in die Weltkarte integriert hast und notiere stichpunktartig, an was du dich aus den angegebenen Filmen noch erinnerst. Schreibe den Titel des Films in Klammern dahinter.
Einfluss des *espace filmique* auf die kognitive Karte	Kartenskizze, Legende mit allen Erinnerungen an die Filmerlebnisse	5. Erstelle eine zweite Legende (ebenfalls in grün). Lege dazu eine Liste der Länder an, die du in die Weltkarte integriert hast und notiere stichpunktartig, an welche Erlebnisse du dich aus den angegebenen Filmen noch erinnerst. Schreibe den Titel des Films in Klammern dahinter.
Datentriangulation (zur Stützung der Interpretation)	Biographische Daten	Über welche Länder hast du etwas im Erdkundeunterricht gelernt? Welche Länder hast du bereist? Über welche Länder haben dir Freund*innen erzählt? Was ist dir gerade wichtig im Leben?

Die Datenauswertung im Sinne einer deskriptiven Statistik erfolgt in SPSS[8] (Reuber und Pfaffenbach 2005, S. 164). Es wurden verschiedene Datenblätter angelegt,

---

7   Da es sich um die erste Erhebung zu der Forschungsfrage handelte, wurde darauf verzichtet, die mentalen Repräsentationen differenziert nach Arten der Sinneswahrnehmung und der Gedächtnissysteme zu erheben.

8   Die deskriptive Statistik umfasst auch eine Datenkorrelation. (Weitere Informationen zur Datenauswertung vgl. Reuber und Pfaffenbach 2005).

in denen die genannten und eingezeichneten Länder aufgenommen wurden. Darüber hinaus wurden die Assoziationen (gegliedert nach den Wissenskategorien der kognitiven Karten, vgl. Kap. 3.1) zu den aufgeschlüsselten Ländern in einer Tabelle den Assoziationen zu den erinnerten Landschaften und Erlebnissen aus den genannten Filmen gegenübergestellt, um hieraus im Sinne einer qualitativen Inhaltsanalyse semantisch ähnliche Beschreibungen ablesen zu können, die wiederum auf die filmische Prägung der gezeichneten kognitiven Karten hinweisen sollten. In der gleichen Tabelle wurden biographische Daten gesammelt, die zur Triangulation und Explikation der Datenauswertung genutzt wurden. Die Datenauswertung ist noch nicht abgeschlossen, beispielsweise wird an dieser Stelle nicht auf die Größenunterschiede der gezeichneten Länder oder auf Distanzen in den Zeichnungen eingegangen.

▶ **Lesehinweise**
Budke und Kuckuck (2015)
Flick, von Kardorff und Steinke (2009)
Reuber und Pfaffenbach (2005)

5 Ergebnisse

Im Folgenden werden die Ergebnisse der Erhebung entlang der Forschungs(teil)-fragen präsentiert (vgl. Tab. 1).[9]

Insgesamt zeichneten die Teilnehmer*innen der Studie 141 verschiedene Länder in die Karten ein. Durchschnittlich verortete jede/r Jugendliche 22 Staaten der Erde in ihre/seine kognitive Karte, wobei einige Jugendliche keine Staaten, sondern ausschließlich Kontinente eintrugen. Demgegenüber waren einige Befragten der Mittel- und Oberstufe in der Lage, mehr als 60 Länder zu verorten. Die Jugendlichen der Unterstufe zeichneten durchschnittlich 9,4 Länder ein, jene der Mittelstufe durchschnittlich 27,8 und jene der Oberstufe durchschnittlich 35. Der Zusammenhang mit der Vorleistung im Fach Erdkunde ist signifikant: Je besser

---

9   Auch wenn im Folgenden Zahlenwerte präsentiert werden, handelt es sich nicht um repräsentative Ergebnisse eines quantitativen Verfahrens. Es handelt sich um Häufigkeiten für die ausgewählten Teilnehmer*innen. Aus diesen zusammenführenden Ergebnissen können grundlegende Strukturen der kognitiven Karten dieser Gruppe an Jugendlichen gewonnen werden wie bspw. dass eine Typisierung der kognitiven Karten erst ab der Jahrgangsstufe 8 möglich ist. Die in diesem Abschnitt dargestellten Ergebnisse werden am Ende der Datenauswertung vielmehr in die Konstruktion von Typen (Reuber und Pfaffenbach 2005, S. 170) einbezogen.

die Vornote bzw. die Punktzahl in Erdkunde war, desto mehr Staaten konnten die Interviewpartner*innen auf ihrer Karte einzeichnen. Im Zusammenhang mit den Länder- und Filmassoziationen ist auffällig, dass zwar sehr viele Staaten in den kognitiven Karten verortet, jedoch nur ausgewählte Staaten mit ihren Assoziationen aufgeschlüsselt wurden. Von jenen aufgeschlüsselten Staaten werden lediglich 52 mit einem Film verbunden, der in diesem Land spielt. In der Unterstufe werden durchschnittlich 4,6 Länder durch Spielfilme kennengelernt, in der Mittelstufe 8,7 und in der Oberstufe 10,2. Vor dem Hintergrund, dass die Teilnehmer*innen angegeben haben, durchschnittlich mehr als 5 Spielfilme im Monat zu sehen, scheint dieses Ergebnis nicht adäquat. Wie sich bei der Auswertung zeigte, verbrachten die Jugendlichen viel mehr Zeit damit, ihre Weltkarte zu zeichnen und ihnen fehlte am Ende der Unterrichtsstunde die Zeit, sich der zusätzlichen Aufgabe zu widmen. Allerdings könnte dieses Ergebnis auch dadurch erklärt werden, dass die Rezipient*innen nur bedeutsame Film(erlebnisse) erinnern. Diese Beobachtungen sollte für das methodische Vorgehen weiterer Studien berücksichtigt werden.

Am häufigsten (121 Einträge) wurde Deutschland in die Karten eingezeichnet. Als ähnlich häufig können Australien, Russland und Italien (je 109 Einträge) aufgeführt werden, die jedoch aus verschiedenen Gründen derart oft genannt werden. In Bezug auf Australien lässt sich dies auf die Größe zurückzuführen, die den Jugendlichen präsent ist. Auch Russland ist den Teilnehmer*innen aufgrund der topographischen Besonderheit bekannt und wurde deshalb von den Jugendlichen eingezeichnet, um ein großes Gebiet östlich von Deutschland zu markieren. Wie aus Tab. 3 ersichtlich, zählt Italien zu den Hauptreiseregionen der Jugendlichen und wird aufgrund der persönlichen Vorerfahrung eingezeichnet und benannt; ähnlich verhält es sich mit Österreich, der Schweiz und den Niederlanden. In diesen Ländern konnten die Jugendlichen primäre Raumerfahrungen sammeln, sodass sie entsprechend präsent sind und häufig eingetragen wurden. Im Mittelfeld dieser Teilerhebung zeigen sich Differenzen: Vergleichsweise oft wird die USA erwähnt (33 Einträge), was mit dem generellen Interesse an dieser Region in Verbindung steht (Hemmer 2000, S. 61). Mit Portugal (63 Einträge) und Polen (61 Einträge) sind zwei kontinentaleuropäische Staaten im Mittelfeld platziert, über die im Rahmen des Erdkundeunterrichts informiert wurde. Neben rund 55 Staaten, die nicht erwähnt werden, gab es zahlreiche Einzelnennungen, wie beispielsweise Guyana, die Fiji-Inseln oder den Libanon, deren Grund der Nennung nicht aus den vorliegenden Daten trianguliert werden kann. Es ist zwar anzunehmen, dass diese inselartigen Einzelangaben in Verbindung zu der medial geprägten Lebenswirklichkeit der Kinder und Jugendlichen stehen; eine Rekonstruktion aus den angegebenen Spielfilmen ist aber nicht möglich.

Tab. 3 Länder, welche die Teilnehmer*innen bereits bereist haben oder in welchen sie ihren Wohnort hatten (Plien und Ulrich 2016).

Rang	Land	Anzahl der Nennungen	%-Anteil der Schüler*innen mit primärer Raumerfahrung
1	Österreich	87	63,5
2	Italien	83	60,6
3	Frankreich und Spanien	74	54,0
4	Schweiz	56	40,9
5	Niederlande	43	31,4
6	Türkei	41	29,9
7	USA	33	24,1
8	Vereinigtes Königreich	27	19,7
9	Belgien	24	17,5
10	Griechenland	23	16,8

Zahlreiche Staaten (wie bspw. Bosnien-Herzegowina, Ghana oder Vietnam) wurden lediglich einmal erwähnt, weil sie die Herkunftsländer von Jugendlichen mit Migrationshintergrund sind. Mit zunehmendem Alter sinkt der Anteil der persönlich bekannten Räume.

Die Tabelle 4 gibt Auskunft über diejenigen Staaten, in denen die Jugendlichen am häufigsten Filme verortet haben.

Tab. 4   Länder, in denen die Jugendlichen Spielfilme verortet haben (Plien und Ulrich 2016).

Rang	Land	Anzahl der Nennungen	%-Anteil der Schüler*innen, die einen Spielfilm in diesem Land verortet haben	Beispiele für genannte Spielfilme
1	Deutschland	131	97,8	*Fack ju Göthe* (2013)
2	USA	114	85,1	*X-Men* (2000)
3	Italien	100	74,6	*Das Leben ist schön* (1997)
4	Frankreich	96	71,6	*Die fabelhafte Welt der Amélie* (2001)
5	Russland	94	70,1	*James Bond* (1962-2015)
6	China	86	64,2	*James Bond* (1962-2015)
7	Vereinigtes Königreich	79	59,0	*Harry Potter* (2001-2011)
8	Spanien	74	55,2	*L'Auberge espagnole* (2002)
9	Mexiko	53	39,6	*Into the wild* (2007)
10	Österreich	51	38,1	*James Bond* (1962-2015)

In Deutschland können die Befragten die meisten Spielfilme verorten. Dabei werden deutsche Filme wie *Fack ju Göthe* (2013) häufig als „cool" beschrieben und daher in die Karte eingetragen. Abermals zeigt sich das überdurchschnittliche Interesse der Jugendlichen an Themen, welche die USA betreffen (Hemmer 2000: 109). Unter anderem bedingt durch das Hollywood-Kino werden viele Filme in den USA verortet. In den Assoziationen zu den dort verorteten Filmen wird von einigen Teilnehmer*innen angegeben, dass eine antagonistische Filmfigur (beispielsweise der *James-Bond*-Filme) aus Mexiko, China oder Russland stammt und Ausschnitte des jeweils benannten Films daher in diesen Ländern spielen. Das könnte die häufige Nennung dieser Länder erklären (vgl. Tab. 4). 76 der 79 Verortungen des Vereinigten Königreichs gehen auf die *Harry Potter*-Filmreihe (2001-2011) zurück (vgl. Tab. 4). Die kognitiven Karten aller Jugendlichen aus der achten Jahrgangsstufe zeigen außerdem das Neuseeland von *Herr der Ringe* (2001-2013) und das Forks aus *Twilight* (2008-2012). Auch die kognitiven Karten der Jugendlichen, die Frankreich eingezeichnet haben, ähneln sich hinsichtlich der Assoziationen. Gleiche Tendenzen zeigen sich beim Film *Slumdog Millionaire* (2008), der von verschiedenen Jahrgangsstufen genannt wird.

Bei den Jugendlichen der fünften Jahrgangsstufe lässt sich feststellen, dass die gewonnenen Kenntnisse (über das *whatness, whereness, whenness* bzw. gegliedert nach *equivalence* und *identity categories*) hinsichtlich einer möglichen Funktionalisierung klassifiziert werden (wie beispielsweise „Der Film spielt in New York. Hier gibt es viele Läden und man kann super shoppen.") und damit vor allem Antworten auf die Frage nach dem *whatness* geben sowie nach *identity categories* gegliedert werden. Mit zunehmendem Alter rückt die Frage, wo etwas möglich ist, zugunsten (vermeintlich) objektiverer Kenntnisse in den Hintergrund. Die Kenntnisse strukturieren sich also zunehmend entlang der *equivalence categories* und geben auch Antwort auf die Frage des *whenness*. Insbesondere in der Oberstufe werden detaillierte Beschreibungen präsentiert, die weniger oft auf eine persönliche Bedeutungszuschreibung abzielen. In der Mittelstufe kommt es zu Hybridformen. Ferner konnte kein Unterschied der Art an Kenntnissen festgestellt werden, die durch Spielfilme oder außerfilmische Erfahrungen erzielt wurden. Die Jugendlichen gewinnen durch die Filmrezeption ähnliche Kenntnisse über Ausschnitte der Erdoberfläche (*espace pictural*). In etwa gleichen Teilen werden Informationen über die Geomorphologie (Strand, Gebirge etc.), die Vegetationsform (Wüste, Regenwald etc.), die Bebauung inkl. Landmarken (Eiffelturm in Paris etc.) und die Raumnutzung (Wo ist was möglich?) gewonnen.

Gerade bei den Fünftklässlern zeigt sich eine starke Unsicherheit, was genau ein Spielfilm ist, da Fantasiewelten (wie beispielsweise Barbies Schloss oder Narnia) in die Karte aufgenommen werden. Ein Zusammenhang zwischen den Länderassoziationen und dem *espace filmique* ist in der fünften Jahrgangsstufe nicht offensichtlich. Bei rund 30% der Jugendlichen der achten Jahrgangsstufe wird deutlich, dass filmische Erlebnisse als Vorlage für kognitive Raumvorstellungen dienen. Dies zeigt sich bei Ähnlichkeiten zwischen den Wahrnehmungen im Erlebnisraum und den semantischen Länderassoziationen (beispielsweise „*Hangover* – Es geht um eine Party" in Kombination mit „Las Vegas/USA – Hier kann man coole Partys feiern."). So entsprechen bei rund einem Drittel der Achtklässler die Assoziationen zu dem Umweltausschnitt dem filmischen Plot. In der Oberstufe wird dieses Phänomen noch deutlicher; beispielsweise entsprechen die Assoziationen zu Sierra Leone den Ausführungen zum Film *Blood Diamond* (2006).

Während bei dem Großteil der Jugendlichen die Kenntnisse, die über Spielfilme erlangt werden, einen gleichwertigen Bestandteil der kognitiven Karten darstellen, entstehen bei einigen Befragten Karten, in denen eine Trennung zwischen Länderassoziationen aus anderen Medien, nicht-medialen Erfahrungen und Filmerlebnissen deutlich wird. Auf diese Weise entstehen Parallelkarten (vgl. Abb. 2).

Abb. 2   Kognitive Karte einer Achtklässlerin.

So erinnern einige Jugendliche einerseits Informationen aus dem Erlebnisraum und damit aus dem episodischen Gedächtnis zu Ländern, die sie in Spielfilmen gesehen haben. Andererseits bestehen ihre kognitiven Karten aus Kenntnissen über Länder aus dem semantischen Gedächtnis, die aus anderen Quellen resultieren. Es entstehen also Karten aus Länderassoziationen und Fantasie- oder Erlebnisorten bzw. aus erinnerten Geschichten. So verbindet beispielsweise die Achtklässlerin, deren kognitive Karte in Abb. 2 zu sehen ist, mit Neuseeland ein erlebtes Abenteuer und Zauberer, aber mit New York zahlreiche Sehenswürdigkeiten.

Interessanterweise beinhalten die meisten kognitiven Karten der Jugendlichen entweder Erinnerungen an den *espace pictural* eines Spielfilmes und damit an die filmische Landschaft oder Erinnerungen an den *espace filmique* und damit an den Erlebnisraum. Lediglich einige kognitive Karten beinhalten auch beide Räume eines Spielfilms. Das könnte darauf hindeuten, dass sich Jugendliche vor allem an intensive Filmerlebnisse erinnern und dann nicht mehr an die filmische Landschaft. Dagegen erinnern sie sich vornehmlich an die filmische Landschaft, wenn die filmische Handlung sie nicht so stark berührt hat. Dieses Ergebnis könnte einerseits darauf zurückzuführen sein, dass bedeutsame Erlebnisse und daraus resultierende Erfahrungen als solches erinnert werden. Andererseits könnte das

Ergebnis auch aus den Arbeitsaufträgen resultieren, denn diese trennen deutlich zwischen außerfilmisch gewonnenen Assoziationen und filmischen Erlebnissen (vgl. Tab. 4).

6 Zusammenfassung

Zusammenfassend lassen sich bisher folgende Erkenntnisse und Typen ableiten:

• Bei einer Gruppe an Jugendlichen werden die kognitiven Karten durch die gleichen Spielfilme geprägt. Die Kenntnisse über die eingetragenen Länder entsprechen den filmischen Landschaften und gleichen sich zwischen den einzelnen kognitiven Karten dieser Gruppe an Jugendlichen. Die Umweltausschnitte werden unhinterfragt aus den Spielfilmen entnommen.
• Während die Kenntnisse über Länder, die durch andere Medien als filmische Narrationen erworben wurden, Assoziationen aus dem semantischen Gedächtnis umfassen, wie beispielsweise „viel Regen" oder „Nadelwälder", beinhalten die Erinnerungen an die filmischen Narrationen bei einer weiteren Gruppe an Jugendlichen Inhalte des episodischen Gedächtnisses, das Erlebnisse in ihrer Abfolge speichert, wie „viele coole Partys" oder „ein Kampf zwischen dem Guten und dem Bösen".
• Bei diesen Jugendlichen entwickelten sich sogar parallele kognitive Karten. Die filmischen *places* und die in ihnen erlebten Geschichten werden in anderer Form angegeben als die semantischen Assoziationen und Kenntnisse, die sie durch andere Medien oder durch primäre Erfahrungen entwickelten haben. Diese Jugendlichen nannten selbst bei den Assoziationen zu den einzelnen Ausschnitten der Erdoberfläche nur die gemachten Erfahrungen im *espace filmique* und keine Kenntnisse, die sie aus den filmischen Landschaften bzw. dem *espace pictural* gewonnen haben.
• Eine weitere Gruppe an Jugendlichen hat zwar sowohl Landschaftskenntnisse aus Spielfilmen als auch filmische Erfahrungen in ihre kognitiven Karten eingetragen. In ihren Karten zeigt sich allerdings eine strikte Trennung: Entweder die filmische Narration stand für sie im Vordergrund und sie gaben Handlungselemente in den Assoziationen an oder die filmische Landschaft war besonders prägend. Es lässt sich vermuten, dass Landschaftselemente häufiger assoziiert werden, wenn die filmische Narration für sie weniger erlebnisreich ist.

Schließlich führte das Filmerlebnis dazu, dass zu den kognitiven Assoziationen auch Bewertungen zu den Umweltausschnitten hinzugefügt wurden, wie beispielsweise „Ich liebe/mag dieses Land wegen…“. Diese Begründungen entsprachen den Erlebnissen im *espace filmique*.

Eine finale Typeisierung kann jedoch erst nach der Auswertung der gesamten Daten (und damit auch der Größenverhältnisse und Lagebeziehungen der eingezeichneten Länder) vorgenommen werden (vgl. Kap. 4).

7 Diskussion und Fazit

Wie sich bei der Erhebung herausstellte, verbrachten die Jugendlichen viel Zeit damit, ihre Weltkarte zu zeichnen und ihnen fehlte am Ende des Erhebungszeitraums die Zeit, die anderen Aufgaben zu bearbeiten. Für weitere Studien sollte deshalb berücksichtigt werden, dass das Arbeitstempo der Befragten heterogen ist, sodass für langsame, aber strukturiert arbeitende Jugendliche ein zusätzlicher Zeitpuffer eingeplant werden sollte. Die Erkenntnisse zu den filmisch inspirierten kognitiven Karten, die aus den gesammelten Daten gewonnen werden können, fallen daher geringer als erhofft aus. So sind beispielsweise die Grenzen der Länder, deren topographische Grundmuster sowie deren Entfernungen zum *near space* der Jugendlichen derart vereinfacht gezeichnet, sodass die Vorteile des Erhebungsinstruments der kognitiven Karten nur wenig genutzt werden können. Ferner könnte aus dem Zeitmangel auch die Entstehung von parallelen Karten bei einigen Jugendlichen resultieren, denn möglicherweise hatten die Jugendlichen nicht genug Zeit, um zunächst die außerfilmischen Länderassoziationen zu notieren. Auch sollte zukünftig berücksichtigt werden, das scheinbar nur bedeutsame Film(erlebnisse) erinnert werden, was dazu führen kann, dass weitere Spielfilme, die die kognitiven Karten eigentlich prägen, vernachlässigt werden. Um dies zu vermeiden, könnte man den Jugendlichen vor der Erhebung eine Liste an Spielfilmen zur Verfügung stellen, die sie gesehen haben könnten, um ihre Erinnerung aufzufrischen. Schließlich muss an dieser Stelle betont werden, dass selbstredend nur eine Annäherung an die Beantwortung der Fragestellung erfolgen kann, weil die Erinnerung an den *espace pictural/filmique* auch aus anderen Medien stammen kann (vgl. Kap. 3.2). Eine filmwissenschaftliche Analyse in Form der Form- und Inhaltsanalyse (mittels Einstellungs- und Sequenzprotokollen) (vgl. Plien 2015b) könnte eine Rekonstruktion des Einflusses der filmischen Narrationen auf die kognitiven Karten intern validieren, würde aber ebenso keine eindeutige Trennung von filmischen und außerfilmischen Vorstellungsinhalten der kognitiven Karten garantieren.

Trotz der Nachteile kann dieses Forschungsdesign für Bachelor- und Masterarbeiten herangezogen werden. Dabei müssten allerdings die theoretischen Perspektiven (vgl. Kap. 3.2) und einige methodische Entscheidungen bei einer anderen

Forschungsfrage angepasst werden. Sinnvoll wäre auch eine Arbeit mit weniger Interviewpartner*innen und die Ergänzung des Forschungsdesigns mit qualitativen (leitfadengestützten) Interviews.

Literaturverzeichnis

Aitken, S.A. (1991). A transactional Geography of the Image-Event: the Films of Scottish Director, Bill Forsyth. *Transactions of the Institute of British Geographers 16*, 105-118.

Aitken, S.A., & Zonn, L.E. (1994). Re-Presenting the Place Pastiche. In S.A. Aitken & L.E. Zonn (Hrsg.), *Place, Power, Situation and Spectacle. A Geography of film* (S. 69-100). London: Lanham.

Baudrillard, J. (1985). *Simulacres et Simulations*. Paris: Galilée.

Budke, A., & Kuckuck, M. (Hrsg.). (2015). *Geographiedidaktische Forschungsmethoden. Praxis neue Kulturgeographie*. Berlin: LIT.

Deutsche Gesellschaft für Geographie ([8]2014). *Bildungsstandards im Fach Geographie für den Mittleren Bildungsabschluss*. Bonn: Selbstverlag der Deutschen Gesellschaft für Geographie.

Dijk, H., & Riezebos, A. (1992). Arm und warm? Kein Interesse! In E. Kroß & J. Van Westrhenen (Hrsg.), (1992). *Internationale Erziehung im Geographieunterricht*. (S. 77-87). Nürnberg.

Downs, R.M., & Stea, D. (1977). Maps in minds. Reflections on cognitive mapping. New York: Harper & Row.

Downs, R.M., & Stea, D. (1982). Kognitive Karten. Die Welt in unseren Köpfen. New York: UTB.

Escher, A., & Zimmermann, S. (2001). Geography meets Hollywood. Die Rollen der Landschaft im Spielfilm. *Geographische Zeitschrift 4*, 227-236.

Escher, A., & Zimmermann, S. (2005). „Cinematic Marrakech". Eine Cinematic City. In A. Escher & T. Koebner (Hrsg.), *Mitteilungen über den Maghreb. West-Östliche Medienperspektiven I* (S. 60-74). Remscheid: Gardez!

Escher, A. (2006). The Geography of Cinema – A Cinematic World. In *Erdkunde 60* (4), 307-314.

Flick, U., Von Kardorff, E., & Steinke, I. ([7]2009). *Qualitative Forschung*. Hamburg: Rowohlts Enzyklopädie.

Flick, U. ([3]2011). *Triangulation. Eine Einführung*. Wiesbaden: Springer.

Hemmer, M. (2000). *Westen ja bitte – Osten nein danke! Empirische Untersuchungen zum geographischen Interesse von Schülerinnen und Schülern an den USA und der GUS*. Nürnberg: Selbstverlag des Hochschulverbandes für Geographie und ihre Didaktik e. V.

Hickethier, K. ([5]2012). *Film- und Fernsehanalyse*. Stuttgart: Metzler.

Hüttermann, A., & Schade, U. (1997). Untersuchungen zum Aufbau eines Weltbildes bei Schülern. *Geographie und Schule 105*, 22-33.

Kaminske, V. (2013). Mental Map – Repräsentation der Lernlandschaft? *Geographie und Schule 201*, 4-10.

Kullen, S. (1986). Wie stellen sich Kinder Europa vor? Untersuchungen kindlicher Europakarten. *Sachunterricht und Mathematik in der Primarstufe 4*, 131-138.

Lynch, K. (1960). *The Image of the City*. Massachusetts: The MIT Press (1800).

Markert, T. (1991). Geographie im Fernsehen. Das Fernsehen als außerschulische Informa-tionsquelle? *Geographie heute* 88, 44-49.

Medienpädagogischer Forschungsverbund Südwest (Hrsg.). (2016). *JIM-Studie 2015. Ju-gend, Information, (Multi-)Media.* Stuttgart.

Meier Kruker, V., & Rauh, J. (2005). *Arbeitsmethoden der Humangeographie.* Darmstadt: WBG.

Plien, M. (2012). Filmische Geographien im Unterricht. Didaktisch-methodische Reflexio-nen und Impulse für den Einsatz von filmischen Geographien im Unterricht. *Geographie und Schule* 199, 30-40.

Plien, M. (2015a). *Filmisch imaginierte Geographien Jugendlicher.* Inauguraldissertation, Johannes Gutenberg-Universität Mainz.

Plien, M. (2015b). Qualitative geographische Filmrezeptionsforschung: Spielfilme und ima-ginäre Geographien Jugendlicher. In A. Budke & M. Kuckuck (Hrsg.), *Geographiedidak-tische Forschungsmethoden. Praxis Neue Kulturgeographie* (S. 164-191), Berlin: LIT.

Relph, E. (1976). *Place and Placelessness.* London: Pion.

Reuber, P., & Pfaffenbach, C. (2005). *Methoden der empirischen Humangeographie.* Braunschweig: Westermann.

Reuschenbach, M., & Adamina, M. (2014). *Geografisches Weltwissen am Ende der Volksschulzeit. Ergebnisse einer Studie zur Bedeutung geografischer Bildung.* Zürich: Publikationsstelle der Pädagogischen Hochschule.

Rohmer, E. (2000). *L'organisation de l'espace dans le Faust de Murnau.* Paris: Cahiers du cinéma.

Schmeinck, D. (2007). *Wie Kinder die Welt sehen. Eine empirische Ländervergleichsstudie zur räumlichen Vorstellung von Grundschulkindern.* Bad Heilbrunn.

Schniotalle, M. (2003). *Räumliche Schülervorstellungen von Europa. Ein Unterrichtsex-periment zur Bedeutung kartographischer Medien für den Aufbau räumlicher Orientie-rung im Sachunterricht der Grundschule.* Berlin.

Sperling, W. (2004). Weltbeschreibung – Weltbild – Weltanschauung. Annäherung an eini-ge Begriffe. *Geographie und ihre Didaktik* 32 (3), 127-151.

Werlen, B. (2008). Sozialgeographie. Bern, Stuttgart und Wien: UTB.

Empirical research in the school context

Introduction to methodological approaches:
the service-learning strategy.

Davinia Palomares-Montero and Estefanía López-Requena

1   Introduction

Service Learning (SL) sees the education process as a process in which classroom learning is linked with community service, i.e. combining community practices connecting theoretical learning with putting this into practice. The connection between the local community and education institutions, that is, education linked to the school syllabus and voluntary community service, requires a prior diagnosis on the most immediate reality and the people involved, where those areas for improvement are identified (according to Furco 1996).

SL is an open learning methodology, as it does not focus only on the school area, but extends the frontiers of learning with interconnections between different institutions which enrich all of these by the relationship and collaboration between them. This teaching tool is intended to establish new areas of interaction between the education system, the community and the implication of other social agents in the education process (according to Eyler and Giles 1999).

In SL methodology the leading role of pupils and the teachers' attitude as learning guides and designers of the final activity are vital. Learning will be more significant to the extent that pupils have got involved positively. In this case, teaching staff will steer the activity so that there is a connection between the syllabus objectives and the activities of voluntary service for the community (according to

Ballard and Elmore 2009). SL is *"an education proposal which combines learning processes and community service in a single well-structured project in which participants are trained as they work on real needs in their setting in order to improve this"* (Puig and Palos 2006, p. 61).

SL methodology provides an opportunity for change, a way to approach education in which priority is given to such values as active citizenship, participation and the critical sense. SL blends the educational and social senses and thus fashions an education project that strengthens the community because it fosters its social capital (according to Batlle 2010). SL supports the social aspect defending the principle of civic responsibility, contributing to the common good and to the development of society. This is why the obligation to serve is intentionally combined with learning based on experience (according to Batlle 2010).

2 Theoretical Approach to Service-Learning Principles and characteristics of SL

SL is characterised by its facet of feedback between community activity and classroom learning. The contents worked on in the classroom will be put into practice in the work which is decided to be done, showing the connection existing between classroom work and community work. This relationship is known as the "principle of activity", which considers relationships between theoretical knowledge and community practice where something positive takes place for the pupils, teaching staff and the rest of the community: an improvement in learning.

The main teaching characteristics of SL methodology are (according to Puig and Palos 2006):

- Acquisition of knowledge and skills for life.
- Learning and cooperation in a reciprocity framework.
- Learning by experience and reflection.
- Networking.
- Improving personal development and the community milieu, as well as the educational or social institutions which promote this.

In short, SL enables opening the school up to its most immediate setting, seeking cooperation between different agents and thus breaking away from the school organisation as this was traditional understood, in which the school was a place where the sole responsible party was the teacher and the involvement of outside agents was unthinkable. It must always start from real necessities, as this will be the only way to give our learning process a close and situational sense. That is why it is important to interact with pupils, to find out the characteristics not only of their community, but of the school itself, or the difficulties of any particular class. To carry out an SL it is vital to ensure cooperation and involvement of both pupils, of the teaching staff, as well as the agents outside the school setting who participate in this endeavour. The methodology is open and participative, and will favour meaningful learning in both its design and its implementation. To do so it will nevertheless be important to clearly grasp the pedagogical purposes of the project in order to establish positive feedback between the activity and the school, thus managing to improve attitudes and values leading to develop a critical spirit.

▶ **Further Information**
Battistoni (1997)
Cohen (2006)

3 Foundations of SL

The origins of SL could be placed in the development of the New School movement, with the learning principle of activity. There has to be an active outlook by learners and a facilitating attitude by teachers (according to Ward and Wolf-Wendel 2000). There is furthermore great similarity between SL and the principles defined in work by projects. Both methodologies emerged from the late nineteenth century to the first half of the twentieth century, thus coinciding with the expansion of the ideals of Modern Pedagogy.

In the SL setting we find the principle of *learning by doing* taking into account that the learning action has to respond to its evolutionary stage. Learning by doing also considers the *social aspect*, as we are actively involved in learning, building our own learning process and for this purpose relate to our setting in some way. Consequently *education activities must be functional* and have a civic projection. This reminds us of the third pillar of education: *learning in order to coexist* (according to Delors 1996). This is why SL can be claimed to be an example of training practice which covers the three aspects forming part of the principle of activity: active participation, psychological functionality and the social sense. The foundations of SL are upheld on a way of understanding citizenship, a way of understanding learning and a way of understanding education in values (according to Rovira et al. 2011).

SL is furthermore sustained on theoretical bases of precursors such as Dewey, Makarenco and Powell. Dewey believed that the knowledge acquired in the classroom should stem from real needs, to stress the students' central role as actors in their learning process. He defended principles such as activity, interest or experience, thus displaying a similarity with the foundations of SL. This thought arises from a problematic situation and for this reason the person learns by seeking solutions to that problem (according to Dewey 1903). The activity in and for the community alters the purpose of education and requires major modifications in an institution so impermeable to social experience as was the school for so long. Makarenco starts from Marxist education theories, which place work as the driving force of human training and constitute the foundation of the socialist school. Work and education are bonded from this standpoint. It is here that we can pinpoint the connection with one of the principles of SL-community service. The harmony between the interests of the group and the interests of the individual enables the creation of people who are useful for society. Makarenko (2001) took the pupils' participation as the basis for their learning. The contribution made by Powell to SL is connected with his defence of values such as altruism, solidarity, effort and commitment, fundamental keystones in the principles of SL and of education in values. Powell, as founder of the World Scout Movement, took part in activities all over the world, spreading and laying the foundations for modern scouting, that is, passing on these values of forming "good citizens" (according to Powell 2010).

The aforementioned authors agree in pointing out the importance of learning from experience, cooperative learning and reflection on action as postulates of meaningful learning. SL nevertheless also entails the aspect of service, of taking care for others and participation in public life. The creation of social bonds in a community by the cooperative involvement of its members allows personal development and social progress at the same time as having an impact on the development of fairer and more supportive human communities. Here we wish to highlight the ethics of care of Noddings, who acknowledges that the people helped also have the capacity for action, dignity and a voice, and must therefore be involved in defining the service that they need. SL, insofar as this is solidary action, is a practice of care and responsibility (Rovira et al. 2011).

▶ **Further Information**
Dewey (1938)
Saltmarsh and Zlotkowski (2011)

4   The benefits of SL

SL comes forward as an opportunity to transform traditional education, a way to get the pupils involved to a greater extent and to broaden the gates of education beyond the school setting (according to Eyler and Giles 1999). There are many benefits of this methodology and they affect different persons and spheres. We are sure that all the agents involved obtain benefits, which is why we identify three different groups: students, teachers and schooling centres, and social institutions and community.

Some of the benefits meant by SL for pupils are the improvement of academic results, as this methodology means they get more involved in their learning process, this is much more practical and they thus become more interested, taking on greater responsibility in their education process. SL represents a responsibility in respect of a task, towards an objective that is not only academic but also social, thus favouring the emotional and social development of the pupils (according to Rovira et al. 2011). There is also a change in the pupils' mind-set, making their training more useful, contextualising their education in the most immediate setting. SL ultimately helps to learn better, improves academic results, increases motivation for study and also helps them to feel recognised and valued.

As regards the benefits meant by SL for teachers and the schooling centre, we should stress the improvement in professionalism, as teachers observe results in pupils and feel heartened in their teaching work, in both its social and educational aspects. The relations between the school and its environment improve, giving rise to future projects and innovative inter- and intra-school initiatives (according to Batlle 2010). SL also manages to integrate cognitive aspects with attitudinal and moral aspects of learning, preventing the fragmentation and disconnection found in traditional education. Lastly, SL helps to reinforce existing good practices, thus improving the social image of schooling centres in our setting.

The social institutions in the environment and the community in general also benefit from putting SL projects into practice. On one hand, it enables implementing a process of raising citizens' awareness by spreading the practices performed by social institutions (according to Puig et al. 2006). This enables increasing social cohesion in districts and towns, fostering complicity and the combination of education efforts made by the different actors involved in this activity. It similarly improves the social perception of adolescents towards participation in their community. This all brings about an improvement in the cultural level of the population, since the teachers' education culture, as well as the schooling centre itself, is disseminated in the area (according to Ramírez and Pizarro 2005).

► **Further Information**
Abes, Jackson & Jones (2002)
Murphy (2010)
Wilczenski and Coomey (2007)

5   Project: Curricular Design of an SL Proposal

We should differentiate the activities of community service from SL projects by the curricular nature of the latter. In this respect SL experiences are not improvised but entail a prior planning based on principles which must be connected with the purpose of education, with the structure of contents and their sequencing, with the methodology and the role of the different agents and with the didactic media and resources, as well as with organisational aspects. This involves designing a curriculum, in keeping with Angulo (1994), understood as an interactive reality, which takes into account the contents and points out the value of educational practice and thus changes its rationality.

In this chapter we set out to offer a practical reference framework, based on a specific case, to help anyone interested in getting under way an SL scheme meeting the requisites necessary to formally develop a curriculum project. To do this, we first made a diagnosis of the environment by searching the official website of the council and interviewing the city councillor of education and the tutor of the group in which it was going to be introduced the SL. This analysis allowed us to identify the problem which could be used to define a SL project. After that, we had to put forward the objectives and the content intended to be attained with this project, making a distinction between learning and service. We took into account the means of the SL project and the characteristics of the centre and the pupils. Specially, we considered the existing regulatory framework to choose the contents and connect them to the learning and service objectives. Our SL proposal changes the traditional way of teaching, coming closer to the problems of society and creating learning processes favouring pupils' personal development.

6   Results

6.1   Diagnosis of the environment

In this stage of development of the project an attempt must be made to compile the greatest possible amount of information about the reality of the context in which the SL project is to be undertaken. The aim is to describe all the demographic, cultural, economic, environmental and other characteristics which may be of interest for understanding a community's needs. For this purpose it is also advisable to identify the resources which are available researching into the possibilities that these offer with regard to SL. It is however also important to find out the specific situation of the school where the SL is to be promoted. We shall now look at our own case.

The location is a town in the Valencian Community (Spain) known as "X". Its population is around 30,000 and is characterised by having a large percentage of people from 16 to 40 years of age. "X" has traditionally been a town with an economic basis of crafts, developing towards the industrial sector, in which 37% of those employed work (wood industry, metal and plastic products). As for many other municipalities in the region "X" has a major tradition in musical culture, to the extent of building an Auditorium, which has played an essential role in developing the artistic area of the town.

"X" has a large number of public organisations and institutions which could cooperate in the development of an SL project. We now detail some of these as an example: the Casa de la Música (where the local bands of music, music and dance schools, amongst others, hold their activities), a Municipal Library (with a large selection of books and other documentary resources), local radio, community centre (for the elderly, where personal care and leisure services are given), an Environmental Education Centre (spreading, informing and disclosing issues connected with the environment), and an Ecoparque (for recycling materials).

Some of the public services worthy of mention offered by "X" to its locals are furthermore the Unit for Community Prevention in Addictive Conducts, the Senior Citizens' Centre, the Youth Centre, the Children's Centre and other areas for pro moting the population's participation such as games rooms, municipal swimming pool, sports centre, football field and parks and green areas. At these installations "X" offers a number of activities intended for both the elderly and adults, as well as young people and infants.

After finding out about the main features of municipality "X" and its services the situation of the schooling context should then be explained. Our school is called "Y". "Y" is a publicly-owned centre under the regional administration which gives Infants' and Primary Education, taking in pupils from 3 to 12 years of age. For each education level, "Y" has three groups. The school is located in the outskirts of "X". This is the school with greatest area of influence in the municipality and in spite of this not all the vacant places on all levels are occupied, due precisely to its geographical location and to the architectural barrier caused by a public infrastructure (train lines) which makes accessing the centre from the town a more difficult or longer business.

In spite of the numerous services provided by "X" to its residents, it has been observed that there is a gap between the zone where "Y" is located and the rest of the population because of the physical separation meant by the train lines. Most of the services are thus located in the other part of the town, which is why it is understandable that the people residing in this district close to "Y" should be demanding services from a nearby town closer to the district itself. Even so, in spite of the separation due to the train line, some resources are not too far from this neighbourhood, but may be considered a limitation as regards the infrastructures of the municipality.

6.2   Identification of the problem

To identify the possible needs of both the municipality and the school where the research is contextualised, an in-depth analysis must first be carried out, to learn about the most immediate setting and its needs (according to Stafford et al. 2003).

First of all, the district where "Y" is located is analysed by observation. The centre stands in an industrial zone, in the outskirts of "X". The district where this is located also borders on the train lines, which split the municipality into two. It was also seen that the buildings in the zone close to the centre are recently built and the population residing there is young.

Secondly, interviews of key informants were held to pinpoint the problems of the municipality and school. In our case a tutor of the group in which it was intended to introduce the SL was interviewed, so as to identify the needs that she had in the classroom. Useful information was drawn from the interview which is helpful to learn the characteristics of the group and its possible needs. As an example we will mention the information collected: she points out the difficulty in holding the pupil's attention while a task is being carried out, as the atmosphere in the classroom is very boisterous and impulsive due to the larger number of boys than girls; she let us know that she works by projects; the tutor furthermore defines herself as being innovative in her professional work, liking challenges and changes, for which reason she is open to new projects and forms of working; she does not know of SL methodology, but is interested in taking part. She identifies some collaborative work with certain services provided by the municipality, with the Auditorium and the municipal library, although the activities held are sporadic. She also points out that relations with families are good. As regards the needs which she can identify in "X", she stresses the unemployment rates and evictions.

The persons in charge of the Education area in council "X" were also interviewed. A semi-structured interview was carried out by using an interview guide with questions to be covered during the conversation but being able to follow topical trajectories in the conversation that may stray from the guide when is appropriate. The topic questions were about social, cultural and economic characteristics of the neighbourhood population, public and private resources to the citizens, identification of municipal needs and clarification of SL projects. The responses were qualitatively analysed. The following conclusions have been drawn from this interview: the population of "X" works mainly in the service and industrial sector. As regards the cultural level of the district where "Y" is located, this can be defined as medium-low. As for the public services for the neighbourhood it should be stressed that there are many of these and of great variety: sport, music, theatre, family guidance, school bus service, etc. Apart from this, the council informs us that an attempt is made to solve social problems by means of projects and proposals, but none in particular stands out. They always try to propose solutions and services designed to meet the residents' needs, but they are open to possible projects that could help to improve their town in some way, or that could act preventively, even raising awareness in some fields. The needs identified by these persons in charge were: the limitation of the train line between one part of the town and another, leaving the "Y" zone more isolated in respect of public services or resources, and the problem of flooding ("X" has undergone five catastrophic floods due to the nearby gullies overflowing). In this respect, many proposals have been made from the Council with no results.

After this analysis of the municipality and its characteristics it is now time to appraise the feasibility of the possible SL proposals that could be materialised concerning this problem: the community service that could be given, the organisations that could cooperate and the curriculum contents intended to be worked on through this proposal (according to Argentinean Ministry of Education 2001).

It was decided to work on the second problem as consideration was given to what type of connection could be established between the school and the community-organisation problem. It was thus considered that one good option was to connect the school with a public service such as the "Environmental Centre" which has first-hand knowledge of the problems of the gullies, as well as having relevant information on the vegetation and climate of this area. Secondly, the service that could be given to the community was valued, on condition that this could be connected with teaching and syllabus purposes. It was finally decided that this proposal would be entitled "Let's get to know the gulley and take care of it", and would involve an awareness-raising campaign on the problem of flooding and maintenance of the affected zone. This was meant both for the education community and for the rest of the municipality, as well as analysing and studying the physical setting surrounding "Y" in the proposal. After deciding on the subject on which this SL scheme was to be established it was determined to base this project on the needs of the tutor's class pupils of 6 years of age, in 1st year primary schooling.

The environmental centre would thus be the organisation to coordinate analysis of the environment of the gully, showing what type of plants are found in this and the possible improvements that the pupils can make in a specific zone, granted by the council of "X" for this purpose. Work will later be done in the classroom on contents covering the vegetation in the town, the plant cycle, the importance of the natural medium in our lives, etc. Two factors are further connected: service and learning, furthering active reflection on the environment, the problems existing in this and our possible cooperation, amongst others (according to Furco 1996).

6.3   Objectives of the Project

The stage subsequent to the decision on the general subject is to put forward the objectives intended to be attained with this project, which will consist in plainly and precisely clarifying what is intended to be achieved with the project (according to Argentinean Ministry of Education 2001).

The general objectives of the project are then displayed, making a distinction between learning and service. "Let's get to know the gulley and take care of it" has the general aims of *raising the awareness of the population of "X", above all the younger ones, on the problems of floods*. Another of its objectives is *to favour the meaningful learning process of the pupils by making them play a central role in their own education*, that is, jointly creating and designing the awareness-raising campaign that will be carried out at the centre throughout the academic year. Finally, as a general objective, the *civic work* intended to be accomplished by this project should be stressed, and the great *emotional and personal development* that this means for the pupils. Education can be seen to also have a social facet in which implication and motivation are extremely high in this type of methodologies, and which provides some highly satisfactory results. Table 1 shows the general objectives, making a distinction between learning and services which are performed.

Table 1 General objectives of the SL proposal at "X"

LEARNING	SERVICE
1 Improving skill in knowledge of and interaction with the physical and social milieu.	6 Improving social and civic competence.
2 Improving the personal initiative and autonomy of the pupils.	7 Making the pupils aware of the importance of their natural environment.
3 Learning from the relations between the school and the environmental centre.	8 Promoting initiatives for solidarity and raising awareness on the problem of floods in the municipality.
4 Learning the consequences of natural disasters, in particular, floods.	9 Making a contribution/improvement to our municipality, after the content learned in the classroom.
5 Fostering the emotional and personal development of pupils.	10 Giving practical utility to the knowledge gained in the classroom.

Source: Author's own work

6.4   Content of the project

To implement the content that is going to be dealt with by means of this project, the characteristics of the centre and the pupils studying in this (specifically the class of 6 year-old pupils to which this SL proposal is addressed) were taken into account. The content which will be included in this SL proposal was identified and the relationship between this and the curricular subjects studied during primary education was determined. For this reason value was given to the subjects included in the primary curriculum that could have a closer relationship with the theme. The subjects of Social Sciences, Spanish Language and Artistic Education were thus chosen. The content that is intended to be acquired with this project will now be displayed.

Table 2 Content dealt with in the SL proposal

Social Sciences	Spanish Language	Artistic Education
Block 1. Common content: initiation to scientific knowledge and its application in Social Sciences. Block 2. The world we live in: geographical diversity, relief, climate and hydrography; human intervention in the medium, sustainable development (climate, natural disasters and vegetation, development of responsible conduct in respect of the most immediate context). Block 3: The traces of time: historical time and its measurement (how X has evolved over the last few years, reconstruction of the memory of the recent past in our setting from family sources).	Block 4. Oral communication (speaking and listening): Comprehension and valuation of oral texts from the radio and television to obtain general information about recent facts and events. Block 5. Written communication (reading): Comprehension and composition of texts which depict events close to our setting. Block 6. Written communication (writing): Production of texts for communicating. Block 7. Knowledge of language: the simplest spelling rules.	Block 8. Audiovisual education: responsible use of ICT for observation of the elements present in the natural, artificial and artistic setting. Block 9. Artistic expression: creation of drawings, paintings collages, etc. Plastic compositions using photographs. Exploration of digital resources for creation of artistic works.

Source: Author's own work from State Gazette (BOE 2014).

6.5   Addressees of the Project

One aspect vital for programming the activities and contents of this project must be identified: Who will benefit from the results of this project? (according to Argentinean Ministry of Education 2001). First year primary class pupils are directly detected as being the main beneficiaries, as they will have put into practice an SL methodology for the first time at the centre which will dynamically and practically have brought them into closer contact with their setting, and have given them knowledge of an important problem for their town-floods; they will also have cooperated by carrying out a service for both the centre and for their community.

Secondly, another direct beneficiary will be the teaching staff, along with those in charge of the Environmental Centre who have become involved in coordinating, scheduling and carrying out this methodology. The teaching staff will also have succeeded not only in disseminating an environmental problem at the centre, but also in reinforcing relations between the school and an institution from its environment through this service, thus favouring team work. There are furthermore also several examples of indirect addressees: this would be the case of the other pupils at the centre, having got to know of this problem through the exhibitions and publicity given to the problem of flooding; also the other teaching staff will have been able to observe the good results of a methodology which has enabled implicating the whole education community to some extent; and lastly, a service will have been given to the community which the Council itself will reflect in a pedagogical, educational and civic manner.

7   Discussion and Outlook

SL methodology combines strong points which will enable the pupils to come forward as the main actors in their own learning process and at the same time, through community service, to put into practice a lot of what they learned in the classroom. It might be considered that the teaching methodology that is currently being used in classrooms is not the most appropriate, which could explain the levels of school dropouts, increasingly high as compared with the rest of the European Union. One sector of the pupils has lost motivation for education, and it is at this time of economic and ethical crisis when the pupils most need the inspiration of a number of values in the benefit of coexistence and the search for common good. Education must be approachable, coming closer to the problems of society and the environment, as well as enabling possible responses that can be used for creating learning processes favouring pupils' personal development. This proposal would also mean not only a change in the way we educate, but would also favour the personal and ethical development of pupils, thus enabling them to promote the critical spirit.

SL methodology is thus considered to be a change in education, an innovation in methodological, organisational, conceptual and other fields which seeks to heighten the meaningful learning process of pupils by bringing their education closer to real needs, to improve their immediate setting and open up the barriers of formal education to other institutions enriching the milieu.

This SL proposal will therefore create a possibility of producing a change in both the learning procedure used with the pupils at schools and in the relations practised with institutions in the context. This will enable giving education practical utility and a global sense, as some very different learning processes will be combined in this.

Finally, the required planning and organisation of SL projects should be justified and the necessary backing that has to be given by the school's management team and teaching staff.

8   Conclusion: Assessment

Assessment will enable us to observe the objectives attained, the faults and achievements in the teaching-learning process and the aspects which could be bettered. In the case of SL evaluation is more complex because as well as learning a set of content and skills the students must have displayed the social learning that has been gained. The key to this lies in the way to measure this learning.

Assessment in an SL proposal has several facets. On one hand the quality of the service will be assessed, taking into account the fulfilment of the objectives attained and the impact on the quality of life that the service has had on the addressees. Questionnaires could be used to learn the opinion of the people who have attended the open days, in order to find out how this SL proposal was taken by the rest of the education community.

Apart from this, the learning of competences, contents and values will be appraised. This section will involve the impact that the SL has had on 1st year primary pupils, as well as the acquisition of minimum objectives as regards emotional/personal development. To evaluate the pupils' perception on this SL proposal a survey will be given out in the classroom after the open days, integrating items as regards several matters: learning, methodology, knowledge of the setting and personal development. It should thus be mentioned that the evaluation of this SL proposal, even while taking into account the different standpoints that can be assessed, will have a qualitative instrument as a continuous evaluation tool: the field diary. The field diary is an instrument used to record those acts that might be interpreted. In this sense, it enables to systematize experiences and then analyse the results. In our proposal, the diary took the form of record sheet for each session that noted down all information related to the participation of each student, their use of time, organization and management of conflicts. This document will enable us to analyse all the action taken by the participants in the activities proposed, as well as their implication in these. The tutor of the group is able to carry out a descriptive analysis of the work carried out by each student and the group in general. The purpose of the evaluation of this SL proposal is to find out whether the pupils have developed a meaningful learning process through the workshops programmed, whether the activities have given rise to reflection and an analysis of reality by the pupils, and whether these have developed values close to altruism, solidarity and social responsibility.

▶   **Further Information**
Generator School Network (https://gsn.nylc.org/)

International Association for Research on Service-learning and Community Engagement (http://www.researchslce.org/)
Lernen durch Engagement (http://www.servicelearning.de/index.php?id=13)

References

Abes, E. S., Jackson, G. and Jones, S. R. (2002). Factors that motivate and deter faculty use of service-learning. *Michigan Journal of Community Service Learning*, 9(1), 5-17.

Angulo, J. F. (1994). ¿A qué llamamos curriculum? In J. F. Angulo and N. Blanco (Hrsg), *Teoría y desarrollo del curriculum* (S. 17-29). Málaga: Ediciones Aljibe.

Argentinean Ministry of Education (2001). *Guía para emprender un proyecto de aprendizaje-servicio*. Argentina: Secretaría de Educación Básica.

Ballard, S. M. and Elmore, B. (2009). A labor of love: constructing a service-learning syllabus. *The Journal of Effective Teaching*, 9(3), 70-76.

Battistoni, R. M. (1997). Service learning and democratic citizenship. *Theory and Practice*, 36(3), 150-156.

Batlle, R. (2010). Aprendizaje-servicio y entidades sociales. *Aula de Innovación educativa*, 192, 66-68.

BOE (2014). *Real Decreto 126/2014, de 28 de febrero, por el que se establece el currículo básico de la Educación Primaria*. BOE 52.

Cohen, J. (2006). Social, emotional, ethical, and academic education: Creating a climate for learning, participation in democracy, and well-being. *Harvard Educational Review*, 76(2), 201-237.

Delors, J. (1996). *Treasure Within. Report to UNESCO of the International Commission on Education for the Twenty-first Century*. Paris: United Nations Educational, Scientific and Cultural Organization.

Dewey, J. (1938). *Experience and Education*. New York: Touchstone.

Dewey, J. (1903). *Ethical Principles Underlying Education*. Chicago: The University of Chicago Press.

Eyler, J. and Giles, D. E. (1999). Where's the learning in Service-Learning?. *Michigan Journal of Community Service Learning*, 6(1), 142-143.

Furco, A. (1996). Service-learning: a balanced approach to experiential education. In B. Taylor and Corporation for National Service (Hrsg.), *Expanding Boundaries: Serving and Learning* (S. 2-6). Washington, DC: Corporation for National Service.

Makarenko, A. (2001). *The Road to Life: An Epic of Education (Vol. 1)*. USA: University Press of the Pacific.

Murphy, T. (2010). Conversations on engaged pedagogies, independent thinking skills and active citizenship. *Issues in Educational Research*, 20(1), 39-46.

Powell, B. (2010). *Scouting for Boys: A Handbook for Instruction in Good Citizenship*. USA: Martino Fine Books.

Puig, J., Batlle, R., Bosch, C., and Palos, J. (2006). *Aprendizaje Servicio. Educar para la ciudadanía*. Barcelona: Editorial Octaedro.

Puig, J. and Palos, J. (2006). Rasgos pedagógicos del aprendizaje-servicio. *Cuadernos de pedagogía*, 357, 60-63.

Ramírez, M. and Pizarro, B. (2005). *Manual para docentes UC*. Santiago de Chile: Universidad Católica de Chile.

Rovira, J., Gijón, M., Martín, X., and Rubio, L (2011). Learning-service and Citizenship Education. *Revista de Educación*, Special Issue 2011, 45-67.

Saltmarsh, J. and Zlotkowski, E. (2011). *Higher education and democracy: Essays on service-learning and civic engagement*. Philadelphia: Temple University Press.

Stafford, F., Boyd, B. and Lindner, J. R. (2003). Community service versus service-learning: which is best for 4-H? *Journal of Extension*, 41(6). http://www.joe.org/joe/2003december/a1.php Zugegriffen: 30 March 2016.

Ward, K. and Wolf-Wendel, L. (2000). Community-Centered Service Learning. Moving from doing for to doing with. *American Behavioral Scientist*, 43(5), 67-780.

Wilczenski, F. L and Coomey, S. M. (2007). *A Practical Guide to Service Learning: Strategies for Positive Development in Schools*. New York: Springer.

III Schule aus Sicht verschiedener Akteure

Schule aus Sicht verschiedener Akteure

Herbert Altrichter, Julia Zuber und Christoph Helm

1 Einleitung

Über Schule können alle mitreden: Jede und jeder ist in den deutschsprachigen Ländern einmal in die Schule gegangen und hat dabei ein mehr oder weniger fundiertes Bild von Schule aufgebaut. (1) Warum sollte man sich für diese verschiedenen Bilder von Schule, für Einstellungen zu, Bewertungen und Deutungen von Schule interessieren? (2) Welche Akteure erscheinen bedeutungsvoll? (3) Welche Fragestellungen, Bezugstheorien und Forschungsstrategien kommen in der Bildungsforschung zur Anwendung? Mit diesen Fragen wollen wir uns in den folgenden Abschnitten befassen.

2 Bilder von Schule

Wie schaut Schule aus der Perspektive unterschiedlicher Akteure aus? Mit dieser und ähnlichen Fragen kommen mindestens zwei Aspekte der Auseinandersetzung von Akteuren mit den Objekten ihrer Wahrnehmung in den Blick:

- Einesteils wird interessieren, was Akteure überhaupt von Schule wahrnehmen. Da unsere Wahrnehmung notwendig selektiv ist, erfahren wir dadurch auch, was ihnen verborgen bleibt und was ihnen nicht nötig der Beobachtung und des Thematisiert-Werdens erscheint.
- Zweitens werden wir auch nach den Wertungen, die Akteure den wahrgenommenen Objekten zuschreiben, fragen: Was finden die verschiedenen Akteure

an den Merkmalen, der Arbeitsweise und den Ergebnissen der Schule gut, was suboptimal; was können sie akzeptieren, was lehnen sie ab? usw.

Diese ‚Bilder von Schule‘ werden in einer (häufig mit quantitativen Methoden vorgehenden) Bildungsforschung mit dem Konzept *Einstellung* erfasst. Die Einstellung eines Akteurs bezeichnet dessen subjektive „Bewertung von Menschen, Objekten und Vorstellungen“ (Zimbardo und Gerrig 2004, S. 774). Ein in seiner Bedeutung und Funktion vergleichbares Konzept ist jenes der *Deutungsmuster,* das auf Alfred Schütz (1974) zurück geht und häufiger in qualitativer und sich an soziologischen Theorien orientierender Bildungsforschung verwendet wird (vgl. Lüders und Meuser 1997). Deutungsmuster sind typisierende Interpretationen des sozialen Umfeldes und dessen Anforderungen, die Akteure im Zuge der individuellen, aber in einem sozialen Kontext stattfindenden Biographie entwickeln, als subjektives Wissen speichern und zur Orientierung ihrer weiteren Handlung verwenden.

Warum ist es wichtig, etwas über die beschreibenden Wahrnehmungen und wertenden Stellungnahmen von Akteuren, etwas über ihre Einstellungen und Deutungsmuster zu erfahren?

Erstens nehmen sowohl die Einstellungsforschung als auch Deutungsmusterkonzepte an, dass diese ‚Bilder‘ die Art und Weise beeinflussen, in der Akteure Informationen verarbeiten, ihre Umwelt interpretieren und so ihre Erfahrungen in einen sozialen Sinnzusammenhang bringen (vgl. Zimbardo und Gerrig 2004, S. 774–776; Baron und Byrne 2003, S. 126f.).

Zweitens gehen diese Konzepte davon aus, dass Einstellungen und Deutungsmuster handlungsorientierende Funktion haben und den Akteuren helfen, ihr Handeln zu gestalten. Der Zusammenhang zwischen Einstellung und Verhalten ist zwar nicht so eng und eindeutig wie vielfach angenommen, doch ist er empirisch immer wieder auffindbar (vgl. Herkner 2004, S. 205ff.). Einstellungen und Deutungsmuster interessieren die Forschung also auch, weil man durch sie die Handlungen von Akteuren und die Prozesse in sozialen Kontexten (teilweise) erklären und vorhersagen kann.

Spezifische Einstellungen und Weltdeutungen können drittens auch identitätsstiftende Funktion haben, indem sie die einzelnen Akteure in einer sozialen Gruppe, mit der sie wichtige Interpretationen und Deutungen teilen, situieren und verorten. Man ist bereit, sich beispielsweise als Lehrperson (oder Borussia-Fan) zu bezeichnen, so zu fühlen und zu handeln, weil man wichtige Wahrnehmungsmuster, Werte und Interpretationen mit anderen Mitgliedern dieser Gruppe teilt.

Wenn Einstellungen und soziale Deutungsmuster für das Handeln von Akteuren wichtig sind, dann können sie schließlich auch zum Verständnis des Entstehens und der Aufrechterhaltung sozialer Institutionen, wie der Schule, beitragen. Schule ist ein soziales Gebilde, das wohl auch von den normativen Vorgaben (Gesetze, Verordnungen, Lehrpläne) und Ressourcen, die ihnen zugestanden werden, abhängig ist. Letztlich ergibt sich ihre Gestalt aber erst durch die Interaktionen der verschiedenen Akteure: Schule als soziale Realität wird durch die handelnde Auseinandersetzung verschiedener Akteure ,gemacht'; eine einigermaßen kohärente Institution entsteht aus dem „Zusammenhandeln" unterschiedlicher Akteure (siehe unten), deren Handlungsmuster durch die gruppenspezifischen Einstellungen und Deutungsmuster (teilweise) erklärt werden können.

▶ **Lesehinweise**
   Cloos und Thole (2006)
   Müller-Using (2013)

3   Akteure

Wir haben den Begriff ,Akteur' bisher undefiniert gebraucht. ,Akteur' meint wörtlich einen Handelnden, eine Person, der/die in einem sozialen Kontext Handlungen setzt. In einem sozialwissenschaftlichen Kontext können mit ,Akteur' jedoch nicht nur Einzelpersonen gemeint sein, sondern auch überindividuelle, „soziale" oder „korporative" Akteure. Solche „composite actors", wie beispielsweise ,die Lehrpersonen', ,die Schule', das ,Bildungswesen' oder das ,Rechtswesen', entstehen durch „Zusammenhandeln" (Fend 2006, S. 174). Sie sind ,Konstellationen individueller Akteure' und dadurch selbst schon das Ergebnis einer „Handlungskoordination". Einzelne Akteure wirken – bewusst oder unbewusst – in ihrem Handeln so zusammen, dass es aus Beobachterperspektive so erscheint, als verfolgten sie eine gemeinsame Zielsetzung. Die Handlungskoordination solcher „Akteurkonstellationen" kann sowohl explizit aus Verhandlungen (typisch für institutionelle Akteure, wie die Schule) als auch implizit aufgrund gemeinsamer Deutungsmuster und wechselseitiger Beobachtung (typisch für „kollektive Akteure", wie soziale Bewegungen) entstehen (Schimank 2002, S. 306):

„Eine Konstellation individueller Akteure ist in dem Maß ein überindividueller Akteur, wie die Handlungen der einzelnen Konstellationsbeteiligten ein konstruktiv geordnetes Ganzes ergeben, also nicht bloß gelegentlich, sondern systematisch so aufeinander aufbauen, dass eine übergreifende Zielsetzung verfolgt wird." (Schimank 2002, S. 308)

Wenn man also beispielsweise nach den gemeinsamen Bildern und Deutungen von Schule fragt, die die Lehrpersonen einer Schule eint, so kann dies eben auch darum geschehen, weil man verstehen will, wie (d.h. durch welche gemeinsamen Bilder und Deutungen vermittelt und ‚zusammengehalten‘) das Zusammenhandeln des Kollegiums dieser Schule erreicht wird.

Welche Akteure sind für die Bildungsforschung normalerweise interessant? Wenn man über Schule spricht, dann kommen zunächst einmal die ‚internen‘ Akteure in den Blick. Schüler*innen sowie Lehrpersonen ‚machen‘ das Kernstück der Schule: Unterricht. Im Schulhaus sind aber noch weitere Personen tätig: Die Schulleitung, die in manchen Schulen aus einer einzigen Person besteht, aber in anderen Schulen unterschiedlich differenziert ist (z.B. Didaktische Leitung, Fachbereichs- und Abteilungsleitung); administratives Personal, wie Hausmeister*innen und jene, die in Sekretariaten tätig sind. Schließlich gibt es in anderen Ländern, in inklusiven (siehe den Beitrag von Miller in diesem Band) und Ganztagsschulen weitere pädagogisch qualifizierte Personen (vgl. Heinrich 2011), wie Sonder-, Integrations- oder Inklusionspädagog*innen, Sozial- und Freizeitpädagog*innen, Psycholog*innen usw.

Wenn das ‚interne‘ Geschehen in Schulen analysiert wird, bleiben oft Eltern (vgl. Langer 2011) aus dem Blick, die in dem deutschsprachigen Schulsystem traditionell nicht als Mitglieder der Schulgemeinschaft, sondern als ‚schulfremde Personen‘ angesehen und behandelt wurden. Darüber hinaus gibt es weitere ‚externe‘ Akteure in der näheren und ferneren Umgebung der Schule, die die Schule ‚beobachten‘, Bilder über ihre Tätigkeit entwickeln und für die Arbeit und die weitere Entwicklung der Schule (und damit auch für die Schulforschung) interessant sein können: Gemeinde, lokale Vereine, Wirtschaft, Interessensorganisationen, Medien usw. Auch Zubringer- und Konkurrenzschulen (vgl. Altrichter et al. 2011) können für das Verständnis dessen, was an einem Schulstandort geschieht, bedeutsam sein: Gerade wenn eine Schule und ihre Angebote weiterentwickelt werden sollen, dann fällt der Blick oft auf andere Schulen, die als (partielles) Vorbild oder Gegenbild (Wir wollen es anders machen! Welche andere Angebotsnische können wir besetzen?) dienen.

Die Abstimmung oder *Koordination zwischen verschiedenen sozialen Akteuren* geschieht – wie Lange und Schimank (2004) sagen – eben nicht nur durch „Aushandlungen“ zwischen (relativ gleichberechtigten) Akteuren oder durch „Beeinflussung“ (indem machtvollere Akteure anderen Aufträge erteilen), sondern eben auch durch „Beobachtung“: Akteure (wie eben Schulen) stellen sich in ihren Handlungen (z.B. in ihrer Schulentwicklung) darauf ein, was andere Akteure tun, ohne unbedingt direkt mit ihnen zu kommunizieren.

Eine weitere Gruppe von Akteuren, die für das Verständnis von Schulen und des Bildungswesens bedeutungsvoll ist, wird oft als ‚Unterstützungssystem' (vgl. Berkemeyer 2011) oder ‚intermediärer Akteur' (vgl. Altrichter 2010) bezeichnet. Darunter fallen beispielsweise Akteure wie Schuladministration, Inspektion und Fortbildung, die in unseren Ländern oft als Teil staatlicher Institutionen organisiert sind; dazu können aber auch Schulbuchverlage, freiberufliche Berater*innen und Fortbildner*innen gehören. Gemein ist diesen Akteuren, dass sie weder der operativen Ebene der Schulen, auf der die systemtypische Leistung des Bildungswesens, nämlich Bildung, Persönlichkeits- und Kompetenzentwicklung, produziert werden, noch der Ebene der Bildungspolitik, auf der die Entscheidungen über Leitlinien und Ressourcen gefällt werden, angehören. Ihre Tätigkeiten liegen vielmehr zwischen der strategischen und der operativen Ebene; sie sind ‚vermittelnd' (daher ‚intermediär'), indem diese Akteure durch ihre Tätigkeit zur Koordination und Abstimmung zwischen strategischer Entscheidungs- und operativer Ebene beitragen sollen: So sollen z.B. durch ‚Fortbildung' jene Kompetenzen und Einstellungen bei Lehrpersonen aufgebaut und gepflegt werden, die es wahrscheinlicher machen, dass Lehrpersonen die auf der Ebene der Bildungspolitik formulierten Ansprüche an eine Bildungsreform auch in qualitätsvoller Weise in die Tat umsetzen können (womit die „Koordination" oder „Abstimmung" zwischen verschiedenen Ebenen und Akteuren im Bildungswesen verbessert wird; vgl. Altrichter 2010).

▶   **Lesehinweise**
Abs et al. (2015)
Altrichter und Maag Merki (2016)

4   Fragestellungen, Bezugstheorien und Forschungs-strategien

In den vorangegangen Abschnitten wurde argumentiert, warum Wissenschaft, aber auch Lehrerbildung, Interesse daran haben, mehr darüber zu erfahren, wie Akteure des Schulsystems ihr Bild über Schule konstruieren und in weiterer Folge ihre Handlungen koordinieren. Im vorliegenden Abschnitt greifen wir vier der in Abschnitt 2 beschriebenen Akteure heraus und zeigen auf, wie deren Bild über Schule erforscht wird. Für die zentralen Akteure Schüler*innen, Lehrer*innen, Schulleiter*innen und Eltern führen wir typische Forschungsfragen, Theorien und Forschungsstrategien an, die zur Analyse bestimmter Aspekte der konstruierten Bilder über Schule herangezogen werden. Dabei kann es sich immer nur um

Beispiele handeln, da sozial konstruierte Sichtweisen über das komplexe Gebilde „Schule" unterschiedlichste Facetten beinhalten.

4.1 Schüler*innen

Fragt man Schüler*innen, wie ihnen Schule gefällt, so bekommt man meist ganz unterschiedliche Antworten: „Ich freu mich schon sehr auf meinen ersten Schultag; ich bin schon ziemlich aufgeregt." oder „Ich finde den Unterricht langweilig – ich lerne, um eine gute Note auf die Klausur zu bekommen." oder „Den Englischunterricht finde ich toll! Da lerne ich nicht nur etwas fürs Leben, sondern habe auch Spaß im Unterricht." Diese Sichtweisen von Schüler*innen über Schule werden u.a. von der in der Bildungsforschung weit verbreiteten Motivationsforschung erfasst und analysiert.

Forschungsfrage: Vergleicht man die erste Schüleraussage mit der zweiten, so lässt sich eine häufig untersuchte Forschungsfrage ableiten: Warum nimmt die Schulzufriedenheit und die Motivation von Schüler*innen mit der Fortdauer der Schule ab? Vergleicht man die zweite Schüleraussage mit der dritten, so kann man fragen, welche Form der Lernmotivation für den Schulerfolg am förderlichsten ist.

Bezugstheorie: Forscher*innen, die diesen Fragen nachgehen (z.B. Eccles und Midgley 1990; Eder 2007, 2009), legen ihren Analysen häufig Annahmen zugrunde, die der *Selbstbestimmungstheorie* (Deci und Ryan 1993) entspringen. Die Selbstbestimmungstheorie geht davon aus, dass Schüler*innen dann intrinsische Lernmotivation (z.B. Interesse an einem Schulfach) entwickeln, wenn sie wahrnehmen, dass Schule bzw. Unterricht drei psychologische Grundbedürfnisse (Autonomieerleben, Kompetenzerleben und Erleben sozialer Eingebundenheit) unterstützen. Um diese Wahrnehmung zu fördern, sollten Lehrpersonen einen nicht-kontrollierenden, wertschätzenden, empathischen, ermutigenden, die persönlichen Schülerinteressen und -ziele berücksichtigenden Umgang mit Schüler*innen verfolgen (Reeve 2002).

Forschungsstrategie: Zur Erfassung der Schülersichtweise bzw. -motivation und deren Zustandekommen bedient man sich meist geschlossener Fragenbögen wie dem Academic Self-Regulation Questionnaire (SRQ-A, Ryan und Connell 1989; deutsche Version: Müller et al. 2007). Diese Version des Fragebogens erfasst vor dem Hintergrund der Selbstbestimmungstheorie mit 17 fünfstufigen Items (1 = stimmt überhaupt nicht, 5 = stimmt völlig) die „intrinsische Regulation" (Schüler*innen lernen aus Spaß und Interesse), die „identifizierte Regulation" (Schüler*innen lernen, weil sie die Lehrziele für wichtig halten), die „introjizierte Regulation" (Schüler*innen lernen, um kein schlechtes Gewissen zu haben) und die „externale Regulation" (Schüler*innen lernen, um einen gute Note zu erhalten). Neben dieser quantitativen Form der Erfassung von Lernmotiven wird in selteneren Fällen auch auf qualitative Verfahren (z.b. Operanter Multi-Motiv-Test, OMT, Kuhl 2013) zurückgegriffen. Während der SRQ-A bewusste Motive der Schüler*innen abfragt, versucht der OMT durch Vorlage von Bildern, die von Schüler*innen interpretiert werden müssen, unbewusste Motivstrukturen zu erfassen. Grundsätzlich gibt es aber eine sehr breite qualitative Forschungstradition zur Erfassung von Schülersichtweisen. Als Vertreter dieser Tradition untersucht beispielsweise Breidenstein (z.b. 2006; Zaborowski et al. 2011) mittels ethnographischer Analysen (z.b. langfristigen Unterrichtsbeobachtungen) die Teilnahme der Schüler*innen am Unterricht und betrachtet dabei Phänomene wie die Langeweile im Unterricht.

Herausforderungen: Eine Herausforderung der erziehungswissenschaftlichen Motivationsforschung liegt beispielsweise im Nachweis der Kausalität. Während der Zusammenhang zwischen Motivation und Lernerfolg bereits sehr früh erforscht wurde (Ugurolgu und Walberg 1979), gibt es bislang nur wenige Studien, die den wechselseitigen Effekten zwischen Motivation und Lernerfolg (Helmke und van Aken 1995; Helm 2015; Trautwein et al. 2006) nachgehen.

4.2 Lehrer*innen

Fragt man Lehrer*innen, wie guter Unterricht aussieht, so bekommt man meist unterschiedliche Antworten: „Ich finde, Schüler*innen lernen am meisten, wenn sie Lösungen zu Problemen selbständig erarbeiten können und Lösungsideen mit anderen diskutieren können" oder „Ich finde Unterricht ist dann gut, wenn es ruhig im Klassenzimmer ist und die Lehrperson Inhalte den Schüler*innen verständlich vermitteln kann." Diese Sichtweisen von Lehrer*innen über Unterricht werden u.a. von der in der Bildungsforschung weit verbreiteten Forschung zu „epistemologischen Überzeugungen" und „Sichtweisen von Lehrkräften" erfasst und analysiert.

Forschungsfragen: Vergleicht man die erste Aussage mit der zweiten, so wird deutlich, dass Lehrpersonen ganz unterschiedliche Bilder darüber haben können, wie guter Unterricht gestaltet sein soll. Daraus lassen sich mehrere Forschungsfragen ableiten: Wie kommt es zu diesen unterschiedlichen Sichtweisen bzw. subjektiven Theorien? Wie wirken sie auf die Unterrichtsgestaltung und die Schüleroutcomes (z.B. Motivation und Leistung)?

Bezugstheorie: Forscher*innen, die diesen Fragen nachgehen (z.B. Hofer und Pintrich 1997; Seifried 2009), legen ihren Analysen häufig Annahmen zugrunde, die den konstruktivistischem und instruktivistischem Lehr-Lernparadigma (z.B.

Kember 1997; Reinmann-Rothmeier und Mandl 1997) entspringen. Die beiden Paradigmen bilden dabei Endpunkte eines Kontinuums, wobei bei der ersten Position Vermittlungsprozesse von Lehrplan- und Stoffinhalten im Fokus stehen, während die zweite Position den Wissenserwerb der Schüler*innen und dessen didaktische Unterstützung in den Mittelpunkt rückt (Seifried 2009, S. 60). Dem instruktivistischen Paradigma zufolge ist eine Lehrperson dann eine gute Lehrperson, wenn sie über hohes Fachwissen verfügt, Unterrichtsinhalte sauber und strukturiert aufbereitet und klar präsentiert sowie Übungen in kleinen Schritten anleitet und laufend kontrolliert. Hingegen ist eine Lehrperson dem konstruktivistischen Paradigma zufolge eine gute Lehrperson, wenn sie Schüler*innen motivieren und begeistern kann, d.h. Lernanstöße geben kann (etwa durch Konstruktion von (komplexen) Problemstellungen), ein persönliches Verhältnis zu Schüler*innen pflegt und Unterstützung anbietet, ohne sich zu sehr in den Lernprozess der Schüler*innen einzumischen. Beide Paradigmen sind nicht trennscharf und treten in der Praxis meist als Mischformen auf.

Forschungsstrategie: Um die Lehrersichtweisen bzw. subjektiven Theorien guten Unterrichts zu erfassen, bedient man sich häufig geschlossener Fragenbögen wie der Teacher Belief Scale (Fennema et al. 1990). Oft werden aber auch entsprechende Skalen selbst erstellt, um der spezifischen Forschungsfrage gerecht zu werden (z.B. Van Driel et al. 2007; Schroeder et al. 2011). Auch in der internationalen Lehrerbefragungsstudie TALIS 2013 (OECD 2014, S. 431) wird mit vier Items versucht das Bild von Lehrpersonen über Unterricht und Lernen zu erfassen:

*   "My role as a teacher is to facilitate students' own inquiry."
*   "Students learn best by finding solutions to problems on their own."
*   "Students should be allowed to think of solutions to practical problems themselves before the teacher shows them how they are solved."
*   "Thinking and reasoning processes are more important than specific curriculum content."

Neben der quantitativen Erfassung von Lehrersichtweisen werden subjektive Theorien guten Unterrichts auch mit qualitativen Verfahren untersucht, beispielsweise mittels der sogenannten Dialog-Konsens-Methode (vgl. Marsal 2010) oder mit Videostudien (z.B. Seifried 2009) bzw. deren Kombination (z.B. Müller 2004). Im Rahmen der Dialog-Konsens-Verfahren sollen Lehrpersonen mit Hilfe von standardisierten Regelsystemen (z.B. Symbolkarten) ihre Alltagstheorien (z.B. über guten Unterricht) argumentativ strukturieren bzw. erläutern.

Herausforderungen: Eine sowohl theoretische als auch methodische Herausforderung dieses Forschungsfeldes liegt u.a. in der Frage, ob Lehrerüberzeugungen universell oder domänen- bzw. fachabhängig sind. Diese Frage lässt sich laut Limón (2006) nur vor dem Hintergrund der gewählten Definition von (epistemologischen) Lehrerüberzeugungen und der Art und Weise, wie diese methodisch erfasst werden, beantworten.

4.3   Schulleiter*innen

Der Schulleitung kommt im Handlungsgefüge der Akteure eine wichtige, steuernde Rolle zu. Sie soll dazu beitragen, den Schulstandort zwischen den Ansprüchen von außen (z.b. dem politischen, gesetzlichen Rahmen) und den Wünschen von innen (Ansprüche der Lehrer*innen, Schüler*innen und Eltern) im Rahmen der zur Verfügung stehenden Mitteln zu lenken. Dabei ist von besonderem Interesse, wie Schulleitungen dies entlang ihrer eigenen Wertevorstellungen und Persönlichkeitsausprägungen tun. Fragt man Schulleitungen, wie sie ihre Rahmenbedingungen und Vorgaben bewerten (z.b. gesetzliche Vorgaben, Reformen) so antworten diese beispielsweise „früher war alles besser, diese Neuerungen braucht man nicht" oder „eine Reform des Systems ist dringend nötig, bei mir am Standort haben wir zu wenig Mittel". Diese Sichtweisen von Schulleitungen auf die Schule und ihre Lenkungsmöglichkeiten werden u.a. von der Einstellungsforschung erfasst und analysiert.

Forschungsfrage: Betrachtet man die Wertehaltungen, die Schulleitungen in vorigem Absatz präsentieren, erkennt man starke unterschiedliche Grundhaltungen. Daraus könnten folgende Fragestellungen resultieren: Welche Einstellungen und Deutungen haben Schulleitungen zur Schule? Welche Einflussfaktoren wirken auf die Einstellungsbildung von Schulleitungen gegenüber Schule? Wie wirken sich diese Einstellungen auf das Handeln aus?

Bezugstheorie: Forscher*innen, die diesen Fragen nachgehen (z.b. Altrichter und Kemethofer 2015; Böttcher und Diecke 1998) legen in ihren Annahmen die Idee zugrunde, dass die Ausprägung der Einstellung auch maßgeblich das Verhalten beeinflussen wird. Die Theorie des geplanten Verhaltens (Ajzen und Fisbhein 1980) geht davon aus, dass das Verhalten von Personen stark durch deren Einstellung beeinflusst wird. Je stärker eine Einstellung ausgeprägt ist, desto eher wird man der Einstellung entsprechend handeln. Das heißt, je eher man z.B. der Überzeugung ist, dass eine Schulreform nützlich und gut ist, desto eher wird man als Schulleitung den Schulstandort darauf auszurichten versuchen. Jedoch werden in der Theorie des geplanten Verhaltens auch weitere Merkmale genannt, die das Verhalten beeinflussen – vor allem dann, wenn die Einstellung eher neutral oder ambivalent ausgeprägt ist. Werden zum Beispiel keine Hilfsmittel zur Verfügung gestellt (Informationsmaterial etc.), wie man etwas am Schulstandort ändert, oder wird man dafür nicht gut ausgebildet, so sinkt die Wahrscheinlichkeit, dass man ein bestimmtes Verhalten zeigt. Außerdem hat auch Einfluss, was andere, die einem wichtig sind, darüber denken. Wird beispielsweise von vertrauten Lehrkräften am Standort etwas nicht gut geheißen, sinkt die Wahrscheinlichkeit, dass die Schulleitung ein bestimmtes Verhalten zeigt (Ajzen und Fishbein 1980; Ajzen 1987, 1991).

Forschungsstrategie: Um die Sichtweisen der Schulleitungen bzw. deren Einstellungen und Handlungen zu erfassen, bedient man sich meist geschlossener Einstellungsskalen (Robinson et al. 1991). Diese geben Aussagen vor, die man zustimmend oder ablehnend beantworten kann. Häufig werden die entsprechenden Skalen leicht adaptiert, um der spezifischen Fragestellung und den Gegebenheiten gerecht zu werden (z.B. Riedel 1998). Auch in großen Kontexterhebungen zu z.B. PISA, VERA etc. werden stets Einstellungsfragen verwendet (z.B. OECD 2014).

Neben der quantitativen Erfassung von Schulleitereinstellungen werden auch qualitative Studien herangezogen. In Form von leitfadengestützten Interviews werden Schulleiter*innen gebeten, ihre Einstellungen zum schulischen (Um)feld darzustellen. Diese Forschungsstrategie kommt vor allem dann zum Einsatz, wenn es darum geht, den Sinn des lokalen Kontextes näher zu verstehen und komplexe Sinnzusammenhänge zu beschreiben, wie es zum Beispiel Breidenstein und Schütze (2008) bei der Untersuchung von Schulreformen machen (siehe auch Diemer et al. 2009).

Herausforderungen: Eine Herausforderung bei der Untersuchung der Einstellung und des Handels stellt die Frage dar, ob überhaupt alle Einflussfaktoren, die Handeln bedingen, erfasst werden können. Eine Differenzierung zwischen Persönlichkeitseigenschaften, Einstellungen und ihre Wirkung auf Verhalten ist nur durch umfangreiche und valide Erhebungsverfahren trennscharf möglich und benötigt umfassende Erhebungen, die die Bearbeitungsdauer der Fragebögen stark erhöhen.

4.4   Eltern

Fragt man Eltern, wie sie sich an Schule beteiligen und wie sie in das Lernen ihrer Kinder involviert sind, ergeben sich sehr unterschiedliche Ausmaße an Beteiligung. Während einige Eltern berichten, ihre Kinder beim häuslichen Lernen zu unterstützen, sind andere Eltern Mitglieder in Arbeitsgruppen der Schule, nehmen an Schulprojekten teil oder sind vielleicht gar nicht mit der Schule und dem Lernen verbunden. Diese Beteiligung von Eltern am schulischen Geschehen wird unter dem Begriff der „Partizipation" erforscht.

Forschungsfrage: Zentrale Leitfragen, für die Erkundung des Partizipationsverhaltens von Eltern sind etwa: „Auf welche Bereiche und Ebenen von Schule bezieht sich Elternbeteiligung? Welche förderlichen Bedingungen für eine gelingende Elternbeteiligung lassen sich erkennen? Was trägt dazu bei, dass Eltern partizipieren?"

Bezugstheorie: Forscher*innen, die sich der Elternpartizipation im Schulsystem widmen (z.B. Killus und Tillmann 2011; 2014), gehen von der Idee aus, dass Partizipation von Eltern eine Ressource darstellt, die Prozesse an Schulen lenken (z.B. Übergänge zwischen Schulformen und Schulstufen begünstigen/erschweren kann etc.) und auf den Lernerfolg von Kindern einwirken kann (z.B. Griebel et al. 2013). Die Bezugstheorien für diese Forschungsrichtung werden unter anderem in der Ressourcenforschung angesiedelt. Hierbei werden auf individueller Ebene Faktoren diskutiert, die die Bewältigung oder Vermeidung von Aufgaben und Beanspruchungen im Laufe der Entwicklung beeinflussen können (z.B. Laireiter 1993). Beispielsweise kann die Partizipation von Eltern am Lernprozess dazu beitragen, dass Schüler*innen in Übergangsprozessen (z.B. von der Grundschule in weiterführende Schulen oder Schulwechsel) einen schnelleren und besseren Anpassungsprozess durchlaufen und keine Leistungsminderung eintritt (z.B. Epstein 1991; Griebel et al. 2013; Sacher 2013).

In einem weiteren Forschungsstrang wird die Frage, welche Faktoren die Partizipation von Eltern bei schulischen Prozessen begünstigt, aus einer sozialpsychologischen Perspektive untersucht, in dem Faktoren analysiert werden, die die Partizipation in Gruppen (wie Eltern, Lehrerkollegium, Schulgemeinschaft) erklären. Beispielsweise berichtet Paseka (2014), dass fehlende Signale der Lehrkraft für Interesse an Zusammenarbeit mit Eltern und die negative Einschätzung, ob das eigene Kind gerne in die Schule geht, stark hemmende Wirkung auf die Partizipation von Eltern an schulischen Gruppenprozessen haben.

Forschungsstrategie: Die Forschung zur Elternpartizipation ist noch nicht sehr breit aufgestellt. Zu den bekanntesten deutschsprachigen Studien zum Blick der Eltern auf das Schulsystem zählt die JAKO-O Trendstudie (Killus und Tillmann 2011, 2014). Hierbei werden Themenblöcke zur Elternpartizipation vorgelegt und mittels quantitativen Ratings (Likert-skaliert) eingestuft.

Herausforderungen: Eine Herausforderung der Partizipationsforschung liegt in der theoretischen Einbettung. Während bisherige Befunde stark aus einer praktischen Logik argumentiert wurden (z.B. das Gesetz verlangt Elternpartizipation, daher wird diese untersucht), ist die theoretische Einbettung von Befunden in z.B. sozialpsychologische Interaktionstheorien, Ressourcentheorien oder anderen Ansätzen noch nicht weit fortgeschritten. Um eine längerfristig, gut fundierte Forschung von Elternpartizipation aufzubauen, erscheint dies jedoch unabdingbar.

▶ **Lesehinweise**
Deci und Ryan (1993)
Gamsjäger et al. (2013)
Schwanenberg (2015)
Seifried (2009)

Literaturverzeichnis

Abs, H. J., Brüsemeister, T., Schemmann, M., & Wissinger, J. (Hrsg.) (2015). *Governance im Bildungssystem. Analysen zur Mehrebenenperspektive, Steuerung und Koordination.* Wiesbaden: VS.

Ajzen, I. (1987). Attitudes, traits, and actions: Dispositional prediction of behavior in personality and social psychology. In L. Berkowitz (Ed.), *Advances in experimental social psychology* (Vol. 20). San Diego, CA: Academic press.

Ajzen, I. (1991). *The theory of planned behaviour: Special issue: Theories of cognitive self-regulation. Organizational Behavior and Human Decision Processes,* 50, 179-211.

Ajzen, I., & Fishbein, M. (1980). *Understanding attitudes and predicting social behavior. Englewood Cliffs.* NJ: Prentice-Hall.

Altrichter, H. (2010). Lehrerfortbildung im Kontext von Veränderungen im Schulwesen. In F. H. Müller, A. Eichenberger, M. Lüders & J. Mayr (Hrsg.), *Lehrerinnen und Lehrer lernen. Konzepte und Befunde zur Lehrerfortbildung* (S. 17 – 34). Münster: Waxmann.

Altrichter, H., Heinrich, M. & Soukup-Altrichter, K. (Hrsg.) (2011). *Schulentwicklung durch Schulprofilierung?* Wiesbaden: Verlag für Sozialwissenschaften.

Altrichter, H., & Helm, Ch. (2011). Schulentwicklung und Systemreform. In: H. Altrichter & Ch. Helm (Hrsg.), *Akteure und Instrumente der Schulentwicklung* (S. 13-35). Baltmannsweiler/Zürich: Schneider Verlag Hohengehren/Pestalozzianum.

Altrichter, H., & Kemethofer, D. (2015). Neue Ansätze der Steuerung des Schulsystems und die Einstellung von Schulleitungen. *Bildung und Erziehung,* 68, 291-311.

Altrichter, H., & Maag Merki, K. (Hrsg.) (2016). *Handbuch neue Steuerung im Schulsystem.* Wiesbaden: VS.

Baron, R. A., & Byrne, D. (2003). *Social Psychology,* 10. Aufl., Boston: Sage.

Berkemeyer, N. (2011). Unterstützungssysteme der Schulentwicklung zwischen Konkurrenz, Kooperation und Kontrolle. In: H. Altrichter & Ch. Helm (Hrsg.), *Akteure und Instrumente der Schulentwicklung* (S. 115-127). Baltmannsweiler/Zürich: Schneider Verlag Hohengehren/Pestalozzianum.

Böttcher, W., & Diecke, J. N. (2008). Implementation von Standards. Empirische Ergebnisse einer Umfrage bei Deutschlehrern. In: W. Böttcher, W. Bos, H. Döbert & H. G. Holtappels (Hrsg.), *Bildungsmonitoring und Bildungscontrolling in nationaler und internationaler Perspektive* (S. 143-156). Münster: Waxmann.

Breidenstein, G. (2006). *Teilnahme am Unterricht. Ethnographische Studien zum Schülerjob.* Wiesbaden: VS.

Breidenstein, G., & Schütze F. (Hrsg.) (2008). *Paradoxien in der Reform der Schule. Ergebnisse qualitativer Sozialforschung.* Wiesbaden: VS.

Cloos, P., & Thole, W. (Hrsg.) (2016). *Ethnografische Zugänge. Professions- und adressatInnenbezogene Forschung im Kontext von Pädagogik.* Wiesbaden: VS.

Deci, E. L., & Ryan, R. M. (1993). Die Selbstbestimmungstheorie der Motivation und ihre Bedeutung für die Pädagogik. *Zeitschrift für Pädagogik,* 39(2), 223–238.

Diemer, T., Rucht, S., Schulze, F., & Kuper, H. (2009). *Zur innerschulischen Nutzung zentraler Lernstandserhebungen. Deskriptive kategoriale Grundauswertungen problemzentrierter Interviews mit Lehrer/innen und Schulleitungen in vier Sekundarschulen in Berlin und Thüringen.* Berlin: Freie Universität. Abgerufen am 01.02.2016 unter www.ewi-psy.fu-berlin.de.

Eccles, J. S., & Midgley, C. (1990). Changes in Academic Motivation and Self-Perception During Early Adolescence. In: R. Montemayor (Ed.), *Early Adolescence as a Time of Transition* (pp. 1–29). Beverly Hills, CA: Sage Publishing Co.

Eder, F. (1995/2007). *Das Befinden von Kindern und Jugendlichen in der Schule.* Innsbruck: StudienVerlag.

Eder, F. (2009). Passung zur Schule. In: W. Specht (Hrsg.), Nationaler Bildungsbericht Österreich 2009. *Das Schulsystem im Spiegel von Daten und Indikatoren* (S. 136–137). Graz: Leykam.

Epstein, J. L. (1991). Effects on student achievement of teachers' practices of parent involvement. *Language Research,* 5, 261–276.

Fend, H. (2006). *Neue Theorie der Schule. Einführung in das Verstehen von Bildungssystemen.* Wiesbaden: VS.

Fennema, E., Carpenter, T. P., & Loef, M. (1990). *Teacher belief scale: Cognitively guided instruction project.* Madison: University of Wisconsin.

Gamsjäger, M., Langer, R., & Altrichter, H. (2013). Schulentwicklung durch Partizipation von Schülervertreter/innen? In: S. M. Weber, M. Göhlich, A. Schröer, C. Fahrenwald & H. Macha (Hrsg.), *Organisation und Partizipation* (S. 149-156). Wiesbaden: Springer VS.

Griebel, W., Wildgruber, A., Held, J., Schuster, A., & Nagel, B. (2013). *Partizipation im Übergangsmanagement von Kitas und Schulen: Eltern als Ressource. Bildungsforschung,* 1, 1-19.

Heinrich, M. (2011). Die Rolle der Professionellen in der Schulentwicklung. In: H. Altrichter & Ch. Helm (Hrsg.), *Akteure und Instrumente der Schulentwicklung* (S. 89-101). Baltmannsweiler/Zürich: Schneider Verlag Hohengehren/Pestalozzianum.

Helm, C. (2015). Reziproke Effekte zwischen wahrgenommenem Lehrerverhalten, intrinsischer Motivation und der Schülerleistung im Fach „Rechnungswesen". *AMS report* 111, 1-36.

Helmke, A., & van Aken, M. A. G. (1995). The Casual Ordering of Academic Achievement and Self-Concept of Ability During Elementary School: A Longitudinal Study. *Journal of Educational Psychology,* 87(4), 624-637.

Herkner, W. (2004). *Lehrbuch Sozialpsychologie,* 2. Aufl., Bern: Hans Huber.

Hofer, B. K., & Pintrich, P. R. (1997). The Development of Epistemological Theories: Beliefs About Knowledge and Knowing and Their Relation to Learning. *Review of Educational Research,* 67(1), 88-140.

Kember, D. (1997). A reconceptualisation of the research into university academics' conceptions of teaching. *Learning an Instruction*, 7, 255-275.

Killus, D., & Tillmann, K.-J. (Hrsg.) (2011). *Der Blick der Eltern auf das deutsche Schulystem*. Paderborn: Waxmann.

Killus, D., & Tillmann, K.-J. (Hrsg.) (2014). *Eltern zwischen Erwartungen, Kritik und Engagement. Ein Trendbericht zu Schule und Bildungspolitik in Deutschland*. Paderborn: Waxmann.

Kuhl, J. (2013). *Auswertungsmanual für den Operanten Multi-Motiv-Test OMT*. Münster: Sonderpunkt.

Laireiter, A.-R. (Hrsg.) (1993). *Soziale Netzwerke und Soziale Unterstützung: Konzepte, Methoden und Ergebnisse*. Bern: Huber.

Lange, S., & Schimank, U. (2004). Governance und gesellschaftliche Integration. In: Lange, S., & Schimank, U. (Hrsg.), *Governance und gesellschaftliche Integration* (S. 9-46). Wiesbaden: VS.

Langer, R. (2011). Schüler/innen, Eltern und weitere Anspruchsgruppen. In: H. Altrichter & Ch. Helm (Hrsg.), *Akteure und Instrumente der Schulentwicklung* (S. 103-114). Baltmannsweiler/Zürich: Schneider Verlag Hohengehren/Pestalozzianum.

Limón, M. (2006). The domain generality–specificity of epistemological beliefs: A theoretical problem, a methodological problem or both? *International Journal of Educational Research*, 45, 7–27.

Lüders, C., & Meuser, M. (1997). Deutungsmusteranalyse. In: R. Hitzler & A. Honer (Hrsg.), *Sozialwissenschaftliche Hermeneutik* (S. 57-79). Opladen: Leske + Budrich.

Marsal, E. (2010). Subjektive Theorien: Ein empirisch-konstruktivistisches Paradigma mit Dialog-Konsens-Methodik. In: B. Friebertshäuser, A. Langer, & A. Prengel (Hrsg.), *Handbuch Qualitative Forschungsmethoden in der Erziehungswissenschaft* (S. 563-574). Weinheim: Juventa.

Müller, C. T. (2004). *Subjektive Theorien und handlungsleitende Kognitionen von Lehrern als Determinanten schulischer Lehr-Lern-Prozesse im Physikunterricht. Studien zum Physiklernen*. Berlin: Logos.

Müller, F. H., Hanfstingl, B., & Andreitz, I. (2007). *Skalen zur motivationalen Regulation beim Lernen von Schülerinnen und Schülern: Adaptierte und ergänzte Version des Academic Self-Regulation Questionnaire (SRQ-A) nach Ryan & Connell*. Wissenschaftliche Beiträge Nr. 1, Institut für Unterrichts- und Schulentwicklung der Alpen-Adria-Universität, Klagenfurt.

Müller-Using, S. (2013). Die Bedeutung der Werte-Bildung für die Professionalisierung angehender LehrerInnen. In: E. Naurath et al (Hrsg.), *Wie sich Werte bilden. Fachübergreifende und fachspezifische Werte-Bildung* (S. 63-78). Osnabrück: V&R.

OECD (2014). *TALIS 2013 Technical Report*. Abgerufen am 15.06.2016 unter: http://www.oecd.org/edu/school/TALIS-technical-report-2013.pdf.

Paseka, A. (2014). Elternbeteiligung auf Klassen- und Schulebene. In: D. Killus, & K.-J. Tillmann (Hrsg.), *Eltern zwischen Erwartungen, Kritik und Engagement. Ein Trendbericht zu Schule und Bildungspolitik in Deutschland* (S. 111-130). Paderborn: Waxmann.

Riedel, K. (1998). *Beiträge zur Schulentwicklung. Schulleiter urteilen über Schule in erweiterter Verantwortung*. Brühl: Luchterhand.

Reeve, J. (2002). Self-Determination Theory Applied to Educational Settings. In: E. L. Deci & R. M. Ryan (Eds.), *Handbook of Self-Determination Research* (S. 183–203). Rochester, NY: University of Rochester Press.

Reinmann-Rothmeier, G., & Mandl, H. (1997). Lehren im Erwachsenenalter. Auffassungen vom Lehren und Lernen, Prinzipien und Methoden. In: F. E. Weinert & H. Mandl (Hrsg.), *Enzyklopädie der Psychologie D/I/4. Psychologie der Erwachsenenbildung* (S. 355-403). Göttingen: Hogrefe.

Robinson, J. P., Shaver, Ph. R., & Wrightsman, L. S. (Hrsg.) (1991). *Measures of personality and social psychological attitudes*. San Diego: Academic Press.

Ryan, R. M., & Connell, J. P. (1989). Perceived locus of causality and internalization: Examining reasons for acting in two domains. *Journal of Personality and Social Psychology*, 57, 749-761.

Sacher, W. (2013). *Schwererreichbarkeit. Eine unüberwindliche Grenze der Elternarbeit? Pädagogik*, 65, 6-11.

Schimank, U. (2002). *Handeln und Strukturen. Einführung in die akteurtheoretische Soziologie*. Weinheim: Juventa.

Schröder, S., Richter, T., McElvany, N., Hachfeld, A., Baumert, J., Schnotz, W., et al. (2011). Teachers' beliefs, instructional behaviors, and students' engagement in learning from texts with instructional pictures. *Learning and Instruction* 21, 403-415.

Schütz, A. (1974; zuerst 1932). *Der sinnhafte Aufbau der sozialen Welt. Eine Einleitung in die verstehende Soziologie*. Frankfurt/Main: Suhrkamp.

Schwanenberg, J. (2015). *Elterliches Engagement im schulischen Kontext. Analyse der Formen und Motive*. Münster: Waxmann.

Seifried, J. (2009). *Unterricht aus der Sicht von Handelslehrern*. Frankfurt am Main: Peter Lang.

Trautwein, U., Lüdtke, O., Köller, O., & Baumert, J. (2006). Self-Esteem, Academic Self-Concept, and Achievement: How the Learning Environment Moderates the Dynamics of Self-Concept. *Journal of Educational Psychology*, 9(2), 334-349.

Uguroglu, M. E., & Walberg, H. J. (1979). Motivation and Achievement: A Quantitative Synthesis. *American Educational Research Journal*, 16(4), 375-389.

Van Driel, J. H., Bulte, A. M. W., & Verloop, N. (2007). *The relationships between teachers' general beliefs about teaching and learning and their domain specific curricular beliefs. Learning and Instruction, 17*, 156-171.

Zaborowski, K. U., Meier, M., & Breidenstein, G. (2011). *Leistungsbewertung und Unterricht. Ethnographische Studien zur Bewertungspraxis in Gymnasium und Sekundarschule*. Wiesbaden: VS.

Zimbardo, P. G., & Gerrig, R. J. (2004). *Psychologie*, 16. akt. Aufl. München: Springer.

Selektion inklusive?! Widersprüche bei der Umsetzung von Inklusion in der Schule

Brigitte Kottmann und Susanne Miller

1 Einleitung

Auch unter den Maßgaben eines angeblich inklusiven Schulsystems werden die Widersprüche, die sich aus den Funktionen von Schule nach Fend (2006, S. 51) ergeben, wonach Schule gleichzeitig sowohl eine Enkulturations- und Integrationsfunktion, als auch eine Qualifikations- und eine Allokationsfunktion innehat, keineswegs abgemildert, geschweige denn aufgelöst. Insbesondere die beiden letztgenannten lassen sich nur schwer gleichzeitig in der Schule umsetzen: Schule soll sowohl qualifizieren als auch selektieren, unter der Maßgabe von Inklusion jedoch alle Kinder ungeachtet ihres Geschlechts, ihrer Religion, ihrer Behinderung etc. individuell fördern. Amrhein (2014, S. 18) konkretisiert: „für den (...) Kontext eines integrativen / inklusiven Schulentwicklungsauftrags besteht eine Antinomie u.a. in der gleichzeitigen Orientierung an universalen Leistungsnormen (Alle müssen gleich behandelt und am gleichen Maßstab bewertet werden) und in den durch die Inklusion formulierten Ansprüchen eines jeden Individuums, als solches im Unterricht behandelt zu werden" (vgl. auch Wischer 2008). Nach dem strukturtheoretischen Ansatz von Helsper (1996) balancieren Lehrkräfte durch ihre Professionalität die antinomischen Anforderungen aus:

> „Das pädagogische Handeln des Lehrers wird im Sinne dieses strukturtheoretischen Professionalitätsbegriffs durchaus als professionelles Handeln mit eigenen Handlungsdilemmata verstanden (...). Allerdings weist es wesentliche Besonderheiten auf, die teils aus dem spezifischen Institutionalisierungsweg des Schulsystems, sei-

ner Staatsabhängigkeit und damit prekären professionellen Autonomie (…), teils aus
der Spezifik der Lehrtätigkeit selbst resultieren" (Helsper 1996, S. 529).

Derzeit werden insbesondere Lehrkräfte der allgemeinen Schule mit nahezu gren-
zenlosen normativen Ansprüchen konfrontiert, „individuelle Förderung" betreiben
zu sollen. Dabei wird häufig an ihre „richtige Haltung" appelliert, statt die strukturellen Rahmenbedingungen zu verändern. So lässt sich beispielsweise auch eine
deutliche Zunahme von empirischen Studien zum Thema Einstellung und Haltung von Studierenden und Lehrkräften beobachten. Die Inklusionsdebatte greift
jedoch zu kurz, wenn sie schwerpunktmäßig an die „richtigen" Einstellungen
und Haltungen der Lehrkräfte appelliert und dabei sämtliche organisations- und
professionstheoretischen Fragen und die „Wirkmächtigkeit der Struktur und Logik der Institution" (Trautmann & Wischer 2011, S. 113) vernachlässigt. Wischer
(2010, S. 29) konkretisiert diese Kritik:

> „Verweise auf die richtige Haltung sollten weder zu der Selbsttäuschung verführen,
> der Beruf ließe sich allein durch ‚Kinderliebe' bewältigen, noch sollten darüber die
> Grenzen des tatsächlich Machbaren wie auch die Grenzen der eigenen Belastbarkeit
> übersehen werden. Der Lehrerberuf ist nicht zuletzt deshalb so anspruchsvoll, weil
> hier institutionelle Anforderungen und pädagogische Ansprüche gleichzeitig zu be-
> rücksichtigen und in ein angemessenes Verhältnis zu setzen sind (…)".

Die widersprüchlichen Anforderungen z.B. durch die Einführung einheitlicher
Bildungsstandards, Vergleichsarbeiten und zentrale Abschlussprüfungen (bis hin
zum Grundschul-NC bei der Übergangsempfehlung) auf der einen Seite und die
Forderungen nach Inklusion und individueller Förderung der Schüler*innen auf
der anderen Seite sind insgesamt deutlich gewachsen. Hinzu kommt die Kritik
von Hänsel, wonach auch aus historischer Perspektive hinterfragt werden muss,
warum Kinder in die Zuständigkeit des sonderpädagogischen Systems bzw. der
entsprechenden Profession zwangswechseln und entsprechend etikettiert werden
müssen, um Unterstützung zu bekommen (vgl. Hänsel 2000, 2016).
    Unser Beitrag zeigt verschiedene ungelöste Widersprüche der schulischen In-
klusion auf, was damit zusammenhängt, dass es bisher weder eine Veränderung
der Konstruktionsprozesse gibt, die Kinder als „behindert" oder „sonderpädagogisch förder- bzw. unterstützungsbedürftig" festschreibt, noch dass grundlegende
Veränderungen in unserem auf Selektion angelegten Schulsystem umgesetzt sind,
d.h. sämtliche Selektionsmaßnahmen bestehen fort und die als „behindert" kate-
gorisierten Kinder verbleiben weiterhin in der Zuständigkeit des sonderpädagogischen Systems entweder an einer Förderschule oder an einer Regelschule. Es

ist nach wie vor ungeklärt, wie ein Nebeneinander von zielgleicher Beschulung (von Kindern ohne explizit diagnostizierten Förderbedarf) und zieldifferenter Beschulung (von Kindern mit einem diagnostizierten sonderpädagogischen Förderbedarf) stattfinden soll, wenn gleichzeitig die Selektions- und Allokationsfunktion von Schule durch Ziffernnoten oder Selektionsmaßnahmen wie Sitzenbleiben etc. praktiziert wird. Ebenso ist in diesem Kontext die generelle Frage des Übergangs nach der Klasse 4 nach wie vor ungeklärt. Zumal sich deutlich zeigt, dass die Inklusionsquoten in Deutschland sinken, je älter die Kinder werden (vgl. Klemm 2015): Im Schuljahr 2013/14 betrug der Inklusionsanteil in deutschen Kitas 67%, in Grundschulen 47%, in den Schulen der Sekundarstufe jedoch lediglich 30%: „Besonders auffällig: Von den Förderschülern in der Sekundarstufe lernt nur jeder Zehnte an Realschulen oder Gymnasien. Inklusion findet hauptsächlich an Hauptschulen und Gesamtschulen statt" (Klemm 2015, S. 6).

Am Beispiel der Zuweisung des sonderpädagogischen Förderbedarfs mit dem Förderschwerpunkt Lernen (SPF-L) lässt sich dieser Widerspruch, der letztendlich in massive Benachteiligungen mündet, besonders gut nachzeichnen. Dies soll hier nachfolgend erfolgen, indem die Gruppe der Kinder mit Lernschwierigkeiten quantitativ und qualitativ näher beschrieben und dabei die prinzipiellen Definitionsschwierigkeiten des Begriffs der Lernbehinderung bzw. der Lernschwierigkeit und ihrer Feststellung erörtert werden. Im empirischen Teil werden anschließend an konkreten Fällen von Grundschullehrkräften Entscheidungsstrategien nachgezeichnet, die sich in drei Muster gruppieren lassen.

Es erfolgt zunächst eine Betrachtung der aktuellen statistischen Daten, bevor der Begriff des sonderpädagogischen Förder- / Unterstützungsbedarfs auch in seiner historischen Dimension kritisch diskutiert wird, was auch im Hinblick auf eine Benachteiligung von Kindern aus bildungsfernen Familien relevant ist. Anschließend zeigt unser konkretes Forschungsprojekt, dass Grundschullehrkräfte sich bei der konkreten Frage, ob sie für ein Kind ein Verfahren zur möglichen Feststellung von sonderpädagogischen Förderbedarf beantragen, häufig in einem Entscheidungsdilemma zwischen Fördern und Selektieren befinden und die Existenz der Zwei-Gruppen-Theorie (vgl. Hinz 2002) sie nach wie vor in dieses Entscheidungsdilemma zwingt. Abschließend diskutieren wir mögliche Konsequenzen, die uns notwendig erscheinen, wenn die wegweisende und demokratisch so bedeutsame Idee der Inklusion nicht zu einer Worthülse und „altem Wein in neuen Schläuchen" verkommen soll.

▶   **Lesehinweise**
     Hänsel (2000 & 2016)
     Fend (2006)

Schattenübersetzung der UN-Behindertenrechtskonvention (http://
www.behindertenrechtskonvention.info/schattenuebersetzung-3678/
Klemm (2015)

2 Theoretische Zugänge

Entgegen der Intention der UN-Behindertenrechtskonvention (UN-BRK) ist aktuell bei der Analyse von statistischen Daten zu beobachten, dass die Zahl der Kinder an Förderschulen sich nicht signifikant verringert. Aktuelle Daten zeigen zwar einen Anstieg der Kinder mit SPF an den allgemeinen Schulen, dabei aber keine Verringerung an den Förderschulen. „Seit 2005 ist der Anteil der Schülerinnen und Schüler mit sonderpädagogischer Förderung in allgemeinen Schulen und Förderschulen von 5,7 % auf 7,0 % aller Schülerinnen und Schüler im Alter der Vollzeitschulpflicht gestiegen (Förderquote)" (KMK 2016, XIV). Klemm bilanziert, dass mittlerweile zwar 31,4% aller Kinder mit einem sonderpädagogischen Förderbedarf eine Regelschule besuchen, der Schüleranteil an Förderschulen jedoch kaum zurückgeht, so liegt die Exklusionsquote, d.h. der Anteil der Schüler*innen, die eine Förderschule besuchen konstant bei fast 5%, aktuell bei 4,7% (vgl. Klemm 2015, S. 5). Lisa Pfahl und Justin Powell (2016) sehen in der gleichzeitigen Zunahme von Segregation und Inklusion ein Paradox, was auf die institutionelle Logik des Bildungssystems zurückzuführen ist.

Dieser Missstand liegt jedoch auch am Etikettierungs-Ressourcen-Dilemma, wonach Lehrer*innen für eine zusätzliche Förderung eines Kindes nur dann Ressourcen bekommen, wenn sie das Kind zuvor als „sonderpädagogisch förderbedürftig" etikettieren (vgl. z.B. Wocken 1996, Hinz 1997) – einer Zuschreibung, die zudem dauerhaft als Etikett am Kind haften bleibt. Hier liegt unseres Erachtens bereits ein massiver Widerspruch darin, in einem inklusiven Schulsystem trotzdem an einer Etikettierung der Kinder festzuhalten.

Eine Auseinandersetzung mit dem Konstrukt „Sonderpädagogischer Förderbedarf" zeigt, dass eine grundsätzliche Problematik darin liegt, dass der Begriff suggeriert, man könne eine klare Unterscheidung von Kindern mit und ohne SPF treffen. Andreas Hinz bezeichnet diesen Missstand auch als Kritik an der „Zwei-Gruppen-Theorie" (vgl. 2002, S. 7), wonach es bei einer Zweiteilung der Gruppen bleibt – mit SPF und ohne, mit einer anderen professionellen Zuständigkeit, mit einer anderen Ressourcenverteilung, was dem Konzept von Inklusion widerspricht „als eine allgemeine Pädagogik, die es mit einer einzigen, untrennbar heterogenen Gruppe zu tun hat. In ihr sind unterschiedlichste Dimensionen von Heterogenität vorhanden: Verschiedene Geschlechterrollen, ethnische, sprachliche und kulturelle Hintergründe, religiöse und weltanschauliche Überzeugungen, Familienstrukturen, soziale Lagen sowie Fähigkeiten und Einschränkungen" (Hinz 2002, S. 7). Bereits Eberwein (1996) formulierte vor zwanzig Jahren, jedes Kind habe einen individuellen Förderbedarf, die Frage nach zusätzlichem oder besonderem Förderbedarf sei daher problematisch. Bleidick (1999), Hänsel (2000) und Schröder (2000) monierten die Tautologie der Definition, die besagt, dass *sonderpädagogischer Förderbedarf dort vorliegt, wo Kinder und Jugendliche sonderpädagogischer Förderung bedürfen.* Bei der Analyse von Gutachten zur Feststellung von sonderpädagogischem Förderbedarf hat sich gezeigt, dass es Benachteiligungsmuster gibt, wie das sozial benachteiligte Kind mit Migrationshintergrund, das bereits zu einem frühen Zeitpunkt und gegen den Willen seiner Eltern von der Grundschule zur Förderschule Lernen wechseln muss. Zudem sind in den Gutachten die Rolle und der Einfluss der Intelligenztestergebnisse wechselnd, sie werden für die eigene Argumentation jeweils passend interpretiert (vgl. Kottmann 2006).

Insbesondere bei der Gruppe der Kinder mit dem SPF-L kann von einer „Benachteiligung der Benachteiligten" gesprochen werden (vgl. Kottmann 2007). Diese Gruppe ist zudem deshalb so relevant, da es sich bei ihr um die größte Gruppe der Kinder mit einem SPF handelt (aktuell 40% aller Kinder mit einem SPF, vgl. KMK 2016), und diese Kinder und Jugendlichen zudem massiv von einer sozialen Benachteiligung betroffen sind. Bereits in den 1970er Jahren zeigte Begemann auf, dass der Förderschwerpunkt Lernen besonders eng mit einer sozialen Benachteiligung korreliert (vgl. Begemann 1971, Wocken 2000). Werning und Lütje-Klose (2012, S. 58f.) konstatieren für die Gruppe der sogenannten Lernbehinderten:

> „Seit Anfang 2000 sind wieder einige Studien durchgeführt worden, die deutlich machen, dass sich die soziale Lage der Schülerinnen und Schüler an Sonder-/ Förderschulen nicht wesentlich geändert hat (...). Förderschüler kommen weiterhin überwiegend aus armen, sozial benachteiligten Milieus. Insbesondere zwei Aspekte aber haben sich geändert: Aufgrund der gesellschaftlichen Entwicklung gibt es zum einen einen deutlichen Anstieg der Arbeitslosigkeit in den Familien. Zum anderen lässt sich eine deutliche Überrepräsentierung von Kindern mit Migrationshintergrund in Förderschulen nachweisen (...)".

Die enge Korrelation zwischen sozialer Benachteiligung und Lernbehinderung bzw. Lernschwierigkeit findet sich auch wieder in verschiedenen Erklärungsansätzen zur Lernbeeinträchtigung: die „soziale Randständigkeit", der „Etikettierungsansatz" und das „selektive Schulsystem" (vgl. Werning und Lütje-Klose 2012, S. 44f.). Als Ursachen werden demnach dem sozialen Umfeld des Kindes und den strukturellen Bedingungen des Systems eine bedeutsame Rolle zugeschrieben.

Die Definition einer „Lernbehinderung" wurde von Beginn an als unscharf kritisiert (vgl. Eberwein 1996). Kanter (1977, S. 35) formulierte beispielsweise eine Lernbehinderung sei eine „schwerwiegende, umfängliche und langdauernde Beeinträchtigung der Lernprozesse", wobei jedoch ungeklärt bleibt, wo die Grenzen von schwerwiegend, umfänglich und langdauernd jeweils liegen. Dieses birgt die Gefahr von Ermessensspielräumen und einer institutionellen Diskriminierung, worauf Gomolla und Radtke (2002) hingewiesen haben, da unscharfe Kriterien flexibel angewendet werden. Dies führt zu einer massiven Benachteiligung von bestimmten Kindergruppen, wie beispielsweise Kindern mit einem Migrationshintergrund. Auch das aktuelle Schulgesetz von NRW formuliert in der Ausbildungsordnung Sonderpädagogische Förderung (AO-SF), in der administrative Ablauf des Verfahrens zur Feststellung von SPF festgehalten ist: „Ein Bedarf an sonderpädagogischer Unterstützung im Förderschwerpunkt Lernen besteht, wenn die Lern- und Leistungsausfälle schwerwiegender, umfänglicher und langdauernder Art sind" (AO-SF 2014, § 4 (2), MSW NRW 2014b). Hier wird deutlich, dass sich weder an der Definition, noch an der Gefahr von Ermessensspielräumen etwas geändert hat, und die soziale Konstruktion einer Lernbehinderung bzw. eines Förderschwerpunkts Lernen erhalten bleibt.

Die Tragweite der Entscheidung wird zwar durch die u.E. euphemistische Begriffswandlung im nordrhein-westfälischen Schulgesetz 2014 von „sonderpädagogischer Förderung" zu „sonderpädagogischer Unterstützung" abzumildern versucht (vgl. MSW NRW 2014a), an den wirklichen Fakten ändert sich dadurch aber nichts. Deshalb halten wir an dem Begriff des sonderpädagogischem Förderbedarfs fest. Denn problematisch ist nicht nur die Zuweisung an sich, sondern auch die damit verbundenen geringen Zukunftsaussichten dieser Schüler*innen auf ein erfolgreiches berufliches und privates Leben. So ist die Rückschulungsquote von unter 3 % äußerst gering und 72,5 % von ihnen erwerben keinen Schulabschluss (vgl. KMK 2014, XXI). Empirische Studien stellen außerdem die Förderwirkung in Frage und belegen die nachgewiesenen negativen Leistungseffekte in der Förderschule Lernen (vgl. Wocken 2007). Mit der Etikettierung ist auch häufig ein Stigma für die Kinder und ihre Familien verbunden (vgl. Schumann 2007) und der Weg in die Armut quasi vorgezeichnet. Entsprechend finden sich hierfür sehr plakative Begriffe wie beispielsweise: „Die vergessenen Kinder" oder „Bildungskeller der Gesellschaft". Gerade weil an dieser Stelle eine besonders nachhaltige und folgenreiche Bildungsentscheidung getroffen wird (auch dann, wenn die Kinder in integrativen bzw. inklusiven Settings beschult werden), wiegt es besonders schwer, dass es nur wenige Untersuchungen darüber gibt, wie diese Zuweisung eigentlich genau erfolgt.

▶ **Lesehinweise**
Hinz (2002)
Kottmann (2006)
Gomolla und Radtke (2002)
Pfahl und Powell (2016)

3   Das Projekt: „Grundschullehrkräfte im Entscheidungsdilemma"

Mit dem hier präsentierten Forschungsprojekt möchten wir insbesondere den Entscheidungsspielraum von Grundschullehrkräften *im Vorfeld* der Entscheidung zur Meldung oder Nicht-Meldung näher ausleuchten (vgl. ausführlich Miller & Kottmann 2016). Ein Großteil der bisherigen Studien ist auf das konkrete Verfahren bezogen (vgl. z.B. Gomolla & Radtke 2002 sowie Kottmann 2006). Dabei ist das Verfahren zur Feststellung von SPF – anders als häufig behauptet – keine *unverbindliche* Überprüfung, da etwa 70-90 % der eröffneten Verfahren tatsächlich auch zur Feststellung des SPF führen (vgl. Kottmann 2006). Eine quantitative Fragebogenerhebung (vgl. Miller 2013) hat überdies gezeigt, dass über 90 % in NRW befragte Grund- (N=330) und Förderschullehrkräfte (N=220) eine Abschaffung der Förderschulen mit dem Schwerpunkt Lernen nicht befürworten. Auf die Frage „Was glauben Sie, trägt zur Selektion von Kindern bei, denen sonderpädagogischer Förderbedarf attestiert wird?" antworten über 90 % der Lehrkräfte, die Selektion sei auf allgemeine kognitive Schwierigkeiten und Leistungsschwächen in den Hauptfächern zurückführen. Familiäre oder schulsystembezogene Gründe erfahren demgegenüber eine sehr viel geringere Zustimmung, tendenziell ist sie bei den Grundschullehrkräften noch niedriger als bei den Förderschullehrkräften.

Im Mittelpunkt der hier vorgestellten qualitativen Studie stehen zwei Fragestellungen: Zum einen geht es darum, wie Grundschullehrkräfte sog. Risikokinder wahrnehmen und beschreiben, bei denen sie die Meldung zur Überprüfung eines SPF-L erwogen haben. Dabei geht es um die Identifikation der Varianz der verschiedenen leistungsnahen und leistungsfernen Kriterien und Merkmale am Beispiel konkreter Fälle von Kindern aus der eigenen Praxis. Zum zweiten geht es darum, welche Erklärungen aus der Sicht der Lehrkräfte ausschlaggebend waren, sich letztendlich für oder gegen die Eröffnung des Überprüfungsverfahrens entschieden zu haben. Dabei wird u.a. auch nach ihrer Einschätzung zum Förderort Förderschule, nach dem Verständnis vom SPF-L und nach der Einschätzung ihres eigenen Handlungsspielraumes in dem Prozess gefragt.

Als Datenbasis liegen insgesamt elf leitfadengestützte Interviews mit Grundschullehrkräften vor, die im Jahr 2012 und 2013 in einer nordrhein-westfälischen
Großstadt und in Brandenburg geführt wurden. In den Forschungskontext war
neben den Autorinnen auch Franziska Gauglitz eingebunden, die ihre Diplomarbeit zum Thema „Die Sicht von Grundschullehrkräften auf Kinder mit Lernbeeinträchtigungen aus einer intersektionalen Perspektive" (Gauglitz 2014) schrieb.
Die Fallauswahl wurde nach folgenden Kriterien getroffen: Eine mindestens
fünfjährige Berufspraxis der Interviewpartnerinnen (um die Wahrscheinlichkeit
zu steigern, in der eigenen Praxis mit der Entscheidung konfrontiert zu sein), die
Varianz unterschiedlicher Sozialstrukturen des Schuleinzugsgebiets und die Einbeziehung von Lernsettings sowohl mit als auch ohne gemeinsamem Lernens. In
den etwa einstündigen Interviews wurden die Lehrerinnen gebeten, konkret von
Kindern zu berichten, bei denen sie erwogen haben, ein Verfahren zur Feststellung von SPF mit Vermutung auf dem Förderschwerpunkt Lernen einzuleiten,
und sich letztendlich dafür oder dagegen entschieden haben. Unabhängig von den
Fallbeschreibungen interessierten außerdem die generellen Kriterien für die Entscheidung für oder gegen die Eröffnung des Verfahrens und die Definition für den
Förderbedarf Lernen, eine subjektive Einschätzung des Förderschulsystems und
die Praxis bzw. Leitidee des Kollegiums mit dem schulinternen Umgang mit den
Fragen rund um die Überprüfung des sonderpädagogischen Förderbedarfs.

Die Interviews wurden mittels der qualitativen Inhaltsanalyse ausgewertet und
fallvergleichend nach den verschiedenen Kategorien analysiert. Nachfolgend soll
ein Vergleich der Legitimation der Entscheidung über die Eröffnung des Verfahrens erfolgen. Dabei wurde in Anlehnung an Kelle & Kluge (1999, S. 75ff.) so vor-
gegangen, dass typische Strategien der Entscheidung auf der Basis von Gemeinsamkeiten und Unterschieden verschiedener Merkmale und ihrer Ausprägungen
herausgearbeitet wurden. Im Ergebnis finden sich dabei drei typische Erklärungsmuster und Strategien für den Umgang mit der Entscheidung, wobei die Typen
durchaus mehrdimensional sind. Auch wenn in der nachfolgenden Darstellung
jeweils eine Interviewpartnerin für eine typische Strategie steht, soll dies keineswegs als Typologie von Lehrkräften verstanden werden. In der Gesamtauswertung
der einzelnen Interviews stellen sich die Handlungsintentionen und Strategien
durchaus wesentlich komplexer und weniger eindeutig dar. Dennoch scheinen sich
mit der gefundenen Typologie in der Strategie, wie mit dieser Entscheidung umge-
gangen wird, Muster abzubilden, die im Sinne der Hypothesengenerierung weiter
untersucht werden müssten. Im Sinne der Anonymisierung wurden die Namen der
Interviewpartnerinnen vollständig verfremdet.

▶ **Lesehinweise**
Miller und Kottmann (2016)
Kelle und Kluge (1999)

4   Ergebnisse: Muster von Entscheidungsdilemmata

Zunächst zeigt sich bei der Analyse der beschriebenen Fälle und der Entscheidungen, die die Lehrkräfte getroffen haben, dass in der Regel keineswegs von einem Wunsch nach Entlastung die Rede sein kann, wie es häufig dargestellt wird. Die Lehrkräfte machen sich die Entscheidungen in der Regel schwer und wägen die möglichen Konsequenzen intensiv ab. Ihr Entscheidungsspielraum wird jedoch davon beeinflusst, wie sie die Kinder in einer leistungsbezogenen Perspektive sehen. Bei der Entscheidung fallen jedoch auch leistungsfernere Kriterien (wie Motivation, Arbeitshaltung, das soziale Umfeld des Kindes) ins Gewicht (vgl. Kottmann / Miller 2014).

Bei dem Versuch, die Entscheidungen der Lehrkräfte systematisch zu betrachten, erscheinen uns drei Muster als auffällig: Es handelt sich hierbei zum einen um Lehrerinnen, die das AO-SF-Verfahren einleiten, um damit eigene Grenzen der Förderung zu markieren und um zum vermeintlichen Wohle des Kindes zu agieren. Als zweites Muster erscheint uns eine eher zügige und unbefangenere Überprüfung von Kindern. Die Kinder befinden sich bereits in einem inklusiven oder integrierten Setting, hier geht es also primär darum, dem Kind den Platz in dem Setting zu sichern, es jedoch aus dem Druck einer zielgleichen Beschulung herauszuholen. Und drittens gibt es das Muster von Lehrkräften, die ein AO-SF möglichst vermeiden wollen, da sie eine eher kritische Sicht darauf haben und die negativen Konsequenzen für das Kind deutlich stärker gewichten als die vermeintlichen Vorteile.

Im Folgenden möchten wir mit einzelnen Interviewausschnitten von befragten Lehrerinnen die drei Entscheidungsmuster exemplarisch beschreiben.

Für das erste Muster: *Einleitung des AOSF als Markierung von Grenzen und zum vermeintlichen Wohle des Kindes*, wird deutlich, dass die befragten Grundschullehrkräfte die strukturellen Rahmenbedingungen der Grundschule mit einbeziehen. Sie betonen die Notwendigkeit der Qualifikationsfunktion von Schule bzw. den dadurch vorhandenen Druck, in einem bestimmten Zeitrahmen die vorgegebenen Lernziele bei den Kindern erreichen und bescheinigen zu müssen. Durch die mögliche Zuweisung eines SPF-L sehen sie die Chance, dass die Kinder an der Förderschule ohne Noten- und Leistungsdruck in kleinen Lerngruppen nach ihrem individuellen Lernrhythmus lernen können. Obwohl bei diesen Lehrkräften deutlich wird, dass sie im Vorfeld der Entscheidung teilweise sehr viel persönliche und didaktische Unterstützung für die Kinder geleistet haben und sie sich die Entscheidung keinesfalls leicht machen, wird doch auch erkennbar, dass sie prinzipiell die selektiven Maßnahmen nicht grundsätzlich in Frage stellen.

Zum ersten Typ gehört beispielsweise Frau Bartels, die an einer jahrgangsgemischten Grundschule in NRW unterrichtet. Sie beschreibt am Beispiel eines Mädchens die Grenzen der weiteren Beschulung an der Grundschule:

```
Frau Bartels: Ja, das war ein Mädchen, das war im letzten Schul-
jahr. Das war ein Mädchen mit Migrationshintergrund,
die schon vier Jahre in dieser Eingangsstufe ver-
bracht hat. (…) Ja, die hat also schon vier Jahre in
dieser Eingangsstufe verbracht und, ja, konnte nur
rudimentär lesen, also hatte die Lesefähigkeit, also
ja, so auf einem Niveau von einem Zweitklässlerkind,
und war auch eben, mit der Schriftsprache hatte sie
Schwierigkeiten, aber also auch in Mathematik. Also
es waren schon jetzt keine Teilleistungsgeschich-
ten, Störungen, sondern es war schon sehr, (…) ja,
sehr ausgedehnt einfach. Da kam auch ein bisschen
hinzu, dass sie einfach schon so viel älter war als
alle anderen, dass so mit der Zeit dann auch, ja,
Probleme eben vom Verhalten dazu kamen. Aber der
Grund war eben, dass sie also so, ich hätte sie so
nicht ins Vierte versetzen können. (Z. 42-53)
```

Bei dem geschilderten Fall wird deutlich, dass die Lehrerin aufgrund der schulischen Schwierigkeiten und der sogenannten Überalterung des Mädchens ein AO-SF als nicht vermeidbar sieht. Die zeitlichen Kapazitäten der Grundschule seien ausgeschöpft und das Mädchen werde die Lernziele des vierten Schuljahres vermutlich nicht in absehbarer Zeit erreichen. An diesem Beispiel wird deutlich, wie eng die Handlungsspielräume des Systems sind bzw. wahrgenommen werden. Die längere Verweildauer, die auch in pädagogischer Hinsicht häufig als sinnvolle, nicht-diskriminierende Differenzierungsmaßnahme gepriesen wird, gerät selbst an einer Schule mit einer langen Tradition im Umgang mit Heterogenität zu einer Art Bumerang. Die Mechanismen der institutionellen Diskriminierung werden hierdurch bestätigt. Auch diese Lehrerin sieht die prinzipiellen Möglichkeiten, Kinder mit Lernbeeinträchtigungen in der Grundschule zu fördern, sieht aber auch die Problematik unter den gegebenen Umständen, dass die Spannweite der Jahrgangsheterogenität nicht zu weit gefasst werden darf und sie am Ende die vorgegebenen Lernziele und Kompetenzen der jeweiligen Jahrgangsstufe überprüfen muss.

Insgesamt zeigen die Lehrerinnen dieses Entscheidungsmusters, dass sie Grenzen erstens auf der Ebene der Rahmenbedingungen im vorhandenen System sehen, wie eine beschränkte Wiederholbarkeit von Jahrgangsklassen, zweitens bezogen auf die konkrete Klassensituation, d.h. die Größe der Klasse und die Möglichkeit Klassen zeitweise in Doppelbesetzung zu unterrichten. Drittens kritisieren sie ihren nicht vorhandenen Handlungsspielraum, wenn sie konkret auf das Kind bezogen keine Lernfortschritte wahrnehmen. Teilweise wird der Besuch einer Förderschule eher positiv gesehen, weil hier die Rahmenbedingungen als besser oder entlastender für das Kind eingeschätzt werden. Gleichwohl machen die Lehrerinnen überwiegend deutlich, wie schwer ihnen die Entscheidung fällt bzw. gefallen ist. Diese Grenzen, die die Akteur*innen formulieren, sind als Mechanismen der institutionellen Diskriminierung zu deuten: „Die Praxis des Erziehens in Organisationen wird bestimmt von Organisationsstrukturen, materiellen und institutionellen Vorgaben, mit denen das jeweilige Personal umgehen muss" (Gomolla & Radtke 2002, S. 292). Auf die strukturellen Widersprüche und Rahmenbedingungen weisen die Lehrerinnen in ihren Begründungen sehr deutlich hin. Der Typ 1 zeigt aber auch, dass den Lehrerinnen trotz der markierten Grenzen, für die sie sich nicht verantwortlich zeichnen (müssen), die Entscheidung in den einzelnen Fällen sehr schwer fällt und sie sehr gründlich abwägen, was sie für das Kind am besten halten. Mit anderen Worten, die Entscheidungen scheinen tatsächlich in der durch die Funktionslogik des Schulsystems vorgegebene Antinomie zwischen Fördern und Selektion stattzufinden Damit sind sie weit entfernt von einem „leichtfertigen" Abschieben.

Das zweite Muster: *eine eher zügige und unbefangenere Überprüfung von Kindern, die sich bereits in einem inklusiven oder integrierten Setting befinden,* unterscheidet sich strukturell vom ersten, denn hier sind im Gegensatz zum ersten integrative bzw. inklusive Rahmenbedingungen bereits vorhanden. Die Erklärungsmuster der Lehrerinnen, die dem Typ 2 angehören, unterscheiden sich insofern vom Typ 1 und vom Typ 3, weil sie Entscheidungen, eine Überprüfung zu beantragen, scheinbar verhältnismäßig leicht nehmen. Sie sehen dabei vor allem den Vorteil der zusätzlichen Ressourcenzuweisung. Da sich die Lehrkräfte dieses Typs ausschließlich an Schulen mit gemeinsamem Unterricht befinden und die Kinder in der Regel auch bei einer späteren Zuweisung des SPF häufig an der Schule verbleiben können, sehen sie kaum negative Konsequenzen. In der pädagogischen Haltung zum Kind kommt eine große Zugewandtheit zum Ausdruck, die die individuelle Förderung und die Lernfortschritte ins Zentrum stellt. Auf einer systemischen Ebene wird an diesem Typ exemplifiziert, wie sich das sonderpädagogische System an der Regelschule selber erhält und ausbaut. Teilweise geht dies so weit, die ohnehin erfolgte Förderung durch den Antrag dokumentieren zu wollen, und dass die sonderpädagogischen Lehrkräfte selber den Antrag zur Eröffnung schreiben.

In dem Interview mit der Grundschullehrerin Frau Fischer wird beispielsweise die zusätzliche Ressourcenausstattung durch die Zuweisung des SPF positiv dargestellt. So berichtet sie von dem Schüler H., dessen Förderung „über ein gewisses Maß hinaus geht" (Z. 164f.). Er beansprucht eine besondere Förderung, er binde „so viel Arbeitskraft", dass das durch die Eröffnung des Verfahrens dokumentiert werden müsse.

> Frau Fischer: „Wir sind mit dem AOSF eigentlich immer recht schnell" (Z. 317). „(…) Das ist speziell im GU, im Gemeinsamen Unterricht, eine andere Situation, weil wir ja ohnehin Kinder mit Förderbedarf haben. Wir starten ja meistens mit fünf Kindern, weil wir immer schon damit rechnen, dass noch eines dazu kommt aus der eigenen Klassengemeinschaft." (Z.320-323)

Die Befreiung vom Druck und die Eröffnung von Handlungsspielräumen für eine zieldifferente Differenzierung, d.h. konkret die Möglichkeit, ihn nicht mehr benoten zu müssen, verbunden mit einer angestrebten zusätzlichen Ressourcenausstattung, zeigen sich als charakteristisch für dieses Muster. Kritische oder problembezogene Wahrnehmungen bezüglich der Zuweisung werden dagegen kaum erwogen. Durch den Verbleib der Kinder an der eigenen Schule werden die Folgen für die Kinder scheinbar keineswegs mit einer Exklusion verbunden. Problematisch daran ist jedoch, dass für viele Kinder die Inklusion häufig mit dem Besuch der Grundschule endet, wie beispielsweise Klemm bilanziert:

> „Nach der Grundschule ist Inklusion oft noch ein Fremdwort. Unverändert gilt in Deutschland: Je höher die Bildungsstufe, desto geringer sind die Chancen auf Inklusion. Gemeinsames Lernen und Spielen ist in Kitas bereits weit verbreitet. Auch die Grundschulen nehmen immer mehr Förderschüler auf. Doch sobald Kinder mit und ohne Handicap eine weiterführende Schule besuchen, lernen sie in der Regel getrennt" (Klemm 2015, S. 6).

Beim Typ 2 werden neue Handlungsspielräume für einen zieldifferenten Unterricht gesehen und vor allem wird die zusätzliche Ressourcenausstattung betont, die in inklusiven Settings ohne äußere „Abschiebung" des Kindes erfolgt. Hier trifft explizit die Kritik von Hänsel (2000) zu, wonach die integrative Schule für diese Kinder insofern zur absurden Konstruktion wird, weil sie sie aussondert, um sie zu integrieren (vgl. S. 104). Außerdem bemerkt sie gerade für diesen Typ passend: „Indem Sonderpädagogen in der allgemeinen Schule tätig sind, wächst dort die Konstruktion von Behinderung, aber auch die Möglichkeit, noch mehr Kinder als behindert zu definieren." (Hänsel 2000, S. 106f.). Diese Einschätzung ist zwar auf die Integration bezogen, trifft aber – wie hier deutlich wird – auch unter den Rahmenbedingungen von Inklusion zu, zumindest dann, wenn es weiterhin eine individuelle Zuweisung von SPF gibt. Besonders augenscheinlich wird dieser Zusammenhang anhand der eingangs erwähnten statistischen Daten, die einen erheblichen Anstieg von sonderpädagogischen Förderbedarfen ausweisen und zudem deutliche Verschiebungen innerhalb der Förderschwerpunkte zeigen. Hierdurch werden das institutionelle Beibehalten und der Ausbau von Etikettierung gerade auch in Zeiten von Inklusion belegt. Die Entscheidungspraxis des hier vorgestellten Typs 2 zeigt exemplarisch, dass die Entscheidung gerade in inklusiven Settings für eine Überprüfung besonders leicht fällt und der Systemerhalt der Sonderpädagogik damit gerade durch die Inklusion besonders gut gesichert und erweitert wird.

Das dritte Muster: *eine explizit kritische Sicht auf die Einleitung eines AOSF* unterscheidet sich wiederum strukturell von den ersten beiden. Bei den Aussagen dieser Lehrkräfte kommt eine grundsätzlich kritische Haltung zur Zuweisung eines SPF- L zum Ausdruck. Auch die besondere bzw. bessere Förderwirkung der Förderschule wird von den Lehrkräften in Frage gestellt. Sie selber betonen bei den konkreten Fällen, bei denen sie über eine Eröffnung nachgedacht haben, ihre gute Beziehung zu den Schüler*innen und zumeist auch die positive Eingebundenheit in die Klasse. Bei den Kindern selber können sie auf der individuellen Ebene Lernfortschritte und -erfolge wahrnehmen. Der sozialen Bezugsnorm wird ein nicht so erheblicher Stellenwert beigemessen, indem hierauf nur selten rekurriert wird. Bei den Lehrerinnen dieses Typs werden jedoch auch günstige Rahmenbedingungen geschildert, die möglicherweise auch ihre Haltung unterstützen. Dies kann eine kleine Klassengröße sein oder die kollegiale Unterstützung an der Schule, möglicherweise auch eine eigene Zusatzqualifikation im Bereich der Sonderpädagogik, die in gewisser Hinsicht zur Absicherung der kritischen Haltung dient.

Die Lehrerin Frau Dettmer entspricht in ihren Begründungsmustern dem Typ 3. Sie hat 35 Jahre Berufserfahrung und ist Schulleiterin an einer Grundschule in Brandenburg. Sie hat eine sonderpädagogische Zusatzqualifikation erworben und zeigt eine eher kritische Haltung, was an den folgenden Zitaten exemplarisch deutlich wird:

Frau Dettmer: „Und von daher, also sehe ich es wirklich, dass Schule ja verdammt nochmal, wenn es das nicht geben würde (das ist immer so meins), ja, diesen Begriff,

dann würde es die Kinder auch nicht geben." (Z. 746-
748) „… also ich würde das wegnehmen, ja also das
würde für mich nicht mehr stattfinden ja (und das
weil wenn man mal) in andere Länder guckt, da ist
das auch nicht." (Z. 920-921)

Danach gefragt, welche Rolle sie selber der Institution Schule beim Zustandekommen einer Lernbeeinträchtigung zuschreibt, setzt sie sowohl beim Menschenbild
als auch bei der sozialen Konstruktion an. Dabei geht sie davon aus, dass wenn
in der Schule ein kompetenz- und entwicklungsorientiertes Menschenbild präsent
wäre, die Kinder bessere Chancen hätten. Sie sieht einen großen Eigenanteil der
Schule bei der Herstellung von Lernbeeinträchtigungen und zeigt eine kritische
Einschätzung gegenüber der Förderschule. Auf die Frage, was sie sich in Bezug
auf Kinder mit Lernschwierigkeiten wünschen würde, antwortet Frau Dettmer,
dass sie die Zuweisung an sich schon gar nicht mehr vornehmen würde, sie brauche den Begriff, die Diagnostik und die Versetzungsregelungen überhaupt nicht.
Sie benennt auch die statistischen Zusammenhänge und fragt: „Wo kommen die
Lernbehinderten her?" (Z. 903f.). Entweder seien es Kinder oder Familien mit
Migrationshintergrund oder aus „Familien mit schlechten sozio-ökonomischen
Hintergrund" oder aus alleinerziehenden Familien – das sei missachtend (vgl. Z.
905-909). Ebenso kritisiert sie den deutschen Sonderweg der Etikettierung und
selektiven Beschulung beim SPF-L. Typisch für diesen Typ ist der Schwerpunkt
auf den individuellen Lernfortschritten der Kinder, die deutlich kritische Sicht auf
den SPF-L, dessen soziale Konstruktion reflektiert wird, das In-Frage-stellen der
positiven Wirkung der Förderschule. Der dritte Typ repräsentiert somit eine kritische Sicht auf die Einleitung eines AOSF. Hier legen die Lehrer*innen einen deut-
lichen Schwerpunkt auf die individuellen Lernfortschritte der Kinder. Sie betonen
die soziale Konstruktion von SPF-L und stellen deutlich die positive Wirkung der
Förderschule in Frage. Zum Teil wird diese Position gerahmt von theoretischen
Kenntnissen zum Zusammenhang vom Förderschwerpunkt Lernen und sozialer
Benachteiligung, was als deutlicher Appell an die Lehreraus- und -fortbildung verstanden werden muss. Dieser Typ zeigt, dass der Anspruch der Grundschule als
„Schule für alle Kinder" im professionellen Selbstverständnis der Grundschullehrer*innen bereits klar verankert ist, und eine „Kultur des Behaltens" bereits
vorhanden ist.

5   Diskussion

Die drei aufgezeigten Entscheidungsmuster zeigen jeweils unterschiedliche Vorgehensweisen und Differenzlinien auf: Insgesamt dürfen bei der Analyse und Diskussion allerdings Fragen der Struktur, des Systems und der im System tätigen
Professionen, Fragen zu den antinomischen Anforderungen, die mit den Funktionen von Schule verknüpft sind, nicht vernachlässigt werden. So weisen auch
Lehrerinnen, die hier eher dem Typ 1 zugeordnet sind, Strategien vom Typ 3 auf.
Gleichwohl zeigen der Typ 2 und die statistischen Daten, dass die Grundschulpädagogik aber an einer kritischen Auseinandersetzung mit der Sonderpädagogik, die
aktuell in ihrer Institution fest verankert wird, nicht vorbei kommen darf.

Da das Problem u.E. aber weniger auf der Akteursebene liegt, ist nach den
schulstrukturellen Rahmenbedingungen zu fragen. Dabei stellt sich die Frage nach
dem Festhalten an der Zwei-Gruppen-Theorie und an Feststellungs- bzw. Etikettie-
rungsverfahren im Rahmen von SPF und somit an der Herstellung von Bildungsungleichheit durch die Schule. Die empirische Bildungsforschung hat die sog. sekundären Herkunftseffekte, also die Effekte, die unabhängig von den erbrachten
Leistungen auf die herkunftsbedingten Bildungsentscheidungen der Eltern oder
auch der Schule und die in ihr tätigen Lehrkräfte zurückzuführen sind, zumeist
am Übergang zwischen der Grundschule und der Sekundarstufe I nachgewiesen.
Bereits in den 1960er und 70er Jahren wurden im Rahmen der schichtspezifischen
Sozialisationsforschung (Rolff 1967) und der Habitustheorie von Bourdieu (1982)
Erklärungsmodelle entwickelt, die versuchten, den schulischen Entstehungspro-
zess der Bildungsbenachteiligung nachzuweisen. Nachgewiesen wurden Lehrer-
erwartungseffekte, die eine systematische nachteilige Wahrnehmung von Kindern
aus unteren Sozialschichten sowohl bei den leistungsnahen als auch bei den leistungsfernen Fähigkeiten zeigten, die zu (ungewollten) Benachteiligungen führten
(vgl. Rolff 1967, Steinkamp 1967, Preuß 1970, Boudon 1974). Gomolla und Radtke konnten 2002 zeigen, wie unter den institutionellen Rahmenbedingungen der
Organisation Schule von der Einschulung bis zur Übergangsentscheidung in die
Sekundarstufe I auf sämtlichen Ebenen des Systems Normalitätsvorstellungen
dazu führen, dass Kinder mit Migrationshintergrund überproportional häufig von
Selektionsmaßnahmen betroffen sind. Sicherlich würden sich ähnliche Ergebnisse
auch bei Kindern aus sozio-ökonomisch benachteiligten Familien bestätigen.

An dieser Stelle muss aber auch der eingangs erwähnte Fokus auf die „richtige
Haltung" der Lehrkräfte hinterfragt werden, da sich Entscheidungsprozesse auch
wesentlich an den äußeren Rahmenbedingungen (wie Typ 1 und 2 zeigen) und
an dem Wissen über soziale Benachteiligungen festmacht. Urban und Gasterstädt
(2016) zeigen auf,

„dass Lehrkräfte weder die Kategorisierung von Schülerinnen und Schülern als behindert oder nicht behindert, noch eine Kategorisierung auf Basis der sonderpädagogischen Förderbedarfe als relevant für ihre Praxis betrachten. Die Differenzierung der Einstellung von Lehrkräften zu Integration oder Inklusion nach diesen Kategorisierungen ist daher fragwürdig. Um die für die Gestaltung inklusiver Settings relevanten Einstellungsobjekte zu identifizieren, bedarf es vorerst explorativer Studien, die die Herstellung von Differenzlinien in unterrichtlichen Interaktionen in den Blick nehmen und die Erforschung von handlungsrelevanten Einstellungen von Lehrkräften in sich inklusiv entwickelnden Settings ermöglichen. Andernfalls läuft die Forschung zu Einstellung Gefahr, zur Reproduktion von Kategorisierungen selektiver Schulsysteme beizutragen, indem sie zu argumentieren hilft, dass für einige Gruppen von Kindern Integration oder Inklusion nur schwerlich umsetzbar sei. Dabei machen die qualitativen Daten deutlich, dass Grenzen von Integration weder durch die individuellen Bedürfnisse der Schülerinnen und Schüler, sondern vielmehr durch die spezifischen Rahmenbedingungen gekennzeichnet sind" (Gasterstädt / Urban 2016, S. 63).

Spätestens seit der Veröffentlichung der „Pädagogik der Vielfalt" von Annedore Prengel (1993) ist in der Erziehungswissenschaft ein sehr breiter Diskurs um die Anerkennung von Heterogenität entstanden. Die gegenwärtigen Bemühungen um Inklusion und um individuelle Förderung sind in dieser Logik die konsequente Folge. In dem Mehrebenenmodell von Fend (vgl. 2006) werden aus schultheoretischer Sicht die Entscheidungen in einem systemischen Zusammenhang gesehen. Danach werden auf der Makro-, Meso- und Mikroebene des Bildungssystems jeweils Rahmenbedingungen vorgegeben, die antinomische Handlungsspielräume offen lassen, teilweise jedoch auch konkreten Handlungsdruck bei den Lehrkräften erzeugen. Einflussreich dabei sind auch die Behauptungen, dass die Kinder (durch die Zuweisung von SPF) Behinderte seien und von sonderpädagogischer Förderung profitieren würden bzw. die vermeintliche Notwendigkeit, nur durch Etikettierung zusätzliche Ressourcen für die Förderung erschließen zu können. Unverzichtbar ist in diesem Kontext deshalb auch ein Hinwenden zu *pädagogischer* Förderung ohne eine Etikettierung der Kinder. Hänsel (2016) kritisiert u.a. diesen Zusammenhang auch in historischer und professionstheoretischer Perspektive und formuliert:

„Indem an (…) Glaubenssätzen der Sonderpädagogik festgehalten, Inklusion als sonderpädagogische Förderung begriffen und mit utopischen Vorstellungen verknüpft wird, können die Strukturen des sonderpädagogischen Systems in Deutschland erhalten und sein Ausbau gesichert werden" (Hänsel 2016, S. 26).

▶ **Lesehinweise**
Streckeisen, Hänzi & Hungerbühler (2007)
Hänsel (2016)

6 Fazit / Ausblick

Der Titel unseres Beitrags: Selektion inklusive?! deutet auf ein massives struktu-relles Problem hin. Es zeigen sich viele Anschlussthemen für konkrete Qualifika-tionsarbeiten von Studierenden, wie Bachelor- oder Masterarbeiten. Thematisch bieten sich beispielsweise Einzelfallstudien zu Fragen sozialer Ungleichheit in der Schule oder zu Auswirkungen von Armut auf Grundschulkinder an. Möglich sind auch Analysen von Gutachten, Netzwerkanalysen von Kindern mit Lernbeein-trächtigungen oder Interviews mit Lehrkräften über die Wahrnehmung von be-troffenen Grundschulkindern bzw. mit einer Reflexion ihres Umgangs mit Antino-mien bzw. ihrer konkreten Entscheidungsprozesse. In diesem Kontext ist auch die Diplomarbeit von Franziska Gauglitz entstanden (vgl. Gauglitz 2014). Obwohl wir ein inklusives Schulsystem anstreben oder zumindest die Ratifizierung der UN-Konvention dies von uns erwartet, bleibt die Möglichkeit der Selektion gleichwohl bestehen bzw. weitet sich aktuell sogar aus, wie die Analyse der statistischen Daten zeigt. Stichweh (vgl. 2009, S. 23f.). bezeichnet dies als „Inkludierende Exklusion". Dabei bleibt die Widersprüchlichkeit von Selektion und Inklusion aber zu groß, als dass sie auf der individuellen Ebene des antinomischen Handelns von Lehr-kräften oder bei einem Appell an die richtige Einstellung belassen werden darf. Gerade vor dem Hintergrund der im Rahmen von Inklusion intensiv diskutierten Anforderungen und Erwartungen an die Grundschullehrkräfte und dem stetigen Verweis auf ihre Einstellungen und Haltungen und den dabei aber erstens lediglich marginalen Veränderungen in den konkreten Arbeitsbedingungen und Funktionen von Schule sowie zweitens dem Festhalten an der Etikettierung durch SPF und der damit unveränderten professionellen Zuständigkeit für die Kinder, zeigen die hier dargestellten Ergebnisse auf, wie schwierig der Umgang mit dem Entscheidungs-dilemma von Fördern und Selektion genau in diesem Bereich für Lehrer*innen ist. Es wird deutlich, mit welchen unterschiedlichen Deutungen sie argumentieren und mit welchen unterschiedlichen Entscheidungsstrategien sie agieren. Notwendig erscheint uns somit eine ehrliche Auseinandersetzung mit der Frage, warum Be-hinderung oder sonderpädagogischer Förderbedarf als wirkmächtigste Differenz-kategorie in der inklusiven Schule bestehen bleiben, dabei darf auch eine kritische Auseinandersetzung mit den „Glaubenssätzen der Sonderpädagogik" (vgl. Hänsel 2016), die historisch ihre vermeintliche Zuständigkeit für diese Gruppe der Kinder legitimieren will und die vermeintliche Überlegenheit in der Förderung der Kinder behauptet, nicht fehlen.

Literaturverzeichnis

Amrhein, B. (2014). *Am und im Widerspruch arbeiten. Wege aus dem professionellen Unbehagen in inklusiven Bildungsreformen.* In: Friedrich Jahresheft, Seelze S. 17-19

Begemann, E. (1971). *Die Bildungsfähigkeit der Hilfsschüler. Sozialkulturelle Benachteiligung und unterrichtliche Förderung.* Marhold, Berlin (2. Auflage).

Bleidick, U. (1999). *Behinderung als pädagogische Aufgabe. Behinderungsbegriff und behindertenpädagogische Theorie.* Kohlhammer, Stuttgart.

Boudon, R. (1974). *Education, Opportunity, and Social Inequality: Changing Prospects in Western Society.* New York: Wiley.

Bourdieu, P. (1982). *Die feinen Unterschiede. Kritik der gesellschaftlichen Urteilskraft.* Suhrkamp, Frankfurt/ Main.

Eberwein, H. (1996). Lernbehinderung – Faktum oder Konstrukt? Zum Begriff sowie zur Ursachen und Erscheinungsformen von Lern-Behinderung. In: Eberwein, Hans (Hrsg.): *Handbuch Lernen und Lern-Behinderungen.* Beltz, Weinheim und Basel 1996, S. 33-55

Fend, H. (2006). *Neue Theorie der Schule. Einführung in das Verstehen von Bildungssystemen.* Wiesbaden: VS Verlag für Sozialwissenschaften.

Gasterstädt, J./Urban, M. (2016). Einstellung zu Inklusion? Implikationen aus Sicht qualitativer Forschung im Kontext der Entwicklung inklusiver Schulen. In: *Empirische Sonderpädagogik* Heft 1, S. 56-65

Gauglitz, F. (2014). *Die Sicht von Grundschullehrkräften auf Kinder mit Lernbeeinträchtigungen aus einer intersektionalen Perspektive.* Diplomarbeit an der Fakultät für Erziehungswissenschaft, Universität Bielefeld.

Gomolla, M./Radtke, F.-O. (2002). *Institutionelle Diskriminierung. Die Herstellung ethnischer Differenz in der Schule.* Opladen: Leske und Budrich.

Hänsel, D. (2000). Integrative Schule – Zukunftsschule? In: Frommelt, B., Klemm, K., Rösner, E. & Tillmann, K.-J. (Hrsg.) *Schule am Ausgang des 20. Jahrhunderts.* Beltz, Weinheim und München, S. 93-111

Hänsel, D. (2016). Glaubenssätze der Sonderpädagogik in historischer Perspektive. In: *Behindertenpädagogik* Heft 1, S. 9-27

Helsper, W. (1996). Antinomien des Lehrerhandelns in modernisierten pädagogischen Kulturen. Paradoxe Verwendungsweisen von Autonomie und Selbstverantwortlichkeit. In: Combe, A. & Helsper, W. (Hrsg.): *Pädagogische Professionalität. Untersuchungen zum Typus pädagogischen Handelns.* Frankfurt/Main: Suhrkamp, S. 521-569

Hinz, A. (1997). „Integrative Diagnostik" zwischen Ressourcenbeschaffung und Verstehensprozessen. In: Meißner, K. (Hrsg.): *Integration – Schulentwicklung durch integrative Erziehung.* Berlin, S. 159-169

Hinz, A. (2002). Von der Integration zur Inklusion – terminologisches Spiel oder konzeptionelle Weiterentwicklung? In: *Zeitschrift für Heilpädagogik* 53, 2002, 354-361

Kanter, G. (1977). Lernbehinderungen und die Personengruppe der Lernbehinderten. In: Kanter, G./Speck, O. (Hrsg.): *Pädagogik der Lernbehinderten*. (Handbuch der Sonderpädagogik, Band 4). Berlin, S. 34-64

Kelle, U./Kluge, S. (1999). *Vom Einzelfall zum Typus. Fallvergleich und Fallkontrastierung in der qualitativen Sozialforschung*. Leske und Budrich, Opladen.

Klemm, K. (2015). *Inklusion in Deutschland, Daten und Fakten*. Bertelsmann-Stiftung, Gütersloh.

KMK (2016). Sekretariat der Ständigen Konferenz der Kultusminister der Länder in der Bundesrepublik Deutschland (Hrsg.): *Sonderpädagogische Förderung in Schulen 2005 bis 2014. Statistische Veröffentlichungen der Kultusministerkonferenz, Dokumentation Nr. 210* – Februar 2016. Unter: https://www.kmk.org/fileadmin/Dateien/pdf/Statistik/ Dokumentationen/Dok_210_SoPae_2014.pdf

Kottmann, B. (2006). *Selektion in die Sonderschule. Das Verfahren zur Feststellung von sonderpädagogischem Förderbedarf als Gegenstand empirischer Forschung*. Bad Heilbrunn: Klinkhardt.

Kottmann, B. (2007). Die Feststellung von sonderpädagogischem Förderbedarf: Benachteiligung der Benachteiligten. In: Demmer-Dieckmann, I./Textor, A. (Hrsg.): *Integrationsforschung und Bildungspolitik im Dialog*. Klinkhardt, Bad Heilbrunn, S. 99-108

Kottmann, B./Miller, S. (2014). Grundschullehrkräfte im Entscheidungsdilemma zwischen Fördern und Selektieren. In: Kopp, B., Martschinke, S., Munser-Kiefer, M., Haider, M., Kirschhock, E., Ranger, G. & Renner, G. (Hrsg.): *Individuelle Förderung und Lernen in der Gemeinschaft. Jahrbuch Grundschulforschung*, Bd. 17, VS Verlag, Wiesbaden, S. 218-221

Kottmann, B./Miller, S. (2016). „Und dann war das auch noch so ein kleines, zartes Persönchen": Grundschullehrkräfte im Entscheidungsdilemma zwischen Fördern und Selektieren. In: Amrhein, Bettina (Hrsg.): *Diagnostik im Kontext inklusiver Bildung*. Klinkhardt, Bad Heilbrunn, S. 154-167

Miller, S. (2012). Die Herstellung von Bildungsungleichheit durch die Schule. Grundschullehrerinnen und Grundschullehrer als Akteure. In: Braches-Chyrek, R., Lenz, G. & Kammermeier, B. (Hrsg.): *Soziale Arbeit und Schule. Im Spannungsfeld von Erziehung und Bildung*. Opladen: Barbara Budrich, S. 95-115

Miller, S. (2013). Die Sicht der Lehrkräfte auf Heterogenität. Ergebnisse einer quantitativen Erhebung in NRW. In: Jürgens, E./Miller, S. (Hrsg.): *Ungleichheit in der Gesellschaft und Ungleichheit in der Schule. Eine interdisziplinäre Sicht auf Inklusions- und Exklusionsprozesse*. Weinheim und Basel: Juventa. S. 235-251

Miller, S./Kottmann. B. (2016). Kinder mit Lernschwierigkeiten in der Grundschule – Lehrkräfte im Entscheidungsdilemma zwischen Fördern und Selektieren. In: Diehm I., Kuhn M. & Machold C. (Hrsg.): *Differenz – Ungleichheit – Erziehungswissenschaft. Verhältnisbestimmungen im (Inter-)Disziplinären*. Wiesbaden: Springer VS. (im Druck)

Ministerium für Schule und Weiterbildung des Landes NRW (2014a). *Auf dem Weg zur inklusiven Schule in NRW. Das „Erste Gesetz zur Umsetzung der VN-Behindertenrechtskonvention in den Schulen" (9. Schulrechtsänderungsgesetz) und begleitende Maßnahmen*. Unter: http://www.schulministerium.nrw.de/docs/Schulsystem /Inklusion/ Praesentation-Auf-dem-Weg-zur-inklusiven-Schule-in-NRW-April-2014.pdf

Ministerium für Schule und Weiterbildung des Landes NRW (2014b). *Achte Verordnung zur Änderung der Ausbildungsordnung sonderpädagogischer Förderung (AO-SF) 2014*.

Unter: http://www.landtag.nrw.de/portal/www/dokumente/archiv/Dokument/MMV16-2200.pdf

Preuß, O. (1970). *Soziale Herkunft und die Ungleichheit der Bildungschancen.* Weinheim: Beltz.

Rolff, H.-G. (1967). *Sozialisation und Auslese durch die Schule.* Juventa, Weinheim & München.

Pfahl, L./Powell, J. (2016). „Ich hoffe sehr, sehr stark, dass meine Kinder mal eine normale Schule besuchen können." Pädagogische Klassifikationen und ihre Folgen für die (Selbst-) Positionierung von Schüler/innen. In: *Zeitschrift für Pädagogik,* Beiheft 62, S. 58-74

Prengel, A. (1993). *Pädagogik der Vielfalt. Verschiedenheit und Gleichberechtigung in Interkultureller, Feministischer und Integrativer Pädagogik.* Opladen, Leske und Budrich.

Schröder, U. (2000). *Lernbehindertenpädagogik. Grundlagen und Perspektiven sonderpädagogischer Lernhilfe.* Kohlhammer, Stuttgart.

Schumann, B. (2007). *Ich schäme mich ja so. Die Sonderschule für Lernbehinderte als Schonraumfalle.* Klinkhardt, Bad Heilbrunn.

Steinkamp, G. (1967). Die Rolle des Volksschullehrers im schulischen Selektionsprozess. In: Ingenkamp, K. (Hrsg.): *Die Fragwürdigkeit der Zensurengebung.* Weinheim, Beltz, S. 256-276

Stichweh, R. (2009). Leitgesichtspunkte einer Soziologie der Inklusion und Exklusion. In: Stichweh, R./Windolf, P. (Hrsg.): *Inklusion und Exklusion. Analysen zur Sozialstruktur und sozialen Ungleichheit.* VS-Verlag Wiesbaden, S. 29-42

Streckeisen, U., Hänzi, D., Hungerbühler, A. (2007). *Fördern und Auslesen. Deutungsmuster von Lehrpersonen zu einem beruflichen Dilemma.* VS-Verlag, Wiesbaden

Trautmann, M. & Wischer, B. (2011). *Heterogenität in der Schule. Eine kritische Einführung.* VS-Verlag, Wiesbaden.

Werning R., Lütje-Klose B. (2012). *Einführung in die Pädagogik bei Lernbeeinträchtigungen.* 3. Aufl. Reinhardt, München.

Wischer, B. (2008). „Binnendifferenzierung ist ein Wort für das schlechte Gewissen des Lehrers". In: *Erziehung & Unterricht, Schwerpunktheft: Aspekte der Unterrichtsqualitätssicherung.* Wien, S. 714-722

Wischer, B. (2010). Alles eine Frage der richtigen Einstellung? Pädagogisches Ethos und die Widersprüche des Lehrerhandelns. In: Feindt, A., Klaffke, T., Röbe, E., Rothland, M., Terhart, E. & Tillmann, K.-J. (Hg.): *Lehrerarbeit Lehrer sein.* Friedrich Jahresheft, Seelze, S. 26-29

Wocken, H. (1996). Sonderpädagogischer Förderbedarf als systemischer Begriff. In: *Sonderpädagogik 26/ 1,* S. 34-38

Wocken, H. (2000). Leistung, Intelligenz und Soziallage von Schülern mit Lernbehinderungen. Vergleichende Untersuchungen an Förderschulen in Hamburg. In: *Zeitschrift für Heilpädagogik 51/12,* S. 492-503

Wocken, H. (2007). Fördert Förderschule? Eine empirische Rundreise durch Schulen für optimale Förderung. In: Demmer-Dieckmann, I./Textor, A. (Hrsg.): *Integrationsforschung und Bildungspolitik im Dialog.* Bad Heilbrunn: Klinkhardt, S. 35-60

„Win, win, win."

Orientierungsmuster von Lehrkräften zur individuellen Förderung von Schüler*innen in heterogenen Lerngruppen

Nicole Miceli

1   Einleitung

Das Thema individuelle Förderung wird beispielsweise im Zusammenhang mit den Themen Inklusion, Ganztagsschulen, jahrgangsübergreifendes Lernen, der Einführung von Gesamt- und/oder Gemeinschaftsschulen sowie ganz allgemein Heterogenität betrachtet. Gemeinsam ist diesen Diskursen, dass sie auf die Verschiedenheit der Schüler*innen und die Förderung der individuellen Lernprozesse Bezug nehmen. Auch wenn bereits früher über die Schwierigkeit diskutiert wurde, allen Kindern im Rahmen des gleichen Unterrichts, unter den gleichen Bedingungen und mit dem gleichen Ziel den Unterrichtsstoff zu vermitteln (Bönsch 2009), ist die Forderung nach einem differenzierenden und individuellen Unterricht durch das schlechte Abschneiden deutscher Schüler*innen bei internationalen Vergleichstests, wie beispielsweise PISA, heute noch stärker in den Blick geraten (vgl. Kunze 2012, S. 15f.). Als Reaktion darauf, sind bildungspolitisch verschiedene Reformen in die Wege geleitet worden, wie beispielsweise die Einführung von Bildungsstandards, der verstärkte Ausbau von Ganztagsschulen und von Schulen mit einer höheren schulischen (Gestaltungs-)Autonomie. Im Fokus stehen dabei zumeist Maßnahmen, die auf einen steigenden Output abzielen. Studien zeigen jedoch, dass für die Umsetzung der individuellen Förderung die Einstellungen und

Orientierungen der Lehrkräfte von hoher Relevanz sind, da sie das Handeln explizit und implizit beeinflussen (Graumann 2002). Daher stellt sich auf der Mikroebene die Frage, was Lehrkräfte als gewinnbringend im Umgang mit heterogenen
Lerngruppen empfinden und wie sie mit diesen – durch übergeordnete Instanzen
initiierten – Reformen umgehen. Diesen Fragen soll in diesem Beitrag nachgegangen werden. Zunächst werden verschiedene theoretische Zugänge beleuchtet,
bevor anschließend basierend auf dem Transkript einer Gruppendiskussion mit
Lehrkräften deren Orientierungsmuster hinsichtlich der individuellen Förderung
von Schüler*innen exemplarisch rekonstruiert und eingeordnet werden.

▶ **Lesehinweise**
Sturm (2013)
Prengel (2006)
Bräu und Schwerdt (2005)

2   Theoretische Zugänge

Die Frage, was unter individueller Förderung genau zu verstehen ist, ist nicht einfach zu beantworten. Ein Blick in die Fachliteratur zeigt, dass es unterschiedliche
Auffassungen davon gibt, was individuelle Förderung ausmacht (vgl. Solzbacher/
Behrensen 2013, S. 164). Eine Definition, die verschiedene Aspekte umfasst, liefern Solzbacher/Behrensen (2013):

> „Unter individueller Förderung in der Schule verstehen wir alle pädagogischen
> Handlungen, die mit der Intension erfolgen, die Begabungsentwicklung und das Ler-
> nen jedes einzelnen Kindes zu unterstützen, unter Aufdeckung und Berücksichti-
> gung seines je spezifischen Potentials, seine je spezifischen (Lern-)Voraussetzungen,
> (Lern-)Bedürfnisse, (Lern-)Wege, (Lern-)Ziele und (Lern-)Möglichkeiten. Dabei
> kommt der professionellen pädagogischen Beziehung besondere Bedeutung zu, weil
> sie die Basis bietet für die feinfühlige Auswahl und Anwendung individuell geeigne-
> ter Methoden und Instrumente" (Solzbacher/Behrensen 2013, S. 164).

Die Definition zeigt das Verständnis, dass bei der individuellen Förderung der
Schüler oder die Schülerin mit all seinen/ihren Bedürfnissen als Ganzes betrachtet
wird. Wird dies auf die Gestaltung des Unterrichts bezogen, können beispielsweise lerntheoretische und didaktische Perspektiven herangezogen werden. Exemplarisch sei hier auf den Konstruktivismus verwiesen. Konstruktivistische (Lern-)

Theorien gehen davon aus, dass Lernen – zumindest in Teilen – ein subjektiver Prozess ist[1] (vgl. Jank/Meyer 2009, S. 286ff., Dubs 1995, S. 894f.):

> „Der Mensch – und damit der Lernende – wird als Subjekt gesehen, das eine individuelle Geschichte hat, eigene Weltdeutungen und Sinnkonstruktionen aufbaut, daran bei Verunsicherungen anknüpft, aktiv lernfähig ist und in diesem Prozess Identität entwickelt" (Bräu 2005, S. 133).

Anknüpfungspunkte für einen konstruktivistisch ausgerichteten Unterricht lassen sich u.a. im Offenen Unterricht (Bohl/Kucharz 2010; Peschel 2012 a+b), in einem stark binnendifferenzierten Unterricht (Bönsch 2009) oder auch in der bildungstheoretischen und kritisch-konstruktiven Didaktik nach Klafki (2007) finden.

Neben den didaktischen Fragestellungen sind laut Graumann (2002) die Einstellungen der Lehrkräfte ein zentraler Faktor bei der Gestaltung eines individuell fördernden Unterrichts in heterogenen Lerngruppen:

> „Handlung erwächst aus expliziten und impliziten Denkweisen, Einstellungen, Vorurteilen, durch die sie bestimmt wird. Für welche Organisationsform und für welche methodischen Konzeptionen ich mich als Pädagogin entscheide hängt von diesen Einstellungen ab" (Graumann 2002, S. 228).

Daran anknüpfend formuliert sie das Fazit, dass es bei der Implementierung eines Unterrichts für heterogene Lerngruppen weniger um didaktische Konzepte, als vielmehr um die Einstellung der Lehrkräfte – von einer negativen Ausrichtung in Hinblick auf Heterogenität, hin zu der Wahrnehmung von Heterogenität als Chance – gehen müsse (vgl. Graumann 2002, S. 228). Die empirischen Befunde zu dieser Thematik sind bisher jedoch eher gering. Trautmann/Wischer (2011) verweisen u.a. auf die TIMS-Studie von 1997, die als erste Studie zu dieser Thematik gilt. In dieser Studie wurden die Unterschiede in der Begabung und Leistung der Schüler*innen von 55% der befragten Lehrer*innen als starke Berufserschwernis eingeschätzt (vgl. Trautmann/Wischer 2011, S. 109). Eine weitere Studie, die sich mit den Einstellungen der Lehrkräfte auseinandergesetzt hat, stammt von Solzbacher (2012). Sie definiert basierend auf einer quantitativ und qualitativ ausgerichteten

---

1   Während der radikale Konstruktivismus davon ausgeht, dass Lernen ausschließlich selbstgesteuert möglich ist, geht der gemäßigte Konstruktivismus von einem interaktiven Prozess aus, bei dem selbstgesteuertes Lernen durch den Austausch und die Interaktion mit Anderen beispielsweise der Lehrkraft ergänzt wird (vgl. Dubs 1995, S. 894f.).

Studie, die sich mit den Einstellungen der Lehrkräfte zu individueller Förderung beschäftigt, drei Lehrer*innen-Typen[2]:

1. Der „Leistungs-Typ", der sich an den unterschiedlichen Leistungsniveaus der Schüler*innen orientiert und die Förderung dahingehend ausrichtet, dass sie die schulischen Anforderungen bestmöglich erfüllen (vgl. Solzbacher 2012, S. 39).

2. Der „Persönlichkeits-Typ", der die individuelle Förderung an der Persönlichkeitsförderung einzelner Schüler*innen orientiert. Dahinter steht ein Menschenbild, bei dem die Würde und die individuelle Entwicklung der Schüler*innen im Vordergrund stehen. Dabei geht es nicht (ausschließlich) um die Steigerung der Leistung, sondern vielmehr um Aspekte wie Selbstbewusstsein und Motivation (vgl. Solzbacher 2012, S. 40).

3. Der „Misch-Typ" wechselt zwischen der Orientierung an Leistungen und der Orientierung an der Persönlichkeitsentwicklung. Beide Aspekte werden in den Blick genommen und miteinander verknüpft (vgl. Solzbacher 2012, S. 40f.).

Die Ergebnisse der quantitativen Teilstudie zeigen, dass „75 % der Lehrkräfte in den Hauptschulen und in den Gymnasien sowie 50 % der Realschullehrer" (Solzbacher 2012, S. 28) eine zunehmende Wichtigkeit der individuellen Förderung betonen und positive Merkmale damit verbinden. Gleichzeitig werden damit jedoch auch viele negative Faktoren wie z.B. „Überforderung, Belastung, Zumutung, ja sogar Widerwille" (ebd., S. 29) gesehen. Dieses Ergebnis zeigt, dass die Lehrkräfte ein Spannungsfeld zwischen positiven und negativen Effekten der individuellen Förderung wahrnehmen.

Eine Herausforderung sieht Breidenstein (2014) dabei auch in den Strukturen der Institution Schule. Er verweist auf die Problematik des individualisierenden Unterrichts, „dass einer Vielzahl individueller Arbeitsprozesse, Fragen und Problemlagen begrenzte Kapazitäten der Lehrkraft gegenüberstehen" (ebd., S. 38). In seiner ethnografischen Studie untersucht er daher, wie die Lehrkräfte mit der knappen Ressource Zeit umgehen, um allen Schüler*innen gerecht zu werden. Er identifiziert dabei vier verschiedene Lösungstypen: „Die Warteschlange, die Lehrperson als `mobiles Einsatzkommando`, ein System des „Anklammerns" und Wartens sowie die Vervielfältigung der Helferinnen" (ebd., S. 38, Hervorhebungen im Original).

Eine Möglichkeit, wie die Herausforderung der begrenzten Ressourcen bewältigt werden kann, ist die Zusammenarbeit in Teams. Hansen/Lotz/Schelle (2000)

---

2   Bei den vorgestellten Typen handelt es sich um Idealtypen. In der Praxis kommen darüber hinaus auch weitere Typen und Mischformen vor (vgl. Solzbacher 2012, S. 39).

weisen darauf hin, dass im „Zuge der Veränderung von Unterricht an einzelnen
Schulen [...] Kooperationsformen in den Kollegien zunehmend an Bedeutung [ge-
winnen]" (ebd., S. 79). Dabei sind der gemeinsame Austausch und die Absprache
von besonderer Bedeutung, um einen gelingenden Unterricht zu planen (vgl. ebd.,
S. 83). Insbesondere im inklusiven Unterricht ist die Zusammenarbeit auch in interdisziplinären Teams häufig. Unter anderem auch durch die Akkumulation des
Wissens und eine Beobachtung der Schüler*innen aus verschiedenen Perspektiven
ist es möglich, die individuelle Förderung erfolgreicher umzusetzen (vgl. Reich
2014, S. 91). Wenngleich sich der direkte Zusammenhang von einer Kooperation
der Lehrkräfte und der Effektivität der Lernprozesse von Schüler*innen kaum
nachweisen lässt, kommt Aldorf (2016) zu dem Schluss:

> „Die Relevanz von Lehrerkooperation in Bezug auf die Effektivität von Schulen
> lässt sich dahingehend zusammenfassen, dass die Kooperation von Lehrkräften eine
> Variable darstellt, die in effektiven Schulen stärker ausgeprägt ist als in weniger
> effektiven Schulen" (Aldorf 2016, S.35).

Auch hinsichtlich der Belastung von Lehrkräften lassen sich positive Effekte
durch die Kooperation nachweisen. Dabei sind die Unterstützungsprozesse der
Kolleg*innen hinsichtlich fachlicher, aber auch emotionaler Aspekte relevant (vgl.
Aldorf 2016, S. 43). Aldorf (2016) weist jedoch darauf hin, dass es auch gegentei-
lige empirische Befunde gibt.

▶ **Lesehinweise**
   Arnold, Graumann & Rakhkochkine (2008)
   Bohl und Kucharz (2010)
   Kunze und Solzbacher (Hrsg.) (2012)
   Kopp et al. (2014)
   Schütt (2012)

3 Das Projekt

Das vorliegende Projekt nähert sich der Thematik aus der Perspektive der Lehrkräfte und beschäftigt sich mit ihren Orientierungsmustern in Hinblick auf die
individuelle Förderung von Schüler*innen. Die Daten stammen aus einem Dissertationsprojekt zum Thema Selbstständige Schulen. Im Rahmen des Projektes
wurden sieben Gruppendiskussionen mit verschiedenen schulischen Akteuren
– Lehrkräften, Schulleitern, Steuer- und Projektgruppen geführt. Verkürzt dar-

gestellt haben Selbstständige Schulen – im Gegensatz zu anderen Schulen – die Möglichkeit in Hinblick auf finanzielle, personelle, organisatorische sowie pädagogische Fragestellungen eigenverantwortlicher Entscheidungen treffen zu können (vgl. Altrichter/Rürup 2010, S. 114f.).

Innerhalb des Materials lassen sich auch Sequenzen ausmachen, die sich auf die individuelle Förderung von Schüler*innen beziehen. Diese Transkriptstellen wurden im Rahmen eines kleinen Teilprojektes unter der Fragestellung „Welche Orientierungsmuster haben Lehrkräfte in Bezug auf die individuelle Förderung von Schülerinnen und Schülern?" in Anlehnung an die Dokumentarische Methode ausgewertet. Ziel war es, das implizite Handlungswissen der beteiligten Diskutanten d.h. die Orientierungen, die ihr Handeln leiten, zu rekonstruieren. Dieses implizite – oder auch konjunktive – Wissen kann, im Gegensatz zum kommunikativen Wissen, nicht ausschließlich durch direktes Nachfragen erfasst werden, da es den Akteuren oft selbst nicht bewusst ist (vgl. Kleemann/Krähnke/Matuschek 2009). Die Rekonstruktion der Orientierungen erfolgt daher in zwei Schritten: Erstens der formulierenden Interpretation, bei der der Fokus auf der Frage „Was wird gesagt?" liegt und zweitens der reflektierenden Interpretation, bei der rekonstruiert wird, wie etwas gesagt wurde (Kleemann/Krähnke/Matuschek 2009, S. 157f.).

▶ **Lesehinweise**
Bohnsack (2008)
Kleemann, Krähnke & Matuschek (2009)
Loos und Schäfer (2001)

4   Ergebnisse

Die folgende Sequenz stammt aus einer Gruppendiskussion mit der Steuergruppe einer Grundschule. Die Gruppe besteht aus dem Schulleiter und vier weiteren Lehrerinnen. Bei der Schule handelt es sich um eine Selbstständige Schule, die im Rahmen dessen Doppelbesetzungen in den Klassen implementiert hat. Darüber hinaus arbeiten die einzelnen Lehrer*innen in Jahrgangsteams zusammen. Mit Hilfe der reflektierenden Interpretation werden die Orientierungen der Lehrkräfte in Hinblick darauf rekonstruiert, was sie unter individueller Förderung verstehen und wie sie diese im Unterricht realisieren.

```
Af:        und wenn man dann auch noch was wir eigentlich alle tun
           im Jahrgang sehr eng zusammenarbeiten dann geht das mit
           dem ich sag jetzt mal Austausch
```

```
Df:      L ja
Af:      der Doppelbesetzung auch sehr sehr gut vonstatten ich
         find das ist in allen Jahrgängen so mit denen ich so ge-
         sprochen habe und von unserem kann ich auch sagen wenn
         dann mal irgendein Projekt da steht wo man denkt oh wenn
         ich das jetzt so alleine machen soll ich weiß nicht wie
         das gehen soll
Y:       hmm
Af:      also so im Kunstbereich oder oder irgendwie im Sachunter-
         richt irgendeine größere Geschichte wo man einfach auch
         ne Unterstützung braucht dann ist das ideal [klappern]
         und dann tauschen wir auch untereinander aus was möglich
         ist
Y:                  L hm
Af:      was möglich ist sofern man eine eine Doppelbesetzung hat
         die relativ flexibel ist oder dann sagen wir Mensch ich
         brauch diese Woche mal jemanden und dann sagt die Kolle-
         gin ach klar dann tauschen wa [klappern mit Geschirr] (.)
         und das setzt natürlich nen gutes ne gute Zusammenarbeit
         untereinander voraus und ich denk das ham wir hier
Y:                                                         L hm
Af:      auf jeden Fall
Df:      ja genau
```

In dieser Sequenz werden von Af der Austausch und die Zusammenarbeit im Jahrgangsteam als wichtiger Faktor für die individuelle Förderung von Schüler*innen markiert. Insbesondere in Bezug auf Projekte oder andere Einheiten, die einen größeren Zeitumfang einnehmen, wird von ihr darauf verwiesen, dass diese in der Regel nicht alleine bewältigt werden könnten. Eine gute Zusammenarbeit im Team wird dabei als grundlegende Voraussetzung benannt. Diese Ausführungen scheint Af mit den anderen Diskussionsteilnehmer*innen zu teilen, da ihre Ausführungen von ihnen bestätigt werden. Es zeigt sich somit in dieser Passage als eine erste Orientierung, dass die Gruppe für die gelingende Umsetzung von individueller Förderung im Schulalltag eine Teamleistung versteht, die durch einen guten Austausch geprägt ist und erst durch eine personelle Verstärkung wirklich möglich wird.

```
Ef:      ich denk das ist auch deshalb sehr effektiv weil wir äh
         bestimmte (.) ähm Methoden oder Maßnahmen schon entwi-
         ckelt haben [klappern mit Tassen] (wie) wir individuell
         die Kinder fördern können also ich glaub da sind wir re-
         lativ weit äh was (.) solche Sachen angeht und insofern
         ist für uns auch relativ leicht ähm den Assistenzen zu
```

```
sagen also da äh könnt ihr jetzt mal gucken und äh ganz
individuell auf das Kind [klappern mit Löffel] eingehen
also für mich is des eigentlich das wichtigste [klappern
mit Löffel] auch das wir selbst entscheiden können was
wir machen (.) dürfen also wir könne uns das überlegen
von Tag zu Tag [klappern mit Löffel] (sozusagen) wie wir
jetzt äh so effektiv uns jetzt wie möglich einsetzen äh
und dass wir eben schon son paar Methoden haben die wir
ihnen an die Hand geben können dass es auch äh qualitativ
relativ hochwertig funktioniert.
```

Die von Af beschriebene gute Zusammenarbeit im Team wird im Anschluss an Ef als effektiv gekennzeichnet, was von ihr auf den Einsatz von bereits entwickelten „Methoden oder Maßnahmen" zurückgeführt wird. Insbesondere in der Zusammenarbeit mit „Assistenzen" werden die – von ihr als „qualitativ hochwertig" markierten – didaktischen Mittel, als wichtiger Faktor für die individuelle Förderung angesehen. Als Entscheidungsgrundlage dafür, welche Methoden bei der individuellen Förderung zum Einsatz kommen sollen, werden von Ef die individuellen Bedürfnisse und Voraussetzungen der Kinder gesetzt. Die Assistenzen werden in diesem Kontext in einer unterstützenden Funktion wahrgenommen, die mit den bereits bewährten Maßnahmen und Methoden eigenständig einzelne Schüler*innen individuell fördern könnten. Die Methoden und Maßnahmen werden somit als Garant für didaktisches Gelingen konstruiert.

Die individuelle Förderung wird in dieser Sequenz von Ef darüber hinaus mit der Möglichkeit der Lehrkraft autonom zu handeln und Entscheidungen treffen zu können, in einen Zusammenhang gestellt. Die pädagogische Freiheit der Lehrkräfte wird somit als eine weitere wichtige Orientierung präsentiert.

```
Cf:     ja das (.) [Luft holen] wir sind zum einen ganz nah am
        Kind weil s zeitnah ist
Df:     hm
Cf:     und weil wir wirklich direkt dann die Kollegen auch inst-
        ruieren können wo es weitergehen soll und es hat noch en
        anderen Effekt glaub ich für die Unterrichtsentwicklung
        wieder das wir einfach ähm viel stärker hier jetzt wirk-
        lich von dem was en Kind können sollte
Df:                                                      L hm
Cf:     und wie sich das aufeinander aufbaut ausgehen als von
        irgendwelchen stofflichen Geschichten ja dass dieser Pro-
        zess wird dadurch auch befördert, dass man (denkt) ok was
        soll denn gekonnt werden und wie baut sich s auf und wo
        steht denn dieses Kind in dem Prozess und dann aha da geht
```

```
              es weiter das ist dann der nächste (.) der nächste Lern-
              schritt
Df:                              L hmm
Cf:           und da entsteht in unseren Köpfen durch die vielen Ab-
              sprachen einfach auch viel mehr Klarheit und (.) gut wir
              wir erarbeiten oder erschaffen uns diese Kompetenzstufen
              @sozusagen@ schon aus unserer Didaktik raus aus dem wie
              wir auch lehren was wir für Lernangebote haben aber ich
              glaube etwas anderes anderes gibt's auch einfach nich ja
              des muss so der Prozess sein [Luft holen] und das passiert
              einfach wie so äh durch diese ganzen Fördersachen die wir
              haben ähm wie n Katalysator wirkt des nochmal da drauf so
              (.) glaub ich
```

Cf schließt in dieser Passage an Ef an und benennt eine direkte Unterstützung
der Kinder als wichtigen Faktor für die individuelle Förderung. Hierbei wird von
ihr die Orientierung verstärkt, dass eine „zeitnahe" individuelle Förderung der
Schüler*innen nur im Team und durch einen gemeinsamen Austausch leistbar
sei. Gemeinsam im Team würde überlegt, wie der Lernprozess der Schüler*innen
aussieht, welche Kompetenzen sie bereits erlangt haben und welche Fördermaß-
nahmen eingeleitet werden müssten. Hierin zeigt sich die Orientierung der Lehrkräfte, dass das Lernen als Prozess verstanden wird, der durch Vorausplanung der
nächsten „Lernschritte" verbessert werden kann. Die gemeinsame Aushandlung
und Förderplanung innerhalb des Teams wird von Cf zuspitzend als „Katalysator"
bezeichnet, der diesen Prozess unterstütze. Die individuelle Förderung wird dabei
in Abgrenzung zu bildungspolitischen Vorgaben, wie beispielsweise bestehende
Kompetenzmodelle, verstanden und mit der Notwendigkeit der Entwicklung eigener Maßstäbe – die sich aus der eigenen Didaktik und den „Lernangeboten" des
Unterrichts ergeben – verbunden. Dieser Prozess wird von Cf als der einzig richtige Weg markiert und es wird ihm somit eine hohe Relevanz in Hinblick auf die
individuelle Förderung zugeschrieben.

```
Df:           ja mir fällt dazu noch ein dass das dadurch natürlich
              nicht nur das fachliche gewinnt sondern auch das emotio-
              nale sehr gewinnt denn wenn sie mit einem Kind einzeln
              arbeiten können oder mit ner Kleingruppe oder sowas ne
              dann werden die natürlich ganz anders hier [zeigt auf ihr
              Herz] @betreut auch@ und können auch viel mehr auch mal
              gelobt werden
Y:                               L hm
Df:           unterstützt werden und das macht sich total bemerkbar
Ef:           hm
```

```
Af:      (und) auch für s Selbstbewusstsein ist das
Df:                           L oh ja @unbedingt@
Af:      und das fand ich eigentlich auch so interessant an die-
         ser Evaluation äh an diesem Fragebogen den wir da äh (.)
         einfach so ausgefüllt haben jeder hat erstmal selber ge-
         schrieben so think-pair-share so n bisschen was [klappern
         mit Tassen] er gemeint hat und dann wurde es im Jahr-
         gang besprochen und das ham wir dann (.) zusammengefasst
         und ich find's jetzt schon total erstaunlich (.) äh dass
         eigentlich wirklich alle Kollegen das Gefühl haben also
         sowohl die Kinder äh gewinnen an Selbstbewusstsein ähm
         machen sehr große individuelle Fortschritte was wir ja
         sonst immer gerne gehabt hätten aber irgendwie nicht so
         richtig geschafft haben und die Lehrer fühlen sich ent-
         lastet also ich find es sind einfach drei Sachen die (.)
         die super effektiv also auch für mein Gefühl (.) also ich
         bin wirklich total froh dass das jetzt so läuft ich fühl
         mich einfach viel besser als vorher
Ef:      win win win @(1)@
```

In dieser Sequenz werden die von Cf benannten fachlichen Aspekte durch Df um motivationale und emotionale Gesichtspunkte der individuellen Förderung erweitert und als wesentlicher Faktor markiert. Durch eine größere Nähe zwischen Schüler*innen und Lehrer*innen in Face-to-Face-Interaktionen oder der Arbeit in Kleingruppen, könne die Schüler-Lehrer-Beziehung intensiviert und gefördert werden. Hierin zeigt sich die Orientierung, dass individuelle Förderung nicht nur eine fachliche Förderung darstellt, sondern das Kind als Ganzes betrachtet sowie soziale und emotionale Aspekte einbezogen werden müssten. Darüber hinaus gäbe es eine Beziehungskomponente. Af schließt an die Ausführungen von Df an, erweitert sie jedoch um die Perspektive der Lehrkräfte. Im Rahmen einer internen Evaluation hätte sich gezeigt, dass die Teamarbeit als Element für den positiven Lernfortschritt gesehen würde. Die geteilte Verantwortung führe dazu, dass die Schüler*innen im Gegensatz zum vorherigen Unterricht „sehr große individuelle Fortschritte" gemacht hätten. Dies wird von Af als entlastender Faktor für die Lehrkräfte angesehen. Die Teamarbeit wird somit auch als Ressource markiert, die das eigene professionelle Handeln stärkt. Hierin zeigt sich die Orientierung, dass die Reflexion und der Austausch im Team eine positive Rückwirkung auf die eigene Sicherheit und professionelle Handlungsfähigkeit ausübe. Der Gewinn, der sich aus dieser Art der Arbeit sowohl für die Schüler*innen als auch der Lehrkräfte ergäbe, wird abschließend von Ef durch die Aussage „win win win" markiert.

5 Diskussion

Die Analyse der obigen Sequenzen hat gezeigt, dass individuelle Förderung auf der Mikroebene stark durch die individuellen Vorstellungen der Lehrkräfte geprägt ist. Die Rekonstruktion der Orientierungsmuster zeigt, dass die einzelnen Lehrerinnen die individuelle Förderung auf vier unterschiedliche Weisen verstehen:

1. Der „Team-Typ": Der Team-Typ orientiert sich an der Zusammenarbeit mit den Kolleg*innen und betrachtet die individuelle Förderung als Herausforderung, der bestmöglich im Team begegnet werden kann. Im Vordergrund stehen dabei der Austausch, gemeinsame Überlegungen und Absprachen.
2. Der „Didaktik-Typ": Dieser Typus orientiert sich bei der individuellen Förderung an den Möglichkeiten der konstruktivistischen, didaktischen Aufbereitung. Die im Unterricht angewendeten Methoden und die Didaktik werden dabei auf die individuellen Bedürfnisse der einzelnen Schüler*innen zugeschnitten und als Gelingensbedingungen für die erfolgreiche und effektive Förderung gesehen.
3. Der „Ganzheitliche-Typ": Individuelle Förderung wird von diesem Typus als ganzheitliche Förderung gesehen. Die Motivation der Schüler*innen sowie die Förderung des Selbstbewusstseins der Kinder stehen dabei im Vordergrund.
4. Der „Kompetenzen-Typ": Der Kompetenzen-Typ orientiert sich an den Kompetenzen, die die Schüler*innen im Unterricht individuell erwerben. Bereits bestehende Kompetenzraster, wie beispielsweise Bildungsstandards, werden dabei jedoch erweitert und individuell an die Lernbedürfnisse der Schüler*innen angepasst.

Die Analyse hat jedoch gezeigt, dass es innerhalb der Diskussion dennoch nicht zu kontroversen Aushandlungsprozessen gekommen ist, sondern die Lehrerinnen auf übergeordneter Ebene als Team funktionieren – auch wenn alle vier Lehrerinnen andere Vorstellungen und Logiken zur individuellen Förderung in die Diskussion einbringen. Divergierende Positionen bleiben dabei additiv nebeneinander stehen und es zeigt sich als gemeinsamer Grundkonsens die Orientierung, dass die individuelle Förderung von Schüler*innen im Unterricht notwendig ist. Darüber hinaus setzt jedoch jede der Lehrerinnen unterschiedliche Schwerpunkte dahingehend, was unter individueller Förderung zu verstehen ist. Anknüpfend an die von Solzbacher (2012) herausgearbeiteten Typen (vgl. Abschnitt 2), zeigt sich, dass die Rahmenbedingungen in der untersuchten Schule des vorliegenden Beitrags – Jahrgangsteams und Doppelbesetzung – einen weiteren Typ, den „Team-Typ" begünstigen, der sich bei der individuellen Förderung an der Umsetzbarkeit und der Zusammenarbeit im Team orientiert.

6   Fazit/Ausblick

Im Rahmen der beispielhaften Rekonstruktion in diesem Artikel zeigt sich, dass die Lehrkräfte unterschiedlich mit den Anforderungen der individuellen Förderung umgehen und divergierende Orientierungen für ihr Handeln heranziehen. Wenngleich die Ergebnisse hinsichtlich ihrer Generalisierung – auf Grund einer fehlenden Komparation mit anderen Gruppen – eingeschränkt betrachtet werden müssen, können sie dennoch als Ausgangspunkt für weiterführende Studien herangezogen werden. Folgende Fragestellungen könnten für Bachelorarbeiten oder Forschungsprojekte beispielsweise interessant sein: Welche Orientierungsmuster haben Lehrkräfte an Gymnasien/Integrativen Gesamtschulen/Haupt- und Realschulen in Bezug auf die individuelle Förderung von Schüler*innen?; Unterscheiden sich die Orientierungsmuster von Lehrkräften unterschiedlicher Schulformen in Hinblick auf die individuelle Förderung von Schüler*innen?; Welche Maßnahmen der individuellen Förderung werden im Rahmen des Unterrichts durchgeführt?, Welche sozialen Praktiken zeigen sich in Hinblick auf die individuelle Förderung im Unterricht? Möglich wäre es auch die Gelingensbedingungen zu rekonstruieren oder alternativ im Rahmen einer quantitativen Studie Fragebögen zu entwickeln und die Zustimmung von Lehrkräften/Schüler*innen oder Lehramtsstudierenden zu bestimmten Items zu prüfen.

Literaturverzeichnis

Aldorf, A.-M. (2016). *Lehrerkooperation und die Effektivität von Lehrerfortbildungen*, Springer VS, Wiesbaden, DOI: 10.1007/978-3-658-11677-4
Arnold, K.-H., Graumann, O. & Rakhkochkine, A. (Hrsg.). *Handbuch Förderung*, Beltz Verlag, Weinheim/Basel 2008
Bohl, T./Kucharz, D. (2010). *Offener Unterricht heute: konzeptionelle und didaktische Weiterentwicklung*, Beltz Verlag, Weinheim/Basel
Bohnsack, R. (2008). *Rekonstruktive Sozialforschung. Einführung in qualitative Methoden*, 7. Auflage, UTB Verlag, Opladen & Farmington Hills, 2008
Bräu, K. (2005). Individualisierung des Lernens – Zum Lehrerhandeln bei der Bewältigung eines Balanceproblems; In: Bräu, K./Schwerdt, U. (Hrsg.). *Heterogenität als Chance. Vom produktiven Umgang mit Gleichheit und Differenz in der Schule*, Lit Verlag, Münster 2005, S.129-149

Bräu, K./Schwerdt, U. (Hrsg.) (2005). *Heterogenität als Chance. Vom produktiven Umgang mit Gleichheit und Differenz in der Schule*, Lit Verlag, Münster

Breidenstein, G. (2014). Die Individualisierung des Lernens unter den Bedingungen der Institution Schule; In: Kopp, B. et al (Hrsg.): *Individuelle Förderung und Lernen in der Gemeinschaft, Jahrbuch Grundschulforschung* 17, Springer Fachmedien, Wiesbaden 2014, DOI: 10.1007/978-3-658-04479-4_3, S. 35-50

Bönsch, M. (2009). *Erfolgreiches Lernen durch Differenzierung im Unterricht*, Westermann Braunschweig

Dubs, Rolf (1995). Konstruktivismus: Einige Überlegungen aus der Sicht der Unterrichtsgestaltung; In: *Zeitschrift für Pädagogik* 41 (1995) 6, S. 889-903 – URN: urn:nbn:de:0111-pedocs-105357

Graumann, O. (2002). *Gemeinsamer Unterricht in heterogenen Gruppen. Von lernbehindert bis hochbegabt*, Klinkhardt Verlag, Bad Heilbrunn

Hansen, H., Lotz, M. & Schelle, C. (2000). Teamentwicklung im Kontext von Schulentwicklung; In: Arnold, E. et al (2000). *Schulentwicklung und Wandel der pädagogischen Arbeit*, Bergmann+Helbig Verlag, Hamburg, S. 79-99

Jank, W./Meyer H. (2009). *Didaktische Modelle*, Cornelsen Verlag, Berlin

Klafki, W. (2007). *Neue Studien zur Bildungstheorie und Didaktik: zeitgemäße Allgemeinbildung und kritisch-konstruktive Didaktik*, Beltz Verlag, Weinheim

Klemann, F., Krähnke, U. & Matuschek, I. (2009). *Interpretative Sozialforschung. Eine praxisorientierte Einführung*, VS Verlag, Wiesbaden

Kopp, B. et al (2014). *Individuelle Förderung und Lernen in der Gemeinschaft*, Springer FachmedienVerlag, Wiesbaden, DOI: 10.1007/978-3-658-04479-4

Kunze, I./Solzbacher, C. (Hrsg.) (2012*). Individuelle Förderung in der Sekundarstufe I und II*, Schneider Verlag, Baltmannsweiler

Kunze, I. (2012). Begründungen und Problembereiche individueller Förderung in der Schule – Vorüberlegungen zu einer empirischen Untersuchung; In: Kunze, I./Solzbacher, C. (Hrsg.) (2012). *Individuelle Förderung in der Sekundarstufe I und II*, Schneider Verlag, Baltmannsweiler, S.13-25

Loos, S./Schäffer, B. (2001). *Das Gruppendiskussionsverfahren. Theoretische Grundlagen und empirische Anwendung*, Leske+Budrich, Opladen

Peschel, F. (2012a). *Offener Unterricht: Idee, Realität, Perspektive und ein praxiserprobtes Konzept zur Diskussion, 1. Allgemeindidaktische Überlegungen*, 7., unveränd. Aufl., Baltmannsweiler: Schneider-Verl. Hohengehren.

Peschel, F. (2012b). *Offener Unterricht: Idee, Realität, Perspektive und ein praxiserprobtes Konzept zur Diskussion, 2. Fachdidaktische Ü*berlegungen, 7., unveränd. Aufl., Baltmannsweiler: Schneider-Verlag. Hohengehren

Prengel, A. (2006). *Pädagogik der Vielfalt: Verschiedenheit und Gleichberechtigung in interkultureller, feministischer und integrativer Pädagogik*, 3. Auflage, VS Verlag, Wiesbaden

Schütt, S. (2012). *Kooperation in der Schule. Eine Untersuchung der Orientierungs- und Handlungsmuster von Lehrern*, Peter Lang Verlag, Frankfurt am Main

Solzbacher, C. (2012). Positionen von Lehrerinnen und Lehrern zur individuellen Förderung in der Sekundarstufe I – Ergebnisse einer empirischen Untersuchung; In: Kunze, I. / Solzbacher, C. (Hrsg.). *Individuelle Förderung in der Sekundarstufe I und II*, Schneider Verlag, Baltmannsweiler, 2012, S.27-42

Solzbacher, C./Behrensen, B. (2013). Inklusion und individuelle Förderung; In: *Pädagogische Führung: PädF; Zeitschrift für Schulleitung und Schulberatung*, 5/2013, S.164-167

Sturm, T. (2013). *Lehrbuch Heterogenität in der Schule*, UTB Verlag, München

Trautmann, M./Wischer, B. (2011). *Heterogenität in der Schule*, VS Verlag, Wiesbaden, DOI: 10.1007/978-3-531-92893-7_4

„Ein Kann-Kind ist eins, das noch überlegt ob's jetzt in die Schule geht oder nicht."

Eine rekonstruktive Studie zum Übergang von der Kindertageseinrichtung in die Grundschule

Nina Edelbruck

1 Einleitung

Veröffentlichungen und Forschungsarbeiten zum Thema Transition sind in der Schulpädagogik sowie in anderen Bereichsdisziplinen der Erziehungswissenschaft sehr präsent. Dazu gehören Übergänge wie der vom Elternhaus in die Tagesbetreuung, zwischen Institutionen wie Kindergarten und Schule, verschiedenen Schulformen, Schule und beruflicher Bildung, sowie der Einstieg in und Ausstieg aus dem Berufsleben, um nur einige zu nennen.

Die Übergangsstelle Kindertageseinrichtung-Grundschule wird bereits in vielen Veröffentlichungen thematisiert.[1] Wer allerdings selten zu Wort kommt sind die Beteiligten, für die dieser Übergang in der Regel den Beginn eines gänzlich neuen Lebensabschnitts kennzeichnet und ihr Leben in vielerlei Hinsicht bedeutsam prägen wird: die Kinder selbst. Welche Entwicklungsaufgaben Kinder im Übergang von der Kindertagesstätte in die Grundschule bewältigen und vor allem wie sie diesen Prozess erleben, ist Gegenstand dieses Forschungsprojektes. Die Schulanfänger*innen kommen als Expert*innen ihrer eigenen Übergangserfah-

---

[1] vgl. hierzu u.a. Bamler 2010, Carle 2004, Diehm 2004, Niesel et al. 2008, Hacker 2008, Ramseger und Hoffsommer 2008, sowie Schneider 2004

rung selbst zu Wort. Die über leitfadengestützte Interviews erhobenen Daten, werden mit Hilfe der Dokumentarischen Methode nach Bohnsack (2003) ausgewertet. Ziel ist es, die individuellen Handlungsmuster der Kinder zu rekonstruieren und bedeutsame Einflussfaktoren herauszuarbeiten. Kinder als Forschungs*subjekte* und nicht als Objekte der Forschung über Kinder anzuerkennen, birgt eine Reihe von Herausforderungen, die im vorliegenden Artikel thematisiert werden, aber auch die Chance, sie als soziale Akteure ernst zu nehmen.

2 Theoretische Zugänge

Ein Übergang beschreibt nach Rath (2011, S. 11 ff.) den Wechsel von einem Bereich in einen anderen, das kann beispielsweise ein Ort, aber auch ein Zustand sein. Ein wesentliches Merkmal ist hierbei, dass beide Bereiche als unterschiedlich erlebt werden. Damit grenzt er den Übertritt ab, der einen plötzlichen Wechsel beschreibt. Mit dem Begriff des Übergangs ist also grundsätzlich ein Prozess gemeint (vgl. ebd.).

Seydel (2011, S. 7 ff.) verwendet den ethnologischen Ausdruck der „rites de passage". Dahinter steht die Annahme, dass die unterschiedlichen Kulturen Formen der Gestaltung von Übergängen entwickelt haben. Diesen ist gemeinsam, dass sie entweder, unter Umständen unübersichtliche, Situationen stabilisieren sollen oder von vornherein Krisen verhindern. Van Gennep, der diesen Begriff geprägt hat, beschreibt bei Übergangsriten einen Dreischritt von Separation (Ausgliederung oder auch Trennungsphase), Transition (Übergabe oder auch Schwellenphase) und Reincorporation (Neueingliederung oder auch Angliederungsphase) (vgl. 2005, S. 21).

Auch Carle verweist auf diesen theoretischen Zugang und zeigt in diesem Zusammenhang die üblichen Einschulungsriten auf, die den Übergang begleiten (vgl. 2004, S. 34). Sie betont, dass man bei Transitionsprozessen nicht von einfachen Ursache-Wirkungs-Verhältnissen sprechen kann (vgl. Carle und Schiffler 2011, S. 57) und folgert: „Transitionen sind Phasen beschleunigter Entwicklung" (ebd.), wozu zweifellos auch die Bildungsübergänge gehören. Carle betont die Wichtigkeit, Kinder in diesen Phasen zu begleiten, ihnen unter anderem die institutionellen Verhältnisse transparent zu machen (vgl. 2004, S. 37), da sie es gerade beim Übergang in die Institution Schule mit bedeutsamen Entscheidungen und Bedingungen zu tun haben (vgl. ebd., S. 30). Der Übergang vom Kindergarten in die Grundschule ist Diehm zufolge außerdem als empfindlicher Punkt des Bildungswesens anzusehen, da es sich dabei nicht zuletzt auch um eine Debatte über die Heterogenität vorschulischer und schulischer Einrichtungen und die Selektionspraxis zu Beginn der Grundschulzeit handelt (vgl. 2004).

Wie sich der Übergang gestaltet, hat sowohl Einfluss auf die Entwicklung und Bewältigung von zukünftigen Transitionsprozessen (vgl. Fabian zit. nach Carle 2004, S. 38), als auch auf die Resilienz der Kinder (vgl. Carle 2004, S. 47). Auch die emotionale Komponente spielt dabei eine Rolle (vgl. ebd., S. 39).

Eine inhaltliche Bestimmung über erfolgreiche Übergangsprozesse liegt aus der Transitionsforschung vor:

> „Von einem erfolgreichen Übergang wird gesprochen, wenn das Kind sich emotio-
> nal, psychisch, physisch und intellektuell angemessen in der Schule präsentiert. Kurz
> gefasst: Das Kind ist dann ein kompetentes Schulkind, wenn es sich in der Schule
> wohl fühlt, die gestellten Anforderungen bewältigt und die Bildungsangebote für
> sich optimal nutzt." (Griebel und Niesel o.J., o.S.)

Hier zeigt sich der Anspruch an das Kind, sich den gegebenen Bedingungen anzupassen und so liegt es nahe, dass es bei Übergangssituationen zu Diskontinuitäten in den Erfahrungen der beteiligten Kinder und Eltern[2] kommt. Schneider betont, dass sich aus dieser Diskontinuität „Entwicklungspotenzen [ergeben], die darin bestehen, Sensibilisierung zu bewirken und Neues in das individuelle Erfahrungs- muster integrieren zu können, aber auch Entwicklungsrisiken, die in der Möglich- keit eines Fehlschlagens dieses Integrationsbemühens liegen" (2004, S. 223).

Hierbei wird (der konstruktivistischen Tradition folgend) ein deutliches Bild des „Kindes als Gestalter" gezeichnet. Dennoch war die Perspektive der am Über- gang beteiligten Kinder bislang wenig Mittelpunkt der Forschung. Griebel und Niesel geben einen umfassenden Überblick über internationale und nationale em- pirische Forschungsergebnisse zum Übergang in die Schule (vgl. 2011, S. 138 ff. und 2004, S. 95 ff.). Die Daten werden allerdings überwiegend über die beteiligten Erwachsenen sowie über teilnehmende Beobachtung gewonnen (vgl. ebd.). Darü- ber hinaus geben die Autoren einen Überblick über einflussnehmende Faktoren für eine erfolgreiche Bewältigung des Übergangs. Dazu gehören u.a. die Konstitution des Kindes, seine Kompetenzen (soziale und kognitive), aber auch interaktionale Faktoren rund um die Bindungserfahrungen und Anpassungsfähigkeit, sowie kon- textuelle Faktoren (institutionelle Angebote, Elternbeteiligung usw.) (vgl. 2011, S. 131 ff. und 2004, S. 109 f.). Es wird also deutlich, dass die Kinder am Übergang in die Institution Schule einer beträchtlichen Entwicklungsaufgabe gegenüberstehen.

---

2 Zur Rolle der Eltern im Übergangsprozess siehe auch Graßhoff et al. 2013.

Dies kann mit Carle zusammengefasst werden, die Walter Heinz' Begriff des „biografischen Akteurs" aufgreift: „Durch Prozesse der Selbstsozialisation bündeln biographische Akteure ihr Erfahrungswissen zu Handlungsmodi, um die mit den Übergängen im Lebenslauf verbundenen Anforderungen ihren Interessen entsprechend zu meistern" (2004, S. 37).

▶ **Lesehinweise**
   Beelmann (Hrsg.) (2011)
   Bührmann (2008)
   Heinzel (Hrsg.) (2000)

3   Das Projekt

Die Frage, die sich nun in diesem Zusammenhang stellt ist, inwiefern sich der Prozess dieser „Entwicklungsaufgabe Übergang" (Griebel und Niesel 2004, S. 193) den die Kinder als Akteure vollziehen, veranschaulichen lässt. Also nicht nur eine Antwort darauf zu finden, ob der Übergang abgeschlossen ist, sondern vor allem auch *wie* er verlaufen ist. Für dieses Projekt liegt der Fokus vor allem darauf, wie dies aus der Kinderperspektive betrachtet werden kann und ob sich dabei beispielsweise verschiedene Typen von „Handlungsmodi" (vgl. oben) bestimmen lassen.

Diese Übergangsprozesse und Handlungsmodi werden auf Grundlage von Interviews mit Kindern, die den Übergang vollzogen haben, rekonstruiert. Ein Gewinn für die Vorschul- und Schulpädagogik wird insofern erwartet, als die daraus folgenden Erkenntnisse beispielsweise in die Entwicklung von institutionellen Übergangsmodellen einfließen können.

Als Zielsetzung gilt die Rekonstruktion der individuellen Handlungsmuster der Kinder, die in ihrem Rückblick auf den Übergangsprozess sichtbar werden. In Anlehnung an den Begriff der „Orientierung", der in der Dokumentarischen Methode (siehe unten) gebräuchlich ist, soll der Begriff der „Handlung" die aktive Rolle der Kinder hervorheben. Handlungsmuster werden hier also als Ergebnis von Erfahrungen, Erleben etc. definiert, die im Handeln der Kinder wieder sichtbar und somit auch „erzählbar" werden. In einem Pretest wurde vorab geprüft, ob sich die Erwartungen an das Erzählverhalten der Schulanfänger*innen erfüllen. In diesem Projekt sind die Kinder als Expert*innen ihrer eigenen Übergangserfahrungen gefragt und werden als Forschungs*subjekte* in dieser Rolle ernst genommen (vgl. Trautmann 2010, S. 46 f.).

Die Erhebungsphase in Form von leitfadengestützten, narrativ ausgerichteten Interviews erfolgte von Oktober bis Dezember. Es fanden 38 Einzelinterviews

statt, wodurch der Blick auf den individuellen Übergangsverlauf der Akteure gerichtet werden kann. Vier Gruppeninterviews und ein Paarinterview ergänzen die
Erhebung. Interviewt wurden also insgesamt über 40 Kinder aus unterschiedlichen Kindertagesstätten/ Grundschulen und einem Bildungshaus, kurz nach dem
Übergang in die erste Klasse der Grundschule. Es zeigte sich, dass vor allem die
Erzählung einzelner Erlebnisse oder Episoden gut möglich ist, wodurch eine Auswertung der Daten nach der Dokumentarischen Methode (siehe unten) durchführ-
bar ist.

Der Blick auf die individuellen Verlaufsprozesse der Akteure erfordert die Erhebungsform des Interviews. Eine Gruppendiskussion (die „Methode der Wahl"
der Dokumentarischen Methode) würde den gemeinsamen Erfahrungsraum und
die entsprechenden Orientierungen darstellen. Das ist zwar ein spannender Aspekt, aber für das Projekt nicht zielführend. Hier soll sich das Individuum über
sich selbst als biographischer Akteur äußern.

Der teilstandardisierte, problemzentrierte Interviewleitfaden, sollte auf wenige, gut formulierte und erzählgenerierende Fragen begrenzt sein. Wichtiger ist –
insbesondere bei Kinderinterviews – das immanente Nachfragen, durch das zum
einen die Erzählfreude aufrechterhalten werden soll und das zum anderen auch der
Plausibilisierung des jeweiligen Relevanzsystems dient.

Für das Interview wurde eine dem Kind vertraute Umgebung gewählt, in der
Regel ein Raum in der Schule oder dem Hort. Den Kindern wurde der Ablauf erklärt und das Aufnahmegerät gezeigt, das sie selbst ein- und ausschalten durften.
Ein zentraler Aspekt war der erste Gesprächsimpuls, der durch eine erzählgenerierende Eingangsfrage erfolgte: „Du gehst ja jetzt in die Schule und vorher bist
du in den Kindergarten gegangen. Erzähl mir doch einfach, was dir dazu so alles
einfällt."

Da die Dokumentarische Methode stark auf die Selbststrukturierung der Kommunikation durch die Befragten setzt, ermöglicht die Eingangsfrage mit einem
selbst gewählten Inhalt im Rahmen des Interviewthemas zu beginnen.

Im Anschluss an die Erhebungsphase und die ersten Auswertungsprozesse lässt
sich konstatieren, dass die Fragen, vor allem das immanente Nachfragen, im weiteren Verlauf möglichst auf konkrete Erlebnisse und Erfahrungen abzielen sollen,
da dies die meist entwickelte Erzählform der befragten Altersgruppe ist und den
höchsten Strukturiertheitsgrad innehat. Es fehlen zwar oft „zeitliche Markierer",
dennoch haben die Erzählungen in der Regel eine chronologische Struktur. Das
anschauliche Erzählen von Episoden und konkreten Erlebnissen unterstützt ferner
die Annahme, dass sich die von den Kindern verarbeiteten Prozesse im Handeln
widerspiegeln.

Auf „wie"-Fragen soll möglichst verzichtet werden, da diese vor allem bei jüngeren Kindern häufig als Bewertungsaufforderung verstanden werden. Also anstelle von „erzähl doch mal, wie das so für dich war..." sollen die Fragenden lieber Formulierungen wählen wie: „erzähl mir doch mal davon...", „erzähl mir bitte mehr darüber..." oder „erinnere dich doch mal zurück" usw. Sinnvoll können auch komparative Fragen sein, z.b. „Was war ein schönes Erlebnis?" „Was war ein weniger schönes Erlebnis?".

Wichtig ist: Das durch die Erzählung vermittelte Relevanzsystem der befragten Person muss dem Forschenden verständlich werden – schon um es vom eigenen Relevanzsystem unterscheiden zu können und es interpretierbar zu machen.

Ein sensibler Aspekt der Interviewsituationen ist, dass die Erwachsenen-Kind-Situation eine unhintergehbare Hierarchie bleibt. Hinzu kommt die Orientierung an sozial erwünschten Antworten. An diesen „Schieflagen", wie Trautmann sie nennt (vgl. 2010, S. 98 f.), ändert auch ein Vertraut-Machen in Form von Vorabbesuchen nichts. Diese Tatsache muss im Forschungsprozess, insbesondere natürlich bei der Interpretation, reflektiert werden.

▶ **Lesehinweise**
Griebel und Niesel (2011) und (2004)
Oehlmann et al. (Hrsg.) (2011)
Trautmann (2010)

4   Ergebnisse

Die Auswertung der Interviews erfolgt mit der Dokumentarischen Methode nach Bohnsack (2003). Diese ermöglicht neben der Rekonstruktion der impliziten Wissensbestände auch die des Wissens, das als handlungsleitend bestimmt werden kann (vgl. Bohnsack et al. 2013, S. 9). Durch die Rekonstruktion von Regeln, Mustern und Strukturen im Handeln der Akteure, können handlungspraktische Erfahrungsmuster analysiert werden.

> „Handlungen formen also das Denken ebenso, wie das Denken die Handlungen formt." (Siegler et al. 2011, S. 167)

Der Interpretationsfokus liegt auf der Frage, wie das Schulkind-Werden von den Kindern präsentiert wird. Ob sie sich dabei beispielsweise als aktiv handelnd oder fremdbestimmt erleben. Damit zusammenhängend sind auch die Rollen der anderen Akteure, der Institutionen und ihren ritualisierten Handlungen etc. von Bedeutung.

Im Folgenden werden die ersten Schritte einer Interpretation nach der Dokumentarischen Methode an einem kurzen Ausschnitt aus dem Datenmaterial veranschaulicht.

```
Intervieweinstieg Jelena (6 Jahre)


1  Jelena³
2  I: Genau; so; sag mir doch nochmal deinen Namen;
3  K: Jelena
4  I: Mhm, Jelena wie alt bist du?
5  K: Ich bin sechs
6  I: Sechs Jahre; u:::::nd hast du noch Geschwister?
7  K: Ich hab noch ein Bruder;
8  I: Mhmh, und wie alt ist dein Bruder?
9  K: Vier
10 I: Vier; der geht noch in=nen Kindergarten? (2) Mhm, und du
11 bist ja jetzt en Schulkind, (.) und vorher warst du auch im
12 Kindergarten, (.) erzähl mir doch mal alles (.) was du- was dir
13 dazu so einfällt;
14 K: Em wir i:in der Schule? oder |wo|
15 I:                             |womit| du anfangen möchtest;
16 kannst mir von beidem erzählen.
17 K: Ä Also im Kindergarten da hab immer so gebastelt; das hab
18 ich gern gemacht //mhm// Und dann hier in der Schule dann mag
19 ich gerne Schreiben und Lesen; (3) em (5) und ich mag hier Mathe
20 gerne (.) und (.) so wenn wir was lernen (.) find ich schön (3)
```

Nach der Transkription des Audiomaterials werden die einzelnen Interviews zunächst thematisch sequenziert. Man bezeichnet diese Darstellung als „Thematischen Verlauf".

Thematischer Verlauf
OT⁴   1-16 Intervieweinstieg
1   Name des Falles

3-10   Erhebung von Rahmendaten
11-13   Einstiegsfrage durch Interviewerin
14-16   Rückfrage durch Jelena und Klärung durch Interviewerin
OT   17-19 KiGa und Schule im Vergleich
17   Basteln im KiGa.
18-19   Fächer in der Schule

Die eigentliche Interpretation nach der Dokumentarischen Methode erfolgt in mehreren Schritten. Im ersten Schritt, der formulierenden Interpretation, geht es darum, das Gesagte zu paraphrasieren und damit auch in eine klar verständliche Sprache zu übersetzen. Dies ist vor allem bei komplexen Äußerungen notwendig und überaus hilfreich. Es findet eine „zusammenfassende (Re-) Formulierung des immanenten, des kommunikativ-generalisierten oder – alltagssprachlich ausgedrückt – des allgemein verständlichen Sinngehalt[s]" (Przyborski und Wohlrab-Sahr 2010, S. 287) statt. Es ist die Suche nach der thematischen Struktur des Textes, um die Frage zu beantworten, *was* gesagt wird.

Hier am Beispiel des Oberthemas „KiGa und Schule im Vergleich" (Zeile 17-19):

Formulierende Interpretation

Jelena erzählt, dass sie im KiGa immer „so gebastelt" habe, dass sie das gern getan habe und wechselt dann zur Erzählung von der Schule. Hier möge sie gerne Schreiben, Lesen und Mathe. Jelena finde es schön, wenn sie „was lernen".

Die Verwendung des Konjunktivs verdeutlicht hier die Wiedergabe einer fremden Äußerung. Dadurch wird es außerdem leichter, die zur methodischen Kontrolliertheit nötige Distanz zum Fall aufrecht zu erhalten.

Im nächsten Schritt der dokumentarischen Interpretation, der reflektierende Interpretation, geht es nicht mehr um den immanenten/manifesten Sinngehalt, sondern um den dokumentarischen. Hier werden Handlungsorientierungen und Habitusformen rekonstruiert:

> „Die Fragen, die die Interpretin dabei zu beantworten sucht, lassen sich etwa folgendermaßen formulieren: Was zeigt sich hier über den Fall? Welche Bestrebungen und/oder welche Abgrenzungen sind in den Redezügen impliziert? Welches Prinzip, welcher Sinngehalt kann die Grundlage der konkreten Äußerung sein? Welches Prinzip kann mir verschiedene (thematisch) unterschiedliche Äußerungen als Ausdruck desselben ihnen zugrunde liegenden Sinnes verständlich machen?" (Przyborski und Wohlrab-Sahr 2010, S. 289)

Hierzu begibt man sich im Material auf die Suche nach auffälligen, sogenannten „fokussierten" Stellen. Beispielsweise solche, die sich auf Ebene der Interaktion von anderen Teilen des Materials unterscheiden oder auch solche, die in Bezug auf die Forschungsfrage (oder im Verlauf des Forschungsprozesses entstehende Fragestellungen) inhaltliche Relevanz besitzen. Die Passagen der reflektierenden Interpretation müssen nicht immer der Zeilenstruktur der formulierenden Interpretation entsprechen. Im Beispiel stimmen sie aber überein:

Reflektierende Interpretation

(Zeile 17-19 „KiGa und Schule im Vergleich")
Jelena greift die Aufforderung, sowohl von KiGa als auch Schule erzählen zu *können*, auf und arbeitet quasi beides ab. Sie ordnet den beiden Institutionen Tätigkeiten zu und bewertet diese direkt. Im Kindergarten habe sie „immer so gebastelt", „das hab ich gern gemacht". Diese Bewertung führt sie in einem Vergleich mit der Schule fort „und dann hier in der Schule dann mag ich gerne…". Hier werden von Jelena nun die klassischen Kulturtechniken der Grundschule (Lesen, Schreiben, Rechnen) genannt. Sie bringt ihre positive Einstellung zur Schule abschließend auf den Punkt: „…so wenn wir was lernen (.) find ich schön". Jelena kategorisiert also die beiden Institutionen in *Bastel*ort und *Lern*ort.

Ist das Material interpretiert, zeigen sich oft bereits erste Muster. In der Dokumentarischen Methode unterscheidet man unter dem Oberbegriff des *Orientierungsmusters* zwei Wissensformen (vgl. Kleemann et al. 2009, S. 156), nämlich *Orientierungsschemata* und *Orientierungsrahmen*, die hier der „genaueren Erfassung des handlungsleitenden Erfahrungswissens" (ebd.) dienen.

Orientierungsschemata sind Wissensbestände des Individuums in Bezug auf institutionelle und normierte Abläufe. Sozusagen ein Wissen um die Anforderungen der Gesellschaft. Orientierungsrahmen hingegen beschreiben die individuelle Bearbeitung dieser Schemata, also durch gemachte Erfahrungen erworbene Denk- und Handlungsmuster, die das Alltagswissen konstruieren (vgl. ebd., S. 157).

Um die dem Fall zugrundeliegenden Orientierungsmuster – oder in diesem Projekt die Handlungsmuster – zu rekonstruieren, bietet sich beispielsweise eine detaillierte Darstellung unterschiedlicher Themenbearbeitungen (fallinhärent) an, anhand derer sich die Konsistenz des Orientierungsrahmens zeigen lässt. Über die *Komparation* mit anderen Fällen, also auch mit anderen Orientierungsmustern, lässt sich dies methodisch kontrollieren. Dem eigentlichen Ziel der Dokumentarischen Methode, der Sinn- und/ oder Soziogenetischen *Typenbildung,* kann im Rahmen dieses Artikels nicht nachgegangen werden. Die anschließende Darstellung erster Rückschlüsse aus der bisherigen Interpretationsarbeit soll aber einen ersten Eindruck vermitteln, wie das Abstraktionsniveau schrittweise ansteigt.

Bei der Arbeit am Material wird vor allem der Begriff der „Entwicklungsaufgabe" immer evidenter. Hier finden sich in den Daten sowohl solche, die von außen an die Schulanfänger*innen herangetragen werden, als auch von den Kindern selbst entworfene, an sich selbst gestellte Entwicklungsaufgaben. Beide Typen werden vom Individuum wahrgenommen und interpretiert, was schließlich zum individuellen Handeln zwecks Lösung oder Bearbeitung der Entwicklungsaufgaben führt. Eine Bewertung von Bewältigungsleistungen kann somit nicht an normativen Maßstäben erfolgen, sondern erst durch die Rekonstruktion des subjektiven Sinns, den die Akteure ihnen durch ihre Deutung verleihen.

Bislang überwiegend aus Erwachsenensicht erworbene Erkenntnisse zum Übergangsprozess der Kinder vom Kindergarten in die Grundschule, können so um eine subjekt-orientierte Perspektive ergänzt werden.

Schule als Sozialisationsinstanz konfrontiert die Schüler*innen mit einer Vielzahl gesellschaftlicher und institutionalisierter Normen, wodurch sich die Akteure – nach Havighurst – in einem Spannungsfeld aus persönlichen Bedürfnissen und gesellschaftlichen Anforderungen wiederfinden (vgl. Trautmann 2004, S. 28). Anhand des Datenmaterials ist es möglich, eine Reihe von daraus entstehenden Entwicklungsaufgaben zu identifizieren und zu rekonstruieren.

Im Beispiel von *Jelena* wäre hier die Anpassung an die Institution Schule zu nennen, die „strenger" ist als der Kindergarten und institutionalisierte Regeln vorgibt. Regelbrüche werden sanktioniert.

Im Vergleich mit *Finn* (7 Jahre), kann dieser Aspekt weiter ausdifferenziert werden. Zunächst der Ausschnitt aus dem Transkript:

`Interviewausschnitt Finn (7 Jahre)`

```
44 I: Okay äh gibts auch was was dir nicht so gut gefallen hat //
   mh// im Kindergarten?
45 K: Äh (2) da gibt s nich so lange Ferien @.@
46 I:     |@Okay@|
47 K: |@ da gibts| keine Fe- Herbstferien keine Osterferien aber
48 dafür kann man sich freinehmen wann man will@
```

Formulierende Interpretation

Die Interviewerin fragt nach negativen Erinnerungen an den Kindergarten, was Finn mit weniger langen Ferien beantwortet und auch das Fehlen von Herbstferien und Osterferien anführt. Als Vergleich führt er an, dass man sich dafür „freinehmen" könne „wann man will".

Reflektierende Interpretation

Auf die Frage danach, ob es im Kindergarten auch etwas gab, was ihm nicht so gut gefallen habe, geht Finn in den Vergleich mit der Schule, genauer mit den Ferienzeiten. Er differenziert in (im Kindergarten fehlende) Herbst- und Osterferien und macht dann dem Kindergarten sozusagen ein Zugeständnis, indem er beschreibt, dass man sich dort „freinehmen kann wann man will". Er beschreibt den Kindergarten als Ort, an dem mehr Freiheit herrscht als in der Schule, auch wenn es dort längere und mehr Ferien gibt. Durch seine Wortwahl verstärkt er die Differenz: Schule = Ferien, Kindergarten = freinehmen. Das „man sich" im Kindergarten „freinimmt" ist aus zwei Perspektiven bemerkenswert. Zum einen werden Kindergartenkinder von den Erziehungsberechtigten beurlaubt/ entschuldigt und nehmen sich nicht selbst frei, zum anderen ist „sich Freinehmen" ein Ausdruck, der gewöhnlich im Arbeitsleben verwendet wird; synonym zu „sich Urlaub nehmen". Im Grunde müsste man hier allerdings wohl eine Bedeutungsunterscheidung treffen und zwischen Angestellten und Selbstständigen/ Freiberuflern differenzieren. Angestellte können sich zwar ihren (ihnen tariflich zustehenden) Urlaub nehmen, müssen ihn dazu aber in der Regel beantragen, während sich Selbstständige in der Tat freinehmen können, da sie selbst über die Organisation ihrer Arbeit bestimmen können.

Im Sinne einer weiteren Abstraktion, kann hier auf die Differenz von Unabhängigkeit und Abhängigkeit, ja eventuell sogar Autonomie und Heteronomie, verwiesen werden. Was insofern widersprüchlich ist, da Kinder in der Regel mit zunehmendem Alter an Autonomie gewinnen. Eine vage Hypothese an dieser Stelle ist: Finn erlebt mit der Einschulung einen Autonomieverlust.

Was *Jelena* und *Finn* gemeinsam haben, ist das Erleben institutioneller Eingebundenheit, das sich von ihren bisherigen Erfahrungen unterscheidet. Sie strukturieren diese Erfahrung zwar unterschiedlich, zeigen aber beide die weiter oben beschriebenen Diskontinuitäten in der Entwicklung der Kinder. Diese werden eben gerade in Phasen von Übergängen evident und fordern gleichsam zur Aktivität heraus. So ist eine Kontinuität in der Bildungsbiographie zwar zum einen wünschenswert, da sie Stabilität bieten kann. Zum anderen bleibt aber fraglich, ob nicht gerade eine Neuorientierung, ein Überdenken bislang erfolgreich eingesetzter Handlungsmuster, als besonders entwicklungsfördernd gesehen werden kann. Dieser Spur wird in der weiteren Auswertung gefolgt.

Um dabei das Datenmaterial in seiner inhaltlichen Reichweite zu berücksichtigen, werden im weiteren Verlauf für die Schüler*innen bedeutsame Kategorien

herausgearbeitet (Rituale, Soziale Umwelt u.ä.), die das Übergangserleben beeinflussen und als handlungsleitend zu rekonstruieren sind.

▶ **Lesehinweise**
   Aeppli (Hrsg.) (2010)
   Nohl (2006)
   Przyborski (2004)

5   Diskussion: Herausforderungen und Chancen

Ein Projekt, das sich einer pädagogische Problemstellung aus der Kinderperspektive nähern will, stellt sich als große, vor allem methodische Herausforderung dar.
Sowohl in der Phase der Datenerhebung, als auch bei der anschließenden Auswertung erfordert diese Altersgruppe ein hohes Maß an Sensibilität und Reflek-
tionsvermögen, um die eigenen Relevanzbereiche zu verlassen und sich denen der
Kinder angemessen annähern zu können.

Gleichwohl lohnt es sich, um einen Einblick in die kindlichen Handlungsmuster
(und damit auch in ihr Denken) zu erhalten. Knörzer et al. betrachten den Schul-
eintritt als kritisches Lebensereignis und damit als bedeutsam für die Identitätsentwicklung (vgl. 2007, S. 171 ff.). Darüber, dass es in der Verantwortung der beteiligten Erwachsenen, seien es Eltern, Fachkräfte oder Lehrer*innen, liegt, die Kinder
bei dieser Bewältigungsleistung zu unterstützen ist man sich allgemein einig. Woran es weiterhin zu arbeiten gilt, ist die kontinuierliche und vor allem qualitativ
hochwertige Zusammenarbeit von Kindertageseinrichtungen und Grundschulen.

Bereits seit den 1980er Jahren wird eine Kooperation der beiden Institutionen
als Gelingensbedingung der Schuleingangsphase gesehen (vgl. Hacker 2008, S.
101), worauf auch die Empfehlungen von Kooperationsformen von Seiten der Länder an die Institutionen gründen (vgl. ebd.).

Mit der Frage nach einer erfolgreichen Zusammenarbeit der beiden über-
gangsbegleitenden Institutionen haben sich beispielsweise Griebel und Niesel beschäftigt (vgl. o.J.) und auch im Rahmen anderer Projekte wurde diese Thematik
aufgegriffen (vgl. z.B. Ramseger und Hoffsommer 2008 mit „ponte."). Ein übergeordnetes, sozusagen „routiniertes" Modell institutioneller Zusammenarbeit ist
jedoch bislang nicht zu finden, was unter anderem an der Strukturdifferenz der
Einrichtungen, aber auch an mangelnder Kooperationsbereitschaft liegen mag
(vgl. Hacker 2008).

Wünschenswert wäre es, mit dem vorliegenden Projekt einen Beitrag für eine konstruktive und an kindlichen Ressourcen orientierte Kooperationsentwicklung leisten zu können.

▶ **Lesehinweise**
Bülow (2011)
Denner und Schumacher (Hrsg.) (2004)
Faust (Hrsg.) (2013)
Heinzel und Panagiotopoulou (Hrsg.) (2010)

6   Fazit

Der vorliegende Artikel zeigt, dass die Perspektive der Kinder den Diskurs über den Übergang von der Kindertagesstätte in die Grundschule gewinnbringend ergänzen kann. Für die Entwicklung gelingender Übergangskonzepte sollten darüber hinaus die Bedürfnisse und Anforderungen *aller* beteiligten Akteure und Institutionen berücksichtigt werden. Sich daran anschließende Fragestellungen für Bachelorarbeiten und/oder studentische Forschungsprojekte könnten sich daher mit der Frage nach Kooperationen zwischen Kindertageseinrichtungen und Grundschulen beschäftigen. Mögliche Zugänge wären hier beispielsweise die Frage nach Gelingensbedingungen aus der Perspektive der jeweiligen Fachkräfte oder auch die Betrachtung unterschiedlicher Kooperationsformen.

Literaturverzeichnis

Aeppli, J. (Hrsg.) (2010). *Empirisches wissenschaftliches Arbeiten. Ein Studienbuch für die Bildungswissenschaften*. Bad Heilbrunn: Klinkhardt.
Bamler, V., Werner, J., & Wustmann, C. (2010). *Lehrbuch Kindheitsforschung. Grundlagen Zugänge und Methoden*. Weinheim, München: Juventa.
Beelmann, W. (Hrsg.) (2011). Übergänge im Lebenslauf bewältigen und förderlich gestalten. Berlin, Münster: LiT.
Bohnsack, R. (2003). *Rekonstruktive Sozialforschung. Einführung in qualitative Methoden*. 5. Aufl. Opladen: Leske + Budrich.
Bohnsack, R., Nentwig-Gesemann, I., Nohl, A.-M. (Hrsg.) (2013). *Die dokumentarische Methode und ihre Forschungspraxis. Grundlagen qualitativer Sozialforschung*. 3. Aufl. Wiesbaden: VS Verlag für Sozialwissenschaften.
Bührmann, T. (2008). Übergänge in sozialen Systemen. Weinheim, Basel: Beltz.

Bülow, K. v. (2011). *Anschlussfähigkeit von Kindergarten und Grundschule. Rekonstruktion von subjektiven Bildungstheorien von Erzieherinnen und Lehrerinnen.* Zugl.: Würzburg, Univ., Diss., 2010. Bad Heilbrunn: Klinkhardt.

Carle, U. (2004). Zur Bedeutung von Bildungsübergängen für die kindliche Persönlichkeitsentwicklung. Transdisziplinäre Überlegungen. In: Denner, L., Schumacher, E. (Hrsg.): Übergänge im Elementar- und Primarbereich reflektieren und gestalten. Beiträge zu einer Grundlegenden Bildung. Bad Heilbrunn. S.30-51.

Carle, U./ Schiffler, S. (2011). *Alle wollen nur das Beste. Gatekeeper bei der Einschulung. In: Friedrich Jahresheft 2011.* Seelze: Friedrich. S.56-59.

Denner, L./Schumacher, E. (Hrsg.) (2004). Übergänge im Elementar- und Primarbereich reflektieren und gestalten. Beiträge zu einer grundlegenden Bildung. Bad Heilbrunn: Klinkhardt.

Diehm, I. (2004). Kindergarten und Grundschule. Zur Strukturdifferenz zweier Erziehungs- und Bildungsinstitutionen. In: Helsper, W./ Böhme, J. (Hrsg.): *Handbuch Schulforschung.* Wiesbaden: VS Verlag für Sozialforschung. S. 530-547.

Faust, G. (Hrsg.) (2013). *Einschulung. Ergebnisse aus der Studie 'Bildungsprozesse, Kompetenzentwicklung und Selektionsentscheidungen im Vorschul- und Schulalter* (BiKS)'. Münster: Waxmann.

Graßhoff, G. et al. (2013). *Eltern als Akteure im Prozess des Übergangs vom Kindergarten in die Grundschule.* Wiesbaden: VS Verlag für Sozialwissenschaft.

Griebel, W., Niesel, R. (2011). Übergänge verstehen und begleiten: Transitionen in der Bildungslaufbahn von Kindern. Berlin: Cornelsen Skriptor.

Griebel, W., Niesel, R. (2004). *Transitionen. Fähigkeit von Kindern in Tageseinrichtungen fördern, Veränderungen erfolgreich zu bewältigen.* Weinheim: Beltz.

Griebel, W./Niesel, R. (o.J.). Die Bewältigung von Übergängen zwischen Familie und Bildungseinrichtungen als Co-Konstruktion aller Beteiligten. In: Textor, M. R. (Hrsg.): *Das Kita-Handbuch.* Online verfügbar unter: http://www.kindergartenpaedagogik.de/1220.html [15.06.2016]

Hacker, H. (2008). *Bildungswege vom Kindergarten zur Grundschule.* 3. Aufl. Bad Heilbrunn: Klinkhardt.

Heinzel, F. (Hrsg.) (2000). *Methoden der Kindheitsforschung. Ein Überblick über Forschungszugänge zur kindlichen Perspektive.* Weinheim, München: Juventa.

Heinzel, F./Panagiotopoulou, A. (Hrsg.) (2010). *Qualitative Bildungsforschung im Elementar- und Primarbereich. Bedingungen und Kontexte kindlicher Lern- und Entwicklungsprozesse.* Baltmannsweiler: Schneider.

Kleemann, F., Krähnke, U., & Matuschek, I. (2009). *Interpretative Sozialforschung. Eine praxisorientierte Einführung.* Wiesbaden: VS Verlag für Sozialwissenschaften.

Knörzer, W., Grass, K., & Schumacher, E. (2007). *Den Anfang der Schulzeit pädagogisch gestalten. Ein Studien- und Arbeitsbuch für den Anfangsunterricht.* 6. Aufl. Weinheim, Basel: Beltz.

Niesel, R. (2004). Einschulung. Der Übergang vom Kindergarten in die Grundschule. In: Schumacher, E. (Hrsg.): Übergänge in Bildung und Ausbildung. Gesellschaftliche, subjektive und pädagogische Relevanzen. Bad Heilbrunn: Klinkhardt. S.89-101.

Niesel, R., Griebel, W. & Netta, B. (2008). *Nach der Kita kommt die Schule. Mit Kindern den Übergang schaffen.* Freiburg im Breisgau: Herder.

Nohl, A.-M. (2006). *Interview und dokumentarische Methode. Anleitungen für die Forschungspraxis.* Wiesbaden: VS Verlag für Sozialwissenschaften.

Oehlmann; S., Manning-Chlechowitz, Y. & Sitter, M. (Hrsg.) (2011). *Frühpädagogische Übergangsforschung. Von der Kindertageseinrichtung in die Grundschule.* Weinheim, München: Juventa.

Przyborski, A. (2004). *Gesprächsanalyse und dokumentarische Methode. Qualitative Auswertung von Gesprächen, Gruppendiskussionen und anderen Diskursen.* Wiesbaden: Springer Fachmedien.

Przyborski, A./Wohlrab-Sahr, M. (2010). *Qualitative Sozialforschung.* Ein Arbeitsbuch. 3. Aufl. München: Oldenbourg.

Ramseger, J./Hoffsommer, J. (Hrsg.) (2008). ponte. *Kindergärten und Grundschulen auf neuen Wegen. Erfahrungen und Ergebnisse aus einem Entwicklungsprogramm.* Deutsche Kinder- und Jugendstiftung. Weimar, Berlin: Das Netz.

Rath, M. (2011). Übergänge sind immer. Anthropologische Überlegungen zu einem pädagogischen Thema. In: *Friedrich Jahresheft 2011.* Seelze: Friedrich. S. 10-13.

Schneider, I. (2004). Der Übergang in die Schule. Eine mehrperspektivische kooperative Gestaltungsaufgabe. In: Hansel, T. (Hrsg.): *Frühe Bildungsprozesse und schulische Anschlussfähigkeit. Reform des frühpädagogischen Bereichs in der Debatte nach PISA.* Herbolzheim: Centaurus.

Siegler, R., DeLoache, J. & Eisenberg, N. (2011). *Entwicklungspsychologie im Kindes- und Jugendalter.* Heidelberg: Spektrum Akademischer Verlag.

Seydel, O. (2011). *Vom Weggehen und Ankommen. Wieso ein Übergang keine Rennstrecke ist. In: Friedrich Jahresheft 2011.* Seelze: Friedrich. S. 7-9.

Trautmann, M. (2004). Entwicklungsaufgaben bei Havighurst. In: Ders. (Hrsg.): Entwicklungs*aufgaben im Bildungsga*ng. Wiesbaden: VS Verlag für Sozialwissenschaften. S. 19-40.

Trautmann, T. (2010). *Interviews mit Kindern. Grundlagen, Techniken, Besonderheiten, Beispiele.* Wiesbaden: VS Verlag für Sozialwissenschaften.

Van Gennep, A. (2005). *Übergangsriten. Les rites de passage. Aus dem Französischen von Klaus Schomburg und Sylvia M. Schomburg-Scherff.* 3., erweiterte Auflage. Frankfurt/New York: Campus.

Jugendliche und Schule: Zur Sicht von Jugendlichen auf Schule und Lehrer*innen

Katharina Hombach

1   Einleitung

Schule ist ein zentraler Ort des Lernens, der Bildung und der Sozialisation. Dort verbringen Jugendliche über mehrere Jahre hinweg ihre biographische Zeit und es werden Grundlagen für eine Lebensplanung sowie den Übergang in den Beruf gelegt. Untersuchungen zeigen jedoch, dass das Interesse der Schüler*innen an der Schule im Laufe der Schulzeit kontinuierlich abnimmt (z.B. Krapp 2002). Weiterhin sind Phänomene von Schulabsentismus und Dropout aus dem Schulsystem zu verzeichnen. Insbesondere Schüler*innen in Hauptschulbildungsgängen wird diesbezüglich eine hohe Problembehaftung zugeschrieben (vgl. Spies 2011). Die Sichtweisen von Jugendlichen auf Schule sind daher von besonderem Interesse. Durch die Akteursperspektive der Jugendlichen können deren Erfahrungen, Erwartungen und Wünsche offengelegt werden. Diese wiederum bilden die Basis, um in einem weiteren Schritt Ableitungen für die Gestaltung von Schule und der Schüler-Lehrer-Beziehung ziehen zu können.

Dieser Artikel richtet den Fokus auf Jugendliche und deren Sicht auf Schule sowie die Beziehung zu ihren Lehrer*innen. Der Beitrag basiert auf Teilergebnissen einer qualitativ-empirischen Studie im Rahmen eines Dissertationsprojektes, das den Übergang von der Hauptschule in eine Berufsausbildung zum Forschungsgegenstand hat. Auf der Basis biografisch-narrativer Interviews werden mit der dokumentarischen Methode Denk- und Handlungsmuster von Jugendlichen u.a. hinsichtlich der Funktionen von Schule sowie Konflikt- und Belastungspotenziale in der Schüler-Lehrer-Beziehung herausgearbeitet.

▶ **Lesehinweise**
Bohnsack (2013)
Hagedorn (Hrsg.) (2014)
Spies (2011)

2   Theoretische Zugänge und Forschungsstand

Die Thematik „Jugendliche und Schule" ist komplex und bedarf einer interdisziplinären Betrachtung. Daher werden im Folgenden theoretische Ansätze und Studien aus der Pädagogik, der Bildungssoziologie und Psychologie zum Überblick
herangezogen.

Die Soziologen Bourdieu und Passeron (1971, 1973) prägten mit ihrer Habitus-
Theorie den Begriff der *kulturellen Passung.* Sie unterscheiden zwischen einem
primären und sekundären Habitus. Der primäre Habitus bezeichnet die Gewohnheiten und Orientierungen der Schüler*innen, die diese in der familiären Sozialisation erworben haben und die milieuspezifisch sind. Die in der Schule geltenden
Praktiken sowie das vorherrschende Bild eines Idealschülers bzw. einer Idealschü-
lerin, das durch die Orientierungen der privilegierten Schichten geprägt ist, wird
als sekundärer Habitus bezeichnet. Das erfolgreiche Durchlaufen der Schule hängt
zentral von der kulturellen Passung, d.h. einer Übereinstimmung bzw. Nähe des
primären und sekundären Habitus, ab. Bildungsbenachteiligung entsteht, indem
in der Schule die jeweiligen Habitus der Schüler*innen unterschiedlich gewürdigt
werden. Die Theorie von Bourdieu ist als Ausgangspunkt verschiedener Studien
zur Rekonstruktion von Schülerbiografien verwendet worden, so z.B. bei Kramer
(2002) der das schulbiographische Passungsverhältnis untersucht.

Die in der pädagogischen Psychologie verortete Stage-Environment-Fit-Theo-
rie (Eccles et al. 1991, 1993) verwendet ebenfalls den Begriff der *Passung* – jedoch
in einer anderen Bedeutung. Eccles et al. (1991, 1993) stellen heraus, dass eine
hohe Passung zwischen den Fähigkeiten, Interessen und Bedürfnissen der Schüler*innen sowie den Kontextbedingungen der Schule zu hoher Lernmotivation,
Produktivität und Wohlbefinden führt, während sich eine fehlende Passung hingegen gegenteilig auswirkt. Die sinkende (Leistungs-)Motivation der Schüler*innen im Laufe des Jugendalters wird somit durch eine mangelnde Passung zwischen den schulischen Lerninhalten und den Interessen der Schüler*innen erklärt.
Die Lernumwelt vermag es immer weniger den Bedürfnissen der Jugendlichen, die
insbesondere auf eine zunehmende Selbstbestimmung ausgerichtet sind, gerecht
zu werden.

Den Einfluss der Schüler-Lehrer-Beziehung in Bezug auf den Bildungsprozess und Schulerfolg fokussiert Raufelder (2006). Sie stellt in ihrer ethnographischen Studie die *Macht* als entscheidende Kategorie in der Lehrer-Schüler-Beziehung heraus. Das Rollenverständnis zwischen Schüler*innen und Lehrer*innen beschreibt sie als antagonistisch. Dies führe zu einem Streit um Macht, zur Durchsetzung der eigenen Interessen, die gegenläufig seien: Stoffvermittlung als Ziel der Lehrer*innen und als Interesse der Schüler*innen das möglichst angenehme Überstehen der Pflicht (vgl. Raufelder 2006, S. 267f.).

Ferner wird das Schüler-Lehrer-Verhältnis unter anerkennungstheoretischer Perspektive (Honneth 1992)[5] betrachtet (z.b. Sandring 2013). Sandring untersucht in ihrer Studie Jugendliche mit scheiternden Schulkarrieren vor dem Hintergrund ihrer *Anerkennungsbedürfnisse*. Sie stellt heraus, dass in dem vorliegenden problematischen Anerkennungsraum der Schule eine Kompensation negativer biographischer Anerkennungserfahrungen nicht erfolgt, sondern diese vielmehr gesteigert werden.

▶ **Lesehinweise**
Bourdieu und Passeron (1971)
Eccles et al. (1993)
Honneth (1992)

3 Das Projekt

In diesem Beitrag wird ein Teilbereich eines Dissertationsprojekts fokussiert. Forschungsgegenstand des Dissertationsprojekts ist der Übergang von der Schule in die Berufsausbildung von Schüler*innen aus Hauptschulbildungsgängen. Es handelt sich um eine qualitativ-empirische Studie, die in der rekonstruktiven Sozialforschung angesiedelt ist. Mittels biografisch-narrativer Interviews (Schütze 1983) wurden die Lebensgeschichten von elf Jugendlichen im Alter von 16 bis 19 Jahren erhoben. Ein besonderer Schwerpunkt lag dabei auf deren Bildungsbiografien in der Schule. Allen Interviewten ist gemeinsam, dass sie ehemals Schüler*innen in einem Hauptschulbildungsgang waren und sich zum Interviewzeitpunkt in einer Berufsausbildung befinden. Ziel dieser Untersuchung ist es, den Übergang von der Schule in die Berufsausbildung zu rekonstruieren und dabei insbesondere den Be-

---

5   Honneth geht von drei Dimensionen der Anerkennung aus: Die Anerkennung der Liebe in Primärbeziehungen, die Anerkennung der Gleichberechtigung als Rechtsperson sowie die Anerkennung auf Grund individueller Leistung (vgl. Honneth 1992, S. 8).

rufsorientierungsprozess und den Einfluss der Schule auf diesen nachzuvollziehen. Die Auswertung der Daten erfolgt in Anlehnung an die dokumentarische Methode (Bohnsack 1989, Nohl 2009).

Für die Datenauswertung im Rahmen dieses Forschungsaufsatzes wird ein Teilbereich der Studie herausgegriffen. Es werden Orientierungen und handlungsleitendes Erfahrungswissen der jugendlichen Interviewten hinsichtlich der allgemeinbildenden Schule und der Interaktion mit Lehrer*innen herausgearbeitet. Dabei wird folgenden Fragen aus retrospektiver Perspektive der Jugendlichen nachgegangen: Wie haben die Jugendlichen ihre Hauptschulzeit wahrgenommen? Welche Funktionen schreiben die Jugendlichen der Schule und den Lehrer*innen zu? Wo sehen sie konflikthafte Situationen und welche Handlungsstrategien nutzten sie zum Umgang mit diesen Situationen? Die retrospektive Sicht der Jugendlichen auf ihre Schule und die Lehrer*innen hat zum einen den Vorteil, dass diese mit einiger Zeit Abstand nicht mehr unmittelbar in die (Konflikt-)Situationen involviert sind. Zum anderen sind die Interviewten durch die Berufsausbildung im dualen System auch Schüler*innen in der Berufsschule und können daher ihre Erfahrungen in der allgemeinbildenden Schule mit denen in der Berufsschule vergleichen.

▶ **Lesehinweise**
Bohnsack (2014)
Nohl (2009)
Schütze (1983)

4   Ergebnisse

Im Folgenden werden anhand ausgewählter Interviewpassagen Orientierungen der Jugendlichen hinsichtlich ihrer Schule und ihrer Lehrer*innen herausgearbeitet und kontrastiert. In den Interviews dokumentieren sich unterschiedliche Funktionen von Schule, Vorstellungen von guten Lehrpersonen, Erfahrungen der Willkür und Macht seitens der Lehrpersonen und eigenes deviantes Verhalten im schulischen Kontext. Durch die Organisation von Schule in Form von Schulklassen werden neben Individualsituationen zwischen dem/der einzelnen Schüler*in und dem/der Lehrer*in ebenso Gruppeninteraktionen zwischen der Schulklasse und dem/der Lehrer*in thematisiert.

„die wollten schon immer was Gutes für einen"

„ehm zu meiner Schulzeit okay das war vielleicht nicht die ein-
fachste Schule oder die (.) netteste Schule aber trotzdem wollten
die Lehrer immer nur das eine dass man en guten Abschluss macht
und seine Ausbildung kriegt dass man nich irgendwo unner der Brücke hängt oder so all die wollten schon immer was Gutes für einen
und das nich nur für einen sondern für jeden natürlich" (Pascal,
16 Jahre)

Pascal resümiert seine Schulzeit und beschreibt die Schule als eine Institution,
die auf der Leistungsebene „nicht einfach" und auf der Beziehungsebene „nicht
die netteste" war. Da die Schule von den beteiligten Akteuren gestaltet wird und
die Schule als Gebäude nicht mit den Adjektiven leicht und nett kompatibel ist,
inkludiert die Beschreibung die Lehrer*innen als Personal der Schule. Trotz der
genannten ungünstigen Rahmenbedingungen schreibt er seinen Lehrer*innen die
Intention zu, stets das Ziel zu verfolgen, dass die Schüler*innen einen guten Abschluss und einen Ausbildungsplatz erhalten. Diesem Ziel stellt Pascal als negativen Gegenhorizont ein „unter der Brücke Hängen", das mit Arbeitslosigkeit und
Perspektivlosigkeit einhergeht, gegenüber. Alle weiteren Handlungen der Lehrer*innen sind für ihn retrospektiv in Hinblick auf das angestrebte Ziel zu verstehen und implizieren daher „was Gutes". Mit Blick auf das Schülerkollektiv, in das
sich Pascal einordnet, bezieht er das Ziel der Lehrer*innen auf alle Schüler*innen.
Damit spricht er seinen Lehrern eine positiv konnotierte Fairness zu. In dieser Passage wird deutlich, dass der Interviewte den schulischen Erfolg der Schüler*innen
als die Aufgabe von Lehrer*innen ansieht. Den Qualifikationsauftrag der Schule,
gemessen an Abschluss und Ausbildung der Schüler*innen, stellt der Interviewte
als übergeordnetes Ziel in den Vordergrund.

Ein Vergleichshorizont zeigt sich zum Fall Steve. Der Interviewte Steve kategorisiert seine Lehrer*innen in den Dimensionen „gut" und „schlecht":

„es gibt gute es gibt schlechte Lehrer"

„Lehrer ist schon total wie ein Schwerstberuf äh muss es gibt gute
Lehrer es gibt schlechte Lehrer gute Lehrer sind für mich Lehrer
die sich für die Klasse/ die hinter ihrer Klasse stehen und nicht
vor ihrer Klasse und nicht direkt runterkippen lassen vor der
Rektorin oder vom Rektor das war in der S-Schule zum Beispiel so
Lehrer gute Lehrer sind für mich Personen die Jugendliche gut ein-
schätzen können die wissen wie man Jugendliche packen muss damit
man sie noch über die Ziellinie reißen kann auch wenn ein Jesus-

```
kampf ist aber halt einfach nicht aufgaben halt damit man ich find
einfach Lehrer müssen en Ziel haben dass ihre Klasse gut abschließt
das hatten die meisten Lehrer verloren das ist denen mittlerweile
scheiß egal auf gut deutsch sag ich mal" (Steve, 16 Jahre)
```

Gute Lehrer*innen zeichnen sich in seinen Augen dadurch aus, dass sie hinter
ihrer Klasse stehen, d.h. diese unterstützen und für ihre Klasse einstehen. Davon
grenzt er diejenigen Lehrer*innen ab, die vor der Klasse stehen. Dies könnte im
Sinne von Frontalunterricht und Belehrung verstanden werden. Rektor*innen werden als potenzielle Gegner*innen der Schüler*innen benannt, gegen die der/die
gute Lehrer*in seine/ihre Klasse schützt. Gute Lehrer*innen verfügen nach Steve
weiterhin über eine gute Menschenkenntnis, insbesondere bei Jugendlichen.

Steve bezeichnet den Lehrerberuf als „Schwerstberuf". Diese Bezeichnung ist
üblich für eine Tätigkeit mit hoher körperlicher Anstrengung. Gleichzeitig drückt
sich hierin eine Wertschätzung und Anerkennung für diejenigen Lehrer*innen aus,
die diesen Beruf engagiert ausüben. Seine Anforderungen an Lehrpersonen deutet
er in Form von zwei Metaphern an: Im ersten Bild des Lehrers als Trainer, der den
Wettkämpfer (den Schüler), der von der Laufbahn abkommt, „packt" und „über
die Ziellinie reißt", werden Jugendliche als nicht intrinsisch motiviert dargestellt,
sondern müssen durch die Lehrer*innen erst motiviert und zur Leistung gebracht
werden. Im zweiten Bild des „Jesuskampfs" wird eine unendliche Anstrengung
für eine gute Sache betont. Um in den biblischen Begriffen Steves zu bleiben, ließe
sich so der ideale Lehrer als guter Hirte beschreiben, der seine Schäfchen nicht
über die Klippe fallen lässt („nicht direkt runterkippen lassen"). Hierin dokumentiert sich eine Fürsorge- und Beschützerfunktion der Lehrer*innen.

Die zentrale Aufgabe von Lehrer*innen sieht der Interviewte darin, auf den
guten Schulabschluss der Schüler*innen als (Bildungs-)Ziel hinzuwirken. Somit
zeigt sich ein Vergleichshorizont zwischen Steve und Pascal hinsichtlich des Qua-
lifikationsauftrags der Schule. Ein Unterschied zeigt sich dahingehend, dass Steve
den „meisten" Lehrer*innen zuschreibt, nicht (mehr) dieses Ziel zu verfolgen,
während Pascal allen seinen Lehrer*innen der Schule gute Absichten zuspricht.
Beide Interviewten sehen Schüler*innen retrospektiv selbstkritisch hinsichtlich
ihrer schulischen Leistungsmotivation und Eigenaktivität. In der folgenden Passage wird die mangelnde Passung zwischen Schulsetting und Schülerinteressen von
Steve weiter ausgeführt:

```
„also einfach ich find einfach die Lehrer auf dieser Schule sind
einfach so zwar schon erfahren aber die denken nicht so wie die
Kinder wie die Jugendlichen die können sich nicht reinversetzen
```

```
also wenn en Jugendlicher sagt ich hab kein Bock mehr und die sagen
ja dann kannst du gehen dann wollen wir dich nicht dann muss es ja
auch irgendwie nen Grund haben warum er kein Bock mehr hat da ham
sie halt nicht versucht die ham halt nicht wirklich versucht mit
uns zusammen zu arbeiten" (Steve, 16 Jahre)
```

Als Basis für eine gelungene Lehrer-Schüler-Interaktion wird hier das empathische Verstehen der Lehrer*innen gegenüber den Schüler*innen hervorgehoben. Steve macht die Erfahrung, dass Jugendliche und Lehrer*innen sich in verschiedenen Gedankenwelten bewegen und es den Lehrer*innen nicht gelingt, sich in die Jugendlichen hineinzuversetzen. Wer sich unmotiviert und den schulisch gesetzten Anforderungen gegenüber widerständig zeigt, wird von diesen Lehrer*innen mit Ablehnung und Missachtung gestraft. Steve sieht es als die professionelle Aufgabe der Lehrer*innen an, der Unlust der Schüler*innen auf den Grund zu gehen und eine Zusammenarbeit anzustreben. Deutlich wird der Wunsch des Interviewten nach der Anerkennung seiner Bedürfnisse und seiner Person, die er in dieser Situation nicht erfährt. Diesen negativen schulischen Erfahrungen stellt Steve die positive Erfahrung mit einer Lehrerin gegenüber, die er wertschätzend als „super Pädagogin" bezeichnet:

```
„sie stand immer mit hundertzehn Prozent hinter uns allen also da
wo andere aufgehört haben hat sie uns gesagt Leute das war nicht
korrekt das müsst ihr ändern das muss noch sein ham wir natürlich
nicht immer alles gemacht aber wir ham versucht wir ham versucht
Kompromisse zu finden" (Steve, 16 Jahre)
```

Die Lehrerin stellte in der genannten krisenhaften Situation eine Stütze für die Schulklasse dar. In dieser Aussage dokumentiert sich, dass eine zentrale Voraussetzung für eine gute Lehrperson die volle Rückendeckung der Schüler*innen nach außen ist, die es ermöglicht, intern den Schülern*innen angemessene, offene Kritik entgegenzubringen. Steve erfährt in dieser Situation, dass er ernst genommen wird und seine Perspektive in die gemeinsame Erarbeitung einer Lösung mit einfließt. Der Versuch Kompromisse zwischen Lehrerin und Schulklasse zu finden, zeigt ein gegenseitiges Aufeinanderzugehen.

Ein Vergleichshorizont spannt sich in den Darstellungen von Dennis auf. Er spricht über unterrichtliche Lernsituationen und die positiven Erfahrungen, die er mit einer Lehrerin diesbezüglich gemacht hat. Diese Situation stellt er unmittelbar in den Kontrast zu den „meisten" Lehrer*innen.

„also jetzt Mathe zum Beispiel da hat ich ne gute Lehrerin auch
wenn wir unsre Klasse nachhing hat die alles versucht und auch
gemacht dass wirs echt das Thema verstanden haben und die meisten
gesacht haben das müssen in zwei Wochen alle im Kopf haben und
dann schreiben wir ne Arbeit und unsre Lehrerin die hat gesagt ne
wenn ihrs nich begreift warum soll ich dann ne Arbeit schreiben
dann ziehen wirs nächstes das nächste Thema wird einfach und dann
ziehen wir das etwas schneller durch aber da guck ich trotzdem ob
euch das gefällt und ob ihrs auch rafft" (Dennis, 16 Jahre)

Die Lehrerin setzt das Verstehen der Inhalte vor die zügige Abhandlung des Lehrplans, indem sie eine Leistungsüberprüfung nicht durchführt, wenn sie bereits zuvor über die Defizite der Schüler*innen Bescheid weiß. Als negativen Gegenhorizont grenzt Dennis das Handeln dieser Lehrerin von demjenigen anderer Lehrpersonen ab, die auf eine strikte Einhaltung des Zeitplans zur Themenerarbeitung und eine abschließende Prüfung der Unterrichtsinhalte fokussieren. Dass sich der Unterricht der erstgenannten Lehrerin nicht im zeitlosen Raum bewegt, zeigt sich darin, dass im nächsten Themengebiet entsprechend Zeit eingespart werden soll. Gleichwohl gelingt es in dieser Situation, eine gelungene Interaktion zwischen Schüler*innen und der Lehrerin herzustellen: Die Schüler*innen fühlen sich durch das Eingehen der Lehrerin auf ihr Lerntempo und ihre Interessen verstanden und ernst genommen. Die Situation ist weiterhin durch eine offene Kommunikation in der Situation gekennzeichnet, die das Lehrerhandeln den Schüler*innen transparent macht.

„da können die Lehrer ja entscheiden wie sie wollen"

Über das Thema Notengebung führt Steve in die Machtverhältnisse zwischen Lehrer*innen und Schüler*innen ein:

„also wir hatten paar Leute in der Klasse die waren halt nicht so
wie sie wollte sie hat so ein Schubladendenken gehabt sie hat die
Leute in eine Schubladen reingepackt hat einfach gesagt du bist
unartig du kriegst ne 4 du kriegst ne 3,5 weil ich dich nicht leiden kann" (Steve, 16 Jahre)

Der Interviewte erlebte, dass Noten als Sanktionsinstrument für „unartige" Schüler*innen verwendet werden und an der Dimension der subjektiven Beliebtheit „leiden können" bzw. „nicht leiden können" durch die Lehrerin festgemacht werden. Eine Beliebigkeit der Notengebung und die damit verbundene Macht der Leh-

rer*innen über diese zu entscheiden, erfährt der Interviewte auch hinsichtlich der
Bewertung der fachlichen Leistung:

```
„wir hatten halt ne Englischlehrerin die hat gesagt wir können
kein Englisch wir wären voll schlecht und so wir hatten ja die
Frau B. in Englisch und das kann eigentlich gar nicht sein weil
wir waren bei der wirklich eins, eins bis zwei, zwei zweier Schnitt
so was ich will jetzt nicht übertreiben also wirklich sehr gut und
dann hat die behauptet wir können es nicht und hat uns dann halt
dementsprechend Dreier und Vierer reingeknallt womit wir nicht
einverstanden waren und dann halt gesagt haben das kann nicht sein
[…] zur mündlichen Prüfung das ist ja Lehrer bedingt da können die
ja entscheiden wie sie wollen" (Steve, 16 Jahre)
```

Insbesondere die Bewertung von mündlichen Prüfungen wird von Steve als beliebig und lehrerabhängig wahrgenommen. Er erlebt einen Bruch in der Notengebung
bei zwei Lehrerinnen. Eine zuvor erhaltene gute Note bietet ihm die Legitimation
davon auszugehen, dass er in diesem Fach kompetent ist. Dabei spielt es für ihn
keine Rolle was er bzw. die anderen Schüler*innen an tatsächlicher inhaltlicher
Leistung erbracht haben und welche Kriterien der Bewertung zu Grunde liegen. In
dieser Interviewsequenz dokumentiert sich, dass der Interviewte Noten nicht als
ein Konstrukt ansieht und auch das Notensystem als solches nicht in Frage stellt.
Vielmehr stört sich Steve an der Eigenmächtigkeit der Lehrerin, die nach ihrem
Willen entscheidet und „Vierer reinknallt" ohne eine Mitsprachemöglichkeit der
Schüler*innen zuzulassen.

Die Asymmetrie in der Lehrer-Schüler-Beziehung, die durch das Generationen-
verhältnis und die institutionelle Struktur bedingt ist, wird von mehreren Interviewten thematisiert. So auch von Julia, einer integrativ beschulten Schülerin, die
befürchtet mit ihren Bedürfnissen von den Lehrer*innen nicht ernst genommen
zu werden und ihre Selbstwirksamkeit in Bezug auf die Beeinflussung ihrer Lehrer*innen eher gering einschätzt:

```
„ich mein wenn da jetzt en Schüler nem Lehrer gegenübersteht is
eigentlich (.) sag ich mal ob die das immer so ernst nehmen ich
find wenn das jemand anderes macht dann kommt das (.) wenn sie dann
halt hingeht und das dann sagt das is halt bisschen (.) denk ich
mal wirds eher gemacht wie wenn ich dahin steh und das dann sag
sie sollens jetzt bitte so machen" (Julia, 16 Jahre)
```

Die Interviewte sieht eine Kommunikation auf Augenhöhe zwischen Lehrer*in
und Schüler*in nicht als wahrscheinlich an. Um ihrem Interessen Gehör zu verschaffen, wählt Julia die Kommunikation über eine erwachsene Person als Ver-

mittlerin, hier ihre Integrationshelferin. Dass die Veränderungswünsche „eher"
umgesetzt werden, wenn sie von einer anderen erwachsenen Person vorgebracht
werden, bedeutet, dass auch dies keine Garantie ist, jedoch die Wahrscheinlichkeit erhöht. Offensichtlich besteht hier auch keine Gleichrangigkeit zwischen der
Integrationshelferin und den Lehrpersonen.

„das macht man halt wenn man jugendlich ist"

Die schulische Interaktion zwischen Lehrpersonen und Schüler*innen ist durch
gemeinsame Regeln, die z.b. in der Schulordnung festgehalten sind, gerahmt. Einzelne Jugendliche sprechen über eigene Regelverletzungen sowie die Reaktionen
der Lehrer*innen daraufhin. Die Interviewte Anna erzählt, dass sie sich über das
Verbot der Schulordnung hinwegsetzte und einen Fotoapparat mit in die Schule
brachte, mit diesem Bilder aufnahm und diese ins Internet stellte. In der Kommentierung ihrer Abweichung drückt sie eine Unbedarftheit ihres Handelns aus, die
keine absichtsvolle Regelübertretung erkennen lässt: „das macht man halt wenn
man jugendlich ist manchmal so so Späßchen ja" (Anna, 18 Jahre). Sie habe mit
ihrer Lehrerin und mit der Rektorin „en bisschen Ärger bekommen". Die Worte
der Lehrerin lassen sie nachdenken, so dass sie als aktiv handelnde Person für
sich entscheidet, das Verhalten einzustellen. Damit stellt die Interviewte die schulischen Regeln nicht als solche in Frage, sondern zeigt eine phasenweise jugend-
typische Devianz.

In anderen Interviews finden sich Situationen, in denen Jugendliche intentional
handelnd vereinbarte Regeln überschreiten, so z.b. im Fall Manuel in Form von
Lärmen im Unterricht, um mit den Lehrer*innen in Beziehung zu treten, ihre Aufmerksamkeit zu erhalten und diese in ihrem Verhalten zu testen:

```
„man kennt das ja Jungs die dann älter werden so in die Pubertät
kommen die werden dann immer schön ne wie nennt man das frecher
oder erlauben sich mehr [...] zum Beispiel wenn unsre Klasse jetzt
laut war oder so und das macht man ja darum damit der Lehrer sich
aufregt" (Manuel, 17 Jahre)
```

Entscheidend ist, auf welche Weise die Lehrer*innen mit den Verhaltensweisen
der Schüler*innen, die als Unterrichtsstörungen oder Regelverstöße deklariert
werden können, reagieren und wie Schüler*innen diese Reaktionen wiederum
wahrnehmen. Manuel führt hinsichtlich des Lautseins der Klasse zum Testen der
Lehrer*innen fort, dass diese eine Lehrerin „ganz cool" reagiert habe, da sie dies
nicht „persönlich genommen" habe. Damit wird ein Gegenhorizont eröffnet zu
Lehrer*innen, die ein Stören in der Klasse als Angriff auf die eigene Person sehen.

Der „coole" Umgang dieser Lehrerin zeichnet sich zum einen durch Abgrenzung und zum anderen durch „Verständnis" für die Schüler*innen aus. Das vom Schüler wahrgenommene professionelle Lehrerhandeln bezeichnet er wertschätzend als „ziemliche Kunst" und lobt das Handeln als „echt wunderbar". Als entscheidende Haltungen sieht Manuel hier „Geduld" und sich „nicht auf die Spitze treiben zu lassen" an.

5   Diskussion

Der vorliegende Beitrag nahm Schule aus Sicht von Jugendlichen in den Blick. Es zeigte sich, dass Schule für die Interviewten unmittelbar mit dem Lehrpersonal, das die Schule repräsentiert, verbunden ist. Die Darstellungen der Jugendlichen über die Schulzeit sind im Wesentlichen von Ausführungen über die Interaktion mit ihren Lehrer*innen geprägt. Die *Funktionen der Schule* bzw. die Aufgaben der Lehrer*innen sehen die Interviewten darin, Inhalte zu vermitteln und zu erklären, die Schüler*innen zu motivieren, bei Fehlverhalten wertschätzend zu korrigieren und beim Erreichen schulischer Ziele sowie dem Übergang in den Beruf zu unterstützen.

Der *Schüler-Lehrer-Beziehung* liegt aus Schülerperspektive ein Konfliktpotenzial zugrunde. Dieses beruht zum einen auf dem Absinken der Motivation aufgrund einer teilweise nicht vorhandenen *Passung* zwischen den Interessen und Bedürfnissen der Schüler*innen und dem schulischen Setting. Hierbei sehen die Schüler*innen sich retrospektiv durchaus selbstkritisch in ihrem Verhalten und Beitrag zur Schüler-Lehrer-Beziehung. Zum anderen entstehen Konflikte durch eine als unangemessen wahrgenommene *Machtausübung* und Unfairness einzelner Lehrer*innen insbesondere hinsichtlich der Praxis der Notenvergabe.

Entscheidend ist der Umgang mit konfliktbeladenen Situationen, der diese entkräften oder verstärken kann. Deutlich wird, dass die Schüler*innen und Lehrer*innen sich in ihrem Verhalten beeinflussen und hierbei ihre Erwartungen und antizipierten Reaktionen Einfluss nehmen. Die Ergebnisse zeigen ebenso, dass die Jugendlichen an einer guten Beziehung zu ihren Lehrer*innen interessiert sind. Gleichwohl stellen sie Erwartungen an die Beziehung zu ihren Lehrer*innen. Die interviewten Jugendlichen wünschen sich ein Bemühen seitens der Lehrer*innen, ihre Situation zu verstehen. Sie streben nach *Anerkennung* und möchten beteiligt werden. Diese Erwartungen werden jedoch häufig nicht erfüllt. Gerade vor dem Hintergrund negativer Erfahrungen mit Lehrer*innen wissen die Jugendlichen das Lehrerhandeln einzelner Lehrer*innen, die sich für ihre Schüler*innen einsetzen, zu schätzen und drücken ihrerseits Anerkennung gegenüber diesen Lehrer*innen aus.

Beim Vergleich der Beziehung der Jugendlichen zu ihren Hauptschullehrer*innen und dem aktuellen Kontakt zu ihren Berufsschullehrer*innen zeigt sich, dass das Verhältnis zu den Berufsschullehrer*innen von den Interviewten positiver bewertet wird. Dies hängt mit folgenden Aspekten zusammen: Die befragten Jugendlichen fühlen sich in der Berufsschule von ihren Lehrer*innen ernster genommen. Sie selbst sehen sich in ihrem Schülerverhalten als erwachsener an. Einerseits wird ihnen mehr Entscheidungsfreiheit in der Berufsschule zugestanden, andererseits aber auch mehr Selbstständigkeit im Lernen abverlangt. Mehrere Jugendliche betonen, dass die Berufschullehrer*innen einen „höheren Respektfaktor" hätten, da sie gemessen an den Konsequenzen für die Schüler*innen über mehr Macht verfügten. Sie könnten beispielsweise bei schülerseitigem Fehlverhalten den Ausbildungschef kontaktieren, was eine Kündigung des Ausbildungsverhältnisses nach sich ziehen kann, während die Lehrer*innen an der allgemeinbildenden Schule lediglich die Eltern informieren könnten. Offensichtlich besteht für die Interviewten im Berufsschulsetting keine Diskrepanz zwischen einem wertschätzenden, anerkennenden Umgang miteinander und einer asymmetrischen Beziehungsstruktur, die Macht legitimiert (vgl. Hombach 2016).

6   Fazit und Ausblick

Die Forschungsergebnisse geben Einblick in die Akteursperspektive einzelner Jugendlicher und deren Schulerfahrungen. Die Reichweite der Ergebnisse dieser qualitativen Studie ist eingeschränkt; dennoch können diese unter Beachtung der jeweiligen Voraussetzungen zum einen als Ausgangspunkt verwendet werden, um Ableitungen für die Gestaltung von Schule und der Schüler-Lehrer-Beziehung ziehen zu können. Zum anderen zeigen die Ergebnisse unterschiedliche Facetten des Themenfeldes Jugend und Schule auf, die wiederum Ansatzpunkte für weitere Studien bieten. Unter thematischem Gesichtspunkt ist neben der Schüler-Lehrer-Beziehung weiterhin die Schüler-Schüler-Beziehung bedeutungsvoll und bislang weniger erforscht. Unter methodischem Gesichtspunkt sind Längsschnittuntersuchungen, die auf einen längeren Zeitraum der Jugendphase angelegt sind und dieselben Jugendliche zu mehreren Zeitpunkten befragen, interessant – jedoch nur mit größerem Aufwand realisierbar. Weiterhin ist aus methodischer Sicht eine Kombination aus quantitativer und qualitativer Datenerhebung mit dem Ziel der Datentriangulation gewinnbringend, um Phänomene sowohl erklären als auch verstehen zu können.

Literaturverzeichnis

Bohnsack, F. (2013). *Wie Schüler die Schule erleben. Zur Bedeutung der Anerkennung als Bestätigung und Akzeptanz von Schwäche.* Opladen u.a.: Budrich.

Bohnsack, R. (1989). *Generation, Milieu und Geschlecht: Ergebnisse aus Gruppendiskussionen mit Jugendlichen.* Opladen: Leske + Budrich.

Bourdieu, P./Passeron, J-C. (1971). *Die Illusion der Chancengleichheit. Untersuchungen zur Soziologie des Bildungswesens am Beispiel Frankreichs.* Suttgart: Klett Cotta.

Bourdieu, P./Passeron, J-C. (1973). *Grundlagen einer Theorie der symbolischen Gewalt.* Frankfurt a.M.: Suhrkamp.

Eccles, J. S., Buchanan, C. M., Flanagan, C., Fuligni, A., Midgley, C. M. & Lee, D. (1991). Control versus autonomy during early adolescence. *Journal of Social Issues* 47, S. 53-68.

Eccles, J. S., Midgley, C., Wigfield, A., Buchanan, C. M., Reumann, D., Flanagan, C. & MacIver, D. (1993). Development during adolescence. The impact of stage-environment fit on young adolescents' experiences in schools and families. *American Psychologist* 48, S. 90-101.

Hagedorn, J. (Hrsg.) (2014). *Jugend, Schule und Identität.* Wiesbaden: Springer.

Hombach (2016, in Vorbereitung). *Der Übergang Schule – Beruf. Berufsbiographische Orientierungen von ehemaligen Schülerinnen und Schülern aus Hauptschulbildungsgängen an der ersten Schwelle des Übergangs.*

Honneth, A. (1992). *Kampf um Anerkennung: zur moralischen Grammatik sozialer Konflikte.* Frankfurt a.M.: Suhrkamp.

Kramer, R.-T. (2002). *Schulkultur und Schülerbiographien. Das „schulbiographische Passungsverhältnis". Rekonstruktionen zur Schulkultur II.* Opladen: Leske + Budrich.

Krapp, A. (2002). Structural and dynamic aspects of interest development: Theoretical considerations from an ontogenetic perspective. *Learning and Instruction* 12, S. 383-409.

Nohl, A.-M. (2009). *Interview und dokumentarische Methode. Anleitungen für die Forschungspraxis* (2. Aufl.). Wiesbaden: VS.

Raufelder, D. (2006). *Die Bedeutung des Lehrer-Schüler-Verhältnisses im Bildungsprozeß – eine Ethnographie.* Berlin.

Sandring, S. (2013). *Schulversagen und Anerkennung. Scheiternde Schulkarrieren im Spiegel der Anerkennungsbedürfnisse Jugendlicher.* Wiesbaden: Springer VS.

Schütze, F. (1983). Biographieforschung und narratives Interview. *Neue Praxis 13* (3), S. 283-293.

Spies, A. (2011). Schulabsentismus. In: G. Ehlert, H. Funk & G. Stecklina (Hrsg.), *Wörterbuch Soziale Arbeit und Geschlecht* (S. 350-352). Weinheim/München: Juventa.

Eltern und Schule am Beispiel von Hausaufgaben

Karin Bräu

1 Einleitung

Eltern spielen in der Schulforschung keine zentrale Rolle (Krumm 2003), da sie in Schule und Unterricht nur zu ausgesuchten Anlässen anwesend sind. Dennoch haben sie natürlich erheblichen Einfluss auf die eigenen Kinder, der in der Schule wirksam wird. Ob es um das soziale Milieu des Elternhauses geht, die dort gesprochenen Sprachen, Haltungen und Meinungen, Bildungsaspirationen, kurz den familiären Habitus, oder um direktes Involviertsein in schulische Angelegenheiten, Eltern sind bedeutsame Akteure der Schule. Im Kontext von Hausaufgaben ist der Einfluss besonders direkt, da Hausaufgaben schulisches Lernen in das familiäre und häusliche Umfeld verlagern.

Wenn in diesem Kapitel des Sammelbandes „Schule aus Sicht verschiedener Akteure" dargestellt werden soll, dann liegt es zunächst nahe, die Sicht der Akteure durch deren *Befragung* zu erheben. In diesem Beitrag sollen die Eltern als schulische Akteure und ihre „Sicht" jedoch auf der Grundlage von *Beobachtung* verdeutlicht werden. Inwiefern dies überhaupt möglich ist, welche „Sicht" und welches „Wissen" der Eltern man dabei erkennen kann, werde ich anhand einer ethnografischen Studie zu häuslichen Praktiken der Hausaufgabenanfertigung aufzeigen und diskutieren. Es geht hier weniger um die Ergebnisse der Studie, sondern eher um eine methodologische Frage, inwiefern die Beobachtung von sozialen Praktiken implizites und praktisches Wissen erkennbar machen kann.

Im Folgenden wird zunächst ein kurzer Überblick über die Elternforschung im Kontext von Schule mit dem Fokus auf Hausaufgaben gegeben. Nach einer Einführung in die Theorie sozialer Praktiken und deren Implikationen werde ich an Beispielen Praktiken der elterlichen Beteiligung an Hausaufgaben darstellen und herausarbeiten, welches implizite Wissen und damit welche „Sicht" von Eltern erkennbar werden.

2   Theoretischer Rahmen und Forschungsstand

2.1   Eltern als Objekt von Schulforschung

Das Verhältnis von Schule und Eltern kann als distanziert bezeichnet werden, zumal Eltern heute zwar gewisse Beteiligungs- und Informationsrechte haben, aber trotz des im Grundgesetz festgeschriebenen Elternrechts auf Kindeserziehung, ist das „Prinzip elternloser staatlicher Schulaufsicht" (Busse und Helsper 2004, S. 441) für die Schule maßgeblich. In verschiedenen theoretischen Ansätzen (z.B. die strukturfunktionalistische Sozialisationstheorie nach Parsons) werden Familie und Schule sogar als „konträr strukturierte Räume" (ebd., S. 442) angesehen. Während die Familie emotions- und bindungsorientiert für die primäre Sozialisation sowie die Vermittlung partikularistischer Werte zuständig sei, orientiere sich die Schule an universalistischen Werten und Leistungserbringung. Auch wenn eine solche Trennung sicher den differenzierten schulischen und familiären Kulturen nicht voll gerecht wird, kann man von einem spannungsreichen Verhältnis zwischen beiden ausgehen.

Ein großer Teil der Elternforschung im Kontext von Schule befasst sich mit deren Einfluss auf die Leistungen ihrer Kinder. Dies kann zum einen in indirekter Weise im Sinne der familiären Sozialisationsbedingungen, unter denen die Kinder und Jugendlichen aufwachsen, betrachtet werden und zum anderen im Hinblick auf eine direkte Einflussnahme, insbesondere im Rahmen von Hausaufgabenunterstützung.

Das kulturelle Kapital einer Familie und ihr sozioökonomischer Status haben deutliche Auswirkungen auf die Schulleistungen der Kinder und Jugendlichen – das zeigen alle Statistiken zur Bildungsbeteiligung oder auch Leistungsvergleichsstudien, wie PISA –, ohne dass man andere Sozialisationsinstanzen, wie die Gleichaltrigen oder die Unterrichtskultur in ihrer Bedeutung vernachlässigen sollte (ebd., S.445). Boudon (1974) spricht von primären und sekundären Herkunftseffekten, was bedeutet, dass sich z.B. die Verwendung von Bildungssprache in der Familie, familiäre oder individuelle Freizeitaktivitäten oder eine anregende Umgebung (primär) sowie die Bildungsentscheidungen der Eltern, auf welche Schule das eigene Kind gehen soll (sekundär), auf die Schullaufbahn auswirken.[1]

Auch die Erziehungsvorstellungen und -praktiken sowie die Bildungsaspirationen von Eltern haben Folgen für Schulleistungen. Beides wird nicht zuletzt im Zusammenhang mit Hausaufgaben und der elterlichen Beteiligung wirksam. So übernehmen Kinder häufig die Bildungserwartungen der Eltern, was sie einerseits motivieren, andererseits aber, wenn sie die Erwartungen nicht erfüllen, mangelndes Selbstwertgefühl und Belastungsempfinden auslösen kann (Fend 1997). An dem Anteil der Beteiligung von Eltern an den Hausaufgaben bei über 90% der Schüler*innen bis zum 7. Schuljahr (Wild und Gerber 2007, S. 365) kann man erkennen, dass insgesamt die Bildungsaspirationen gestiegen sind und gleichzeitig der Leistungs- und Selektionsdruck auch bereits in niedrigeren Klassenstufen als hoch empfunden werden. Ist die elterliche Erziehung und das Beteiligtsein an Hausaufgaben eher an Autonomie und indirekter Unterstützung ausgerichtet, wirkt sich das positiv auf Leistungsmotivation und -entwicklung aus, wohingegen stark kontrollierendes oder sogar straforientiertes Verhalten negative Folgen für die Lernfreude und die Leistung hat (ebd., S. 368-370).

Insofern stuft die Schulforschung die Effekte von Hausaufgaben auf die Leistungsentwicklung sehr ambivalent ein (z.B. Sumfleth et al. 2011, S. 255; Kieren 2008; Cooper et al. 2006). Dennoch ist die Akzeptanz von Hausaufgaben bei Eltern ungebrochen hoch (z.B. Lipowsky 2007). Befragt man Eltern, was sie zur Unterstützung ihrer Kinder tun, so zählen sie ein ganzes Spektrum an Tätigkeiten auf: Anregung, Instruktion, Kontrolle (Trudewind und Wegge 1989), aber auch Bereitstellen von Materialien, inhaltliche Hilfen oder Anleitung von Arbeitstechniken (Hoover-Dempsey et al. 2001, S. 202). Nur wenige Forscher*innen (Ausnahme: Nieswandt 2013) haben aber bisher selbst beobachtet, was in Hausaufgabensituationen geschieht.

Inwiefern über Beobachtungsstudien Praktiken der elterlichen Beteiligung und daraus abgeleitet Haltungen und implizites Wissen von Eltern erfasst und beschrieben werden können, sollen Beispiele aus einer ethnografischen Studie zeigen.

▶ **Lesehinweise**
Busse und Helsper (2004)
Standop (2013)

---

1   Dabei darf aber nicht übersehen werden, dass Chancenungleichheit im Bildungsbereich keineswegs allein den Eltern angelastet werden kann, sondern dass v.a. strukturelle bzw. institutionelle Diskriminierung bestimmte Gruppen benachteiligt (Gomolla und Radtke 2002).

Nieswandt (2014)

2.2   Soziale Praktiken und die Logik der Praxis

„Der schulische Alltag ist durchzogen von Routinen und Ritualen, von aufeinander abgestimmten Verhaltensmustern, die als solche noch kaum analysiert sind" (Breidenstein 2006, S. 18f.).

Routinen und Rituale prägen auch die häusliche Hausaufgabenpraxis und das darauf bezogene Handeln von Schüler*innen und ihren Eltern – davon kann man ausgehen. Solche als soziale Praktiken bezeichneten Handlungsroutinen sind kleine Einheiten, denen ein verinnerlichtes (implizites, inkorporiertes) Wissen der Akteure zugrunde liegt. Bevor im folgenden Kapitel Praktiken der Hausaufgabenbeteiligung von Eltern und deren implizites Wissen in den Blick genommen werden, soll ein kurzer Exkurs die Theorie sozialer Praktiken und die Logik der Praxis verständlich machen.

In Deutschland ist es insbesondere das Verdienst von Reckwitz (2003), die Gemeinsamkeiten verschiedener sozialwissenschaftlicher Ansätze zum „practice turn" (Schatzki et al. 2001) herausgearbeitet und damit die Theorie sozialer Praktiken konturiert zu haben. Reckwitz versteht soziale Praktiken als

„know-how abhängige und von einem praktischen ‚Verstehen' zusammengehaltene Verhaltensroutinen, deren Wissen einerseits in den Körpern der handelnden Subjekte ‚inkorporiert' ist, die andererseits regelmäßig die Form von routinisierten Beziehungen zwischen Subjekten und von ihnen ‚verwendeten' materialen Artefakten annehmen" (Reckwitz 2003, S. 289).

Praktiken sind also „wissensabhängige Verhaltensroutinen" (ebd., S. 290), die die beiden Aspekte des spezifischen praktischen *Wissens* und der „Performativität des *Handelns*" (ebd., Hervorhebung durch KB) umfassen.

Den Aspekt des *Handelns* versteht Schatzki als „nexus of doings and sayings" (Schatzki 1996, S. 89). Es sind Körperbewegungen unter Einbeziehung von Dingen/ Artefakten. Zu den Praktiken des Hausaufgabenmachens gehören z.b. mehr oder weniger ruhig gestellte, an einem Tisch sitzende Körper, die, Arbeitsheft und Fachbuch aufgeschlagen, mit einem Stift schreiben usw.. Körper und Artefakte sind quasi die materielle Seite von sozialen Praktiken (Reckwitz 2003, S. 290). Viele Praktiken entstehen erst durch das Vorhandensein von „Dingen", v.a. wenn es sich um neue Dinge handelt. Das Smartphone z.B. hat neue Praktiken der Hausaufgabenkommunikation unter Schülerinnen und Schülern hervorgebracht. Die Handlungsroutinen können beobachtet werden. Sie sind für alle, die am Geschehen beteiligt sind oder es beobachten, offen sicht- und hörbar. Sie liegen buchstäblich auf der Oberfläche (Breidenstein 2006, S. 18, Hirschauer 2004, S. 73). Praktiken sind aber für die direkt Involvierten in der Regel so sehr selbstverständliches Alltagsgeschehen, dass sie gar nicht als solche reflektiert werden. Praxistheoretische (praxeologische) Forschung hat als erstes Ziel, die Praktiken detailreich und in ihren unterschiedlichen Ausprägungen zu beschreiben. „Eine praxistheoretische Aufmerksamkeit schärft den Blick für Details und für scheinbare Nebensächlichkeiten in der Handhabung alltäglicher Situationen – und für deren Kunstfertigkeit" (Breidenstein 2006, S. 18). Dies gelingt durch das „Befremden der eigenen Kultur" (Amann und Hirschauer 1997), mit dem die Selbstverständlichkeit der Handlungsroutinen als solche durchschaut und mit dem Blick eines Uneingeweihten (besser: eines Nichtwissenden) beschrieben werden kann. Dann erst wird deutlich, wie z.B. durch schulische Praktiken die soziale Ordnung (Schatzki 2002)[2] von Unterricht hergestellt – und zwar immer wieder hergestellt – wird, verstanden als Konglomerat von aufeinander abgestimmten, eingespielten, immer wieder von den Akteuren replizierten Handlungen. Auf Unterricht bezogen ist die soziale Ordnung jenes Zusammenspiel von Praktiken, das Unterricht zu Unterricht macht. Im Hinblick auf Hausaufgabenpraktiken wäre zu fragen, durch welche Routinen und Handlungseinheiten von Eltern und Schüler*innen die Hausaufgabensituation zu Hause hergestellt wird.

Die Performativität des Handelns ist verbunden mit einem darauf bezogenen praktischen *Wissen,* der zweite Aspekt von Praktiken. Die spezifische Wissensform, durch die Praktiken zusammengehalten werden, ist kein „knowing that", also kein kognitiv verankertes Wissen, das explizierbar wäre, sondern ein praktisches Wissen („knowing how"), ein Können, über das nur bedingt Auskunft erteilt werden kann, da es als selbstverständlicher Teil des Alltagshandelns kaum reflektiert wird (vgl. Breidenstein 2006, S. 19). Das Wissen wird – körperlich, zeitlich und im Raum – im Umgang mit Dingen mobilisiert. Es kommt sozusagen in den Praktiken zum Einsatz, ist Teil derselben und daher nicht dem Handeln reflexiv vorgelagert. Es kann sogar im Widerspruch zu den explizit geltenden Regeln des Feldes stehen (Reckwitz 2003, S. 291).

---

2 Soziale Ordnung ist im Sinne von Schatzki nicht alltagssprachlich und normativ gemeint als Ergebnis von Regeln (wie sie etwa in vielen Klassenzimmer an der Wand hängen) oder von das Handeln bestimmenden Vorgaben, sondern sie wird immer wieder neu in Praktiken generiert.

Dieses praktische und implizite Wissen umfasst nach Reckwitz Verschiedenes: routinemäßige Bedeutungszuschreibungen zu Gegenständen, Personen usw.; methodisches Wissen im Sinne des Wissens um Handlungsprozeduren; motivational-emotionales Wissen, d. h. „ein impliziter Sinn dafür ‚was man eigentlich will‘, ‚worum es einem geht‘ und was ‚undenkbar‘ wäre" (Reckwitz 2003, S. 292). Auf diese Merkmale des Praxiswissens komme ich bei den Beispielen zurück.

Wenn nun mit dem impliziten Wissen die „Logik der Praxis" erforscht werden soll, so stellt diese ein spezielles Wissen der jeweiligen Akteure dar, das nicht oder nur sehr bedingt durch Befragung bzw. Interviews erfasst werden kann. Es muss stattdessen aus den beobachteten Praktiken, den routinierten Handlungen, in denen es mobilisiert wird, rekonstruiert werden (Reckwitz 2003, S. 292; Breidenstein 2008, S. 207). Praxeologische Forschung hat also zum einen das Ziel, Praktiken differenziert zu beschreiben und zum anderen, aus den Handlungen das implizite Wissen der Akteure zu rekonstruieren.

Im Folgenden soll am Beispiel zweier alltäglicher Hausaufgabensituationen gezeigt werden, welches Praxiswissen von Eltern sich darin zeigt und wie somit aus der ethnografischen Beobachtung heraus die Perspektive von Eltern auf die schulische Herausforderung herausgearbeitet werden kann.

▶ **Lesehinweise**
Breidenstein (2006)
Reckwitz (2003)

3   Das Projekt

Die folgenden Protokollausschnitte stammen aus dem Forschungsprojekt „Praktiken des Anfertigens von Hausaufgaben und parental involvement" (Bräu et al. 2016). Ziel war es, Hausaufgabenpraktiken zu beschreiben und das implizite Wissen der Beteiligten zu rekonstruieren und zwar in einem Umfeld, zu dem sonst der Zugang verwehrt ist: der familiäre Raum. Insgesamt sechs Schüler*innen, alle im 5. Schuljahr eines Gymnasiums, bekamen eine Videokamera mit Stativ mit nach Hause, um sich selbst beim Hausaufgabenmachen über eine Woche zu filmen.[3] Nach der Sichtung des Videomaterials wurden von ausgesuchten Szenen Feldprotokolle geschrieben, die das Seh- und Hörbare beschreiben. Mit Hilfe von Kodierungen im Sinne der Grounded Theory (Strauss 1994; Breidenstein et al. 2013)

---

3   Über die Vor- und Nachteile des Einsatzes einer Kamera ohne einen teilnehmenden Beobachter siehe Bräu et al. (2016).

werden Kategorien und Kernkategorien gebildet, die die Beschreibungen auf-
schließen und der weiteren, thematisch fokussierten Analyse zugänglich machen.

▶ **Lesehinweise**
Bräu et al. (2016)

4 Auswertung: Praktiken der elterlichen Hausaufgaben-betreuung

Hier sollen nun Szenen mit elterlicher Beteiligung interessieren. Zunächst zu Alexandra und ihrer Mutter: Alexandra sitzt am Schreibtisch in ihrem Kinderzimmer
vor dem Englischarbeitsbuch. Sie ruft ihre Mutter, noch bevor sie eine Aufgabe im
Buch leise liest. Als die Mutter etwas später kommt, zeigt sie auf die Seite, welche
Aufgabe sie bearbeiten soll. Auch die Mutter liest dann die Aufgabe, fängt an, auf
Deutsch zu erklären, unterbricht sich, um die Aufgabe auf Englisch vorzulesen. Es
geht um Uhrzeiten. Während die Mutter dicht hinter der Tochter steht, über sie gebeugt, im Buch, das auf dem Tisch liegt, liest und mit der Erklärung beginnt, lehnt
sich Alexandra auf ihrem Stuhl zurück und gähnt.

Alexandras Mutter beginnt erneut ihre Erklärung und sagt „Zeichnen
sollst du die! Zeichne fünf Zeiten an fünf verschiedenen Uhren."
Dann wiederholt sie das und sagt, dass Alexandra fünf verschiedene
Uhren zeichnen soll, mit fünf verschiedenen Uhrzeiten drauf, um
danach nach den Uhrzeiten zu fragen. Zur Veranschaulichung spricht
sie – etwas stockend – der Tochter auf Englisch die Frage nach
der Uhrzeit vor und verdeutlicht ihr auch, welche Antwort auf die
Frage gegeben werden muss. Alexandra spielt dabei weiter mit ihrem
Stift und öffnet und schließt ihn mit einem Knacken. Die Mutter
erläutert erneut kurz, was Alexandra zu tun habe. Alexandra äußert
ihr Verständnis durch ein „Ok" und dreht sich mit ihrem Stuhl wieder zum Schreibtisch, dabei streckt sie sich, sagt laut „Ouf" und
legt das Englischbuch, das die Mutter zwischenzeitlich in der Hand
hatte, zugeschlagen neben sich. Dann wendet sie sich ihrem Heft
zu, um mit der Aufgabe zu beginnen. Alexandras Mutter fragt, ob
sie das Buch nicht noch benötige. Sie nimmt es in die Hand, während
ihre Tochter schon beginnt, in ihr Heft zu zeichnen. Alexandra
antwortet, dass sie es nicht mehr brauche, wenn sie fünf verschiedene Uhren zeichnen müsse. Ihre Mutter blättert gleichzeitig in
dem Englischbuch und sucht die Seite mit der Aufgabestellung. Sie
entgegnet in einem etwas lauteren Ton, dass sie ja auch noch dazu
schreiben müsse. Sie wiederholt etwas leiser, dass sie doch auch

noch nach der Uhrzeit fragen und die Antwort dazu geben müsse. Sie
öffnet das Buch an der richtigen Stelle und stellt es zurück auf
den Buchhalter direkt vor Alexandra.

Protokoll Alexandra, Tag 3

Insgesamt vier Mal erklärt Alexandras Mutter ihrer Tochter, was sie tun soll: Fünf
Uhren zeichnen mit beliebigen Uhrzeiten und dann jeweils auf Englisch nach der
Uhrzeit fragen und die entsprechende Antwort geben. Sie spricht beispielhaft die
Frage nach der Uhrzeit und eine Antwort vor und als Alexandra mit der Aufgaben-
bearbeitung anfängt, dabei aber das Buch zuklappt, da sie Uhren auch ohne Buch
zeichnen könne, wiederholt die Mutter weitere zwei Mal, dass sie auch noch Frage
und Antwort dazu formulieren müsse und verweist auf das Beispiel im Buch.[4]

Auch wenn erst in weiteren Szenen überprüft werden muss, ob es sich um eine
Praktik im Sinn einer Routine handelt, soll dies nun angenommen und diese Praktik der Aufgabenerklärung näher charakterisiert werden:

Auf der Ebene des *Handelns mit Dingen* sehen wir zwei Personen – Mutter und
Tochter –, die miteinander sprechen, Möbel benutzen und sich beide mit dem Englischarbeitsbuch beschäftigen. Mutter und Tochter sind sich körperlich sehr nah,
was zwar für die Vertrautheit der Personen miteinander spricht, andererseits beschreibt Breidenstein genau solche Haltungen – die erwachsene Person beugt sich
von hinten über das Kind – auch bei Lehrer*innen-Schüler*innen-Konstellationen
im Unterricht (Breidenstein 2014, S. 39f.). Im Buch wird eine Aufgabe formuliert,
die einen hohen Verbindlichkeitsgrad zu haben scheint – zumindest für die Mutter.
Wiederholtes Lesen und Übersetzen der Aufgabe ins Deutsche, Aufschlagen und
Zuklappen, prägen die Tätigkeit mit dem Buch. Sprechen tut fast nur die Mutter,
das Kind lehnt sich zurück und überlässt der Mutter damit auch körperlich das
Feld. In mehreren Wiederholungen, mal auf Englisch, mal auf Deutsch, mal wörtlich bzw. wörtlich übersetzt, mal in eigenen Worten, trägt die Mutter die Aufgabenstellung aus dem Buch vor.

Welche Logik der Praxis zeigt sich nun in diesem Handeln, also was bedeutet
dies für die Ebene des *impliziten, praktischen Wissens*? Zu diesem Wissen gehören, wie oben ausgeführt, routinemäßige Zuschreibungen. Die vielfache Wiederholung der eigentlich unkomplizierten Aufgabenstellung verweist auf die Überzeugung und Zuschreibung, dass Alexandra die Aufgabe nicht alleine verstehen
kann. Der Blick auf das zugeschlagene Buch scheint für die Mutter wie eine Bestätigung, dass die Aufgabe noch einmal geklärt werden muss. Alexandra spiegelt

---

4   Später, da Alexandra nicht glauben möchte, dass sie tatsächlich auch noch jedes Mal
     die beiden Sätze dazu schreiben soll, wird auch noch der ältere Bruder hinzugeholt,
     der die Mutter bestätigt, so dass die Aufgabe noch weitere Male vorgetragen wird.

diese Zuschreibung und bildet somit das Pendant zur Mutter. Sie ruft (auch in weiteren Szenen und an anderen Tagen) sehr schnell ihre Mutter und lässt sich Aufgaben erläutern oder bei der Bearbeitung helfen. Die Mutter kommt, sobald sie gerufen wird. So lange die Mutter mit der Aufgabe befasst ist, lehnt sich Alexandra zurück und überträgt die Verantwortung an die Mutter. Sie scheint sich kaum zuzutrauen, Hausaufgaben selbstständig zu bearbeiten. Mutter und Tochter tragen also gemeinsam dieses „Wissen" um die (vermeintliche?) Unselbstständigkeit von Alexandra.

Die Mutter scheint des Weiteren ein implizites Wissen über den Charakter von schulischen Aufgaben zu haben. Sie „weiß" – anders als offensichtlich ihre Tochter – dass Uhren im Englischunterricht nicht lediglich gezeichnet werden sollen, sondern dass da auch ein Aufgabenteil enthalten sein muss, in dem die englische Sprache verwendet werden muss. Mit diesem „Wissen" im Hintergrund prüft sie noch einmal die Aufgabenstellung, nachdem Alexandra erklärt hat, sie brauche das Buch nicht, um Uhren zu zeichnen.

Praktiken können auch dadurch in ihrer Beschreibung und ihrer Logik konturiert werden, indem man sie mit anderen – analogen – Praktiken vergleicht. Daher seien kontrastierend Emily und ihre Mutter beschrieben. Auch Emily lässt sich gerne von ihrer Mutter bei den Hausaufgaben helfen:

> Dann hebt sie wieder den Kopf und sagt mehrmals „words". Die Mutter hilft scheinbar weiter und liest die Aufgabenstellung vor: „Words with s. Read and write. Also Wörter mit s am Anfang. Can you sing a...?" – „Song", ergänzt direkt Emily. Die Mutter bestätigt. „The Ca...", beginnt Emily stockend zu lesen. Die Mutter ergreift die Initiative: „The Capels (?) live in a flat over..." – „a... shop", ergänzt Emily. Dann trägt sie etwas in das Workbook ein und schaut direkt danach zu ihrer Mutter. „Gut", lobt diese während Emily schreibt. Emily liest den nächsten Satz „Amanda is my... sister", sagt sie und schreibt dabei „sister" direkt ins Heft. „The... summer...", sagt sie weiter und scheint „summer" dabei direkt zu schreiben. Die Mutter verbessert subtil eine falsche Schreibung: „Summer mit..." – „U", sagt Emily und verbessert sich damit selbst.
>
> Protokoll Emily, Tag 2

Die Szene beginnt sehr ähnlich wie bei Alexandra. Die Mutter liest die Aufgabenstellung aus dem Englisch-Arbeitsheft auf Englisch vor und switcht dann zum Deutschen. Insofern ist zunächst kein Unterschied zu erkennen. Dieser zeigt sich erst in der Art der Hilfe.[5] Wie ein eingespieltes Team – und das lässt sich tatsächlich über mehrere Tage bei den beiden beobachten – beginnt die Mutter Sätze, bricht wie bei einem Lückentext ab und Emily vervollständigt den Satz („Can you sing a ..." – „song"). Dieses Spiel funktioniert sogar bei der Korrektur einer Schreibweise („summer mit ..." – „U").

Wir sehen hier ähnliche Handlungen wie im Fall von Alexandra und ihrer Mutter und ähnliche Dinge (Buch, Stift, Schreibtisch ...), mit denen diese Handlungen vollzogen werden. Das Gesprochene aber unterscheidet sich und daraus lassen sich andere Zuschreibungen und ein anderer impliziter Sinn rekonstruieren. Emilys Mutter gibt ebenfalls viele Hilfestellungen. Sie gibt aber Hilfen, die nicht alles verraten, bei denen Emily mitdenken muss. Die Mutter schreibt ihr also zu, dass sie mit entsprechender Unterstützung selbst auf die Lösung kommt. Und auch hier bildet Emily den passenden Gegenpart. Sie denkt mit und füllt die Satzlücken. Das Zutrauen in die Fähigkeit, die Hausaufgaben richtig zu bewältigen, ist beidseitig vorhanden, zumindest mit Hilfestellungen, die die Mutter geradezu mit didaktischer Kompetenz dosiert und einsetzt, soweit sie unterstützen kann. Auch diese *mentoring skills* (Cooper u.a. 2000) gehören zum praktischen Wissen der Mutter. Sie vertraut auf die Möglichkeiten der Tochter. Dies zeigt sich in einer anderen Szene, in der Emily ein Lösungswort vorliest, das noch falsch sein muss, da es keinen Sinn ergibt.

```
Die Mutter fragt leise, was das sei. Emily zeigt mit ihrer Körper-
und Handhaltung, dass sie es nicht weiß und die Mutter verlässt das
Zimmer. „Wirst du gleich rausfinden.", sagt sie im Gehen.
                                                Protokoll Emily, Tag 4
```

5   Diskussion und Fazit

Ich habe bewusst zwei unspektakuläre Beispiele zur Veranschaulichung von Praktiken und der Rekonstruktion ihrer inneren Logiken bzw. des Praxiswissens der Akteure gewählt, um die Alltäglichkeit und das Routinemäßige von Praktiken zu verdeutlichen.

---

5   Korrekterweise muss man sagen, dass die Szene oben mit Alexandra nur auf die Erklärung der Aufgabenstellung fokussiert und die Hilfe bei der Bearbeitung der Aufgabe nicht ausgeführt wurde. Insofern ist der Vergleich nur ein indirekter. Die rekonstruierte Haltung der beiden Mütter und die unterschiedlichen Logiken lassen sich aber durchaus miteinander vergleichen.

Herausgearbeitet wurden zunächst Zuschreibungen der Mütter an ihre Kinder. Im Fall von Alexandras Mutter lässt sich rekonstruieren, dass sie ihre Tochter für relativ unselbstständig hält, dass sie also nicht alleine und ohne Kontrolle in der Lage sei, Aufgaben zu verstehen und richtig zu bearbeiten. Emilys Mutter hat mehr Vertrauen in die Selbstständigkeit ihrer Tochter und schreibt ihr zu, mit leichten Hilfen selbst auf die Lösung einer Aufgabe zu kommen. Nimmt man die Erkenntnisse der Hausaufgabenforschung hinzu (siehe Abschnitt 2), ist es wahrscheinlich, dass sich Emily eher Lernmotivation erhalten kann als Alexandra.

Des Weiteren wurden Elemente praktischen Wissens der Eltern im Hinblick auf schulische Lernaufgaben und Unterstützungsmaßnahmen gekennzeichnet: Eltern, die selbst einmal zur Schule gegangen sind und schon mehrere Jahre ihre Kinder bei deren Schullaufbahn begleiten, „wissen", wie schulische Aufgaben gestrickt sind (z.B.: Für Lücken stehen immer die richtige Anzahl an einzufüllenden Zahlen oder Begriffe zur Verfügung, Englischaufgaben bestehen nicht im Zeichnen, Lösungswörter ergeben einen Sinn …) und damit ob eine Aufgabe richtig gelöst ist oder ob noch etwas fehlt. Emilys Mutter zeigt darüber hinaus praktisches Wissen im Hinblick auf didaktisches Handeln, Hilfe zur Selbsthilfe zu geben.

Schließlich kann noch eine beiden Müttern gemeinsame Haltung rekonstruiert werden im Sinne des Wissens, „was man eigentlich will, worum es einem geht und was undenkbar wäre" (s.o.; Reckwitz 2003, S. 292). Die starke Betreuung der Töchter bei den Hausaufgaben, die beide Mütter vollziehen, auch wenn sie sich in ihrem „Wissen" um die Selbstständigkeit der Kinder unterscheiden, deutet auf den Wunsch hin, die Hausaufgaben sollen vollständig und richtig bearbeitet werden. Beiden Müttern geht es um gute Leistungen der Kinder bei den Hausaufgaben. Sie übernehmen selbst die Verantwortung dafür und geben sie nicht an die Schule zurück. Die Sorge um die Produktion möglichst richtiger Ergebnisse und seltener die Gelassenheit, die Lehrerin werde schon selbst überprüfen, ob ein Thema verstanden sei, lässt sich im Übrigen für viele Eltern unserer Untersuchung rekonstruieren. Möglicherweise steckt hierin das implizite Wissen um die Selektionsmechanismen der Schule – gerade im 5. Schuljahr des Gymnasiums – und dass falsche Lösungen bei Hausaufgaben kein gutes Bild auf das eigene Kind werfen. Richtige und vollständige Hausaufgaben hingegen können die Imagepraktiken bei der Erzeugung von Leistung im Unterricht (Bräu und Fuhrmann 2015; Fuhrmann in diesem Band) unterstützen.

Die Analyse von Mikroprozessen des Hausaufgabenmachens und der mütterlichen Beteiligung lassen demnach mehrere implizite Wissenselemente von Eltern bezüglich ihrer Kinder, ihrer Bildungsvorstellungen und -aspirationen sowie Schule sichtbar werden. Es ist unwahrscheinlich, dass die Mütter von Alexandra und Emily (und all die anderen) durch Befragung in dieser Weise über ihr Handeln beim Hausaufgabenbetreuen explizit sprechen könnten.

Gerade also, wenn man ein Wissen erfassen möchte, das das Handeln prägt, aber gleichzeitig so selbstverständliche Routine ist, dass die Akteure in Interviews nur bedingt darüber Auskunft geben könnten, ist ein praxeologisch-ethnografischer Zugang hilfreich. Alle sozialen Felder, bei denen es um „Routinen und Rituale und von aufeinander abgestimmte Verhaltensmuster" – wie im Zitat von Breidenstein oben formuliert – geht, sind hierfür geeignete Forschungsbereiche. Auf Schule bezogen, können das verschiedene Aspekte des Unterrichts sein oder wie hier die Hausaufgabenpraxis, aber auch die Schulpausen, Nachhilfe oder die Nachmittagsangebote an offenen Ganztagsschulen (vgl. Reh et al 2015).

Literaturverzeichnis

Amann, K.,/Hirschauer, S. (1997). Die Befremdung der eigenen Kultur. Ein Programm. In: Hirschauer, S., & Amann, K. (Hrsg.). *Die Befremdung der eigenen Kultur. Zur ethnographischen Herausforderung soziologischer Empirie* (S. 7-52). Frankfurt a. Main: Suhrkamp.

Boudon, R. (1974). *Education, Opportunity, and Social Inequality – Changing Prospects in Western Society*. New York: John Wiley & Sons.

Bräu, K.,/Fuhrmann, L. (2015). Die soziale Konstruktion von Leistung und Leistungsbewertung. In: Bräu, K., & Schlickum, C. (Hrsg.). *Soziale Konstruktionen in Schule und Unterricht. Zu den Kategorien Leistung, Migration, Geschlecht, Behinderung, Soziale Herkunft und deren Interdependenzen* (S. 49-64). Opladen: Barbara Budrich Verlag.

Bräu, K., Harring, M., & Weyl, C. (2016). Homework practices: role conflicts concerning parental involvement, *Ethnography and Education*, DOI:10.1080/17457823.2016.11479 70.

Breidenstein, G. (2006). *Teilnahme am Unterricht. Ethnographische Studien zum Schülerjob*. Wiesbaden: vs Verlag.

Breidenstein, G. (2008). Allgemeine Didaktik und praxeologische Unterrichtsforschung. *Zeitschrift für Erziehungswissenschaft*, 10. Jg., Sonderheft 9/2008, S. 201-215.

Breidenstein, G. (2014). Die Individualisierung des Lernens unter den Bedingungen der Institution Schule. In: Kopp, B. et al. (Hrsg.). *Individuelle Förderung und Lernen in der Gemeinschaft*, Jahrbuch Grundschulforschung 17, DOI 10.1007/978-3-658-04479-4_3, Wiesbaden: Springer Fachmedien.

Breidenstein, G., Hirschauer, S., Kalthoff, H., & Nieswand, B. (2013). *Ethnografie. Die Praxis der Feldforschung*. Konstanz u.a.: UVK.

Busse, S./Helsper, W. (2004). Schule und Familie. In: Helsper, W., & Böhme, J. (Hrsg.). *Handbuch Schulforschung* (S. 439-464). Wiesbaden: vs Verlag.

Cooper, H., Robinson, J. C., & Patall, E. A. (2006). Does homework improve academic achievement? A synthesis of research, 1987–2003. *Review of Educational Research*, 76, S. 1-62.

Fend, H. (1997). *Der Umgang mit der Schule in der Adoleszenz. Aufbau und Verlust von Lernmotivation, Selbstachtung und Empathie. Entwicklungspsychologie der Adoleszenz in der Moderne.* Band IV. Bern u.a.: Verlag Hans Huber.

Gomolla, M./Radtke, F. O. (2002). *Institutionelle Diskriminierung. Die Herstellung ethnischer Differenz in der Schule.* Opladen: Leske + Budrich.

Hirschauer, S. (2004). Praktiken und ihre Körper. Über materielle Partizipanden des Tuns. In: Horning, K. H., & Reuter, J. (Hrsg.). *Doing Culture. Neue Positionen zum Verhältnis von Kultur und sozialer Praxis* (S. 73-91). Bielefeld: transcript Verlag.

Hoover-Dempsey, K. V., Battiato, A. C., Walker, J. M. T., Reed, R. P., DeJong, J. M., & Jones, K.P. (2001). Parental Involvement in Homework. *Educational Psychologist* 36 (3), S. 195-209.

Kieren, C. (2008). *Chemiehausaufgaben in der Sekundarstufe I des Gymnasiums. Fragebogenerhebung zur gegenwärtigen Praxis und Entwicklung eines optimierten Hausaufgabendesigns im Themenbereich Säure-Base.* Berlin: Logos Verlag.

Krumm, V. (2003). Über die Vernachlässigung der Eltern durch die Lehrer und Erziehungswissenschaft. *Zeitschrift für Pädagogik,* 34. Beiheft, S. 119-137.

Lipowsky, F. (2007). Hausaufgaben. Auf die Qualität kommt es an. Ein Überblick über den Forschungsstand. *Lernende Schule* 10 (39), S. 7-9.

Nieswandt, M. (2014). *Hausaufgaben yapmak. Ein ethnographischer Blick auf den Familienalltag.* Bad Heilbrunn: Klinkhardt.

Reckwitz, A. (2003). Grundelemente einer Theorie sozialer Praktiken. Eine sozialtheoretische Perspektive. *Zeitschrift für Soziologie,* 32, H. 4, S. 282-301.

Reh, S., Fritzsche, B., Idel, T.-S., & Rabenstein, K. (2015): *Lernkulturen. Rekonstruktion pädagogischer Praktiken an Ganztagsschulen.* Wiesbaden: Springer VS.

Schatzki, T. R. (1996). *Social Practices. A Wittgensteinian Approach to Human Activity and the Social.* Cambridge University Press.

Schatzki, T. R. (2002). *The Site of the Social. A philosophical Account of the Constitution of Social Life and Change.* Penn State University Press.

Schatzki, T. R., Knorr-Cetina, K., & Savigny, E. v. (Hrsg.) (2001). *The practice turn in contemporary theory.* London: Routledge.

Standop, J. (2013). *Hausaufgaben in der Schule. Theorie, Forschung, didaktische Konsequenzen.* Bad Heilbrunn: Klinkhardt.

Strauss, A. L. (1994). Grundlagen qualitativer Sozialforschung. Datenanalyse und Theoriebildung in der empirischen soziologischen Forschung. München: W. Fink Verlag.

Sumfleth, E., Kieren, C., & van Ackeren, I. (2011). Hausaufgabenpraxis im Gymnasium. Empirische Befunde am Beispiel eines ‚Nebenfachs'. *Die Deutsche Schule,* 103. Jg., 3, S. 252-267.

Trudewind, C./Wegge, J. (1989). Anregung – Instruktion – Kontrolle. Die verschiedenen Rollen der Eltern als Lehrer. *Unterrichtswissenschaft* 17 (2): S. 135-155.

Wild, E./Gerber, J. (2007). Charakteristika und Determinanten der Hausaufgabenpraxis in Deutschland von der vierten zur siebten Klassenstufe. *Zeitschrift für Erziehungswissenschaft* 10 (3): S. 356-380.

IV Soziale Konstruktionen im schulbezogenen Kontext

Soziale Konstruktionen im schulbezogenen Kontext

Hannelore Faulstich-Wieland

1 Begrifflichkeiten

Um soziale Konstruktionsprozesse im schulbezogenen Kontext zu verstehen, muss man sich klar machen, wie sie wissenschaftstheoretisch verankert sind. Hierzu soll kurz auf die Ansätze des Konstruktivismus und des Pragmatismus eingegangen werden. Empirisch bieten ethnographische Herangehensweisen einen geeigneten Zugang. Dies wird im zweiten Punkt genauer erläutert. Schließlich ist zu klären, worin ein „schulbezogener Kontext" besteht. Um Schule als soziales Feld zu charakterisieren werden drei Dimensionen – Struktur, Prozess und Persönlichkeitsentwicklung – aufgezeigt.

1.1 Konstruktivismus und Pragmatismus

> „Jede Wissenschaft ist ‚konstruktivistisch', wenn sie nicht bei einem naiven Realismus stehen bleibt. Das scheinbar Selbstverständliche bricht auf. Der Bruch mit dem Unmittelbaren, das Staunen, ist Ursprung aller Philosophie" (Faulstich 2013, S. 53).

Peter Faulstich markiert damit in seiner Auseinandersetzung mit menschlichem Lernen die erkenntnistheoretische Position von Wissenschaft, die Aussagen über das komplexe Zusammenspiel zwischen Wahrnehmung und Ordnung des Wahrgenommenen macht: Es wird nicht davon ausgegangen, dass eine „objektive Realität" schlicht „widergespiegelt" wird. Manche unterstellen sogar, Wissen sei allein die interne Konstruktion des denkenden Subjekts. Ernst von Glasersfeld (1997) vertritt einen solchen radikalen Konstruktivismus. Für ihn wird damit uninteressant, was außerhalb des erkennenden Menschen existiert. Kommunikation spielt für Erkenntnisse zwar eine Rolle, sie bleibt bei Glasersfeld jedoch beschränkt auf Individuen, während Soziales weder über Strukturen noch über Machtverhältnisse gefasst werden kann. Ein solcher Konstruktivismus greift folglich zu kurz. Richtig ist an Glaserfelds Auffassung, dass Erkenntnis in Interaktionen entsteht, diese jedoch sind eingebunden in Strukturen – nur wenn beides miteinander in Beziehung gesetzt wird, gelangen wir zu einer angemessenen, nicht verkürzten Definition von Konstruktivismus (vgl. z.B. Knorr-Cetina 1989), zu einem Verständnis von „sozialer Konstruktion".

Die erkenntnistheoretische Position muss folglich erweitert werden um Denken und damit zugleich um Erfahrung und Handeln. Faulstich greift hierfür auf die Arbeiten von John Dewey zurück:

> „Für-wahr-halten mit unterschiedlicher Sicherheit ist Ausgangs- und Endpunkt des Denkens. Denken ist ein Ordnen gemeinsamer und miteinander geteilter Erfahrungen, welche das Zusammenleben ermöglichen. Erfahrungen sind aber nicht nur bloße Anschauungen oder Wahrnehmungen, sondern immer schon gefüllt mit Bedeutungen, sie werden gemacht im aktiven Umgang mit einer Realität, in der handlungsleitende Interessen auch scheitern können. Wirklichkeit erschließt sich nicht durch die Rezeption durch die Sinne und nicht als abstraktes Denken, sondern praktisch konstruktiv im Zusammenhang des Vollzugs von Handlungen." (Faulstich 2013, S. 73)

Wissenschaftstheoretisch kennzeichnet Faulstich damit den Pragmatismus als eine Form der Praxisphilosophie (ebd., S. 77). Menschen sind fähig, ihre Praxis zu reflektieren und dazu Theorien und Distinktionen, d.h. Abgrenzungen zwischen Gruppen von Menschen wie beispielsweise zwischen sozialen Klassenzugehörigkeiten, zu entwerfen, die „Karten und Wegweiser" sind, „sich in der Welt zurechtzufinden" (ebd.). Wesentlich dafür ist es, die gesellschaftliche Dimension nicht außer Acht zu lassen:

> „Menschliche Individuen stehen in gesellschaftlichen Verhältnissen in einer doppelten Beziehung: Auf der einen Seite gibt es gesellschaftliche Voraussetzungen individueller Aktivitäten und auf der anderen Seite wird die individuelle Existenz jeweils selbst produziert und reproduziert. Daraus resultiert ein Durchbrechen der Unmittelbarkeit des Zusammenhangs zwischen Individuum und Umwelt, bzw. diese wird zur sinnhaft erfahrenen und entworfenen Welt. Die personale Lebensgestaltung

ist eingebunden in Bedeutungszusammenhänge des Weltbezugs der handelnden Individuen." (ebd., S. 91)

Pierre Bourdieu und Loie J.D. Wacquant verweisen zudem auf die Notwendigkeit einer reflexiven Analyse, d.h. den Einbezug des wissenschaftlichen Vorgehens
selbst als Gegenstand wissenschaftlichen Forschens:

> „Sobald wir die soziale Welt beobachten, unterliegt unsere Wahrnehmung dieser
> Welt einem *bias*, der damit zusammenhängt, dass wir, um sie zu untersuchen, zu
> beschreiben, über sie zu reden, mehr oder weniger vollständig aus ihr heraustreten
> müssen. *Der theoretizistische oder intellektualistische bias* besteht darin, dass man
> vergisst, in die von uns konstruierte Theorie der sozialen Welt auch den Tatbestand
> eingehen zu lassen, dass diese Welt das Produkt eines theoretischen Blicks ist, eines
> ‚schauenden Auges' *(theorein)*" (Bourdieu und Wacquant 1996, S. 100).

Empirisch kommt es also darauf an, bei der Erforschung der genannten Bedeutungszusammenhänge sowohl deren Konstruktion zu erforschen wie die jeweils
eigene Position zu reflektieren.

▶ **Lesehinweise**
Bourdieu und Wacquant (1996)
Faulstich (2013)

1.2   Ethnographie

Mittlerweile ist ein ethnografisches Vorgehen auch in der Erziehungswissenschaft
weit verbreitet. Es ist ein besonders geeigneter Zugang zur Erforschung des komplexen Zusammenhangs von Wahrnehmung und Ordnung des Wahrgenommenen
– also der sozialen Konstruktion –, weil es sich hierbei nicht einfach um eine Methode handelt, sondern um einen Forschungsstil, der angemessen scheint für die
Komplexität des Handelns in sozialen Verhältnissen.
    Zentrales Mittel des ethnografischen Vorgehens ist die teilnehmende Beobach-
tung, also der Einbezug in die Handlungspraxis der Erforschten. Zugleich bedarf
es dabei einer „Fremdheitsrelation" (Bohnsack 1997, S. 3), d.h. der Notwendigkeit,
die Beobachtung nicht davon leiten zu lassen, was man bereits über das Feld, in
dem sie stattfindet, weiß, sondern zu fragen: „what the hell is going on here?" (Geertz 1997). Insbesondere Forschungen im schulischen Kontext geraten leicht in die
Gefahr, dass ein Befremden nicht ohne weiteres gelingt – man zum „going native"
neigt. Die eigene Sozialisation in der Schule – die gerade bei Studierenden noch

nicht lange zurück liegt – und eine „pädagogische Haltung" verleiten dazu, bei der
Protokollierung des Beobachteten bereits die Kategorien und Differenzierungen
zu verwenden, die einem vertraut und alltäglich sind oder die man sich gerade
im Studium erworben hat. Um solche Erfahrungen dennoch zum Erkennen der
sozialen Konstruktionen werden zu lassen, bedarf es eines regelmäßigen Wech-
sels zwischen der teilnehmenden Beobachtung im pädagogischen Feld und der gemeinsamen Reflexion des Beobachteten in einer Studien- oder Forschungsgruppe.
Beachtung finden sollte das – so Helga Kelle –„Kontextualisierungsprinzip":

> „Unter dieser Perspektive kommen, wenn es um pädagogische Felder geht, zunächst
> die situierten und feldtypischen Differenzierungen in den Blick, die soziale Inter-
> aktionen und Praktiken (vor)strukturieren." (Kelle 2016, S. 4)

Sie benennt als solche vor allem die binären Differenzierungen der Teilnehmenden
wie z.b. Lehrende und Lernende. Auch die Interaktionsordnungen strukturieren
sich nach diesem Prinzip – was Jürgen Zinnecker (1978) bereits in den 1970er Jahren in Anlehnung an Erving Goffman als Vorder- und Hinterbühne charakterisiert
hat. Es gibt Ordnungen des Unterrichts und Ordnungen der Gleichaltrigen. Zugleich gibt es immer Akteure und Publikum. Da das Spektrum an Gegenständen
ethnografischer Erforschungen im pädagogischen Feld sehr weit ist – „Es sind je
gegenwärtige und situierte Praktiken, Interaktionen, Inszenierungen, Gespräche,
Adressierungen, Darstellungen usw." (Kelle 2016, S. 12) – geht Kelles Empfehlung
dahin, sich vorab klar darüber zu werden, worauf man den Fokus legen will und
was man alles nicht beobachten kann/wird.

▶ **Lesehinweise**
Bollig und Neumann (2011)
Friebertshäuser (2008)

1.3 Schule als zentrales pädagogisches Feld

Versuchen wir die Grundprinzipien von Schule als Feld für soziale Konstruktionen – und damit als Forschungsfeld für Ethnografien – genauer in den Blick zu
nehmen. Schule ist eine gesellschaftliche Institution, deren Kernbestandteil das
Lernen darstellt. In ihr kommen Kinder und Jugendliche zusammen, die durch das
Lehren von Erwachsenen für ein Leben nach der Schule qualifiziert werden sollen. Das impliziert den Erwerb von Kenntnissen und Fähigkeiten ebenso wie die
Herausbildung von Haltungen und Einstellungen – insgesamt also das, was man

als Sozialisation bezeichnen kann. Dieser Prozess der Persönlichkeitsentwicklung wird seit einigen Jahrzehnten ebenfalls als einer aufgefasst, für den soziale Konstruktionen zentral sind: Sie betreffen die Lebenswelt der Schülerinnen und Schüler, die ihre bisherige Biografie ebenso bestimmt wie ihren aktuellen Alltag[1]. Sie betreffen aber auch die psychische Entwicklung der Einzelnen: James Youniss (1994) hat dies sehr plastisch an der Entwicklung von Kindern wie von Jugendlichen aufgezeigt und sich sowohl mit den Ursprüngen bei Jean Piaget auseinandergesetzt, wie die wissenschaftshistorische Entwicklung aufgezeigt. Und sie betreffen schließlich die institutionellen Strukturen, in denen die Schule eingebettet ist. Neben der Gestaltung grundlegender Lern- und Bildungsprozesse kommt Schulen auch zu, Berechtigungen zu vergeben. Damit sind sie beteiligt an der Verteilung gesellschaftlicher Chancen.

Zum Verständnis von „Sozialisation in Schule und Unterricht" (Faulstich-Wieland 2002) lassen sich drei verschiedene Dimensionen unterscheiden:

1. Strukturdimensionen

Hierzu gehört die institutionelle Verfasstheit schulischen Lernens, die historisch erst mit Einführung der Schulpflicht allgemein gültig wurde und durch die Schulgesetze der Länder geregelt ist. Die konkrete Gestaltung von Schule umfasst ihre räumliche – und damit einhergehend zeitliche – Anordnung. Das Schulsystem gibt vor, welche Formen von Differenzierung sowohl in der Struktur selbst, wie auch im Unterricht existieren. Schließlich bestimmen die sozialen Praktiken des Miteinanders die Lern- und Entwicklungsprozesse der Kinder und Jugendlichen – dazu gehören die Organisationseinheit der Schulklasse ebenso wie die relevanten Akteure, insbesondere die Lehrkräfte, aber auch weiteres Personal.

2. Prozessdimensionen

Über die Schulzeit hinweg erfolgt eine Normierung und Kontrolle des Verhaltens der Schüler*innen. Dies geschieht vor allem über die Definitionen von Leistung, ihre jeweiligen Bewertungen und die damit einhergehenden Selektionen. Für die Ausbildung von Wissen und Können im Unterricht gilt es, den Blick auf die Inhalte zu richten; zugleich zu sehen, wie diese über Kommunikationsprozesse vermittelt werden.

---

1   Vgl. dazu als eine der ersten Aufarbeitungen „konstruktivistischer Sozialisationsforschung" Grundmann (1999).

3. Persönlichkeitsdimensionen

Die Entwicklung der Persönlichkeit sollte das Resultat schulischer Sozialisations-prozesse sein. Sie betrifft vor allem die Identitätsarbeit der Einzelnen. In allen drei Dimensionen lassen sich Herstellungsprozesse sozialer Konstruktionen erforschen.

▶ **Lesehinweise**
Helsper und Böhme (2008)
Hurrelmann et al. (2008)

---

2 Herstellungsprozesse im schulbezogenen Kontext

Entsprechend der für das schulische Feld genannten Dimensionen soll im Folgenden jeweils ein Aspekt herausgegriffen werden, um daran die Erforschung sozialer Konstruktionen zu verdeutlichen. Für die Strukturdimension wird dies die Bedeutung von räumlichen Arrangements, für die Prozessdimension die Aushandlung von Regeln und für die Persönlichkeitsdimension die Identitätsentwicklung im Sinne von Naturwissenschaftsinteressen bei jungen Frauen sein.

2.1 Herstellung von Räumen

Auch wenn der Zusammenhang von Architektur und Pädagogik immer wieder Beachtung gefunden hat (vgl. z.B. Jelich und Kemnitz 2003), so ist die Betrachtung des Raums als eine Form der sozialen Konstruktion vergleichsweise neu. Sie hat besonders durch Martina Löws raumsoziologische Annahmen – die Abkehr von der Auffassung des Raums als eines „Behälters" hin zu einem relationalen Verständnis und damit der Herstellung von Raum (Löw 2001) – Aufschwung erhalten. Georg Breidenstein (2004) hat – unter Bezugnahme auf diesen Ansatz – ethnografisch erforscht, wie Schüler*innen mit räumlichen Bedingungen umgehen. Die Ethnograf*innen erfahren selbst die Bedeutung des Raums für ihre Arbeit: So erlaubt der Platz, den sie einnehmen (können) ihnen mehr oder weniger, das Geschehen zu beobachten. Sitzen sie hinten im Klassenzimmer, so haben sie – bei einer frontalen Ausrichtung – alle Schüler*innen sowie die Lehrkraft im Blick. Allerdings sehen sie die Schüler*innen in der Regel nur von hinten und nur die Lehrkraft von vorne. Ein seitlicher Platz erlaubt, zumindest die Hälfte der Schüler*innen auch von vorne wahrzunehmen. Zugleich sind die Ethnograf*innen aber selbst sehr sichtbar. Breidenstein spricht von „visuellen Räumen", innerhalb derer das Verhältnis von Sehen und Gesehen werden – und damit das von Öffentlichkeit und Privatheit – schwer zu balancieren ist:

> „Auf dem Gebiet der Visualität ist es außerordentlich schwer, sich der Öffentlichkeit des Geschehens zu entziehen und ‚Privaträume' zu errichten, wenn man außer den Blicken der Lehrperson auch die der Mitschülerinnen und Mitschüler einbezieht." (ebd., S. 96)

Anders sieht es mit dem akustischen Raum aus. Hier bilden sich unterschiedliche Praktiken heraus, die von Ansprache der Lehrkraft an alle bis zum Gespräch mit nur einzelnen Schüler*innen reichen. Neben dieses offizielle Geschehen treten aber Gespräche der Schüler*innen untereinander, die entweder Teil des Unterrichts sind oder sich auf der „Hinterbühne" abspielen. Wie Lautstärke im Raum hergestellt wird, beeinflusst nicht nur das Unterrichtsgeschehen, sondern auch die Autorität der Lehrkraft:

> „Die akustische Hoheit über den allgemeinen Raum besitzt allein die Stimme der Lehrperson. Das heißt nicht, dass einzelne Schüler nicht auch ‚von sich aus', ohne Legitimation durch die Lehrperson, Äußerungen für alle und in Klassenlautstärke formulieren würden, doch diese finden ausschließlich im Status von ‚Zwischenrufen' statt: Es handelt sich in der Regel um sehr kurze und zudem durch besonderen Unterhaltungswert gekennzeichnete Beiträge. Wenn die Hoheit der Lehrerin über den akustischen Raum nicht nur kurzfristig, sondern insgesamt gefährdet ist, so wird dies (zumindest vom externen Beobachter) als handfeste Krise erlebt." (ebd., S. 98)

Solche Krisen sind jedoch eher die Ausnahme, während akustische Parallelwelten durchaus häufig sind: Schüler*innen, die nebeneinander sitzen, können sehr wohl Gespräche führen ohne damit die allgemeine Unterrichtssituation zu stören. Insofern ist die Herstellung des akustischen Raumes abhängig von der eigenen Lautstärke und dem Hörsinn der Lehrkraft. Nachbar*innen können folglich so etwas wie akustische Privaträume herstellen. Ethnograf*innen sind entsprechend ihrer räumlichen Verortung dabei ein- oder ausgeschlossen.

Breidenstein unterscheidet als eine dritte Form den haptischen Raum. Gemeint ist damit die Möglichkeit, Gegenstände oder auch andere Körper zu erreichen. Dieser Raum wird vor allem durch die Sitzordnung bestimmt, kann aber auch durch offizielle und halboffizielle Strategien erweitert werden, mit denen man selbst seinen Platz verlässt.

Die Analyse dieser Herstellungspraktiken von Raum zeigt, wie vielfältig das gleichzeitige Geschehen in einem Klassenraum ist. Die räumliche Position spielt

zudem eine Rolle für die Gestaltung von Beziehungen zu anderen: Hier kommt
sehr zentral die Rolle der Sitzordnung ins Spiel (vgl. Faulstich-Wieland 2001), die
viel Platz in pädagogischen Überlegungen einnimmt, aber im Allgemeinen noch
wenig in ihrer wirklichen Bedeutung erforscht ist.

2.2   Schulregeln

Die Vermittlung von Wissen geschieht in der Schule vor allem über Unterricht
in verschiedenen Schulfächern und immer im Kontext von Gruppen. Damit ein
solches Setting funktionieren kann, bedarf es der Einhaltung von Regeln. Üblicherweise werden diese in der Primarstufe „eingeübt" und sollten am Ende des
ersten Schuljahres beherrscht werden. Tatsächlich sind viele Schulen – auch im
Sekundarbereich – dazu übergegangen, Regelwerke mit den Schülerinnen und
Schülern zu vereinbaren und diese auch im Klassenraum aufzuhängen. Die Umsetzung dieser Regeln allerdings ist keineswegs so einfach und linear wie es auf
den ersten Blick scheint. Es gibt eine Reihe von ethnografischen Studien dazu, in
denen gezeigt werden kann, dass gemeinschaftliches Lernen gerade nicht durch
die schlichte Anwendung von Regeln funktioniert, sondern weit mehr abhängt
von der Aushandlung und Verständigung über Schulkulturen. So hat beispielsweise Robert Thornberg (2007) in schwedischen Grundschulen erforscht, warum
es immer wieder zu Disziplinproblemen kommt. Er stellt fest, dass Lehrkräfte
selbst die expliziten Regeln häufig nicht einhalten: So heißt eine Regel, dass Schüler*innen nur dann Rederecht haben, wenn die Lehrkraft es ihnen explizit erteilt.
Das würde bedeuten, jeden Verstoß dagegen zu sanktionieren und nur Beiträge
zuzulassen, die diesem Prinzip folgen. Häufig werden aber unaufgeforderte Antworten von Kindern durch die Lehrkraft aufgegriffen und manchmal sogar gelobt.
Die „moral instruction" und die „moral practise" (ebd., S. 404) stimmen vielfach
nicht überein. Auch wenn – wie Thornberg herausarbeitet – der Anwendung oder
Außerkraftsetzung der Regeln durch die Lehrkräfte ergänzende implizite Regeln
zugrunde liegen, so werden selbst diese nicht konsequent eingehalten. Vor allem
aber sind sie den Schüler*innen nicht klar und es gelingt nicht allen, sie durch die
Praxis zu entschlüsseln.
    Jutta Wiesemann (1999) hatte bereits Ende der 1990er Jahre gezeigt, dass eine
schlichte Regel, mit der das soziale Miteinander von Schüler*innen vor Über-
griffen geschützt werden sollte, nicht ohne weiteres funktioniert: In einer Freien
Schule war die Stopp-Regel eingeführt worden, d.h. Kinder konnten, wenn sie in
einer Interaktion mit anderen Kindern ein Verhalten unterbinden wollten, einfach
„Stopp" sagen. Das so adressierte Kind sollte dann mit dem Verhalten aufhören.

Tatsächlich funktionierte dies nur bedingt. Zum Beispiel waren die Kinder der Meinung, dass jemand, der mit Ärgern angefangen hat, das Recht verwirkt, die Gegenreaktion – das Sich-Wehren – durch ein „Stopp" zu beenden.

> „Die Kinder verstehen die Stoppregel als prozedurale Regel, die eine Eskalation unterschiedlichster Konflikte verhindern soll. Sie diskutieren über das Verfahren und nicht über die Norm." (ebd., S. 236)

Ähnlich wie später Thornberg fordert Wiesemann entsprechend, die Kinder in die Aushandlung einzubeziehen – ihnen zuzuhören und nicht einfach Regeln zu exekutieren.

2.3   Identitätsarbeit

Persönlichkeitsentwicklungen sind nur durch Längsschnittstudien zu erforschen – und selbst die stehen vor dem Problem, wie derart komplexe Zusammenhänge empirisch zu fassen sind. Eine amerikanische Forschungsgruppe um Angela Calabrese Barton hat in einer ethnografischen Längsschnittstudie die Identitätsentwicklung von Schülerinnen im Blick auf ihr Naturwissenschaftsinteresse untersucht. Sie fokussiert dabei auf „identity work" statt auf „identity":

> "By identity work we refer to the actions that individuals take and the relationships they form (and the resources they leverage to do so) at any given moment and as constrained by the historically, culturally, and socially legitimized norms, rules, and expectations that operate within the spaces in which such work takes place. Individuals author possible identities through identity work over time both with and against the norms of the worlds they inhabit." (Calabrese Barton et al. 2013, S. 38)

An zwei Fallbeispielen von Schülerinnen afro-amerikanischer Herkunft zeigt die Gruppe, wie Naturwissenschaftslaufbahnen gebremst oder gefördert werden. Das eine Mädchen, Diana, hat anfänglich großes Interesse an Naturwissenschaften. Dieses besteht aber vor allem darin, Dinge zu verstehen und auszuprobieren, nicht jedoch darin, schnell mit einer Arbeit fertig zu werden und gute Noten durch Zusatzaufgaben zu erhalten. Insofern wird Diana von der Lehrkraft als eine Schülerin wahrgenommen, die viel Zeit braucht und nicht als eine, die interessiert und sehr gut ist. Hinzu kommt, dass der Science-Lunch-Club, an dem Diana teilnimmt, bald nur noch von „weißen" Schülerinnen besucht wird, so dass Diana ihre Teilnahme zugunsten der gemeinsamen Mittagspause mit den Freundinnen ihrer ethnischen Zugehörigkeit verbringt. Ein Wechsel der Lehrkraft verändert zudem die schulischen Anforderungen – die nun mehr auf schriftliche Wiedergabe statt auf experimentelle Erforschung gelegt sind. Dies entspricht nicht mehr Dianas Vorlieben und Stärken. Das andere Mädchen, Chantelle, war anfänglich mehr an Kunst interessiert, aber auch an Umweltfragen. Die Möglichkeit, im Rahmen eines nachschulischen Clubs, der vor allem von Schüler*innen mit derselben ethnischen Zugehörigkeit besucht wurde, ein Video über die Verwendung von LED-Birnen zu drehen und dieses schulöffentlich sowie im Naturwissenschaftsunterricht einzusetzen, veränderte Chantelles Position erheblich. Sie erhielt innerhalb wie außerhalb der Schule Anerkennung für ihre Arbeit und konnte sich so auch als Naturwissenschaftsexpertin inszenieren.

Die Frage, ob junge Frauen den Weg in die Naturwissenschaft finden oder nicht, hängt folglich von einer Reihe verschiedener Praxen und deren Zusammenspiel ab.

„As seen in the case of Chantelle, the overlapping of formative spaces that powerfully impact the process of authoring science identities can lead to a refigured world with expanded resources and more flexible norms and rules, including what it means to be a good science student. However, they can also lead to the reinforcement of norms and expectations, as we saw with Diane. The questions like 'who can be recognized as a good science students (sic) in a newly created space, and why' may be useful to evaluate the potential impacts of combinations of experiences." (ebd., S. 73)

▶ **Lesehinweise**
Bräu und Schlickum (2015)
Graff et al. (2016)
Heinzel et al. (2010)

---

3   Basistheorien

Die Erläuterungen zu den Begrifflichkeiten und die Beispiele von Herstellungsprozessen haben bereits vielfach darauf verwiesen, dass Interaktionen im sozialen Kontext entscheidend für die Sichtweise auf soziale Konstruktionen sind. Die einschlägigen Basistheorien lassen sich folglich hier verorten.

Begreift man Sozialisation als ein „Mitgliedwerden" in einer Gesellschaft, d.h. als einen Prozess, in dem ein Mensch zum integrierten Angehörigen einer kulturellen und sozialen Gemeinschaft wird, dann lenkt dies den Blick auf die aktive Auseinandersetzung des Einzelnen mit der materiellen und sozialen Umwelt. Die Aneignung des Vorgefunden geschieht zugleich mit seiner Be- und Verarbeitung – Sozialisation meint die Entwicklung einer eigenen Identität, die eine

Person zu etwas Einzigartigem macht, während sie zugleich eingebunden bleibt in die jeweilige Gemeinschaft. Mit seiner Theatermetapher bietet Goffman einen allgemeinen Rahmen für Sozialisationsprozesse, indem er durch seine Unterscheidung zwischen dem Individuum als Rolle und als Darsteller*in einer Rolle die Interaktionsordnungen, ihre Entstehung und Veränderung begrifflich fassen kann. Der Sozialisationsprozess ist dann u.a. dadurch gekennzeichnet, dass Darstellende versuchen, beim Publikum einen auf verschiedene Art idealisierten Eindruck zu erwecken – sich als „gute" Mitglieder zu präsentieren. Voraussetzung ist jedoch eine gewisse „Ehrlichkeit": Jemand sollte das sein, was er/sie zu sein vorgibt, denn komplementär dazu darf jede/r erwarten, von den anderen nach sozialen Eigenschaften eingeschätzt und behandelt zu werden. Im Laufe einer Interaktionsgeschichte – d.h. im Sozialisationsprozess – lernt das Individuum einen Satz kultureller Selbstverständlichkeiten.

> „Eine bestimmte Art von Person zu sein, heißt ... nicht nur, die geforderten Attribute
> zu besitzen, sondern auch, die Regeln für Verhalten und Erscheinung einzuhalten,
> die eine bestimmte soziale Gruppe mit diesen Attributen verbindet" (Goffman 1996,
> S. 69/70).

Es wäre nun aber falsch, davon auszugehen, dass diese Regeln immer bewusst erworben würden. Man kann im Gegenteil davon ausgehen, dass vieles unbewusst aus einer im Entwicklungsprozess erworbenen Sicherheit heraus geschieht – denn eine solche Sicherheit ist geradezu Voraussetzung für praktisches Handeln. Pierre Bourdieu (1993) spricht von der „doxa", den Selbstverständlichkeiten, die dem sozialen Raum entsprechen, in dem man lebt. Die Art und Weise, in ihm zurechtzukommen wird durch den entsprechenden Habitus ermöglicht. Der Habitus hat eine Doppelfunktion: Er ist „modus operandum", indem er Praxisformen generiert, zugleich ist er „modus operatum", indem er als Praxisform erscheint (Bourdieu 1974).

Sehr plastisch hat Harold Garfinkel (1967) am Beispiel der Mann-zu-Frau-Transsexuellen Agnes aufgezeigt, wie diese beiden Aspekte ineinander spielen, wie Agnes den modus operatum der Männlichkeit verlernen und den modus operandum der Weiblichkeit erwerben muss. Dies haben Candace West und Don Zimmerman in die Formel des „doing gender" gebracht (West und Zimmerman 1991). Sie unterscheiden zwischen *sex* als dem biologischen Geschlecht, *sex category* als der gewöhnlich bei der Geburt vorgenommen Zuordnung zu einem der beiden Geschlechter männlich oder weiblich und *gender* als der Entwicklung der Fähigkeit, sich gemäß dieser Zuordnung zu verhalten und sie damit in den Interaktionen jeweils wieder zu produzieren und zu reproduzieren. Die Orientierung an

Geschlechtsadäquatheit ist dabei das zentrale Moment, weil das Verhalten jeweils daran gemessen werden kann – *accountability* ist das entscheidende Stichwort dafür.

> „Doing gender consists of managing such occasions so that, whatever the particulars, the outcome is seen and seeable in context as gender-appropriate or purposefully gender-inappropriate, that is, accountable'" (West und Zimmerman 1991, S. 22).

Goffman (1994) hatte in seiner Arbeit zum Thema „Interaktion und Geschlecht" bereits an vielen Beispielen gezeigt, wie „Geschlechtsidentität" entsteht, indem in den sozialen Interaktionen gelernt wird, was als adäquates Verhalten gilt. Zugleich hat er aber auch deutlich gemacht, dass institutionelle Bedingungen Geschlecht nicht einfach zu einer beliebig variierbaren Kategorie machen. Solange es eine geschlechtsspezifische Arbeitsteilung gibt, sind Gleichheit und Bewertung gemäß Geschlecht sich widersprechende Prinzipien, deren Gültigkeit nur durch naturalisierende Erklärungen, durch „Glaubensvorstellungen" behauptet werden kann. Goffman spricht hier von „institutioneller Reflexivität".

Die Konzeptualisierung sozialer Konstruktionen als „doings" hat inzwischen zu vielfältigen Erweiterungen der Blickwinkel geführt und Arbeiten hervorgebracht, die sich mit der Herstellung ganz unterschiedlicher Differenzen befassen – vor allem sind „class" und „race" zu „gender" hinzugekommen, aber – wie in diesem Band erkennbar, lassen sich auch Leistungsdifferenzen oder Behinderungen als Formen des „doing" begreifen. Candace West und Sarah Fenstermaker (1995) haben den Ansatz zunächst einmal zum „doing difference" erweitert. Mittlerweile wird zunehmend versucht, der „Intersektionalität" gerecht zu werden, d.h. der Bedeutung, die verschiedene soziale Zugehörigkeiten in ihrer Verschränkung haben (können). Dazu soll der Blick auf das Zusammenspiel der verschiedenen Klassifikationen gerichtet werden – bisher geschieht dies mehr theoretisch (vgl. z.B. Walgenbach 2013) als wirklich empirisch (ein m.E. gelungenes Beispiel der Verbindung von Gender und Ethnizität liefert Martina Weber (2003) in ihrer Dissertation).

Insgesamt bietet das Feld der sozialen Konstruktion im schulischen Kontext noch viel Raum für theoretische wie empirische Arbeiten.

▶ **Lesehinweise**
Faulstich-Wieland (2000)
Geulen (2005)

Literaturverzeichnis

Bohnsack, R. (1997). *Adoleszenz, Aktionismus und die Emergenz von Milieus. ZSE* 17, 3–18.

Bollig, S./Neumann, S. (2011). *Die Erfahrung des Außerordentlichen. Fremdheit/Vertrautheit als methodisches Differenzial einer Ethnographie pädagogischer Ordnungen. ZQF* 12 (2), 199–216.

Bourdieu, P. (1974). Der Habitus als Vermittlung zwischen Struktur und Praxis. In: Pierre Bourdieu (Hrsg.): *Zur Soziologie der symbolischen Formen* (S. 125–158). Frankfurt/ Main: Suhrkamp.

Bourdieu, P. (1993). *Sozialer Sinn.* Frankfurt/Main: Suhrkamp.

Bourdieu, P./Wacquant, L. J.D. (Hg.) (1996). *Reflexive Anthropologie.* Frankfurt/Main: Suhrkamp.

Bräu, K./Schlickum, C. (Hrsg.) (2015). *Soziale Konstruktionen in Schule und Unterricht.* Leverkusen: Budrich.

Breidenstein, G. (2004). KlassenRäume – eine Analyse räumlicher Bedingungen und Effekte des Schülerhandelns. In: *ZBBS* 5 (1), 87–107.

Calabrese Barton, A., Kang, H., Tan, E., O'Neill, T. B., Bautista-Guerra, J. & Brecklin, C. (2013). Crafting a Future in Science: Tracing Middle School Girls' Identity Work Over Time and Space. *American Educational Research Journal* 50 (1), 37–75.

Faulstich, P. (2013). *Menschliches Lernen.* Bielefeld: transcript.

Faulstich-Wieland, H. (2000). *Individuum und Gesellschaft.* München: Oldenbourg Verlag.

Faulstich-Wieland, H. (2001). Das Arrangement der Geschlechter im schulischen Feld – jugendliche Akteure und die institutionelle Reflexivität von Sitzordnungen. In: H. Merkens und J. Zinnecker (Hrsg.): *Jahrbuch Jugendforschung* (S. 163–184). Opladen: Leske+Budrich.

Faulstich-Wieland, H. (2002). *Sozialisation in Schule und Unterricht.* Neuwied: Luchterhand.

Friebertshäuser, B. (2008). Ethnographische Forschungsmethoden. In: H. Faulstich-Wieland und P. Faulstich (Hrsg.): *Erziehungswissenschaft* (S. 622–640). Ein Grundkurs. Reinbek: rowohlts enzyklopädie.

Garfinkel, H. (1967). *Studies in Ethnomethodology.* New Jersey: Prentice Hall.

Geertz, C. (1997). *Dichte Beschreibung.* Frankfurt/Main: Suhrkamp.

Geulen, D. (2005). *Subjektorientierte Sozialisationstheorie.* Weinheim: Juventa.

Glasersfeld, E. von (1997). *Radikaler Konstruktivismus.* Frankfurt/Main: Suhrkamp.

Goffman, E. (1994). *Interaktion und Geschlecht.* Frankfurt/Main: Campus.

Goffman, E. (1996). *Wir alle spielen Theater.* München: Piper.

Graff, U., Kolodzig, K. & Johann, N. (Hrsg.) (2016). *Ethnographie – Pädagogik – Geschlecht.* Wiesbaden: VS-Verlag.

Grundmann, M. (Hrsg.) (1999). *Konstruktivistische Sozialisationsforschung.* Frankfurt/ Main: Suhrkamp.

Heinzel, F., Thole, W., Cloos, P. & Köngeter, S. (Hrsg.) (2010). *„Auf unsicherem Terrain".* Wiesbaden: VS-Verlag.

Helsper, W./Böhme, J. (Hrsg.) (2008). *Handbuch der Schulforschung.* 2. Aufl. Wiesbaden: VS-Verlag.

Hurrelmann, K., Grundmann, M. & Walper, S. (Hrsg.) (2008). *Handbuch Sozialisationsforschung.* 7. Aufl. Weinheim: Beltz.

234 Hannelore Faulstich-Wieland

Jelich, F.-J./Kemnitz, H. (Hrsg.) (2003). *Die pädagogische Gestaltung des Raums*. Bad Heilbrunn/Obb.: Klinkhardt.

Kelle, H. (2016). Herausforderungen ethnographischer Forschung zu Pädagogik und Geschlecht. In: U. Graff, K. Kolodzig und N. Johann (Hrsg.): *Ethnographie – Pädagogik – Geschlecht* (S. 3–16). Wiesbaden: VS-Verlag.

Knorr-Cetina, K. (1989). *Spielarten der Konstruktivismus*. In: *Soziale Welt* (40), 86–96.

Löw, M. (2001). *Raumsoziologie*. Frankfurt/Main: Suhrkamp.

Thornberg, R. (2007). Inconsistencies in everyday patterns of school rules. In: *Ethnography and Education* 2 (3), 401–416.

Walgenbach, K. (2013). *Heterogenität – Intersektionalität – Diversity in der Erziehungswissenschaft*. Stuttgart: UTB

Weber, M. (2003). *Heterogenität im Schulalltag*. Opladen: Leske+Budrich.

West, C.; Fenstermaker, S. (1995). Doing Difference. In: *Gender & Society* (9), 8–37.

West, C./Zimmerman, D H. (1991). Doing Gender. In: Judith Lorber und Susan A. Farrell (Hg.): *The Social Construction of Gender* (S. 13–37). Newbury Park: Sage.

Wiesemann, J. (1999). Stooopp! – Die hört nicht auf die Stoppregel! – Die Erfindung von Handlungsregeln als soziales Lernen. In: A. Combe, W. Helsper und B. Stelmaszyk (Hrsg.): *Schulentwicklung – Partizipation – Biographie* (S. 221–243). Weinheim: Beltz.

Youniss, J. (1994). *Soziale Konstruktion und psychische Entwicklung*. Frankfurt/Main: Suhrkamp.

Zinnecker, J. (1978). Die Schule als Hinterbühne oder Nachrichten aus dem Unterleben der Schüler. In: G.-B. Reinert/J. Zinnecker (Hrsg.): *Schüler im Schulbetrieb* (S. 29–121). Reinbek: rororo.

Ethnographie der Hausaufgabenkontrolle

Jürgen Budde und Johanna Geßner

1   Einleitung

Hausaufgaben sind für Schule und Unterricht von großer Bedeutung. In der sozialen Praxis der Hausaugaben werden Leistungserwartungen konstituiert, das Nicht-Erbringen erzieherisch sanktioniert oder ‚vergessene' Hausaufgaben pädagogisch bearbeitet. Die Hausaufgaben verbinden die schulische Sphäre mit den Elternhäusern und der außerunterrichtlichen ‚Frei'zeit der Schüler*innen und sind damit sowohl an der Schnittstelle von Erziehung und Bildung wie auch zwischen schulischen und außerschulischen Lebenswelten angesiedelt. In diesem Sinne erfüllen Hausaufgaben eine wichtige Scharnierfunktion. Auch im Unterrichtsverlauf sind Hausaufgaben ein wesentliches Moment. Denn die Logik einer im Kontext Schule gestellten (Haus)Aufgabe erfordert beinah zwangsläufig ihre Kontrolle. Neben der Aufgabenstellung (traditionell zum Ende der Stunde) hat die Kontrolle der Hausaufgabe ihren festen Platz zumeist zu Beginn der Stunde. Wenngleich im Zuge von Ganztagsentwicklungen zu vermuten steht, dass sich die Funktion und Bedeutung von Hausaufgaben transformieren (z.b. dadurch, dass sie im offenen Ganztag im Rahmen von Angeboten zur Hausaufgabenbetreuung gleichsam in die Schule zurückgespielt werden) oder sogar verringern (z.B. durch gebundene Ganztagsschulen, die auf Hausaufgaben i.d.R. weitestgehend verzichten), so hat die Kontrolle von Hausaufgaben aktuell ihren festen zeitlichen und strukturellen Platz in der Mehrzahl der Unterrichtsstunden. Hausaufgabenkontrolle stellt eine soziale Praxis dar, die im Unterricht spezifische Ordnungen entfaltet und empirisch bislang noch kaum in den Blick genommen wurde.

Um die vorhandenen Desiderate in Bezug auf die Handhabung der Hausaufgabenkontrolle und deren Bedeutung für eine Theorie des Unterrichtes aus ungleich-
heitstheoretischer Perspektive zu bearbeiten, werden im folgenden Artikel zuerst
eine unterrichtstheoretisch begründete Systematisierung der Bereiche Bildung und
Erziehung vorgenommen (Kap. 2) und anschließend der Stand der Forschung zur
Hausaufgabenkontrolle aufgearbeitet (Kap. 3). Nach der Erläuterung des metho-
dischen Designs einer Studie zu Unterrichtspraktiken (Kap. 4) wird empirisches
Material schulformvergleichend ausgewertet (Kap. 5) und im Fazit für ein, am
Konzept der Leistungsordnungen orientiertes, praxeologisches Verständnis von
Unterricht plädiert (Kap. 5).

2 Theoretische Zugänge: Unterrichtstheorie – Bildung und Erziehung, Wissen und Verhalten[1]

Konstitutiv für schulischen Unterricht sind in einem metatheoretischen Zugriff
mit Erziehung und Bildung zwei zentrale erziehungswissenschaftliche Begriffe.
Unterricht ist (trotz des zeitweiligen Hypes um Kompetenzen) ohne Zweifel der
Bildung der Schüler*innen verpflichtet. Dies bezieht sich einerseits auf Bildung
als Zusammenspiel von Vermittlung und Aneignung von Dingen, Sachen, Gegenständen o.ä. in und durch *Fach*unterricht, die in Lehrplänen, Curricular u.Ä. niedergelegt sind. Darüber hinaus steht Unterricht in bildungstheoretischer Tradition
an sich aber ebenso vor dem, über die Gegenstände hinausreichenden Anspruch
bildend für die Schüler*innen zu sein. Gaudig (1917) konzeptioniert beispielsweise
die Bildung der Persönlichkeit als zentrales Moment von Unterricht. Hier wird
Bildung weniger im Sinne materialen Wissens verstanden, sondern als überfach-
licher Modus zur Steigerung der Selbsttätigkeit und Mündigkeit. Im Begriff der
„kategorialen Bildung" (Klafki 1963, S. 44) ist diese Vorstellung niedergelegt.
Andererseits ist Unterricht auf *Erziehung* ausgerichtet. Auch hier lassen sich mindestens zwei unterschiedliche Konnotationen unterscheiden. Erziehung im Unterricht dient zum einen der Regulation unterrichtsspezifischen Verhaltens durch
Disziplinierung, die auf die Herstellung und Aufrechterhaltung der Ordnung von
Unterricht zielt und damit als Grundbedingung von Lernen zu verstehen ist. Zum

---

1 Der Begriff ‚Verhalten' ist in diesem Kontext nicht unproblematisch. In der hiesigen
   Verwendung dient er als weite Beschreibung für die im Handeln deutlich werdende
   Performance. Mit Performance ist die (Leistung einer) handelnde(n) Darstellung einer
   Person gemeint. Performance bezieht sich dabei zuerst auf äußerlich Wahrnehmbares
   (Körper, Kleidung, etc.), meint aber ebenso die habituell verbürgte Weise, in der diese
   ‚Äußerlichkeiten' handelnd dargestellt werden.

anderen vermittelt Unterricht erziehend gesellschaftliche Normen sowie Werte und damit Ziele, die über Schule und Unterricht hinausreichend gesellschaftliche Bedeutung entfalten sollen.

Anzunehmen ist, dass sich Erziehung und Bildung nicht trennscharf voneinander unterscheiden lassen: Erziehungsprozesse ermöglichen erst Bildung wie auch Bildungsprozesse immer erzieherische Anteile haben. Trotzdem findet sich in Unterrichtstheorien immer wieder eine Unterscheidung beider Bereiche. Bernstein formuliert (1990; 1996) in seiner Theorie zum pädagogischen Diskurs eine grundlegende Unterscheidung zwischen dem der Bildung zurechenbaren Instruktionsdiskurs und dem erzieherisch orientierten Regulationsdiskurs und pointiert damit die hier angedeutete Differenz analytisch. Der Instruktionsdiskurs bezieht sich bei Bernstein auf die inhaltliche Ordnung der Gegenstände, der Regulationsdiskurs hingegen auf die Regeln der sozialen Ordnung. Ausgangspunkt ist die Differenz zwischen Aneignung und Vermittlung. Aus Perspektive der Lehrpersonen gliedert sich die Vermittlungstätigkeit in zwei Teilbereiche, die Klassifikation und die Rahmung. Mit Klassifikation ist die Struktur des Gegenstandes gemeint, während Rahmung sich auf das pädagogische Handeln von Lehrkräften bezieht. In der Rahmung werden Regulations- und Instruktionsdiskurse gleichermaßen virulent. Während der instruktionelle Diskurs die Auswahl, Reihenfolge oder etwa die Kriterien regelt, organisiert der regulative Diskurs die Hierarchien. Damit Aneignung stattfindet, benötigen Schüler*innen spezifische Kenntnisse über Erkennungsregeln, mit denen das Wissen in seiner Struktur angeeignet, und Realisierungsregeln, mit denen die Performance der Rahmung angepasst werden kann (vgl. ebd.). Zwar ist die Darstellung Bernsteins auf der theoretischen Ebene überzeugend, problematisch erweist sie sich in der empirischen Analyse für pädagogische Praktiken, da sie in starren, als different gedachten und auf allen Ebenen binären Begriffen konzipiert ist, die der Dynamik und Uneindeutigkeit des Sozialen nicht gerecht wird.

Kolbe und andere (2008) greifen mit ihrem Lernkulturansatz eine ähnliche Unterscheidung auf. Unterricht verstehen sie kulturtheoretisch informiert als dynamischen Prozess. Auch bei ihnen spielt die Relation von Aneignung und Vermittlung eine wichtige Rolle. Diese wird als ein Differenzbezug markiert, den es im Unterricht permanent zu bearbeiten gilt. Daneben identifizieren sie zwei weitere Differenzbezüge, die in der Herstellung von Unterricht zum Tragen kommen. Dies sind die

„Herstellung beziehungsweise Aufrechterhaltung der sozialen Ordnung des Unterrichts in Unterscheidung zu anderen sozialen Ordnungen außerhalb des Unterrichtes

[…sowie] dem schulisch relevanten und dem schulisch nicht relevanten Wissen und Können" (ebd., S. 133).

Allerdings bleibt diese Unterteilung unsystematisch. Während beispielsweise die Bedeutung von Regeln von Kolbe und anderen an der einen Stelle des Textes der sozialen Ordnung zugerechnet wird, wird dies an späterer Stelle als besonderes Kennzeichen schulischer Wissensordnung identifiziert (vgl. ebd., S. 137). Weiter ist nicht eindeutig, in welcher Systematik die drei Differenzbezüge zueinander stehen. Einerseits findet sich das Argument, dass die soziale Ordnung Resultat der Differenzbearbeitung der anderen beiden Bezüge (Aneignung – Vermittlung, schulisches Wissen – nicht-schulisches Wissen) ist (vgl. ebd., S. 130), an anderer Stelle werden die drei Differenzbezüge gleichrangig dargestellt (vgl. ebd., S. 137).

Zur Präzisierung verwenden wir eine Kombination beider Modelle. Wir greifen die bei Bernstein angedachte Trennung von regulativem und instruktionellem Diskurs auf, beziehen diese auf die Kategorien *Wissen* und *Verhalten* und dynamisieren dieses Verständnis insofern, dass wir beide Kategorien als soziale Ordnungen verstehen, die in und durch pädagogische Praktiken prozessiert werden. Dabei identifizieren wir *Leistung* als zentrales Moment schulischen Unterrichts. Leistung ist nun nicht einfach das ,richtige' Wissen oder artig befolgte Disziplin, *erfolgreiche Leistung ist vielmehr das Vermögen, zur rechten Zeit mit angemessenem Verhalten das fachlich Richtige zu erbringen.* Kann schon für das fachlich Richtige angenommen werden, dass dieses in der Praxis nicht eindeutig ist, so muss spätestens für die Frage, was das jeweils angemessene Verhalten ist, erhebliche Variationsbreiten je nach Einzelschule angenommen werden. Wir gehen davon aus, dass in den Praktiken zur Leistungserbringung je spezifische *Leistungsordnungen* sichtbar werden, die unterschiedliche Passungsverhältnisse zwischen Schulkultur und Schüler*innenhabitus evozieren.

▶ **Lesehinweise**
Bernstein (1990).
Sertl und Leufer (2012)

---

3   Das Projekt

3.1   Stand der Forschung zur Hausaufgabenkontrolle

Hausaufgaben sind ein empirisch wenig beforschtes Thema, wobei das Interesse zyklischen Schwankungen unterliegt. Beispielsweise steigert die Angst vor wirtschaftlichem Abschwung das gesellschaftliche Interesse an Hausaufgaben, während in Phasen wirtschaftlichen Aufschwungs Diskussionen über die Überlastung von Schüler*innen Konjunktur haben (vgl. Cooper et al. 2006). In der schulpädagogischen Debatte ist die Vergabe von Hausaufgaben umstritten, da es keine eindeutigen Belege zu ihrer Effektivität gibt (vgl. Standop 2013, S. 85). Im Folgenden wird ein kurzer Überblick über empirische Befunde zur Hausaufgabenkontrollsituation gegeben. Ein ausführlicher Forschungstand zu Hausaufgaben findet sich bei Standop (2013).

Zum zeitlichen Aufwand, der bezüglich der Hausaufgabenkontrolle im Unterricht getrieben wird, liegen Ergebnisse von Wittmann (1964) vor. Er stellt fest, dass „jeder Lehrer täglich eine volle Unterrichtsstunde den Hausaufgaben widmet und auch jede Klasse dadurch täglich fast eine Unterrichtsstunde verliert" (ebd., S. 65). Bei einer in Illinois durchgeführten Lehrerbefragung gaben 76% der befragten Lehrkräfte an, dass sie 81 bis 100% der von Schüler*innen bearbeiteten Hausaufgaben überprüften (vgl. Murphy & Decker 1989, S. 267). Sommerla (1978) dokumentiert, dass die Hälfte aller befragten Lehrpersonen täglich die Hausaufgaben kontrollieren und 53% von ihnen hierfür etwa 6 bis 10 Minuten einplanen. Er unterscheidet fünf Arten der Hausaufgabenkontrolle. Bei der „einfachen Kenntnisnahme" würden die Hausaufgaben lediglich überflogen. Die „Verarbeitung" dagegen sei eine intensive inhaltliche Auseinandersetzung in den folgenden Stunden. Bei der „Leistungskontrolle" seien nur wenige Schüler*innen aktiv und könnten bewertet werden, während bei der „mündlichen Wiederholung" die ganze Klasse beteiligt werden könne. Die „außerunterrichtliche Kontrolle" finde in Abwesenheit der Schüler*innen statt. Am häufigsten käme mit 58% die Leistungskontrolle zur Anwendung (vgl. ebd., S. 85 ff.).

Auch Geißler und Plock (1981) klassifizieren unterschiedliche Kontrollarten anhand der Kategorien „vorbereitend" und „nachbereitend". Bei vorbereitenden Hausaufgaben seien die Ergebnisse inhaltlich zu überprüfen und zu sichern, um sie für den Unterricht nutzen zu können. Bei nachbereitenden Hausaufgaben sei dagegen nur wichtig, „Vollständigkeit und Richtigkeit" zu kontrollieren. Als Sonderfälle benennen Geißler und Plock Hausaufgaben, bei denen den Schüler*innen unterschiedliche Aufgaben zugeteilt wurden oder gänzlich individuelle Ergebnisse zu erwarten seien (was im immer stärker binnendifferenzierten Unterricht zum Regelfall werden könnte). In diesen Fällen müsse die Kontrolle angepasst werden (vgl. ebd., S. 61 ff.). Anhand des Mathematikunterrichts bilden Lipowski et al. (2004) drei verschiedene Kategorien: Erledigungskontrolle, Lösungskontrolle und prozessorientierte Hausaufgabenkontrolle. Bezüglich der Leistungssteigerung ordnen die Autor*innen den prozessorientierten Kontrollen den stärksten positiven Effekt zu, während die Lernenden von Erledigungskontrollen am wenigsten profitieren.

Zu den Praktiken der Hausaufgabenkontrolle liegen nur sehr wenige empirische Untersuchungen für den deutschsprachigen Raum vor, die meisten Studien sind quantitativ ausgerichtet und fokussieren vor allem auf die Aufgaben und ihre Qualität selber. Um die pädagogischen Praktiken der Hausaufgabenkontrolle im Unterricht und die in ihnen eingelagerten Leistungsordnungen genauer in den Blick zu nehmen, ist jedoch ein qualitativer Ansatz sinnvoll. Ein Beispiel findet sich bei Breidenstein und Zaborowski (2011). Sie untersuchen im Schulformvergleich, wie Lernende im Unterricht diszipliniert werden, wenn sie ihr Material nicht dabei haben und nehmen in diesem Kontext ebenso Praktiken der Hausaufgabenkontrolle in den Blick. Die Ergebnisse der qualitativ angelegten Erhebung zeigen, dass an der untersuchten Sekundarschule mehr Wert auf die Disziplinierung von Schüler*innen sowie deren Eltern gelegt wird, während am Gymnasium der Schwerpunkt auf Selbständigkeit liegt. Die Schüler*innen sollen allein Lösungen für das Problem des fehlenden Materials finden, die Eltern werden nicht mit einbezogen (vgl. ebd., S. 151 ff.). Insgesamt zeigt sich in den Studien ein Spannungsverhältnis zwischen wissensorientiert-bildendem und verhaltensregulierend-erziehendem Anspruch bei der Hausaufgabenkontrolle. Geßner (2015) belegt in ihrer Ethnografie schulformspezifische und ungleichheitsverstärkende Effekte der Bezugnahmen auf Eltern bei der Hausaufgabenkontrolle.

▶ **Lesehinweise**
Götz et al. (2015)
Geßner (2015)

3.2   Methodisches Design der Studie

Im Folgenden sollen anhand von drei Varianten der Hausaufgabenkontrolle unterschiedliche Leistungsordnungen empirisch ausgearbeitet werden. Grundlage dafür ist das ethnographische Forschungsprojekt UHU (Unterricht-Heterogenität-Ungleichheit)[2]. Die Studie fokussiert insgesamt auf die (Re-)Produktion sozialer

---

2   Das diesem Bericht zugrundeliegende Vorhaben wurde mit Mitteln des Bundesministeriums für Bildung, und Forschung unter dem Förderkennzeichen 01JC1108 gefördert. Die Verantwortung für den Inhalt dieser Veröffentlichung liegt bei den Autor*innen. Das Projekt wurde von 2012 bis 2015 an der Europa Universität Flensburg unter der Leitung von Prof. Dr. Budde durchgeführt. Alle Namen sind anonymisiert.

Ungleichheit auf der Ebene der Unterrichtspraktiken und Einstellungen von Lehrkräften in der Sekundarstufe I. In der Studie wird danach gefragt, wie und welche
Differenzkategorien Lehrkräfte in den Unterrichtspraktiken zur Anwendung bringen, welche Sortierungen und Bewertungen daraus entstehen, in welcher Weise
diese Heterogenitätskonstruktionen in pädagogisch-didaktischen Handlungen und
den Einstellungen prozessiert werden und inwieweit dies mit (Re-)Produktionen
sozialer Ungleichheit auf der Ebene des Unterrichts zusammenhängt (vgl. Budde
& Rißler 2014a).

    Der UHU-Studie liegt ein qualitativ-rekonstruktives Design zugrunde. In drei
vierwöchigen Feldphasen wurden drei kontrastierende Schulen in den Blick genommen. Es wurden eine reformorientierte, ehemalige Gesamtschule mit sozial
schwacher Schüler*innenschaft, ein ‚durchschnittliches‘ Gymnasium sowie eine
Sekundarstufenschule mit mittelständiger Schüler*innenschaft ausgewählt. An
jeder Schule wurde jeweils eine 5. Klasse in ihrem ersten Jahr in den Fächern
Deutsch, Mathematik und Klassenrat begleitet. Die pädagogisch-didaktischen
Handlungen der Lehrkräfte wurden durch teilnehmende Beobachtung und Videographie, die Einstellungen mit leitfadengestützten Interviews erhoben. Die
Stunden wurden zusätzlich mit Audiogeräten aufgezeichnet. Weiter wurden Gruppendiskussionen mit Schüler*innen durchgeführt und Artefakte wie Übergangs-
empfehlungen, Fragebogen und Steckbriefe erhoben. Damit wird ein praxistheore-
tischer Zugang gewählt, dessen Ausgangspunkt in der Annahme liegt, dass sich in
den Praktiken der Akteur*innen soziale Ordnungen zeigen und diese insbesondere
durch teilnehmende Beobachtung empirisch zugänglich gemacht werden können
(vgl. Hammersley & Atkinson 1997; Troman et al. 2005). Die Datenauswertung
orientiert sich im sequenzanalytischen Vorgehen an der Grounded Theory (vgl.
Glaser & Strauss 2008).

    Die Beobachtungsprotokolle wurden für den vorliegenden Artikel nach ihrer
Verwertbarkeit für die Untersuchung von Hausaufgabenkontrollen ausgewählt.
Anschließend wurde softwaregestützt eine inhaltliche Codierung hinsichtlich
erzieherischer bzw. disziplinärer und inhaltlich-vermittelnder Praktiken durchgeführt. Die codierten Protokollsequenzen wurden zuerst fallimmanent kontrastierend analysiert. Im nächsten Schritt wurde untersucht, wie die Hausaufgabenkontrollen an der jeweiligen Schule strukturiert sind und ob diese Struktur sich
von denen der anderen Schulen unterscheiden lässt.

▶ **Lesehinweise**
Schatzki (2002)
Budde (2015)
Breidenstein, Hirschauer & Kalthoff (2013)

4 Ergebnisse: Praktiken der Hausaufgabenkontrolle im Unterricht

Für den Bereich der Hausaufgabenkontrolle im Unterricht ließen sich an allen drei untersuchten Schulen ähnliche Praktiken der Rahmung beobachten. Ein- oder Überleitung werden zur Kontrollsituation sowie die Überleitung zur nächsten Unterrichtsphase schulübergreifend ähnlich durchgeführt. In den unterrichtssteuernden organisatorischen Elementen lassen sich keine ausgeprägten Differenzen feststellen. In der Durchführung der Kontrolle allerdings sind deutliche schulspezifische Unterschiede in den Leistungsordnungen erkennbar, die im Folgenden genauer betrachtet werden sollen.

4.1 Kontrolle an der Gesamtschule – Chaos und disziplinäre Willkür

Die Hausaufgabenkontrollen an der Gesamtschule verlaufen selten stringent und strukturiert. Sie sind geprägt durch Unterbrechungen und vielfältige Störungen. Viele Schüler*innen beschäftigen sich mit anderen Themen, was anhand von Wortbeiträgen oder Tätigkeiten, die nicht in die Unterrichtsphase passen, deutlich wird. Lückenlose Kontrollsituationen werden nicht beobachtet. Kennzeichen des Unterrichts sind hingegen permanente Versuche der Lehrpersonen, die Aufmerksamkeit der Lerngruppe auf das Thema zu lenken. In schnell aufeinander folgenden Sequenzen lassen sich Praktiken der Erziehung und Praktiken der inhaltlichen Kontrolle beobachten. Die folgende Sequenz berichtet davon: Schon während die Lehrperson nach vergessenen Hausaufgaben fragt, mischt Kamila sich ein. Als Henrik vorlesen soll, kommt es zu einer Disziplinierung:

„Henrik soll die erste Aufgabe vorlesen. Da Kamila und Nazan beide laut sind, werden sie streng ermahnt. Henrik weigert sich zunächst, vorzulesen, somit entsteht ein kurzes Wortgefecht zwischen der Lehrerin und ihm („doch!", „nö!", „doch!", „nö!"). Dann sagt Henrik, dass das Wasser in seiner Flasche voll hässlich sei, weshalb die Lehrerin ihm mit einer Geste (Scheibenwischer) deutlich macht, was sie von diesem Beitrag hält. Dann beginnt das Vergleichen der Hausaufgaben.
An der Tafel werden ‚dass-Sätze' gesammelt. Anschließend geht es um Verben im Präteritum, Henrik nennt einige, diese stehen jedoch schon an der Tafel, erst zum Schluss meldet er sich erneut und gibt eine richtige Antwort. Luisa und Finja sowie Hatice und Nazan werden ermahnt, Nazan dann des Klassenraumes verwiesen. Nachdem die

```
Hausaufgaben verglichen wurden, spricht die Lehrerin einen Test
an, der gestern in der Klasse durchgeführt wurde." (S130604DPN)
```

Henrik verweigert die Mitarbeit, was die Lehrerin dazu nötigt, ihn zu ermahnen. Daraus entwickelt sich eine kurze Auseinandersetzung. Die Lehrerin versucht sich durchzusetzen, Henrik widersetzt sich, kommentiert dann das Aussehen seines Wassers, was keinen Bezug zum Gespräch mit der Lehrerin hat und von dieser nonverbal kritisiert wird. Erst nach diesem Konflikt, in dem die Lehrkraft mit erzieherischen Praktiken arbeitet, kann mit inhaltlichen Aspekten begonnen werden. Es entsteht ein kurzes Unterrichtsgespräch, das sich der Hausaufgabenkontrolle widmet, bevor wieder erzieherische Praktiken in den Vordergrund treten und diverse Schüler*innen ermahnt werden und Nazan sogar des Raumes verwiesen wird. Im Anschluss an die Disziplinierungen kehrt die Lehrerin wieder zur inhaltlichen Arbeit zurück.

Hier kristallisiert sich das dominante Muster der Hausaufgabenkontrolle an der Gesamtschule heraus. Die Kontrolle wird durch Zwischenrufe, Widerstand von Schüler*innen und themenfremde Beiträge unterbrochen. Die Lehrerin versucht durch Ermahnungen, Gesten und den Verweis Einzelner aus dem Klassenraum das inhaltliche Überprüfen der Hausaufgaben zu ermöglichen. Die Lernenden werden regelmäßig diszipliniert, bevor der Fokus wieder auf den Inhalt gerichtet werden kann. Es kommt immer wieder zum Wechsel von erzieherischen und inhaltlichen Praktiken. Die permanente Überschneidung von regulativem und instruktionellem Diskurs verhindert einen reibungslosen Ablauf der Hausaufgabenkontrolle. In einer Mathematikstunde beispielsweise geht die Lehrerin durch die Klasse und schaut sich an den Tischen die Hausaufgaben der Schüler*innen an, während die Lerngruppe einen Arbeitsauftrag bearbeitet. Sie war bereits am Tisch von Hatice. Als nächstes geht sie zum Tisch von Kamila. Sie spricht Kamila an, die nicht sofort reagiert.

```
„Die Lehrerin neben Kamila beugt sich über den Tisch, schaut ab-
wechselnd ins Heft und ins Mathebuch und liest die Aufgaben laut
vor. Dann fordert sie Kamila dazu auf, in ihr Heft zu gucken. Sie
beginnt in Kamilas Heft zu zeichnen. Während sie das macht, dreht
sie kurz den Kopf und sagt: „Hatice, Nazanin, anfangen. Jetzt so-
fort." Sie wendet sich wieder Kamila zu, spricht mir ihr und zeigt
dabei mit dem Finger ins Heft. Abschließend sagt sie: „Wenn du das
nächste Mal zeichnest. Genau auf die Linie. Klaro?" Nach einem
kurzen Augenblick sagt Kamila etwas zur Lehrerin. Die schaut Ka-
mila an, wedelt kurz mit beiden Armen und sagt dann: „Kamila. Was
soll ich dir dazu sagen?" Kamila grinst und sagt: „Ich bin cool".
```

```
Dann schlägt sie die Hände vors Gesicht und lacht. Die Mathematik-
lehrerin: „Nein. So, genau auf die Linie zeichnen. Nr. 3."
Weiter geht es zu Celina. Bei Celina bleibt die Lehrerin [...] ste-
hen und schlägt ein Mathebuch auf, das sie von Celinas Tisch nimmt.
Dabei sagt sie, dass sie das Buch doch für die nächste Aufgabe
brauche. Celina erwidert: „Hab ich doch schon gemacht". Während
die Lehrerin bei Celina steht, fragt Christina ob sie auf Toilette
dürfe. Die Mathematiklehrerin verneint das und fordert sie dazu
auf jetzt zu arbeiten. Dann ruft Semra: „Ich brauche Hilfe." Die
Mathematiklehrerin erwidert, dass sie Fabia fragen solle. „Die
kann dir bestimmt helfen". Dann senkt sie ihren Kopf über das Heft
von Celina. Kamila quittiert den Vorschlag der Mathematiklehrerin,
Fabia um Hilfe zu fragen, mit: „ihh". Die Lehrerin hebt ruckartig
ihren Kopf, schaut Kamila an und sagt scharf: „Raus. Raus. Nimm
deine Sachen und (?hau?) damit raus". Kamila nimmt ihre Arbeits-
materialien in die Hand, sagt grinsend „Okay" und läuft mit einem
Lächeln im Gesicht aus dem Zimmer." (S130301MPG)
```

Während die Lehrkraft mit Kamila inhaltlich über deren Hausaufgaben spricht, fordert sie Hatice und Nazanin auf zu arbeiten. Nach einem weiteren inhaltlichen Gespräch mit Kamila scheint diese etwas zu sagen, was nicht mit der Hausaufgabenkontrolle zusammenhängt. Die Lehrerin äußert sich missbilligend, woraufhin Kamila sich selbst als „cool" beschreibt. Die Negation der Lehrkraft ist als Disziplinierung zu begreifen. Die Lehrkraft wechselt dann zu Celina, mit der sie inhaltlich spricht. Es kommt aber zur Unterbrechung durch Christina. Der Diskurs wechselt auf die erzieherische Ebene. Semra, die um Hilfe bittet, verlagert ihn wieder auf die inhaltliche Ebene. Der Kommentar von Kamila erfordert wieder einen Wechsel hin zu erzieherischen Praktiken. Kamila wird durch den Verweis aus dem Klassenraum diszipliniert. Im Verlauf der Hausaufgabenkontrollen sind viele Aufforderungen und Ermahnungen beobachtbar. Die Lehrperson versucht neben der Kontrolle von Kamilas und Celinas Arbeitshefte dafür zu sorgen, dass Kamila sich auf ihre Aufgaben konzentriert, Christina weiterarbeitet, Semra Hilfe bekommt und Kamila für ihre Beleidigung Fabia gegenüber zur Rechenschaft gezogen wird. Damit kommt es zu einer mehrfachen Überlagerung der Anforderungsstruktur einer vermeintlich routinisierten Handlung wie der Kontrolle der Hausaufgaben. Disziplinierung und Hausaufgabenkontrolle überlagern sich und treten in Konkurrenz. Die Notwendigkeit häufiger disziplinierender Eingriffe verlängert die Kontrolle, die zum Teil mehr als ein Drittel der Stunde in Anspruch nimmt. Dadurch geht Zeit für andere unterrichtliche Prozesse verloren.

Bemerkenswerter Weise lassen sich nur wenige Sanktionen im Umgang mit vergessenen Hausaufgaben erkennen. Die zu Beginn des Schuljahres angekündigte regelhafte Disziplinierungspraxis, nach drei vergessenen Hausaufgaben die Eltern mit einem Elternbrief zu informieren, ist aus den analysierten Protokollsequenzen nicht zu entnehmen. Auch der Versuch, die Disziplinierungen bei Unterrichtsstörungen mit Hilfe einer Verwarnampel stärker zu formalisieren (bei Störungen können Namenskarten der Schüler*innen auf Gelb oder Rot geschoben werden) wird nicht systematisch umgesetzt. Aus den Beobachtungen wurde nicht ersichtlich, welche Störungen zu welcher Sanktion führen (teilweise werden Schüler direkt auf Rot geschoben, teilweise selbst schwere Störungen ignoriert). Manchmal werden auch Schüler*innen des Raumes verwiesen. Den Disziplinierungen scheint eine gewisse Willkür innezuwohnen. Die Leistungsordnung ist durch einen dominanten wie unklaren regulativen Diskurs geprägt, der instruktionelle Diskurs kommt dagegen kaum zum Tragen.

4.2 Kontrolle an der Sekundarschule – inhaltliche Stringenz und Bloßstellung

Die Kontrollsituation an der Sekundarschule weist insgesamt ebenfalls mehr erzieherische als inhaltliche Praktiken auf, der Unterrichtsverlauf ist allerdings wesentlich strukturierter. In den meisten Stunden waren lediglich Erledigungskontrollen beobachtbar, die entweder durch Abfragen oder durch eine persönliche Kontrolle am Tisch durchgeführt wurden. Die an der Schule praktizierte Binnendifferenzierung scheint ursächlich dafür zu sein.

In der Sekundarschule ziehen vergessene Hausaufgaben systematische und transparente Sanktionen nach sich. Wer seine Hausaufgaben vergisst, wird in eine Liste eingetragen. Wer in einer Woche mehr als dreimal seine Hausaufgaben vergisst, muss in einer speziell dafür reservierten Stunde der Woche nachsitzen. Dieses Verfahren wird von allen in der untersuchten Klasse unterrichtenden Lehrpersonen angewendet. Disziplinierungen werden in Bezug auf vergessene Hausaufgaben häufig öffentlich vor der ganzen Klasse thematisiert und nicht im persönlichen Gespräch abgehandelt. Die folgende Sequenz zeigt ein Beispiel für diese Praxis. Elisa wird vor der Klassenöffentlichkeit ermahnt, da sie seit längerem keine Hausaufgaben gemacht hat:

```
„Elisa meldet sich: „Ich hab es ganz vergessen. Aus Versehen."
Lehrerin: „Nee, nicht aus Versehen. Bei dir ist garantiert, das
schwöre ich dir, ein Elterngespräch nächste Woche angesagt. Du
machst ja gar keine Hausaufgaben mehr. In gar keinem Fach, Elisa.
Du hast in Englisch diese Woche keine Hausaufgabe gemacht, du hast
in Mathe keine Hausaufgabe gemacht und du hast in Deutsch keine
Hausaufgaben gemacht. Du machst Null zu Hause. So ich muss leider
```

```
erst mal die Hausaufgaben durch gehen und du kündigst bitte deiner
Mutter schon Mal an, dass sie bei mir anruft heute Nachmittag.
Ok?" (R20906DPH)
```

Elisa äußert, sie habe die Hausaufgaben nicht absichtlich vergessen, woraufhin
die Lehrkraft ihr unterstellt dies „nicht aus Versehen" getan zu haben und eine
längere öffentliche Ansprache hält, um Elisas Fehlverhalten der letzten Wochen zu
erörtern. Sie schließt mit einer Aufforderung, die sich teils an Elisa, teils an deren
Mutter richtet. In dieser Sequenz deutet sich an, dass in dieser Schule Bloßstellungen vor andern Schüler*innen zur Disziplinierung bei vergessenen Hausaufgaben
genutzt werden. Diese Praxis ist in der Sekundarschule während der Feldphasen
mehrfach zu beobachten. Zum Halbjahreswechsel wird Elisa wieder vor der gesamten Klasse öffentlich diszipliniert, indem sie auf die möglichen Konsequenzen
ihres Handelns im Erwachsenenleben hingewiesen wird. Mit der inszenierten Öffentlichkeit werden auch andere Schüler*innen darauf aufmerksam gemacht, was
sie erwartet, wenn sie ihre Hausaufgaben nicht regelmäßig erledigen.

Allerdings kommen die Lehrkräfte im Vergleich zur Gesamtschule bei der
Kontrolle im Plenum mit sehr viel weniger Disziplinierungen aus und sprechen
auch fachliche Aspekte an.[3] In der folgenden Szene aus dem Deutschunterricht
möchte der Lehrer die Hausaufgaben vergleichen. Er erläutert, dass es eine Wahl-
möglichkeit zwischen zwei verschiedenen Aufgaben gab und fragt nach, wer seine
Hausaufgaben nicht gemacht habe.

```
„Als Erste kommt Hannah dran. Die Schüler*innen sollten einen Satz
erfinden und dann umstellen. Sie liest ihren Satz und eine Um-
stellung vor. Der Lehrer fragt nach, ob sie noch mehr Varianten
habe, was sie bejaht. Das reicht dem Lehrer und er geht über zu
Samir, der auch seinen Satz und eine Umstellung vorliest. Er wird
gelobt, das sei ein sehr guter Satz. Auch er wird gefragt, ob er
noch mehr Varianten habe, soll diese dann aber nicht mehr vor-
lesen. Dann kommen noch Ebru und dann Fiona dran, auch die beiden
werden nach mehr Varianten gefragt, die dann aber nicht vorgelesen
werden sollen.
Dann kommt mit einer anderen Aufgabe Luca dran. Er liest seinen
Satz vor: „Ich spiele Fußball." Der Lehrer meint, das ginge so
nicht, da der Satz kein geteiltes Verb enthalten würde. Er habe
das noch nicht verstanden, das mache aber nichts. Finn kommt dran
und nennt den Satz: „Die Kinder haben Fußball gespielt." Der Leh-
rer schreibt den Satz an die Tafel, dabei schreibt er ‚haben' und
```

---

3   Nicht immer lässt sich der Inhalt aber aus den Protokollen rekonstruieren, da die direk-
     te Kommunikation in Flüsterlautstärke stattfindet.

‚gespielt' grün. Dann trägt Finn vor: „Die Kinder haben Fußball
am Strand gespielt." Der Lehrer fragt, was da dazu gekommen sei.
Die Schüler*innen bräuchten auch keine Fachausdrücke zu verwenden.
Es meldet sich kaum jemand, er meint, er wolle mehr Finger sehen.
Jemand antwortet, das Prädikat sei auseinander gerückt. Der Lehrer
meint, das brauchen die Schüler*innen für das Thema, das in der
Woche nach der Vorhabenwoche angefangen werden soll, nämlich Satz-
glieder zu bestimmen." (R30517DPC)

In der Unterrichtssequenz wird ein inhaltlicher Vergleich der Hausaufgaben im
Gespräch sichtbar. Nacheinander sind Hannah, Samir, Ebru und Fiona dran, die
jeweils einen Beispielsatz vorlesen. Der Lehrer fragt nach weiteren Varianten, an-
schließend wird der oder die Nächste aufgerufen. Auf richtige Antworten folgt Lob,
Fehler wie bei Luca werden angemerkt, aber die Kritik wird mit beschwichtigen
Worten abgemildert. Nach dem Vergleichen der Hausaufgaben verweist der Lehrer
auf das nächste Unterrichtsthema. Die Hausaufgabe war bereits eine inhaltliche
Hinführung dahingehend. In der betrachteten Sequenz gibt es keinerlei Zwischenrufe oder anderweitige Störungen, wie sie an der Gesamtschule die Regel sind.
Der regulative Diskurs tritt in den Hintergrund. Das Verhalten der Schüler*innen
weicht nicht von der unterrichtlichen Norm ab und muss daher nicht thematisiert
werden. Durch das Vortragen der Hausaufgabe im Plenum und dem Anschrieb
eines Beispiels an die Tafel wird die individuelle Situation der Hausaufgaben in
der Klassenöffentlichkeit in eine gemeinsame Lerngelegenheit transformiert.

Zusammenfassend lässt sich feststellen, dass es in dieser Schule im Gegensatz
zur Gesamtschule möglich ist inhaltliche Kontrollen stringent durchzuführen. Erzieherische Praktiken folgen bei vergessenen Hausaufgaben einer systematischen
Struktur und werden in Form von öffentlichen Bloßstellungen vollzogen, wenn
andere Maßnahmen keine ausreichende Verhaltensänderung der Schüler*innen
zur Folge haben. Die Leistungsordnung ist durch klare Rahmung, primär der Verhaltensordnungen, konturiert.

4.3 Kontrolle am Gymnasium – Dominanz des instruktionel-
len Diskurses und Selbstregulierung der Lernenden

Die Hausaufgabenkontrolle am Gymnasium weist nur sehr wenige erzieherische
Praktiken auf. In manchen Stunden sind weder erzieherische Hausaufgabenkontrollen noch Disziplinierungen während des inhaltlichen Vergleichens der Ergebnisse zu beobachten. Dies stellt einen augenfälligen Unterschied zur Gesamt- und
Sekundarschule dar. Die Lehrpersonen konzentrieren sich auf die inhaltliche Kon-

trolle, was häufig einen breiten Raum im Unterricht einnimmt. Treten dennoch Störungen während der Kontrolle auf – in der Regel sind dies Wortbeiträge ohne Meldung oder von der Lehrerin als unpassend erachtete Kommentare – werden diese meist zugunsten des reibungslosen Ablaufes ignoriert. Nur gelegentlich erfolgt eine Ermahnung. Im Unterschied zur Gesamtschule wird der Verlauf der inhaltlichen Kontrolle nicht durchbrochen. Auffällig ist auch die Art der Störungen am Gymnasium. Im Gegensatz zu den Schüler*innen an der Gesamtschule, deren Störungen in den meisten Fällen keine inhaltliche Beteiligung erkennen lassen, drückt sich in den Zwischenrufen der Schüler*innen der Wunsch nach themenorientierter Mitarbeit aus. Die Lehrkräfte wählen methodisch meistens das Vorlesen der Hausaugaben, um danach mit den Schüler*innen über die Ergebnisse ins Gespräch zu kommen. Dabei werden auch die Lernenden regelmäßig zu einem Feedback zu den Hausaufgaben ihrer Mitschüler*innen aufgefordert. Am Gymnasium dominiert erkennbar der instruktionelle Diskurs.

Die Disziplinierungen am Gymnasium folgen keinem so ausgeprägten System, wie an der Sekundarschule. Wer seine Hausaufgaben nicht erledigt, muss mit einem Klassenbucheintrag rechnen. Bei mehreren Einträgen in einer Woche drücken Lehrkräfte ihr Missfallen aus. Es scheint als sei ein striktes, regelhaftes System nicht nötig, um die Erledigungsdisziplin und ein angemessenes Verhalten bei der Hausaufgabenkontrolle sicherzustellen. Großes Gewicht wird auf die Selbstregulierung der Lernenden gelegt. Bei vergessenen Hausaufgaben haben die Schüler*innen die Möglichkeit, ein Kontingent an „Eichhörnchenzetteln" zu nutzen. Das sind kleine Zettel, die Schüler*innen für gute Leistungen erhalten und die man bei Lehrkräften gegen Klassenbucheinträge eintauschen kann. Es handelt sich um eine Art regulative Schattenwährung. In der Beispielsequenz wechselt die Lehrerin gerade zur Erledigungskontrolle der Hausaufgaben.

„Um 12.03 Uhr sagt die Lehrerin, dass die Schüler*innen ihre Hausaufgaben heraus nehmen sollen. Sie fragt nach, wer die Hausaufgaben nicht dabei hat, worauf Katharina antwortet, dass sie ihre Hausaufgaben zwar gemacht, aber nicht eingepackt hat, während Florian ganz vergessen hat sie zu machen. Katharina und Florian gehen nach vorne zur Lehrperson und geben Zettel ab (“Eichhörnchen"). Dadurch bekommen sie keinen Klassenbucheintrag." (G30516DPH)

Die Lehrkraft fragt zuerst nach der allgemeinen Erledigung der Hausaufgaben. Katharina und Florian geben einen Eichhörnchenzettel ab, um einen strafenden Klassenbucheintrag zu entgehen. Das hier beobachtbare Tauschsystem und das Aushandeln existiert nur am Gymnasium. Vermutlich ist dies eng damit verknüpft, dass Schüler zum Teil aushandeln wollen, welche Konsequenzen vergessene Hausaufgaben für sie haben. In einer Mathematikstunde fragt ein Schüler, ob er statt der vergessenen Hausaufgabe eine Störung eingetragen bekommen kann. Der Lehrer ist gerade dabei zu notieren, wer seine Hausaufgaben nicht dabei hat:

> „Dann fragt er, ob noch jemand Material oder Hausaufgaben „oder irgendsowas" vergessen habe. Ein Schüler: „Hausaufgaben." Lehrer: „Hausaufgaben nicht?" Ein Schüler fragt: „Können Sie mir eine Störung eintragen?" Darauf reagiert der Lehrer nicht." (G21026MPC)

Wie bei einem Verwaltungsakt geben die Schüler ihre Verstöße gegen die Regeln an, die dann vom Lehrer notiert werden. Auf die Nennung des Verstoßgrundes erfolgt keine direkte Reaktion, es wird nicht gerügt oder ermahnt. Hier zeigt sich erneut die beschriebene Disziplinierungspraktik des Ignorierens. Gelegentlich nehmen die Schüler*innen auch Einfluss auf die Gestaltung der Hausaufgabenkontrolle. Die Lehrpersonen lassen die Möglichkeit der Partizipation zu, wenn die Lernenden sie überzeugen können. Es wird deutlich, dass die hierarchischen Strukturen nicht sehr ausgeprägt sind und den Schüler*innen ein begründetes Mitspracherecht eingeräumt wird. Die Leistungsordnung am Gymnasium ist diskurs- und selbstregulierungsorientiert, der instruktionale Diskurs der Wissensordnung steht im Vordergrund.

5   Diskussion und Fazit

Theoretisch basiert der Beitrag auf praxistheoretischen Annahmen sowie der Theorie des pädagogischen Diskurses von Basil Bernstein. Anhand einer Ethnographie der Hausaufgabenkontrolle werden Fragen für das Verhältnis von instruktionellem und regulativem Diskurs und damit für das Verhältnis von Bildung und Erziehung diskutiert. Unterrichtstheoretisch zeigt sich, dass das Feld von Aneignung und Vermittlung sich entlang der Bearbeitung der Differenz zwischen schulischem und nicht-schulischem Verhalten sowie zwischen schulischem und nicht-schulischem Wissen konstituiert. Die in diesen Bearbeitungspraktiken entstehenden Ordnungen können als einzelschulische *Leistungsordnungen* gefasst werden, die entsprechend je nach Schulkultur variieren (vgl. Abb. 1; Budde & Rißler 2016). Am Beispiel Hausaufgaben sind beide Differenzen auf vielfältigste Weise miteinander verwoben. Die Hausaufgabenkontrolle im Unterricht verknüpft schulische und außerschulische Lebenswelten, Erziehungs- und Bildungsprozesse als auch Verhaltens- und Wissensordnungen und bietet somit einen paradigmatischen Idealfall für die Analyse von pädagogischen Praktiken.

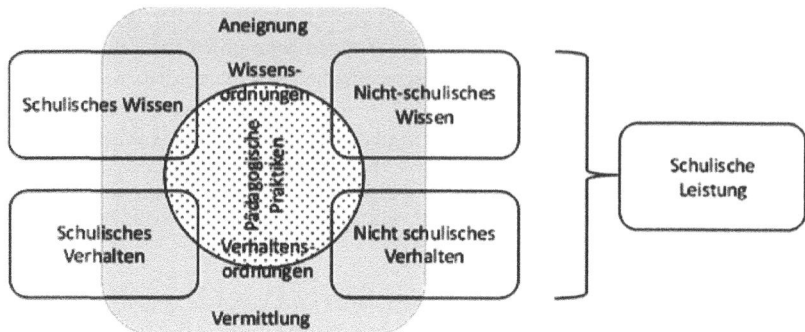

Abbildung 1 Modell schulischer Leistungsordnungen.

Die Analyse der Hausaufgabenkontrolle zeigt starke schulformspezifische Divergenzen. Während an der ehemaligen Gesamtschule unklare und chaotische Interaktionen die Situation prägen, sind diese in der Sekundarschule auf klare Handhabung ausgerichtet: Beide Fallvarianten rücken erzieherisch-regulative und an Verhaltensordnungen orientierte pädagogische Praktiken in den Mittelpunkt, welche an der Sekundarschule die ganze Familie in den erzieherischen Anspruch einspannt. Ganz anders am Gymnasium: Auch hier läuft die Situation klar ab, dabei dominieren bildend-instruktionale Wissensordnungen. Damit werden *verschiedene Leistungsordnungen* evoziert, die je nach Einzelschule das Verhältnis von Verhalten und Wissen, von Erziehung und Bildung *unterschiedlich* ausrichten (Geßner 2015).

Wie sich die schulischen Leistungsordnungen als Zusammenspiel von Wissens- und Verhaltensordnungen jeweils einzelschulisch ausformen, ist Gegenstand empirischer Analyse. Zu vermuten steht, dass sich hier eine Struktur abzeichnet, die aufgrund unterschiedlicher Passungsverhältnisse zwischen Einzelschulkultur und Schüler*innenhabitus ungleichheitsverstärkend wirken (vgl. Kramer 2011; Budde/Rißler 2014b). Denn während im Gymnasium Lernen anhand von Wissen organisiert wird, werden an der Sekundarschule vor allem Verhaltensformen gelernt. Für die ehemalige Gesamtschule bleibt unklar, inwieweit hier von intendierten Lernprozessen überhaupt gesprochen werden kann. Die Leistungsordnungen halten schulformspezifisch unterschiedliche Lernangebote bereit. In studentischen Forschungsprojekten und Qualifikationsarbeiten könnte dies bspw. für andere Schulformen eruiert werden. Für eine rekonstruktiv orientierte Unterrichtstheorie ermöglichen die obigen Überlegungen Anschlüsse, indem die in pädagogischen Praktiken generierten Wissensordnungen als Verknüpfung von Wissens- und

Verhaltensordnungen ins Zentrum gerückt werden. Damit wird ebenfalls für eine stärkere Berücksichtigung der erzieherischen Praktiken in der Unterrichtstheorie plädiert.

Literaturverzeichnis

Baillargeon, D. (2009). Éduquer les enfants, discipliner les parents: les rapports famille-école à Montréal, 1910-1960. In: *Historical Studies in Education / Revue d'histoire de l'éducation*, 21, H. 2, 46-64.

Bernstein, B. (1990). *The Structuring of Pedagogic Discourse: Class, codes and control.* London: Routledge.

Bernstein, B. (1996). *Pedagogy, Symbolic Control and Identity*, London: Taylor and Francis..

Breidenstein, G./Zaborowski, K. (2011). Disciplinary technologies and pupil redisposition: school equipment and homework diaries. In: *Ethnography and Education*, 6, H. 2, 147-160.

Breidenstein, G., Hirschauer, S. & Kalthoff, H. (2013): *Ethnografie. Die Praxis der Feldforschung.* Konstanz: UTB.

Budde, J./Rißler, G. (2014). Topographie unterrichtsrelevanter Differenzkonstruktionen. In: *Erziehung und Unterricht*, H. 3/4, 333–341.

Budde, J./Rißler, G. (2014b). Männlicher Habitus und Schulkultur – Zur Analyse von vergeschlechtlichten Passungsverhältnissen. In: Theurer, C., Siedenbiedel, C. & Budde. J. (Hg.). *Lernen und Geschlecht.* Immenhausen: Prolog-Verlag, 29–45.

Budde, J. (2015): Reflexionen zur Bedeutung von Handlung und Praktik in der Ethnographie. In: *Zeitschrift für qualitative Forschung* 16 (2), S. 7–24.

Budde, J./Rißler, G. (2016). Die Exklusion aus dem schulischen Anspruch. In: Isabell Diehm, Melanie Kuhn & Claudia Machold (Hrsg.). *Differenz – Ungleichheit – Erziehungswissenschaft.* Wiesbaden: VS Verlag.

Cooper, H., Robinson, J. C. & Patall, E. A. (2006). Does Homework Improve Academic Achievement? A Synthesis of Research, 1987-2003. In: *Review of Educational Research*, 76, H. 1, 1-62.

Gaudig, H. (1917). *Die Schule im Dienste der werdenden Persönlichkeit.* Bd. 1 & 2. Leipzig: Quelle & Meyer.

Geißler, E./Plock, H. (1981). *Hausaufgaben – Hausarbeiten.* 3. neu bearbeitete Auflage, Bad Heilbrunn: Julius Klinkhardt.

Geßner, Johanna (2015). Hausaufgabenkontrolle im Unterricht. In: Jürgen Budde, Nina Blasse, Andrea Bossen und Georg Rißler (Hrsg.). *Heterogenitätsforschung.* Weinheim, Bergstr: Beltz Juventa, S. 136–159.

Glaser, B. G./Strauss, A. L. (2008). *Grounded theory. Strategien qualitativer Forschung.* 1. Nachdr. der 2., korrigierten Aufl. Bern: Huber.

Götz, M., Breidenstein, G., Fölling-Albers M., Hartinger, A., Heinzel F., Kammermeyer, G. & Bülow, K.v. (2015) (Hg.): *Zeitschrift für Grundschulforschung*, Bildung im Elementar- und Primarbereich. H. 2

Hammersley, M./Atkinson, P. (1997). *Ethnography. Principles in practice*. 2. ed., reprinted. London: Routledge.

Klafki, W. (1963). *Das pädagogische Problem des Elementaren und die Theorie der kategorialen Bildung*. 2., erw. Aufl. Weinheim/Bergstr.: Beltz.

Kolbe, F.-U., Reh, S., Fritzsche, B. & Rabenstein, K. (2008). Lernkultur: Überlegungen zu einer kulturwissenschaftlichen Grundlegung qualitativer Unterrichtsforschung. In: *Zeitschrift für Erziehungswissenschaft*, 12, H. 1, 125–143.

Kramer, R.-T. (2011). *Abschied von Bourdieu?* Wiesbaden: VS-Verlag.

Lipowsky, F., Rakocy, K., Klieme, E., Reusser, K. & Pauli, C. (2004). Hausaufgabenpraxis im Mathematikunterricht. In: Doll, J. & Prenzel, M. (Hrsg.). *Bildungsqualität von Schule*. Münster: Waxmann, 250-266.

Murphy, J./Decker, K. (1989). Teachers' Use of Homework in High Schools. In: *Journal of Educational Research*, 82, H. 5, 261-269.

Schatzki, Theodore R. (2002). *The site of the social. A philosophical account of the constitution of social life and change*. University Park: Pennsylvania State University Press.

Sertl, Michael/Leufer, Nikola (2012). Bernsteins Theorie der pädagogischen Codes und des pädagogischen Diskurses. Eine Zusammenschau. In: Uwe Gellert und Michael Sertl (Hrsg.): *Zur Soziologie des Unterrichts. Arbeiten mit Basil Bernsteins Theorie des pädagogischen Diskurses*. 1. Aufl. Weinheim: Juventa, S. 15–62.

Sommerla, G. (1978). Praxis, Effektivität und Funktionen traditioneller Hausaufgaben im Urteil von Lehrern. In: Niedersächsisches Kultusministerium (Hrsg.). *Hausaufgaben empirisch untersucht*. Hannover: Schroedel, 73-145.

Standop, J. (2013). *Hausaufgaben in der Schule*. Bad Heilbrunn: Julius Klinkhardt.

Troman, G., Jeffrey, B. & Walford, G. (2005). *Methodological issues and practices in ethnography*. Amsterdam: Elsevier.

Wittmann, B. (1964). *Vom Sinn und Unsinn der Hausaufgaben*. Berlin: Luchterhand.

Konstruktionen von Vaterschaft im Kontext Grundschule

Timo Burger

> „*Wenn qualitative Sozialforschung sich von dem Zwang verabschiedet, eine gemeinsame Welt von Interviewern und Interviewten zu erschaffen und stattdessen den Konstruktionsprozessen der Kommunikation folgt, erfährt sie, wie Eindeutigkeiten operativ erzeugt werden.*"
> *(Nassehi/Saake 2002, S. 84)*

---

1   Einleitung

Wenn man von *Konstruktionen* spricht, mag zuvörderst nicht vollständig transparent erscheinen, was mit dieser Terminologie gemeint ist. Zumal eine solche Begrifflichkeit je theoretischer Auffassung mit recht unterschiedlichen Bedeutungen aufgeladen sein kann (vgl. Hacking 2002). Hinzu kommt – ergänzt man diesen Terminus um die ebenso geläufige Semantik *sozial* – ferner die notwendige Auskunft über das *spezifisch* Soziale einer so gearteten Konstruktion. Und schlussendlich – um auch dem hier beobachteten Phänomen Raum zur Erklärung zu unterbreiten – verbleibt die Frage nach dem derart betrachteten *Gegenstand* – wie in diesem Falle die Vaterschaft im Kontext Grundschule.

Nach jener in diesem Beitrag skizzierter Klärung von hierfür erforderlichem theoretischem Arbeitswerkzeug, sollen vertiefend weitere hierzu gehörende Forschungsperspektiven dargestellt werden: *Wie* lässt sich eine solche soziale Konstruktion von Vaterschaft im Kontext Grundschule erfassen? Welches sind *Fragen*, die hierzu zielführend sein können? Mit welchen *Methoden* kann demnach gearbeitet werden, um diesen Fragen adäquat nachgehen zu können? Und *was* kann in einem derart ausgerichteten Forschungsprojekt gesehen und unterschieden

werden, wenn man in einer solchen Weise beobachtet? All jene Erkenntnisutensili-
en und Ergebnisse werden folgend umfänglich erörtert.

2   Theoretische Zugänge

2.1   Soziale Konstruktionen – Ein systemtheoretischer Blick

Im Vergleich zu den in diesem Band ebenso vorgestellten Forschungsprojekten
im Kontext sozialer Konstruktionen bediene ich mich einer *Perspektive*, die sich
in zweifacher Hinsicht von den genannten Zugängen unterscheidet und aufgrund
dessen hier einem gesonderten Einschub bedarf:

1. Anders als in üblicher sozialwissenschaftlicher Forschung stelle ich die Väter im hier vorgestellten Dissertationsprojekt nicht als *handelnde Subjekte* ins
   Zentrum meiner Aufmerksamkeit. Ich gehe ferner auch nicht davon aus, dass
   sich intentionales und motivgeleitetes *Handeln* abbilden und erfassen lässt.
2. Als derart geschulter Blick konzentriert sich die hier vorgestellte Forschungsperspektive vielmehr – als eine, die *Unterschiede, die einen Unterschied ausmachen* fokussiert und welche sich in der Form auch kommunikativ etablieren
   können – auf *Differenzierungsprozesse*[1], die in beobachtbaren kommunikativen Anschlussoptionen Realisierung finden.

In Form einer solchen Untersuchung werden demnach nicht Menschen, Individu-
en oder Subjekte, sondern *Kommunikationen* betrachtet, die sich förmlich eigenständig entwickeln und in einer so informierten *systemtheoretischen Beobachterperspektive* in Augenschein genommen werden. Insofern, als dass der Mensch
keinen direkten Zugang zu seinem Gegenüber hat, ist ein Umweg – eben jener über
Kommunikation – ausschlaggebend, um sozial zu handeln. Dass dieser Umweg
jedoch stets mit bisweilen unsteuerbaren Folgen einhergeht, ist einleuchtend; zeugt
zudem von der Eigendynamik dieses kommunikativen Vorgangs. Sozial-, kultur-

---

1   Differenzierungsprozesse meint nichts anderes, als dass für jedes Wahrnehmen nicht
     alles zugleich, sondern stets nur *eine* Möglichkeit aus dem Fundus des grundsätzlich
     Möglichen unterschieden werden muss, damit man als erkennendes Subjekt überhaupt
     operationsfähig ist und kommunizieren kann. Wenn ich über Schule spreche, dann
     spreche ich nicht über den Kindergarten, spreche ich auch nicht über das Einkaufen
     oder das Wetter. Und schon allein dieser Prozess stellt eine Differenzierungsleistung
     dar, auf die ein beobachtendes System, wie beispielsweise das psychische System,
     angewiesen ist, um zu operieren (vgl. auch weiter unten).

oder erziehungswissenschaftliche Forschung versteht sich in einem solchen Modus gleichsam als Beobachtung von kommunikativ vollzogenen Beobachtungen, die ihrerseits wiederum bereits etwas beobachtet und unterschieden haben. Man kann hierbei von einer *Beobachtung zweiter Ordnung* sprechen (vgl. von Foerster 1984; Krause 2005, S. 129f.), die es erlaubt das *Wie* einer Beobachtung erster Ordnung zu *rekonstruieren*. Und jene hier geschilderten Vorbedingungen bilden sich sprachlich in Form kommunikativer Unterscheidungs- und Anschlussprozesse aus, die in dieser Blickrichtung demgemäß etwas konstruieren. Und dabei können sie ebenfalls beobachtet – also rekonstruiert werden.

Wenn handelnde, motivgeleitete Subjekte nun durch eine solche *differenztheoretische Annahme* abgelöst werden, kann überdies davon ausgegangen werden, dass es sich bei diesen Prozessen auch um das genuin *Soziale* solcher Konstruktionen handelt (vgl. Luhmann 1984). Jedweder Austausch der Verständigung zwischen einzelnen Individuen erfolgt im Akt einer sozialen Beziehung schließlich in Form von Kommunikation. Wir befinden uns an dieser Stelle also schon mitten in der Klärung der einleitend skizzierten Arbeitsbegriffe. Und der hier beschriebene erkenntnistheoretische Zugang wird *Systemtheorie* genannt (vgl. ebd.; 1997). Im Gegensatz zu anderen Auffassungen von sozialer Konstruktion spielen kommunikative Anschlussprozesse gleichsam eine zentrale Rolle, so dass die Aufmerksamkeit auch auf jene Prozesse gelegt wird, um diese Konstruktionen empirisch rekonstruieren und dessen Bedeutung herausarbeiten zu können.

> „Ein soziales System kommt zustande, wenn immer ein autopoietischer Kommunikationszusammenhang entsteht und sich durch Einschränkung der geeigneten Kommunikation gegen eine Umwelt abgrenzt. Soziale Systeme bestehen demnach nicht aus Menschen, auch nicht aus Handlungen, sondern aus Kommunikationen." (Luhmann 2008, S. 269)

Die folgenden Ausführungen sollen diese forschungsleitenden Operationen der Beobachtung und Kommunikation verdeutlichen. Wenn Personen (*Ego*) nun also etwas sagen und sich mitteilen wollen, kann man sich dies wie folgt vorstellen: Das *psychische System* (Gedanken) eines beliebigen Menschen beobachtet die Welt und erzeugt so *Informationen* in Form von Unterschieden, welche es bezeichnet. Es wird bspw. an Hunger gedacht und nicht an Durst, es ist einem zu kalt und nicht zu warm, man möchte etwas erfragen, da man die Antwort noch nicht weiß usw. Um im Bewusstsein demnach an eine solche Information denken zu können, muss aus dem Raum des potenziell Möglichen stets genau *eine* spezifische Sache, sprich eine Information ausgewählt werden, die in diesem Moment eine Bedeutung erhält und so einen Unterschied macht. Systemtheoretisch spricht man hier von der

Erzeugung von *Sinn:* „Nicht alle Systeme verarbeiten Komplexität und Selbstreferenz in der Form von Sinn; aber für die, die dies tun, gibt es nur diese Möglichkeit. Für sie wird Sinn zur Weltform" (Luhmann 1984, S. 95).

Man kann als ein Sinn verarbeitendes Wesen schließlich nicht alles Erdenkliche simultan beobachten. Und diese *Information* – möchte man sich über jene in einem weiteren Schritt sozial austauschen – gilt es wiederum auf eine ganz spezifische Weise mitzuteilen. Man hat Hunger und fragt z.b. nach Essen. Man möchte etwas wissen und fragt z.b. die Lehrkraft. Mit anderen Worten wählt man nun erneut bestimmte Worte aus, um seine Information in Form einer *Mitteilung* zu äußern. Und auch dazu bedient man sich einer Differenz. Man wählt aus dem Raum des potenziell Sagbaren die Worte aus, die man letztlich mitteilt. Denn man könnte immer auch andere Worte, andere Begrifflichkeiten verwenden, um sich über ein und dieselbe Information mitzuteilen. Im letzten Schritt nun kommt das Gegenüber (*Alter*) ins Spiel und die so erfolgte Handlung wird gleichsam *sozial.* Auch hier greift die oben beschriebenen Differenzierungsfigur erneut und Alter wählt aus den Informationen, die mitgeteilt wurden, die für ihn oder sie relevanten Bedeutungsmomente heraus und *versteht* oder in vielen Fällen eben auch nicht. Soziale Handlungen – Kommunikation – sind demnach nur auf diese Weise des ständigen, dreifachen Differenzierens möglich und werden derart mitunter fortgesetzt und es entsteht hierdurch augenblicklich ein *soziales System* oder aber die Kommunikation bricht ab und das System löst sich auf. Zugleich erzeugt dieses durch Unterschiede etablierte System auch eine ganz spezifische *Umwelt* des hierdurch eben Nichterwähnten, des Unterschiedenen. Durch das Ausklammern von potenziell Möglichem entwickeln sich demnach systemeigene Umwelten, die Unterschiedenes von dem zu Unterscheidenden abgrenzen, auf das sie je spezifisch verweisen.

Aus dieser Perspektive wird auch deutlich, weshalb man sich so häufig nicht bzw. missversteht. Denn es liegt am Gegenüber, was von der intendierten Information in mitgeteilter Form überhaupt erst verstanden und ferner wie an diese ‚verstandene' Mitteilung erneut angeschlossen, wie also erneut dreifach differenziert wird. Man kann dergestalt gleichsam von *eigendynamischen* Prozessen sprechen (Luhmann 2009, S. 31-57), da die mitteilende Person den Aus- oder Fortgang einer sozialen Handlung nicht mehr einzig sowie vollumfänglich kontrollieren kann. Ein Gespräch oder die Konstruktion von Wirklichkeit folgt eigenen Regeln und eigenen Dynamiken, die entweder dazu führen, dass man, weil man meint zu verstehen, auf die Mitteilung in irgendeiner Form des Mitteilens von weiteren Informationen antwortet, oder aber das Gespräch abbricht – aus welchen Gründen auch immer. Es ist auf beiden hieran beteiligten Seiten weder transparent, noch vorhersagbar – sprich *kontingent.* Und es ist demnach auch ungewiss, ob eine

Kommunikation überhaupt (und über eine längere Zeit hinweg) erfolgt. Es liegen zwischen Information bei Ego und dem Verstehen bei Alter, an das dieser Dreischritt Information – Mitteilung – Verstehen erneut anschließt, nun mal mehrere Schritte, die jederzeit zum Abbruch dieser sozialen Handlung führen können (vgl. Luhmann 2009, S. 241-254).

In der heutigen, *modernen Gesellschaft* kann man nun von einer Gesellschaft sprechen, die *funktional differenziert* ist (vgl. Luhmann 1997). Das bedeutet nichts anderes, als dass eben jenes hier vorgestellte Prinzip auf die gesamte Gesellschaft übertragen werden kann. Und Niklas Luhmann, auf den diese Theorie zurückgeht, hat unter Gesellschaft schlicht sämtliche der so geartet prozessierenden Kommunikationen verstanden. Bestimmte Bereiche der Gesellschaft haben sich im Laufe der geschichtlichen *Sozialevolution* nun so entwickelt, dass diese grundsätzlich unwahrscheinliche, eigendynamische Kommunikation mit bestimmten Erwartungen rechnen kann, die ein Verstehen oder anders gesagt einen *Anschluss* wahrscheinlicher werden lassen (vgl. Luhmann 2009, S. 29-40). Wenn man beispielsweise über Themen wie Geld oder Warenaustausch spricht, kann das Gegenüber etwas damit anfangen. Ähnlich verhält es sich mit bspw. *Recht, Liebe, Erziehung, Wahrheit* und *Politik*, aber auch mit *Familie, Imtimbeziehungen, Macht, Gesundheit* oder etwas abstrakter mit *Entscheidungen*. Spricht man bspw. über Liebe, versteht man, was damit gemeint ist und kommuniziert. Gibt man jemandem Geld, kann das Gegenüber ebenso anschließen und einem bspw. die soeben gekaufte Ware im Austausch hierzu aushändigen. Und das alles funktioniert einerseits *unabhängig* von anderen Logiken und zweitens wiederum genauso eigendynamisch, wie es bereits oben skizziert wurde. Es spielt für Ersteres also weder eine Rolle, wen man da als Verkäuferin vor sich hat, noch ob man sie besonders mag oder als Verkäuferin überhaupt nicht leiden kann. Der Akt des Kaufens scheint dadurch und ebenso wenig durch Faktoren der Herkunft, des Status oder des Bildungsabschlusses beeinflusst zu werden. Verantwortlich für dieses plausible Anschließen zeichnen sich schlicht jene *symbolisch generalisierten Kommunikationsmedien*. Und dass hieran relativ wahrscheinlich und mit ähnlichem symbolischen Erwartungswert angeschlossen wird, war nicht immer so und gibt es derart erst seit wenigen Dekaden – seit der *Moderne* (vgl. Luhmann 1997).

Die Sprache selbst und die hierbei benutzten Worte folgen eben jener Logik. Worte oder *Semantiken* haben sich wie die genannten *Funktionssysteme* im Laufe der Geschichte in ihren Bedeutungen gewandelt (vgl. Luhmann 1993; 1999; 2004; 2010). Wo man einst von Liebe sprach waren vollkommen andere Geltungsbereiche, sozialrelevante Restriktionen mit angesprochen und dadurch eben auch bestimmte, gegenwartsabhängige Bedeutungsräume mit abgesteckt, die wie selbstverständlich kommuniziert und auch verstanden wurden. Was man unter

Vaterschaft in der Antike verstanden hat, was man hierunter in Zeiten der Aufklärung oder was man heutzutage versteht, stellt demnach keine Entsprechung dar, da sich die Bedeutungen und auch Funktionen von Semantiken wie bspw. ‚Vater' verschoben haben. Vielmehr muss damit gerechnet werden, dass zu je spezifischer Zeit auch ganz spezifisch unterschieden wird und der Möglichkeitsraum, was unter bestimmten Semantiken plausibel verstanden werden kann, höchst wandlungsfähig und mitunter fragil ist (vgl. für Vater Marsiglio 1995, Kniebiehler 1996).

▶ **Lesehinweise**
  Luhmann (1984)
  Luhmann (1997)
  Kniebiehler (1996)

2.2   Semantiken der Vaterschaft

Vaterschaft hat in der wissenschaftlichen Forschung nun eine augenscheinlich recht konstante Entwicklung hinter sich, die in bestimmten Gesellschaftsbereichen zum Teil noch immer auf überkommene Bedeutungsräume zurückgreift und hieran scheinbar problemlos anschließt (Drinck 2005, S. 7). So findet man in gegenwärtigen medialen Darstellungen wie z.B. Werbespots nicht selten eine Vaterfigur, die erfolgreich bei der Arbeit sitzt, spätabends nach Hause kommt und die glückliche Familie samt Ehefrau beim Abendessen begrüßt. Nicht nur werden durch eine solche Konstruktion bestimmte *Funktionen* des Vaters mitgeteilt: Vaterschaft verkörpert hier eine Funktion des Ernährers – Papi ist kaum und wenn, dann erst spät zu Hause, er sorgt demnach für das finanzielle Wohlergehen der Frau und Kinder und beschäftigt sich mit letzteren zumeist mit sogenannten *pleasure-activities*[2] und wenn, dann überwiegend am Feierabend und an Wochenenden (Pollmann-Schult 2010, S. 354ff.; vgl. auch Brannen, Wigfall & Mooney 2012, S. 25-29). Elternabende könnten demnach bspw. auch in Mütterabende umbenannt werden, eben weil Väter kaum daran partizipieren. Es wird darüber hinaus auch ein ganz spezifisches *Bild* von Vaterschaft gezeichnet: Denn es gibt in diesem Fall eine Frau und keinen Mann, der zu Hause wartet. Und Mami ist bei dieser Konstruktion nun maßgeblich für die emotionale und organisationale Fürsorge der

---

2   Mit *pleasure-activities* sind hier im Gegensatz zu *care-activities* diejenigen Handlungen mit Kindern gemeint, die auf Vergnügen, Spiel und Spaß abzielen und weniger auf die alltäglichen Betreuungsaufgaben, wie das Fahren von Kindern zur Schule oder dem Kindergarten, die Zubereitung von Essen, Kleiderkauf, Arztbesuche etc.

Kinder zuständig. Sie bleibt zu Hause bei ihren Kindern, betreut sie bei den Hausaufgaben und bringt und holt sie von der Schule ab. Jene Konstruktion stellt somit eher *care-activities* ins Zentrum ihrer Bemühungen (Fthenakis, Kalicki & Peitz 2002, S. 136-141; Tavi-Preve 2004, S. 113-119) und die Mutter ist, wenn überhaupt, dann nur teilzeitbeschäftigt. So die in diesem fiktiven Werbespot skizzierte Rahmung an möglichem Vaterbild, welches derart sozial konstruiert wird und durch diese gesetzten Differenzen ganz spezifische Möglichkeitsräume eröffnet, setzt und zugleich andere ausgrenzt und verschweigt.

An diesem Beispiel lässt sich auch erkennen, dass bei einer solchen kommunikativen Beschreibung von Vaterschaft Prozesse der Differenzierung sichtbar werden, die man sich genauer anschauen, die man sozialwissenschaftlich beobachten kann. Vaterschaft wird, wie in diesem fiktiven Beispiel, bspw. von spezifischen *sozialen, räumlichen, sachlichen* und *zeitlichen* Phänomenen unterschieden und in diesem Beispiel als Gegenteil von Mutterschaft konstruiert. Hierdurch wird ein heteronormatives[3] Modell einer Kleinfamilie gezeichnet (vgl. Warner 1991), welches so erst einmal keinen Raum für andere Partnerschafts- aber ebenso wenig für andere Familienmodelle eröffnet (vgl. Ecarius 2007). Denn weder sieht man hier einen weiteren Mann, der mit seinen Kindern auf seinen Partner wartet, noch einen alleinerziehenden Vater oder gar Kinder aus erster Ehe. Und der Fokus dieser väterlichen Unterstützung von Familie wird in diesem Fall zudem auf den öffentlichen Bereich gelegt – die Arbeit – und die damit einhergehende Funktion des Vaters ist die des Ernährens der Familie.

Diese hier beobachtbare Konstruktion ist zwar nicht vollkommen beliebig – denn es spielen zumeist grundsätzliche gesellschaftlich etablierte Bedeutungsräume eine Rolle bei der Fassung von Semantiken (vgl. Luhmann 1999) – sie ist aber dennoch *kontingent*. Denn es können neben diesem Bild von Vaterschaft auch andere gefunden werden, die diese Semantik ganz anders und beinahe konträr hierzu abstecken. Vaterschaft kann sich auch – um auf eine der aktuell gängigen Begrifflichkeiten zurückzugreifen – als sogenannte *neue Vaterschaft* darstellen (vgl. Matzner 2004; Gesterkamp 2010) und reagiert dabei auf Entwicklungen aus verschiedenen gesellschaftlichen Bereichen – im systemtheoretischen Zusammenhang auch *Kontexturen* genannt (vgl. Vogd 2004). Das hiesige Bild zeichnet sich nun dadurch aus, dass die überlieferte und stark normative Figur des Vaters erweitert und die fraglose und durch Eindeutigkeit bestimmte Tradition der Vorstellung darüber, was ein Vater ist bzw. sein soll nun nicht mehr ausschließlich durch

---

3 Heteronormativität meint in Anlehnung an Judith Butler (2000) die gesellschaftliche Orientierung an einem Partnerschaftsmodell, welches auf heterosexuellen ‚Normalvorstellungen‘ beruht – Mann und Frau also als Ideal einer Familie herausstellt.

Funktionen wie ‚Ernährung der Familie' bestimmt wird. Dem Modell reflexiver
Moderne (vgl. Beck 2010; 2015) folgend

> „weicht das ehedem vorherrschende, einheitliche Bild von 'dem' Vater oder 'der'
> Mutter einer Ausdifferenzierung von unterschiedlichen und gleichermaßen legiti-
> men Vorstellungen darüber, wie man sich als Mann und als Frau oder als Individu-
> um überhaupt in einer familialen Konstellation verhalten und welche Funktionen
> man dabei wahrzunehmen habe. Die Aneignung derartiger Vorstellungen wiederum
> erfolgt immer weniger in Form der fraglosen Übernahme einer tradierten und ein-
> gelebten Selbstverständlichkeit. Sie nimmt vielmehr immer mehr die Form einer
> reflexiv gesteuerten Auswahl aus dem kulturellen Katalog medial vermittelter Leit-
> bilder an, die in das Kalkül einer eigenständig entworfenen und umgesetzten Bio-
> graphiekonstruktion und Lebensführung integriert ist." (Kudera 2002, S. 151)

Eine vormalige Eindeutigkeit hinsichtlich der Vaterschaftssemantik scheint hierdurch in eine moderne Beliebigkeit geraten zu sein, die sich je erst spezifisch im
aktuellen Entwurf etablieren muss. Das, was einen Vater einst genuin auszumachen schien, ist gegenwärtig durch zahlreiche und zugleich folgenschwere Prozesse förmlich aufgelöst worden, zu einem Akt einer konsequenten Rekonstituierung.
Als Vater steht es einem nunmehr prinzipiell offen, auf welche Art und Weise
man sich verhält – wie man über sich spricht, sich beobachtet. Es scheinen gleichsam zahlreiche differente gesellschaftliche *Kontexturen* relevant zu werden, die
bei der Selbstkonstituierung eine Rolle spielen können. Nicht nur, dass es mittlerweile eine ganze Vielzahl an verschiedenen Familienmodellen und -formen gibt,
auch wird zunehmend zwischen den Partnern verhandelt, wer in welchem Umfang
einer Tätigkeit folgt (Schoppe-Sullivan et al. 2015), wer wann wie häufig zu Hause
bei den Kindern bleibt (vgl. Fagan & Barnett 2003), wer dabei welche Funktionen
übernimmt und bspw. für den Haushalt oder die Hausaufgaben zuständig ist (La-
dage 2015), ob und wenn ja wie sich eine solche Aushandlung vollzieht und wie
man sich schließlich in seiner Rolle als Vater zugleich auch in seiner Männlichkeit
beschreibt (vgl. Baumgarten et al. 2012). Daneben können auch Selbstbeschrei-
bungen des eigenen Vaters folgenschwer in die eigene Ausformung der Vaterschaft
miteinbezogen werden (vgl. Kalicki 2003). Vielfältige sich zum Teil widersprechende Anforderungen gesellschaftlicher Felder können vor diesem Hintergrund
als irritierendes Moment mit in die Reflexion der Selbstbeschreibung von eigener
Vaterschaft potenziell mit einbezogen werden und sorgen derart für ein Bild, welches als *polykontextural* (vgl. Sütterlin 2009, S. 61-74) beschrieben werden kann.
Und die dezidierte Art und Weise – sprich der *Modus* jener konkreten Ausgestal-
tungsprozesse – soll in diesem hier vorgestellten Dissertationsprojekts nun rekonstruiert werden.

▶ **Lesehinweise**
Walter (2002)
Walter (2012)
Drinck (2005)

3 Das Projekt

Um jene relevanten Kommunikationsprozesse nachzeichnen zu können und die je individuell gearteten Verweise auf die gesellschaftlichen Kontexturen im Zusammenhang der Semantiken von Vaterschaft zuerst einmal herauszuarbeiten und anschließend zu von Einzelfällen losgelösten Typen induzieren zu können, wird in dem hier zugrunde liegenden Dissertationsprojekt mit der *Dokumentarischen Methode* als *Auswertungsverfahren* gearbeitet (vgl. Bohnsack, Nentwig-Gesemann & Nohl 2013). Aufgrund der unter 1. bereits angemerkten Prämissen wird unter systemtheoretischem Vorzeichen mit der Dokumentarischen Methode ebenso anders gearbeitet. Schließlich entfällt als eine der wesentlichen Voraussetzungen, mit der auch Ralf Bohnsack – der Begründer der Methode – gerechnet hat, auch hier das bewusst handelnde und in kollektive Orientierungsmuster eingebettete Individuum. Im Zentrum der empirischen Analysen stehen in dieser Ausrichtung anstatt dessen erneut kommunikativ erzeugte Differenzen und Verweise auf Umwelten. Werner Vogd (2011) zitiert die Forschungsperspektive, welche so geartet beobachtet, wie folgt:

„Nehmen wir nun an, es gibt in einer gegebenen Kultur einen begrenzten Komplex grundlegender Interpretationsschemata (mit jeweils unbegrenzten Realisierungsmöglichkeiten), so daß[sic!] der gesamte Komplex potentiell auf ‚dasselbe‘ Ereignis anzuwenden ist. Nehmen wir weiterhin an, daß[sic!] diese fundamentalen Systeme ihrerseits ein umfassendes System – ein System von Systemen bilden. Wenn wir dann von einem einzigen Ereignis aus unserem eigenen Kulturkreis, in diesem Fall von einer Äußerung ausgehen, so müßten[sic!] wir nachweisen können, daß[sic!] eine Vielzahl von Bedeutungen möglich ist, daß[sic!] diese zahlenmäßig begrenzten, unterschiedlichen Kategorien zuzuordnen sind und daß[sic!] sich diese Kategorien grundlegend voneinander unterscheiden; auf diese Weise würden wir nicht lediglich einen endlosen Katalog erhalten, sondern vielmehr einen Zugang zur Strukturierung der Erfahrung finden. […] Nach einem solchen System von Systemen müssten wir Ausschau halten; mit einem solchen Meta-Schema werden wir in der Lage sein, systematische Erkenntnisse über Kontexte zu sammeln, statt uns auf Warnungen beschränken zu müssen, daß[sic!] eine bestimmte Äußerung in einem anderen Kontext etwas anderes bedeuten könnte" (Goffmann 1978, zitiert nach Willems 1997, 305).

Aus dieser Perspektive heraus wurden im Rahmen des Projekts leitfadengestützte, halb standardisierte Interviews mit Vätern von mir als Forscher geführt (vgl. Mayring 2002; Froschauer & Lueger 2003). Bei der Auswertung bediene mich einer (meiner eigenen) Beobachtung und kommuniziere diese – diesmal ich als Wissenschaftler und als Beobachtung der zweiten Ordnung. D.h. ich schaue mir im Rahmen meiner wissenschaftlichen Forschung an, *wie Kontingenz operativ abgesteckt und hierbei womöglich auf Kontexturen bei der Kommunikation über Vaterschaft Bezug nimmt, wo zugleich explizite Abgrenzungen erfolgen und wo ferner Auslassungen zu beobachten sind*, die auf *blinde Flecken* (vgl. von Foerster 1984), also Bereiche hindeuten, die für die Konstituierung von Semantiken über Vaterschaft keine Rolle zu spielen scheinen.

> „Die Visibilisierung von Kontingenz ist letztlich ein funktionales Verfahren, das auf strikte Kausalannahmen ebenso verzichtet wie auf die innere Unendlichkeit subjektiven Sinn generierender Handelnder. Die funktionale Analyse dient vielmehr dazu, jener Problem- und Problemlösekontexte/-kontexturen beschreibbar zu machen, die von Interviewtexten selbst entfaltet werden" (Nassehi/ Saake 2002, S. 83).

Hierbei stellt eine der Perspektiven die Referenz auf das Schulsystem dar, die im folgenden Kapitel ausgeführt werden. Da es sich beim Schulsystem um einen Zugriff auf eben jene bereits etablierten Räume innerhalb der Gesellschaft handelt, stellt sich mir vordergründig die Frage in welcher Kombination und zugleich welcher Dominanz verschiedene Kontexturen abgetastet, stabilisiert und reproduziert werden. Und inwiefern sich dieser Modus interviewübergreifend wiederfinden lässt. Genau auf diese Art zu beobachten – nachzuvollziehen *wie* gesprochen, *wie* differenziert und *wie* Kontexturen kommuniziert werden – hat sich die Dokumentarische Methode als Auswertungsverfahren hin ausdifferenziert (vgl. Mannheim 2004; Bohnsack 2010).

Im Kontrast zur einst propagierten vaterlosen Gesellschaft (vgl. Thomä 2012, S. 68; auch Mitscherlich 2003; sowie bereits Freud 2005) scheint sich der Vater gegenwärtig nunmehr rehabilitert zu haben. Zugleich scheint aufgrund zahlreicher gesellschaftsstruktureller Veränderungen in der gegenwärtigen Gesellschaft jedoch kein Vaterbild mehr zu existieren, „das in der Gesellschaft als Typus vorherrschen würde, vielmehr ist ein breiter Fächer von verschiedenen Rollenverständnissen entstanden, der vom Vater als Ernährer bis zum Hausmann reicht" (Thomä 2012, S. 72). Seit Matzner kann man gleichsam davon ausgehen, dass „Eindimensionale Konzepte von Männlichkeit und Väterlichkeit [...] an Bedeutung verlieren" (2004, S. 448). Und genau diese Fächer gilt es im Rahmen des hier vorgestellten Forschungsprojekts herauszulesen.

Als zentrales Aushandlungsfeld dieser Forschungsbemühung stelle ich den Zeitraum in den Fokus, während dessen sich zumindest ein Kind bereits in der Grundschule befindet. Dies zum einen, da es sich hierbei um die erste kritische Phase der Selbstreflexion auf sich selbst als Vater handelt, die nach vordergründig institutionell aufgefangenen Stationen, wie der Zeit des Mutterschutzes sowie der Elternzeit, aber auch der Unterbringung in Kindertagesstätten und -gärten noch keinerlei explizite Auseinandersetzungen und strukturell sich etablierende Rollenkonstitution veranlasst, da der Anforderungskatalog an Eltern zugleich durch zahlreiche phasenbezogene Umbrüche und Transitionen (vgl. Edelbruck in diesem Band) geprägt, wie auch aufgrund institutioneller Unterstützung wenig Anlass zur Etablierung einer väterlich gefestigten Positionierung bedarf. Ferner aufgrund dessen, da vorhandene Studien neben pränatalen (vgl. Ftenakis, Kalicki & Peitz 2002) sowie zeitlich begrenzt auch frühen postnatalen Perioden (Pedrina 2012, S. 243-264) oder aber längsschnittlichen Untersuchungen über die ersten bspw. 15 Lebensjahre (vgl. Werneck et. al 2012, S. 325-342) in der Regel eher Theorien über (vgl. Drinck 2005) oder Interaktion und dessen Konsequenzen oder Voraussetzungen zwischen Vätern und ihren Kindern in den Fokus gestellt haben (vgl. u.a. Matzner 2012; Schwinn & Frey 2012; Rass 2012; Levy at al. 2012; Schon 2002; Nickel 2002; Kindler et al. 2002). Eine dezidierte Rekonstruktion von kommunikativ entstehenden Bildern von Vätern, die mit den geschilderten Voraussetzungen konfrontiert sind und sich in ihnen etablieren müssen, stellt in der gegenwärtigen Forschungslandschaft jedoch noch ein Desiderat dar. Denn gerade in dieser voraussetzungsreichen gesellschaftlichen Anforderungs- und Orientierungsstruktur als Vorbedingung väterlicher Selbstbeschreibungsmöglichkeiten besteht die gegenwärtige Herausforderung. Mit der Kombination aus systemtheoretischer Wissenschaftstheorie und der Dokumentarischen Methode als Auswertungsprogramm soll dieser Blick verfolgt werden:

„Die hier zu rekonstruierende Sinngenese beruht also auf einem Differenzierungsprozess, der mit verschiedenen Kontexturen rechnet, welche jeweils ihre eigenen Anschlussmöglichkeiten eröffnen, und – dies ist die eigentliche empirische Herausforderung – die von *polykontexturalen Verhältnissen* ausgeht, in denen sich die *verschiedenen Kontexturen* der unterschiedlichen gesellschaftlichen Funktionssysteme [...] nicht nur überlagern, sondern zudem durch weitere semantische Felder geprägt werden, die aufgrund ihrer eigenen Historie – etwa als Interaktions- oder Organisationsgeschichte – weitere eigenständige Erwartungshorizonte aufspannen, und auf diese Weise ihrerseits Tendenzen formatieren, welche manche Lösungen wahrscheinlicher als andere werden lassen" (Vogd 2011, S. 132).

So gefasst steht die Rekonstruktion von Konstruktionen von Vaterschaft gegenwärtig also vor neuen, komplexen Herausforderungen, die es wissenschaftlich
hinsichtlich ihrer *polykontexturalen* Ausgestaltung zu beobachten gilt. Und diese
wiederum abhängig von unterschiedlichen Kontexten, in denen sich Vaterschaft
etabliert.

▶   **Lesehinweise**
    Flick (2009)
    Vogd (2011)

4   Ergebnisse

Die perspektivisch für diese Blickrichtung relevantesten Resultate werden nun
nach der Darlegung des Forschungswerkzeugs skizziert. Auch wenn das Forschungsprojekt insgesamt breiter aufgestellt ist[4], sollen hier ausgewählte, auf den
Kontext Schule bezogene Vaterschaftskonstruktionen vorgestellt werden. Exemplarisch werden zwei Typen vorgestellt, die von mir bereits ausfindig gemacht
werden konnten und die sich – dies ist die spezielle Blickrichtung der Dokumentarischen Methode – über den Einzelfall hinaus, über mehrere Vaterschaftskonstruktionen haben rekonstruieren lassen.

Ein Typ von Vaterschaft, welcher sich schulbezogen über mehrere Interviews
hinweg beobachten ließ, war einer, der sich – begrenzt auf *eine* Kontextur – *handlungsbezogen* in *Abgrenzung* zur *Mutter, entscheidungsbezogen* jedoch zumindest
diskursiv *komplementär* zu ihr konstruierte. Zur Erklärung dieses binären Mus-
ters konnte bei diesem Konstrukt eine *weitere* Kontextur herausgearbeitet werden.
Denn eine übergeordnete Ordnungsebene hierzu stellte die Wirtschaft, genauer die
Organisationskultur des Unternehmens dar, die quasi vorgeschaltet gemeinsames
elterliches Handeln zu rein mütterlichem kommunikativ einschränkt. Trotz grund-
sätzlicher Offenheit und Egalität hinsichtlich der in den Interviews konstruierten
Vaterschaftssemantik, gab der Beruf keinerlei Handlungsoptionen, diese auch über
ein kommunikatives Aushandeln in die Tat umzusetzen. So wurden (nicht nur)
schulbezogene Angelegenheiten zwar gemeinsam und egalitär verhandelt, aber

---

4   Im Dissertationsprojekt werden darüber hinaus die hier dargestellten kommunikativen
    Selbstbeschreibungen von Vaterschaft noch mit Fremdbeschreibungen (darunter sind
    dominante Stationen der sowohl wissenschaftlichen, als auch literarischen Diskussion
    über den Vater gemeint, dessen gemeinsames Moment im Rahmen der Arbeit heraus-
    gestellt werden soll) abgeglichen und auf eine komplexe Formel der „distinguished
    fatherhood" gebracht.

stets und quasi natürlich der Mutter überantwortet, wie in folgenden Interviewauszügen deutlich wird.

Vatertypik *teilemanzipierte/teilegalitäre Geißel der Erwerbsorganisation*:

Herr Bach: „Und da muss man halt gucken, dass man da […] am
                […] selben Strang zieht, ja? Weil sonst is immer
                […] doof."

                „Also wir ham jetzt zum Beispiel-, oder meine Frau
                muss das natürlich dann machen, weil ich net da
                bin, ähm Gespräch mit der Lehrerin gesucht ja?"

                „[…] der erste Weg is dann erstmal über die Lehre-
                rin gehen. Und jetzt müssten wir halt mal gucken,
                ob wir da irgendwie ähm […] n autogenes Training
                machen will […] ähm aktuell isses so, dass-, dass
                meine Frau vielleicht mal so ne Mutter-Kind-Kur
                macht irgendwie in den Sommerferien. […] also da
                sind wir schon am gucken, was ma jetzt machen kann,
                ja?"

Dieses Muster findet man analog in folgendem Auszug:

Herr Haydn: „Die Frau is dann halt dabei. Die Frau hat n Halb-
                tagsjob. Die is auch in der Schule und is von daher
                […] gegen eins, zwo daheim. Und beaufsichtigt dann
                die Hausaufgaben."

                „[…] so dass ich dann abends halt auch noch mich
                nochmal hinsetze, Hausaufgaben mitmache. Oder jetzt
                war jetzt Anfang des Jahres ne Woche lang krank-
                geschrieben und da hab ich mich dann auch mit dem
                großen hingesetzt und hab die Hausaufgaben mit ihm
                zusammengemacht. Ne? Ich begleite sie auch."

Ein hierzu gegenläufiges Modell von Vaterschaft ist eines, welches sich in *Abgrenzung zu professionell Agierenden* konstruiert. Sowohl entscheidungs- als auch handlungsbezogen wurden Verantwortungsbereiche fragend erörtert und entlang gesellschaftlich zugeordneter Professionsrollen – insbesondere Lehrkräften – festgemacht. Unterstützung im Hausaufgaben- aber auch Schulkontext wurde hierbei entlang *emotionaler* und auf *Erziehung* bezogener von *kompetenz- und bewertungsbezogenen Funktionen* differenziert. Die väterliche Identifikation erfolgte hierbei konsequent bezüglich der erst genannten Funktionen und im Unterschied zu letztgenannter. Die Verantwortungsbereiche und damit das väterliche Selbstverständnis wurden quer zu der oben dargestellten Typik konstruiert. Systemtheoretisch wird in diesem Zusammenhang von Leistungs- und Publikumsrollen gesprochen, die sich in verschiedenen Funktionssystemen ausgebildet haben (wie bspw. Arzt vs. Patient, Lehrer vs. Schüler, Politiker vs. Wähler). Dieses Schema wurde auf die hier rekonstruierte Vaterschaftstypik übertragen.

Vatertypik *(Leistungs- vs. Publikums-)rollendiffundierende Sphärentranszendenzfigur:*

Herr Brahms: „Also ich bin der Meinung, dass es Stress is, aber
                 ich bin kein Pädagoge-, Pädagoge und kein Psycho-
                 loge ähm. […] Ich weiß net ob das so Zeichen sind,
                 aber das kann wahrscheinlich jemand wie Sie da bes-
                 ser beurteilen, aber ich geh mal von an, dass das
                 stressabhängig is."

Weitere Konfirmierung erfährt dieser Typus in folgendem Ausschnitt:

Herr Vivaldi: „halt ständig präsent zu sein […] halt als An-
                 sprechpartner […]."
                 „Halt abfragen, Englisch abfragen und […] klassi-
                 sche […] klassische Elternrolle eigentlich. […] Ja
                 halt da zu sein. Net unbedingt zu wissen, wofür man
                 jetzt grad da is, weil die-, die wie ich vorhin
                 sagte die Bedarfe sind sehr sehr unterschiedlich.
                 […] So als Ansprechpartner sowas ja."
                 „Ich mein: Ich hab keinerlei pädagogische Ausbil-
                 dung keinerlei didaktische Ausbildung, ich machs
                 halt so wie ich glaube, dass mans verstehen könnte.
                 Ähm aber das das fehlt meiner Meinung nach Eltern
                 einfach. […] Und ich lege auch keinen Wert drauf,
                 dass äh dass jetzt alle Hausaufgaben gemacht sein
                 müssen und verstanden."

5   Diskussion

Mit dem hier dargestellten Forschungsprojekt wurde die facettenreiche Performativität von Semantiken methodisch am Beispiel von Vaterschaft im Kontext Grundschule aufgezeigt. Der von mir gewählte systemtheoretische Blick eröffnete hierbei eine voraussetzungslosere Perspektive, die unvoreingenommen sich etablierende kommunikative Wirklichkeiten unterschiedlicher auf Gesellschaft referierende Orientierungsmuster in ihrer Kontingenz absteckt, entlang dessen sich Vaterschaft im Aushandlungsfeld Grundschule regelrecht etabliert. Ohne mit bereits informiertem Forscher*innenblick in das Material einsteigen zu müssen, eröffnet eine so geschulte Analyseeinstellung die Möglichkeit, das Geschäft ‚distinguishing fatherhood' auf beschrittene Kontexturen hin zu untersuchen und dabei die eigendynamischen Differenzschemen auf die vorliegenden Prozesse hin abzutasten. Dabei wurden in diesen Auszügen sich zum Teil überlagernde gesellschaftliche Logiken deutlich, die sich partiell widersprechen und Uneindeutigkeit erzeugen, innerhalb dessen sich moderne Vaterschaft je spezifisch positioniert, und dennoch authentisches väterliches Selbstbeschreiben konstituiert.

Im opaken Raum undefinierter väterlicher Funktionen und inmitten zerrissener Bedeutungsräume (Daly 1993, 1995) scheinen diese Ergebnisse jedoch weniger verwunderlich, denn konsequent. Vaterschaft befindet sich schließlich noch immer auf der Suche nach plausiblen Etablierungs- und Referenzfeldern. Und deutlich gemacht werden konnte dieser empirisch sich im Text abzeichnende Suchvorgang am Gegenstand Grundschule, der die Kontingenzbewegungen ersichtlich werden ließ. Dass Vaterschaft es demnach schafft, sich entlang dieser herausgearbeiteten polykontexturalen Umwelt(en) als Sozialfigur förmlich in Eigenregie zu konstituieren, konnte anhand des hier vorgestellten Materials belegt werden. Zugleich zeugen diese zerrissenen Figuren vom Umstand, dass sich Vaterschaft in Zeiten des Postpatriarchats und der bereits in den 1990er Jahren konstatierten Funktionslosigkeit des Vaters (Lenzen 1991, S. 258) neu (er-)finden muss und dabei gegenwärtig auf mannigfaltige Taktgeber stößt. Zeugnisse davon, dass dies dennoch immer wieder und inmitten verschiedener Gegenwarten erfolgreich gelingt, sind die hier geschilderten Forschungsresultate.

6   Fazit

Der vorliegende Beitrag hat gezeigt, dass der Mehrwert eines solchermaßen geschulten Forschungsprojekts auch für potenzielle Qualifikationsarbeiten in der adäquaten Abbildung komplexer moderner Gesellschaften liegt, die zahlreiche Ambivalenzen und Widersprüchlichkeiten zulässt und dafür ein entsprechend abgestimmtes Erkenntniswerkzeug benötigt. Durch den systemtheoretisch angeleiteten und mittels der dokumentarischen Methode realisierten Blick ist es möglich, die kommunikativ voraussetzungsreiche operative Bearbeitung von Kontingenz in diversen Kontexten detaillierter einzufangen. Wie hier konzentriert auf einzelne Kommunikationsfiguren von Vaterschaft im Kontext Grundschule kann es demnach ein lohnenswertes Forschungsgeschäft sein, welches sich auch in diesem Rahmen anbietet, Kontingenzen auf die Spur zu kommen. Und hierzu bieten sich im Rahmen der Lehramtsausbildung bspw. auch zahlreiche andere Akteure an, die am Schulleben direkt und indirekt beteiligt sind, um sie derart wissenschaftlich zu beobachten.

Literaturverzeichnis

Baumgarten, D., Kassner, K., Maihofer, A., & Wehner, N. (2012). Warum werden manche Männer Väter, andere nicht?: Männlichkeit und Kinderwunsch. In H. Walter & C. Aegerter (Hrsg.), *Sachbuch Psychosozial. Das Väter-Handbuch. Theorie, Forschung, Praxis* (S. 415–444). Gießen: Psychosozial-Verlag.

Beck, U. (2010). *Risikogesellschaft: Auf dem Weg in eine andere Moderne* (1. Aufl., Erstausg., 20. [Nachdr.]). Edition Suhrkamp. Frankfurt am Main: Suhrkamp.

Beck, U. (2015). *Weltrisikogesellschaft: Auf der Suche nach der verlorenen Sicherheit* (4. Auflage). Edition zweite Moderne. Frankfurt am Main: Suhrkamp.

Bohnsack, R. (2010). Dokumentarische Methode und Typenbildung – Bezüge zur Systemtheorie. In R. John, A. Henkel, & J. Rückert-John (Hrsg.), *Die Methodologien des Systems* (S. 291–320). Wiesbaden: VS Verlag für Sozialwissenschaften.

Bohnsack, R. (2014). *Rekonstruktive Sozialforschung: Einführung in qualitative Methoden* (9., überarb. und erw. Aufl). Erziehungswissenschaft, Sozialwissenschaft. Opladen: Budrich.

Brannen, J., Wigfall, V., & Mooney, A. (2012). Sons' perspectives on time with dads. Diskurs Kindheits- und Jugendforschung, 7(1), 25–41.

Butler, J. (2000). *Das Unbehagen der Geschlechter* (1. Aufl., [Nachdr.]). Frankfurt am Main: Suhrkamp.

Cizek, B. (Hrsg.). (2004). *Familienforschung in Österreich: Markierungen – Ergebnisse – Perspektiven*. Wien: Österr. Inst. für Familienforschung.

Daly, K. J. (1993). Through the eyes of others: Reconstructing the meaning of father-hood. In T. Haddad (Hrsg.), *Men and masculinities a critical anthology* (S. 203–221). Toronto: Canadian Scholars' Press.

Daly, K. J. (1995). Reshaping Fatherhood: Finding the Models. In W. Marsiglio (Hrsg.), *Research on men and masculinities series*. Bd. 7: Fatherhood. Contemporary theory research and social policy (S. 21–40). Thousand Oaks, Calif [u.a.]: Sage Publications.

Drinck, B. (2005). *Vatertheorien: Geschichte und Perspektiven*. Vollst. zugl.: Berlin, Freie Univ., Habil.-Schrift, 2002 u.d.T.: Drinck, Barbara: Der verlorene Vater. Opladen: Budrich.

Ecarius, J. (Hrsg.). (2007). *Handbuch Familie* (1. Aufl). Wiesbaden: VS.

Fagan, J./Barnett, M. (2003). The Relationship between Maternal Gatekeeping, Paternal Competence, Mothers' Attitudes about the Father Role, and Father Involvement. *Journal of Family Issues*, 24(8), 1020–1043.

Flick, U. (Hrsg). (2012). *Qualitative Forschung: Ein Handbuch* (Orig.-Ausg., 9. Aufl). Reinbek bei Hamburg: Rowohlt-Taschenbuch-Verlag.

Foerster, H. von. (1984). *Observing systems* (2. Aufl.). The systems inquiry series. Salinas, California: Intersystems Publications.

Freud, S./Erdheim, M. (2005). *Totem und Tabu: Einige Übereinstimmungen im Seelenleben der Wilden und der Neurotiker* (9., unveränd. Aufl). Frankfurt am Main: Fischer-Taschenbuch-Verlag.

Froschauer, U./Lueger, M. (2003). *Das qualitative Interview: Zur Praxis interpretativer Analyse sozialer Systeme*. Wien: WUV-Univ.-Verlag.

Fthenakis, W. E., Kalicki, B., & Peitz, G. (2002). *Paare werden Eltern: Die Ergebnisse der LBS-Familien-Studie. Buchreihe der LBS-Initiative Junge Familie*. Opladen: Leske + Budrich.

Gesterkamp, T. (2010). *Die neuen Väter zwischen Kind und Karriere* ([Neuaufl.]). Opladen: Budrich.

Hacking, I. (2002). *Was heißt „soziale Konstruktion"?: Zur Konjunktur einer Kampfvokabel in den Wissenschaften* (3. Aufl). Frankfurt am Main: Fischer-Taschenbuch-Verlag.

John, R., Henkel, A., & Rückert-John, J. (Hrsg.). (2010). *Die Methodologien des Systems: Wie kommt man zum Fall und wie dahinter?* Wiesbaden: VS Verlag für Sozialwissenschaften.

Kalicki, B. (2003). *Die Bedeutung subjektiver Elternschaftskonzepte für Erziehungsverhalten und elterliche Partnerschaft: ein Überblick über neuere Forschungsergebnisse*. Zeitschrift für Pädagogik, 49(4), 499–512.

Kindler, H., Grossmann, K., & Zimmermann, P. (2002). Kind-Vater-Bindungsbeziehungen und Väter als Bindungsperson. In H. Walter (Hrsg.), *Männer als Väter. Sozialwissenschaftliche Theorie und Empire* (S. 685–742). Gießen: Psychosozial-Verlag.

Knibiehler, Y. (1996). *Geschichte der Väter: Eine kultur- und sozialhistorische Spurensuche. Frauen – Kultur – Geschichte: Vol. 5*. Freiburg: Herder.

Krause, D. (2005). *Luhmann-Lexikon: Eine Einführung in das Gesamtwerk von Niklas Luhmann; mit über 600 Lexikoneinträgen, einschließlich detaillierter Quellenangaben* (4., neu bearb. und erw. Aufl). Soziologie fachübergreifend. Stuttgart: Lucius & Lucius.

Kudera, W. (2002). Neue Väter, neue Mütter – neue Arrangements der Lebensführung. In H. Walter (Hrsg.), *Männer als Väter. Sozialwissenschaftliche Theorie und Empire* (S. 145–186). Gießen: Psychosozial-Verlag.

Lenzen, D. (1991). *Vaterschaft. Vom Patriarchat zur Alimentation* (Orig.-Ausgabe). Reinbek bei Hamburg: Rowohlt-Taschenbuch-Verlag.

Levy, R., Ryser, V.-A., & Le Goff, J.-M. (2012). Vater werden: Ein zentraler Statusubergang im systematischen Vergleich von Lebensläufen. In H. Walter & C. Aegerter (Hrsg.), *Das Väter-Handbuch. Theorie, Forschung, Praxis* (S. 491–510). Gießen: Psychosozial-Verl.

Luhmann, N. (1999). *Gesellschaftsstruktur und Semantik: Studien zur Wissenssoziologie der modernen Gesellschaft* (1. Aufl). Band 1. Frankfurt am Main: Suhrkamp.

Luhmann, N. (2000). *Gesellschaftsstruktur und Semantik: Studien zur Wissenssoziologie der modernen Gesellschaft* (1. Aufl., [Nachdr.]). Band 2. Frankfurt am Main: Suhrkamp.

Luhmann, N. (2004). *Gesellschaftsstruktur und Semantik: Studien zur Wissenssoziologie der modernen Gesellschaft* (1. Aufl., [Nachdr.]). Band 3. Frankfurt am Main: Suhrkamp.

Luhmann, N. (2004). *Gesellschaftsstruktur und Semantik: Studien zur Wissenssoziologie der modernen Gesellschaft* (1. Aufl., 3. [Dr.]). Band 4. Frankfurt am Main: Suhrkamp.

Luhmann, N. (2008). *Ökologische Kommunikation: Kann die moderne Gesellschaft sich auf ökologische Gefährdungen einstellen?* (5. Aufl). Neue Bibliothek der Sozialwissenschaften. Wiesbaden: VS Verl. für Sozialwissenschaften.

Luhmann, N. (2009). *Aufsätze zur Theorie der Gesellschaft* (6. Aufl). Soziologische Aufklärung: Niklas Luhmann; 2. Wiesbaden: VS Verl. für Sozialwissenschaften.

Luhmann, N. (2009). *Konstruktivistische Perspektiven* (4. Aufl). Soziologische Aufklärung: Niklas Luhmann; 5. Wiesbaden: VS Verl. für Sozialwissenschaften.

Luhmann, N. (2009). *Soziales System, Gesellschaft, Organisation* (5. Aufl). Soziologische Aufklärung: Niklas Luhmann; 3. Wiesbaden: VS Verl. für Sozialwissenschaften.

Mannheim Karl. (2004). *Die gesellschaftliche „Seinsverbundenheit" des Wissens: Wissenssoziologie bei Karl Mannheim.* Sowi, Jg. 33, 68–83.

Matzner, M. (2004). *Vaterschaft aus der Sicht von Vätern.* Zugl.: Frankfurt (Main), Univ., Diss., 2003 (1. Aufl). Wiesbaden: VS.

Mayring, P. (2002). *Einführung in die qualitative Sozialforschung: Eine Anleitung zu qualitativem Denken* (5., überarb. und neu ausgestattete Aufl). Weinheim: Beltz.

Mitscherlich, A. (2003). *Auf dem Weg zur vaterlosen Gesellschaft: Ideen zur Sozialpsychologie.* Weinheim: Beltz.

Nassehi, A./Saake, I. (2002). Kontingenz – methodisch verhindert oder beobachtet?: Ein Beitrag zur Methodologie der qualitativen Sozialforschung. *Zeitschrift für Soziologie,* Jg. 31, 2002, Nr. 1, S. 66- 86.

Nickel, H. (2002). Väter und ihre KInder vor und nach der Geburt.: Befunde zum Übergang zur Vaterschaft aus deutscher und kulturvergleichender Perspektive. In H. Walter (Hrsg.), *Männer als Väter. Sozialwissenschaftliche Theorie und Empirie* (S. 555–584). Gießen: Psychosozial-Verlag.

Pedrina, F. (2012). Vaterschaft im Kontext postnataler familiärer Krisen: Selbsterleben und Entwicklungsprozesse. In H. Walter & C. Aegerter (Hrsg), *Das Väter-Handbuch. Theorie, Forschung, Praxis* (S. 243–264). Gießen: Psychosozial-Verlag.

Pollmann-Schult, M. (2010). Wenn Männer Väter werden – Über die Auswirkungen der Vaterschaft auf Freizeit, Lebenszufriedenheit und familiäre Beziehungen. *Zeitschrift für Familienforschung,* 22(3), 350–369.

Rass, E. (2012). Sicherheit und Orientierung geben: Über die Bedeutung der Vater-Sohn-Beziehungen in den ersten Lebensjahren. In H. Walter & C. Aegerter (Hrsg.), *Das Väter-Handbuch. Theorie, Forschung, Praxis* (S. 281–298). Gießen: Psychosozial-Verlag.

Schon, L. (2002). Vater und Sohn: Entwicklungspsychologische Betrachtungen der ersten Jahre einer bedeutsamen Beziehung. In H. Walter (Hrsg.), *Männer als Väter. Sozialwissenschaftliche Theorie und Empirie* (S. 477–518). Gießen: Psychosozial-Verlag.

Schoppe-Sullivan, S. J., Altenburger, L. E., Lee, M. A., Bower, D. J., & Kamp Dush, Claire M. (2015). *Who Are the Gatekeepers? Predictors of Maternal Gatekeeping. Parenting,* 15(3), 166–186.

Schwinn, L./Frey, B. (2012). Der Vater in der familiären Triade mit dem Säugling: Das Lausanner Trilogspiel in Forschung und Beratung. In H. Walter & C. Aegerter (Hrsg.), *Das Väter-Handbuch. Theorie, Forschung, Praxis* (S. 265–280). Gießen: Psychosozial-Verlag.

Sütterlin, P. (2009). *Dimensionen des Denkens: Dreiwertige Logik erklärt auf der Basis von Gotthard Günther.* Norderstedt: Books On Demand.

Tazi-Preve, I. (2004). Vaterschaft im Wandel? Eine Bestandsaufnahme von Verhalten und Einstellung von Vätern. In B. Cizek (Ed.), *Familienforschung in Österreich. Markierungen – Ergebnisse – Perspektiven* (S. 109–129). Wien: Österr. Inst. für Familienforschung.

Thomä, D. (2012). Vaterbilder im historischen Wandel. In H. Walter & C. Aegerter (Hrsg.), *Das Väter-Handbuch. Theorie, Forschung, Praxis* (S. 59–76). Gießen: Psychosozial-Verlag.

Vogd, W. (2004). Ärztliche Entscheidungsprozesse des Krankenhauses im Spannungsfeld von System- und Zweckrationalität: Eine qualitativ rekonstruktive Studie unter dem besonderen Blickwinkel von Rahmen (1. Aufl). Akademische Abhandlungen zur Soziologie. Berlin: VWF.

Vogd, W. (2011). *Systemtheorie und rekonstruktive Sozialforschung: Eine Brücke* (2., erw. und vollst. überarb. Aufl). Opladen: Budrich.

Walter, H. (Hrsg.). (2002). *Männer als Väter: Sozialwissenschaftliche Theorie und Empirie*. Gießen: Psychosozial-Verlag.

Walter, H./Aegerter, C. (Hrsg.). (2012). *Das Väter-Handbuch: Theorie, Forschung, Praxis* (Orig.-Ausg). Gießen: Psychosozial-Verlag.

Warner, M. (1991). Introduction: Fear of a Queer Planet. *Social Text*, 9(4), 3–17.

.

Peers oder Punkte

Leistungskonstruktion zwischen peerrelevanten und schulischen Anforderungen

Laura Fuhrmann

1   Einleitung

Punkte, überführt in Noten und Zeugnisse, gelten als zentrale Tauschwährung zwischen Schule und Gesellschaft. Über die Noten wird den Schüler*innen einerseits eine Position auf der Notenskala zugewiesen, andererseits über Selektions- und Allokationsprozesse der Zugang zu bestimmten Berufen und damit unterschiedlichen gesellschaftlichen Stellungen eröffnet. Aufgrund der Auswirkung von schulischem Erfolg auf den weiteren Lebensweg, besitzt das Erbringen guter Leistungen, das mit dem Erfüllen der explizit und implizit gestellten Leistungsanforderungen im alltäglichen Unterrichtsgeschehen einhergeht, für die Schüler*innen eine hohe Relevanz (vgl. Tillmann und Vollstädt 2005, S. 28 f.).

Doch Schüler*innen sind im Unterricht nicht nur den Anforderungen der Institution Schule ausgesetzt. Gleichzeitig sind sie in der Klasse auch Teil der Peer Group, der Gruppe von Gleichaltrigen, die eigene Wert- und Normorientierungen als Gegengewicht zu den schulischen Regeln etabliert. Die von der Peer Group aufgestellten Anforderungen an das Handeln der einzelnen Schüler*innen entsprechen allerdings nicht immer den Regeln der Institution Schule (vgl. Oswald und Krappmann 1988, S. 88; Breidenstein 2010, S. 124 ff.). Gerade im Bereich der Leistungserzeugung spitzt sich diese zweifache Rollenanforderung, gleichzeitig als Schüler*in und als Teil der Peer Group zu handeln, zu: Oftmals distanziert sich die Peer Group von zu guten Noten und dem Zuspruch zu Leistungsanforderungen (vgl. Breidenstein und Meier 2004, S. 550; Bennewitz und Meier 2010b, S. 108). Das Bemühen um gute Leistung ist für die einzelnen Schüler*innen damit risikobehaftet, können sie so doch ihr Standing innerhalb der Peer Group und damit ihre wichtigen sozialen Bezugspunkte und Beziehungsgeflechte in der Schule verlieren.

Ausgehend von diesem offensichtlichen Widerspruch, in dem sich leistungsorientierte Schüler*innen im alltäglichen Unterricht befinden können, erhält die Untersuchung von alltäglichen Situationen der Leistungsbewertung und deren Auswirkungen besondere Relevanz. Es stellt sich also einerseits die Frage, welche schulischen Anforderungen Schüler*innen zum Erzielen guter Leistungen erfüllen müssen und andererseits wie sie dabei das Spannungsverhältnis von peerrelevanten und schulischen Anforderungen bearbeiten. Zur Beantwortung dieser Fragen skizziert der vorliegende Beitrag zunächst den Forschungsstand zur Konstruktion von Leistung. Anhand eines Fallbeispiels aus der Unterrichtspraxis werden anschließend die Praktiken zur Herstellung schulischen Erfolgs und die damit verbundenen Anforderungen an die Akteure des Unterrichts herausgearbeitet.

▷ **Lesehinweise**
Helsper und Böhme (2002)
Sacher (2004)

2   Theoretische Zugänge

Aus einer mikrosoziologischen Perspektive erscheint Leistung weniger als feststehende Größe oder als Persönlichkeitsmerkmal der Schüler*innen, sondern vielmehr als etwas, das im alltäglichen Unterrichtsgeschehen vielfach durch interaktive und performative[1] Adressierungs- und Zuschreibungsprozesse hervorgebracht wird. Gute und schlechte Leistungen werden somit von Lehrer*innen und Schüler*innen sozial konstruiert und in diesem Mechanismus auch beständig reproduziert und verfestigt. Einen umfassenden Überblick über Studien zur Leistungskonstruktion bieten Bräu und Fuhrmann (2015). Für diesen Artikel hat sich eine Auswahl der Studien als zielführend erwiesen, die sich an den unterrichtsrelevanten Akteuren, Lehrer*innen, Schüler*innen sowie der Peer Group orientiert. Aus-

---

1   Performativ betont in diesem Zusammenhang die Körpergebundenheit sozialer Praktiken. Das verinnerlichte Wissen der Akteure wird in den Praktiken situationsbezogen als „Aufführungen/ Ausführungen des Körpers" (Reckwitz 2008, S. 710) hervorgebracht und Leistung im Handeln der Akteure somit erst erzeugt.

gehend von dieser Pointierung werden im Folgenden Studien vorgestellt, die die sozialen Praktiken dieser Akteure im Prozess der Leistungskonstruktion beleuchten. Praktiken werden dabei als routinisierte Tätigkeiten verstanden, die auf dem impliziten Erfahrungswissen der Akteure beruhen und ihnen selbst nicht reflexiv zugänglich sind (vgl. Reckwitz 2003, S. 289). Im Vollzug dieser Praktiken handeln Lehrpersonen und Schüler*innen aus, welche expliziten und vor allem impliziten Anforderungsmaßstäbe im Unterricht gesetzt werden und was schließlich als Leistung anerkannt wird. Innerhalb dieser Rahmungen werden dann leistungsbezogene Adressierungen vorgenommen, die Schüler*innen unterschiedlichen Leistungskategorien zuweisen und so eine Differenzordnung entlang des schulischen Erfolgs evozieren. Mit einem methodischen Schwerpunkt auf teilnehmender Beobachtung können diese Praktiken beschrieben werden, sodass ausgehend davon rekonstruiert werden kann, wie die Akteure in diesen Praktiken Leistung erzeugen und welche spezifische pädagogische Ordnung sie in ihrem Handeln beständig hervorbringen (vgl. Rabenstein et al. 2013, S. 674 ff.).

2.1 Die Praktiken des Lehrers zur Erzeugung von Leistung

Innerhalb der Forschung zu den unterrichtlichen Praktiken der Lehrperson nimmt Kalthoff (1995, 2000) eine konversationsanalytische Perspektive ein und arbeitet in mehreren Studien die zentrale Stellung der Lehrkraft in der asymmetrisch organisierten Kommunikationsordnung im Unterricht heraus. Das charakteristische Merkmal dieser Ordnung ist nach Mehan (1979) der Dreischritt aus Lehrer*innenfrage, Schüler*innenantwort und abschließendem Lehrer*innenkommentar, der der Lehrperson nach jedem Beitrag der Schüler*innen das Rederecht automatisch sichert (vgl. ebd., S. 194). Das Wissen, das in Form von Schüler*innenantworten stetig durch die Lehrer*innenfrage generiert wird, kann mit dem dritten Schritt der Kommentierung auch unmittelbar durch die Lehrperson bewertet werden (vgl. Kalthoff 2000, S. 435). Bei falschen oder unvollständigen Antworten stellt der Kommentar der Lehrkraft, oftmals auch als Neuformulierung der Frage, eine fremdinitiierte Selbstkorrektur dar. Dabei „reduzieren [Lehrpersonen] sukzessive das Niveau ihrer Ausgangsfragestellung, in manchen Fällen zeigen sie ihren Schülern regelrecht, wo sie die Antwort finden. Indem die Lehrperson weitere Hinweise einsetzt, eröffnet sie neue Möglichkeiten für die adäquate Schülerantwort; zugleich zögert sie ihre Antwort, die eine Fremdkorrektur darstellen würde, hinaus" (Kalthoff 1995, S. 933). Erst wenn dieser von McHoul (1990) als Cluing bezeichnete Prozess bei den jeweiligen Schüler*innen zu keiner adäquaten Antwort führt, wird ein neuer Schüler ausgewählt (vgl. ebd., S. 364; Kalthoff 1995, S. 932).

Allerdings erfüllt der Lehrer*innenkommentar in diesem Mechanismus eine doppelte Funktion: Es wird nicht nur die Antwort und das darin präsentierte Wissen als richtig oder falsch markiert, gleichzeitig wird durch diese Kommentierung den jeweiligen Schüler*innen eine adäquate oder inadäquate Leistung zugeschrieben (vgl. Kalthoff 2000, S. 437). Diese Zuschreibungen über richtige oder unzureichende Antworten beeinflussen als Vorwissen nachfolgend die Auswahl von Schüler*innen im Unterrichtsgespräch. Als leistungsstark wahrgenommene Schüler*innen werden dann vor allem bei anspruchsvollen Fragen aufgerufen, während als leistungsschwach eingeschätzte Schüler*innen meist für reproduzierende Fragen ausgewählt werden. Indem die Schüler*innen durch diese Vorselektion immer die von ihnen erwartete Antwort geben, verfestigen sich die, durch die Lehrpersonen vorgenommenen, Kategorisierungen weiter. Der Dreischritt aus Lehrer*innenfrage, Schüler*innenantwort und Lehrer*innenkommentar bringt somit nicht nur Leistung hervor, sondern reproduziert leistungsbezogene Differenzen im alltäglichen Unterrichtsgeschehen (vgl. Kalthoff 2000, S. 441).

2.2 Die Praktiken der Schüler*innen zur Erzeugung von Leistung

Welche Fähigkeiten müssen Schüler*innen nun beherrschen, um innerhalb dieser schulischen Kommunikationsordnung gute Leistungen zu erbringen? Bernstein (2000) verweist in seinen Untersuchungen auf die Beherrschung der Erkennungs- und Realisationsregel als maßgebliche Voraussetzung für ein erfolgreiches Agieren in der Institution Schule. Die unterrichtliche Kommunikation wird von einer spezifischen Rahmung bestimmt, in der sich Anforderungen an Verhalten und Inhalte widerspiegeln. Diese Rahmung ist meist implizit, sodass als besonders clever und leistungsstark diejenigen Schüler*innen gelten, die diese unterschwellig gestellten Kriterien mithilfe der Erkennungsregel entschlüsseln und den unterrichtlichen Anforderungen dann durch die Realisationsregel mit einem angemessenen Handeln entsprechen können (vgl. ebd., S. 16 ff.; Gellert und Hümmer 2008, S. 291 f.). Erst durch die Reaktion der Lehrperson und der damit einhergehenden Bewertung der von den Schüler*innen erbrachten Leistungen als adäquat oder inadäquat werden diese implizit gestellten Anforderungen konkret und explizit greifbar. Der Kommentar der Lehrer*innen gibt dann Auskunft, „wie gut die Schülerinnen und Schüler den spezifischen Code des Unterrichts zu lesen in der Lage sind" (Gellert 2015, S. 85) und schreibt ihnen darüber eine entsprechend gute oder schlechte Leistung zu (vgl. ebd.). Dabei spielen nicht nur inhaltliche Kriterien, die in Form des instruktionalen Diskurses den Unterricht bestimmen, sondern auch die Vermittlung von Werten und Normen als erzieherische Aspekte des regulativen Diskurses für die Hervorbringung schulischer Leistung eine wichtige Rolle. Die Erkennungs- und Realisationsregeln stellen somit die Grundlage dar, um Leistung mit Praktiken überhaupt hervorbringen zu können (vgl. Bernstein 2000, S. 16 ff.; Gellert und Hümmer 2008, S. 292 f.).

Die spezifischen Praktiken der schulischen Leistungskonstruktion untersuchen Zaborowski, Meier und Breidenstein (2011) in ihrer ethnografischen Studie. Meier rekonstruiert dabei Imagepraktiken, mit denen Schüler*innen sich vor Lehrpersonen als besonders leistungsorientiert und fleißig präsentieren. Von Lehrer*innenseite wird dieses Bild nicht nur bestätigt, sondern oftmals durch Kulanzpraktiken, mit denen Fehler und Regelverstöße zugunsten guter Leistungen übergangen werden, aufrechterhalten (vgl. ebd., S. 127).

2.3 Die Rolle der Peer Group bei der Konstruktion von Leistung

Ein beträchtlicher Teil der schulischen Studien zur Peer Culture fokussiert vor allem auf Beziehungsgeflechte in Hinblick auf sozialisationsrelevante Wirkungen, wobei der Unterricht als maßgebliche Rahmung ausgeblendet wird (vgl. Breidenstein und Kelle 2002, S. 319 ff.). So finden sich nur in einigen Studien Ansatzpunkte zur Leistungskonstruktion, die im Folgenden vorgestellt werden. Als grundlegendes Merkmal schulischer Interaktionen stellen Breidenstein und Kelle (2002) heraus, dass sich die einzelnen Schüler*innen immer in einem doppelten Referenzrahmen bewegen. Einerseits stehen sie im Austausch mit der Lehrperson, als Repräsentant*in der schulischen Regeln und Normen, andererseits sind sie immer auch der Öffentlichkeit der Situation ausgesetzt, in der die Peer Group als Beobachter und somit als Publikum fungiert. Durch die Kommentierung der Lehrpersonen stehen die Schüler*innen in einem direkten Vergleich, da diese markiert, welche Beiträge adäquat bzw. weniger adäquat sind (vgl. Breidenstein und Kelle 2002, S. 325). Im Falle einer unzureichenden Antwort, haben andere Schüler*innen die Möglichkeit, mit einer korrekten Antwort zum Unterrichtsgeschehen beizutragen und erfolgreich zu sein.

Gleichzeitig wird jeder Schüler*innenbeitrag potenziell der Kommentierung aller ausgesetzt, denn nicht nur die Lehrkraft auch die Mitschüler*innen haben die Möglichkeit sich darauf zu beziehen. Für die Schüler*innen kann dies mit negativen Konsequenzen verbunden sein, wenn sie „mit einer (mehr oder weniger persönlichen) Äußerung vor dem Publikum der Schulklasse zur Zielscheibe von Kommentaren und Bewertungen" (Breidenstein und Kelle 2002, S. 328) werden.

Gerade der „Strebervorwurf" durch die Peer Group, häufig Folge von sehr guten Noten und hoher Bereitschaft zum Lernen, kann zu einer verletzenden Etikettierung einzelner Schüler*innen und einer damit einhergehenden Separierung aus der Klassengemeinschaft führen, wie Breidenstein und Meier (2004) zeigen. Daran wird deutlich, dass die in der Peer-Group geltenden Werte und Normen ein Gegengewicht zu den schulischen Anforderungen bilden, indem sie auf Distanz zur geforderten Leistungserbringung gehen und ein entsprechendes Verhalten von ihren Mitgliedern einfordern. Der Grad der Fürsprache oder eben Abkehr gegenüber schulischem Erfolg hängt dabei von den spezifischen Strukturen und Normvorstellungen in den einzelnen Schulklassen ab und kann somit von Klasse zu Klasse verschieden sein (vgl. Fend 1997, S. 339). Im Gegensatz dazu zeigen Zaborowski, Meier und Breidenstein (2011), dass leistungsorientierte Klassen die einzelnen Mitglieder auf diese Einstellung verpflichten können und entsprechendes Verhalten einfordern (vgl. ebd., S. 61). Das Spannungsfeld bleibt dabei für Schüler*innen innerhalb der Klasse immer gleich: Zwischen den schulischen und peerkulturellen Anforderungen müssen sie ein Gleichgewicht finden, um beiden Rollenanforderungen gerecht zu werden (vgl. Bennewitz und Meier 2010b, S. 108).

▶ **Lesehinweise**
Bräu und Fuhrmann (2015)
Breidenstein (2004)

3   Das Projekt

Das folgende Datenmaterial entstammt einem Dissertationsprojekt, das sich mit Leistungskonstruktionen in unterrichtlichen Hausaufgabenphasen beschäftigt. In diesem Artikel fokussiert die Analyse ausschließlich auf die Thematik der Leistungskonstruktion und blendet Spezifika der Hausaufgabensituation aus. Durch die Beobachtung der Praktiken von Lehrer*innen und Schüler*innen im Rahmen eines ethnografischen Feldzugangs können Erkenntnisse über implizite Erwartungsmuster und (Leistungs-)Zuschreibungen gewonnen werden (vgl. Breidenstein et al. 2015, S. 33).

Nachdem die erste Datenerhebungsphase abgeschlossen wurde, befindet sich das Dissertationsprojekt nun in der Auswertungsphase der Feldprotokolle anhand der Grounded Theory Methodologie. Ein wichtiger Schritt innerhalb der Auswertung stellt die Entwicklung von Theoretisierungen anhand der Interpretation des Beobachtungsprotokolls dar (vgl. Strauss 1998, S. 45 ff.). In Anlehnung an diesen Auswertungsschritt soll im Rahmen dieses Artikels dieser Prozess exemplarisch demonstriert werden. Das vorgestellte Beobachtungsprotokoll entstammt aus dem Geschichtsunterricht einer 7. Klasse eines rheinland-pfälzischen Gymnasiums.

▶ **Lesehinweise**
Amann und Hirschauer (1997)
Boer und Reh (2012)
Breidenstein et al. (2015)

4   Ergebnisse: „Von den Fleißigen, den etwas mehr Fleißigen und den ganz Fleißigen"

Das folgende Fallbeispiel handelt von einer Hausaufgabensituation zu Beginn der Stunde. Die Aufgabe, die in der vorherigen Stunde aufgegeben wurde, bestand in der Übertragung einer im Schulbuch abgebildeten Pyramide mit den hierarchisch dargestellten gesellschaftlichen Schichten des alten Ägyptens in das Heft der Schüler*innen. Nach der Erledigungskontrolle durch den Lehrer bleibt die Hausaufgabe Gegenstand des Unterrichts:

„Ich sehe bei einigen, dass ihr die unterste Stufe der Pyramide schwarz weiß habt." – „Das war im Buch so" ruft Niklas. „Die Fleißigen haben nur unten ausgemalt, die etwas mehr Fleißigen die Spitze und die ganz Fleißigen die ganze Pyramide" stellt Herr Petersen fest.

Niklas erteilt sich auf die Feststellung des Lehrers selbst das Rederecht, ohne dass der Lehrer explizit eine Frage gestellt oder die Schüler*innen zur Kommentierung aufgefordert hat. Die Verletzung der schulischen Interaktionsregeln, die durch das Gewähren des Rederechts durch den Lehrer und damit einer Fremd- statt Selbstwahl des Redners gekennzeichnet ist, zeugt von der Dringlichkeit seines Beitrages und lässt vermuten, dass der Schüler selbst zu denjenigen gehört, die das untere Feld der Pyramide schwarz-weiß ausgemalt haben. In seinem Agieren zeigt sich das Bestreben, die Hausaufgabe „richtig" gemacht zu haben und sie als solche vom Lehrer anerkannt zu bekommen. Das Lehrbuch fungiert in seinem Kommentar als legitimierendes Element, um die Farbauswahl zu rechtfertigen und damit die Richtigkeit der Hausaufgabe zu belegen.

Der Lehrer geht weder auf erzieherischer Ebene auf das Hineinrufen noch auf der inhaltlichen Ebene auf den Kommentar ein, sondern schließt an die verschiedenen farblichen Ausgestaltungen in den Heften an. Anhand der Anzahl der ausgemalten Ebenen entwirft er eine Skala, an der er den Fleiß der Schüler*innen

misst: Je mehr Ebenen farblich gestaltet sind, desto fleißiger sind die jeweiligen
Schüler*innen. Fleiß als positiv konnotierte Eigenschaft, der als Indikator für die
Anstrengungsbereitschaft der Schüler*innen und deren Interesse an den Unterrichtsinhalten fungiert, wird vom Lehrer als zentrale Anforderung konstruiert, um
eine gute Leistung erbringen zu können. Der Lehrer stellt an dieser Stelle Verhal-
tensanforderungen als Teils des regulativen Diskurses des Unterrichts zunächst in
den Vordergrund: Statt inhaltliche Aspekte der Zeichnung und deren Aussage bilden das Erledigen und Fleiß den Schwerpunkt für eine positive Leistungszuschreibung des Lehrers. Wie reagieren die Schüler*innen nun auf diese Kategorisierung,
die über ihre Hausaufgaben vorgenommen wird?

Einige Schüler*innen haben nun eilig damit begonnen die Pyramide
noch nachträglich auszumalen. „Wieso habt ihr die Farben genommen?" fragt Herr Petersen. Er wendet sich zur Mitte: „Vivien, wieso hast du die Farben genommen?" Vivien liest die Gesellschaftsschichten mit der jeweiligen Farbe, in der sie die Stufe ausgemalt
hat, vor. „Wieso hast du den Pharao rot?" fragt Herr Petersen
nach, als sie endet. „Ähm…" sie zögert kurz „... weil rot is ne
besondere Farbe" führt sie dann aus. „Ist der Pharao besonders?"
hakt Herr Petersen nach. „Also, ehm…" sie hält inne. „Eigentlich
war das im Buch so."

Einigen Schüler*innen ist es bereits gelungen den Anforderungen zu entsprechen,
zufällig oder wissentlich bleibt dabei unklar. Andere Schüler*innen haben die
Maßstäbe für eine gute Hausaufgabe nicht erfüllt, denn sie haben die Pyramide
nur teilweise ausgemalt. Sie sind nun, da die Rahmung vom Lehrer explizit offengelegt wurde, darum bemüht, das Versäumnis nachzuholen. Das nachträgliche
Ausmalen dieser Schüler*innen stellt eine Imagepraktik dar und signalisiert dem
Lehrer Eifer und Bemühen den Anforderungen zu entsprechen, um so doch noch
eine positive Einschätzung durch den Lehrer zu erlangen.

Durch die folgende Frage nach einer Begründung für die farbliche Gestaltung
erweitert der Lehrer die Anforderungen. Nicht nur Fleiß, der sich in einer ausgemalten Abbildung widerspiegelt, auch eine fundierte Erklärung wird nun zum
Maßstab für eine gute Hausaufgabe. Der Lehrer wählt Vivien aus, die ihre Pyramide sichtbar in vielen verschiedenen Farben ausgemalt hat. Die Auswahl des
Lehrers wird somit von zwei Faktoren bestimmt: Einerseits erfüllt Vivien die
Voraussetzung, denn sie hat ihre Pyramide bereits mit unterschiedlichen Farben
angemalt, andererseits geht der Lehrer davon aus, dass sie bei ihrer Farbauswahl
bestimmte Absichten verfolgt hat. Er schreibt ihr schon vor ihrem Beitrag eine
weiterführende Antwort für das Unterrichtsgeschehen zu.

Vivien nennt ihre Farbauswahl, gibt jedoch keine Begründung, sodass ihre Antwort zunächst unvollständig bleibt. Der Lehrer gibt Vivien erneut die Möglichkeit ihre Auswahl zu begründen, indem er anhand eines Beispiels, dem Pharao, die Frage konkretisiert. Vivien zögert, was ihre Unsicherheit signalisiert und verweist schließlich auf die Besonderheit der Farbe rot. Auch diese Antwort markiert der Lehrer durch seine erneute Nachfrage als inadäquat. Gleichzeitig macht er die Anforderungen für eine angemessene Antwort noch eindeutiger, denn seine Frage fordert nun explizit die Einbindung der Unterrichtsinhalte. Mit der Praktik des Cluings zeigt er, dass eine von ihm anerkannte, adäquate Antwort sowohl in Form einer Begründung gegeben werden als dabei auch Unterrichtsinhalte mit einbeziehen muss.

Hier bestätigt sich die Vermutung, dass der Lehrer Vivien eine potenziell richtige bzw. weiterführende Antwort zuschreibt. Statt andere Schüler*innen auszuwählen, gibt er Vivien zweimal die Möglichkeit ihre Antwort entsprechend der Frage zu verbessern. Auch sie zieht, wie der Schüler Niklas zuvor, das Schulbuch heran, das als offizielle Instanz ihre Farbauswahl legitimieren soll. Allerdings ist mit dieser Antwort die Frage nicht beantwortet, sodass an dieser Stelle noch offen bleibt, ob der Lehrer die Praktik des Cluings fortsetzt, den Beitrag als ausreichend anerkennt oder seine Strategie ändert.

```
„Was hatte der Pharao denn für Aufgaben?" fragt Herr Petersen,
während er sich von Vivien abwendet und einige Schritte rückwärts
in Richtung Mitte geht. Sofort streckt Vivien ihren Arm erneut
ruckartig in die Höhe. Sie lehnt sich nach vorne, es scheint als
wolle sie unbedingt nochmal dran genommen werden. Auch andere
Schüler*innen melden sich. Herr Petersen wendet sich nach rechts
und nickt Moritz zu. Moritz beginnt zu erläutern, dass der Pharao
die Befehle gegeben habe und deshalb sehr wichtig gewesen sei.
Gleichzeitig seien aber auch die Bauern sehr wichtig gewesen, denn
diese hätten die Nahrung angebaut, ohne die der Pharao nicht hätte
leben können.
```

Der Fortgang der unterrichtlichen Interaktion in Form einer neuen Lehrerfrage und dessen Positionierung in der Mitte des Klassenzimmers zeigen, dass Vivien die Anforderung, Unterrichtsinhalte zu reproduzieren nicht realisieren und somit keine angemessene Antwort geben konnte. Vivien hat ihre Chance auf eine richtige Antwort zunächst verwirkt, denn der Lehrer wendet sich mit einer neuen Frage wieder der ganzen Klasse zu. Damit ist der Wettbewerb um eine richtige Antwort nun wieder für alle Schüler*innen geöffnet.

Vivien hingegen arbeitet an ihrem Image, durch offensives Melden will sie zeigen, dass sie die richtige Antwort nun doch geben kann. Ihre Imagepraktik

zeichnet sich nicht durch eine verbale Komponente, sondern vielmehr durch ihr
körperbetontes Agieren aus. Das ruckartige Strecken des Armes in Verknüpfung
mit dem Entgegenbeugen zum Lehrer signalisiert das dringliche Bedürfnis erneut
aufgerufen zu werden. Doch der Lehrer wählt aus der Gruppe der sich meldenden
Schüler*innen einen anderen aus. Trotz mehrfacher Hinweise konnte die Antwort,
auf die der Lehrer hinauswill, noch nicht gegeben werden. Für den Fortgang des
Unterrichts ist es entscheidend, dass diese Antwort nun erbracht wird. Dieser Kontext verweist darauf, dass der Lehrer dem ausgewählten Schüler eine weiterführende Antwort zuschreibt und seine Auswahl nach diesem Kriterium vorselektiert hat.

Der Schüler kann den geforderten Kriterien entsprechen, er reproduziert die Inhalte der letzten Stunde, wobei er nicht nur auf den Pharao, sondern zugleich auch
unter Einbezug anderer Gesellschaftsschichten umfassend antwortet. Der Dreischritt der Lehrer-Schüler-Interaktion besteht nach Lehrerfrage, Schülerantwort
abschließend in einem Kommentar des Lehrers, in dem er die Antwort bewertet
und sie so verifiziert oder sie durch Verbesserung oder Nachfragen als inadäquat
kennzeichnet. Entspricht also die Antwort den Anforderungen des Lehrers, sodass
es dem Schüler gelungen ist, eine gute Leistung in Form einer adäquaten Antwort
zu erbringen?

Herr Petersen nickt und setzt zum Sprechen an, dann wird er von
einem Zwischenruf von Vivien abgelenkt. Vivien hat sich nach vorne
gebeugt und schaut nach links auf das Heft ihrer Mitschülerin Lina,
die zwei Plätze weiter mit dem Ausmalen ihrer Pyramide beschäftigt
ist. „Lina, du brauchst ja noch ganz schön lange" kommentiert sie.
Lina zuckt zusammen, blickt hoch und schaut Herr Petersen an. Sie
macht einen ertappten Eindruck. „Die Lina hat ne schön große Pyramide gemalt. Fast über die ganze Heftseite" schaltet sich Herr
Petersen ein und nickt dabei zustimmend. „Du bekommst noch genug
Zeit Lina, machs ordentlich" sagt er anschließend. Lina nickt und
fährt mit dem Ausmalen fort.

Die ausstehende Kommentierung der Schülerantwort durch den Lehrer erfolgt zunächst mit einem Nicken, mit dem die Antwort nonverbal verifiziert wird. Die verbale Kommentierung bleibt aus, denn die Interaktion wird von dem Hineinrufen
von Vivien unterbrochen. Sie verletzt die Interaktionsregeln in zweifacher Hinsicht, einerseits da sie das Gewähren des Rederechts durch den Lehrer missachtet
und andererseits indem sie keinen Beitrag zu dem vorherrschenden instruktionalen
Diskurs beisteuert, sondern erneut den regulativen Diskurs mit ihrem Kommentar
in den Vordergrund stellt.

Im Gegensatz zum instruktionalen Diskurs, in dem es ihr nicht gelang, die
Anforderungen zu realisieren und eine gute Leistung zu erzielen, konnte sie im

regulativen Diskurs mit ihrem Fleiß punkten. Durch den Verweis auf die andere Schülerin macht sie einen Vergleich zwischen sich und der Mitschülerin auf, der sich auf diese Leistung der Hausaufgabe bezieht. Sie selbst hat ihre Zeichnung bereits zuhause ausgemalt, die geforderte Leistung bereits erbracht, während Lina die Anforderungen nicht erfüllt hat. Die selbstinitiierte Kontrastierung stellt eine Imagepraktik dar, um sich von den anderen Schüler*innen abzugrenzen und sich anhand dieses sozialen Vergleiches als positives Kontrastbeispiel vor dem Lehrer zu präsentieren. Allerdings gefährdet die Schülerin mit dieser Imagepraktik das Bild ihrer Mitschülerin, denn sie benutzt deren Versäumnis für die Herausstellung ihrer eigenen guten Leistung.

Linas Reaktion zeigt, wie sehr die Anerkennung ihres eigenen Images durch diesen Kommentar gefährdet ist: Sie macht einen ertappten Eindruck. Ihr Versäumnis wurde durch die Markierung ihrer Mitschülerin öffentlich gemacht und ist nun explizit zum Unterrichtsgegenstand geworden. Somit ist sie sowohl der Aufmerksamkeit des Lehrers als auch der Mitschüler*innen ausgesetzt, was möglicherweise eine öffentliche Sanktionierung bedeuten kann. Doch der Lehrer sanktioniert das nachträgliche Ausmalen nicht. Vielmehr greift er zu einer Kulanzpraktik, indem er das nachträgliche Ausmalen ausklammert und stattdessen die Größe ihrer Zeichnung in den Vordergrund stellt und ihr über dieses Kriterium eine gute Leistung zuschreibt. Mit dieser Kulanzpraktik unterstreicht er ihr Image als leistungsstarke Schülerin und verstärkt seine Aussage noch zusätzlich, indem er ihr genügend Zeit zusichert, um die farbliche Gestaltung angemessen fertig zu stellen.

Vivien gelingt es an dieser Stelle nicht ihre inadäquaten Antworten im instruktionalen Diskurs mit dem Verweis auf ihren Fleiß aufzubessern. Ihre Imagepraktik zeigt keinen Erfolg, denn sie kann keine weitere positive Leistungszuschreibung durch den Lehrer erzielen. Zusätzlich zeigt sie sich durch ihr Agieren als unsolidarisch innerhalb der Peer-Group, da sie das Versäumnis anderer Schüler*innen für ihren eigenen Vorteil zu nutzen versucht. Damit verbunden ist die Gefahr der sozialen Sanktion.

Wie entwickelt sich das Geschehen nun weiter? Setzt sich die Interaktion mit Schwerpunkt auf dem regulativen Diskurs fort?

„Also, wieso haben die im Buch den Pharao rot gemalt?" Die Arme gehen wieder in die Höhe. Herr Petersen zeigt auf Marc. „Weil rot eine besondere Farbe ist und die damit zeigen wollten, dass der Pharao besonders ist." Herr Petersen nickt. „Mit dem Ausmalen. Das könnt ihr machen, wie ihr wollt. Wichtig ist, dass ihr was mit der Farbe verbindet. Und dran denkt, dass auch die Autoren vom Buch was mit der Farbe verbunden haben." — „Dann kann man auch die Bauern

```
rot malen. Oder den Pharao und die Bauern" ruft Vivien. Herr Pe-
tersen nickt. Er geht nach vorne ans Pult und wirft einen Blick
ins Buch. Es geht mit dem nächsten Thema weiter.
```

Der Lehrer setzt die Interaktion innerhalb des regulativen Diskurses nicht weiter fort, sondern verändert die Rahmung, indem er wieder zum instruktionalen Diskurs zurückkehrt. Mit seiner Frage führt er den unterbrochenen Diskurs weiter, indem er, aufbauend auf der Antwort des Schülers, nun eine Verknüpfung der Unterrichtsinhalte mit der Farbgestaltung der Abbildung fordert. Für eine richtige Antwort muss eine Transferleistung erbracht werden, die bekannte Inhalte auf diesen Sachverhalt überträgt. Der ausgewählte Schüler kann diese Anforderung erfüllen, sodass seine Antwort mit einem Nicken vom Lehrer bestätigt und die Antwort für den Rest der Klasse verifiziert wird. Indem er anschließend die Kernpunkte zusammenfasst, wird die Schüleraussage zu einem allgemeingültigen Inhalt objektiviert und in den gemeinsamen Wissensbestand der Klasse überführt.

Auch in dieser Interaktionsphase erteilt sich Vivien selbst das Rederecht. Sie überträgt die Aussage des Lehrers zurück auf die Abbildung. Damit macht sie deutlich, dass sie die Rahmung, eine Transferleistung mit der Antwort zu erbringen, entschlüsselt hat, diesen Anforderungen entsprechen und so doch noch qualitativ zum Unterrichtsgeschehen beitragen kann. Doch auch an dieser Stelle ist die Arbeit an ihrem Image nicht erfolgreich. Statt Vivien ausdrücklich zu bestärken oder ihre Antwort hervorzuheben, nickt der Lehrer lediglich und schließt dann die Hausaufgabenbesprechung ab. Vivien gelingt es in der Hausaufgabensituation nicht mehr, ihr Image als leistungsstarke Schülerin zu unterstreichen und über ihre Hausaufgaben nicht nur im regulativen Teil, sondern auch im instruktionalen Diskurs eine gute Leistung zu erzielen.

5   Diskussion der Analyseergebnisse

Die Analyse dieser Hausaufgabensituation hat gezeigt, mit welchen Praktiken die schulischen Akteure Leistung erzeugen und welche Anforderungen damit verbunden sind. Der Lehrer nimmt dabei eine zentrale Rolle ein, denn er bestimmt maßgeblich die Rahmung innerhalb derer Leistung erbracht werden kann. Um mit der Hausaufgabe eine gute Leistung zu erzielen, müssen die Schüler*innen die vorherrschende Rahmung erkennen sowie in ihrem Handeln realisieren.

Wie beschrieben, stellt der regulative Diskurs in dieser Unterrichtsstunde den vorherrschenden Bezugsrahmen dar, in den der instruktionale Diskurs eingelagert wird. Die Erledigung der Hausaufgabe und der dabei aufgewendete Fleiß als Teil des regulativen Diskurses bilden die Grundlage, um im weiteren Verlauf auf den instruktionalen Diskurs Bezug zu nehmen. Die Leistungsherstellung wird durch die Dominanz des regulativen Diskurses bestimmt, sodass der Lehrer Fleiß als grundsätzlichen Maßstab für eine gute Leistung der Schüler*innen konstruiert. Anhand dieses Kriteriums wird eine Rangfolge etabliert, die sich von fleißig bis besonders fleißig und anstrengungsbereit erstreckt. Einigen Schüler*innen ist es innerhalb dieser Rahmung bereits gelungen eine gute Leistung zu erbringen. Andere, denen es nicht gelungen ist, greifen zu einer Imagepraktik, um den Nachteil gegenüber ihren Mitschüler*innen auszugleichen. Indem die Schüler*innen, die innerhalb dieser Kategorisierung als weniger fleißig gelten, mit dem nachträglichen Ausmalen ihre Anstrengungsbereitschaft signalisieren, arbeiten sie an ihrem Image als leistungsorientierte Schüler*innen.

Erst im Anschluss verändert der Lehrer im Unterrichtsgespräch die Rahmung, sodass schließlich auch Kriterien des instruktionalen Diskurses ausschlaggebend für die Leistungserzeugung werden. Die Schüler*innen müssen diese implizit veränderten Anforderungen entschlüsseln und diesen entsprechen, um auch im instruktionalen Diskurs eine gute Leistung zu erbringen. Die Analyse zeigt, dass die aufgerufene Schülerin die Anforderung zwar erkennt, aber nicht angemessen darauf reagieren kann. Daher zeigt auch die Praktik des Cluings, mit der der Lehrer die Schülerin im Unterrichtsgespräch durch Hinweise und dadurch auch durch Konkretisierung der Anforderungen zur richtigen Antwort leitet, keinen Erfolg. Die Schülerin erkennt zwar die Anforderungen, kann aber nicht angemessen darauf reagieren, sodass schließlich ein anderer Schüler die Möglichkeit erhält, mit einer richtigen Antwort zum Unterrichtsgeschehen beizutragen. Um ihr Scheitern im instruktionalen Diskurs auszugleichen, bedient sich die Schülerin im weiteren Verlauf geradezu extensiv verschiedener Imagepraktiken. Während diese zunächst als stumme Körperpraktiken in Form eines offensiven Meldens sichtbar werden, arbeitet die Schülerin, nach ausbleibendem Erfolg, schließlich auch verbal an ihrem Image als leistungsorientierte Schülerin. Diese extensiven Imagepraktiken erweisen sich dabei in zweifacher Hinsicht als störend. Einerseits verletzt die Schülerin die unterrichtlichen Interaktionsregeln, andererseits verwehrt sie dadurch ihren Mitschüler*innen die Kommentierung ihrer Beiträge und damit einhergehend eine mögliche gute Bewertung. Sie geht schließlich so weit, dass sie durch ihre Imagepraktik ihre Mitschülerin im Image gefährdet.

An dieser Stelle wird das Spannungsfeld zwischen Leistungsanforderungen und sozialen Beziehungen zur Peer Group greifbar, in dem sich die Schüler*innen in der Schule befinden. Sie sind Teil der Schule und agieren im Unterricht in ihren Rollen als Schüler*innen, gleichzeitig sind sie aber auch Teil der Beziehungsgeflechte innerhalb der Peer Group, die durch eigene Werte und Normen

ein Gegengewicht zur Schule bildet. Für die Schüler*innen resultiert daraus im
Unterricht eine doppelte Anforderung, „denn einerseits haben sie sich als Schüler
und Schülerinnen vor der Lehrperson zu bewähren, andererseits haben sie sich als
Peers darzustellen und ihre Beziehungen zu den Mitschülern zu gestalten" (Bennewitz und Meier 2010a, S. 116). Die Schülerin ordnet die Leistungserbringung
als institutionelle Anforderungen den Bedürfnissen der sozialen Beziehungen über
und riskiert dabei möglicherweise Sanktionen der Peer Group, wie z.b. in Form
des Strebervorwurfs, der aus zu großem Zuspruch zu den schulischen Leistungsanforderungen resultieren kann (vgl. Breidenstein und Meier 2004, S. 550 f.; Breidenstein und Kelle 2002, S. 328). Ob und welche Akzeptanz das Verhalten der
Schülerin innerhalb der Peer Group findet, hängt maßgeblich von deren kollektiv
geteilter Haltung gegenüber schulischem Erfolg ab (vgl. Zaborowski, Meier und
Breidenstein 2011, S. 52).

Daran wird deutlich, dass nicht nur Lehrer*innen Leistungsdifferenzen markieren, sondern auch die Schüler*innen untereinander. Breidenstein und Kelle
(1998) kamen für die Differenzkategorie Geschlecht bereits zu ähnlichen Ergebnissen. In ihrer Studie beschreiben sie, wie Schüler*innen über Freundschaftsin-
szenierungen untereinander Differenz herstellen (vgl. ebd., S. 133 f.). Die Analyse
zeigt, dass für die Differenzkategorie Leistung ähnliche Praktiken beobachtbar
sind. Insbesondere Imagepraktiken entwickeln sich unter diesem Gesichtspunkt
vielmehr zu Abgrenzungspraktiken, durch die Schüler*innen sich zu ihren Mitschüler*innen kontrastieren, um dadurch gute Leistungen zu erzielen. Durch diese
Praktiken markieren sie leistungsbezogene Unterschiede untereinander und stellen
performativ eine spezifische Differenzordnung her. Allerdings wird diese durch
den Lehrer nicht anerkannt, denn mit einer Kulanzpraktik lobt er stattdessen die
Mitschülerin für ihre gute Hausaufgabe. Hieran zeigt sich einerseits, dass die
durch die Peer Group hervorgebrachten Ordnungen eigenständig und neben denen
bestehen, die interaktiv mit Lehrpersonen hergestellt werden. Zugleich wird an
dieser nicht gelingenden Imagepraktik sehr deutlich, dass Leistung nicht gegeben
ist, sondern erst durch wechselseitige Anerkennungs- und Zuschreibungsprozesse
zwischen Lehrer*innen und Schüler*innen sozial hergestellt wird.

6   Fazit/ Ausblick

Im Rahmen dieses Artikels wurde exemplarisch anhand einer Szene die Entwick-
lung erster Theoretisierungen als wichtiger Schritt in der Auswertungsphase von
Feldprotokollen vorgestellt. Die Interpretation orientierte sich einerseits an der
Frage nach den Anforderungen zum Erzielen guter Leistungen, andererseits, wie

dabei das Spannungsverhältnis von peerbezogenen und schulischen Maßstäben von Schüler*innen ausgehandelt wird. Die Analyse zeigt, dass das Entschlüsseln der durch die Lehrer*innen gesetzten Rahmung und die Umsetzung der darin implizit und explizit gelegten Kriterien im Handeln der Schüler*innen die zentrale Bedingung für eine gute Leistung darstellen. In der unterrichtlichen Interaktion und den damit verbundenen Praktiken konkretisieren sich diese oftmals implizit gestellten Maßstäbe, indem inadäquate Antworten von Schüler*innen durch Kommentierung, Neuformulierung der Frage oder Cluing als solche markiert werden und darüber offensichtlich wird, welche Kriterien noch erfüllt werden müssen, um eine gute Leistung zu erbringen.

Die Analyse dieser kurzen Unterrichtssequenz zeigt eine Problematik, die in der Interaktionsordnung des Unterrichts immer schon angelegt ist. Das alltägliche Unterrichtsgespräch, das sich bei vielfältigen Themen an einem Schultag in seiner Struktur aus Lehrer*innenfrage, Schüler*innenantwort und Lehrer*innenkommentar gleicht, stellt eine ständige Bewertungssituation dar, die sich durch den Vergleich der Schüler*innen in der öffentlichen Situation des Unterrichtsgesprächs weiter zuspitzen kann. Für die Schüler*innen resultiert daraus die Anforderung sich gegenüber den Mitschüler*innen in Form von besonderer Anstrengungsbereitschaft sowie qualitativ hochwertigen Antworten abzugrenzen, gleichzeitig aber die peerrelevanten Orientierungen zu wahren, da sie sonst riskieren, ihre Zugehörigkeit zu den sozialen Beziehungsgefügen der Schulklasse zu verlieren oder gar als Streber etikettiert zu werden. Die ständige Bewertungssituation erschwert das Ausbalancieren des Spannungsverhältnisses, in dem sich Schüler*innen im Unterricht immer befinden. Schon in dieser exemplarischen Analyse zeigen sich die Auswirkungen auf das Schüler*innenverhalten, deren Praktiken stark zugunsten leistungsbezogener Maßstäbe ausgerichtet sind und die peerrelevanten Orientierungen vernachlässigen.

Gerade für angehende Lehrkräfte, die diese Mechanismen der Unterrichtsgespräche erst erlernen, besitzt das Bewusstsein, dass die Bewertung in dem unterrichtlichen Interaktionsmodell immer schon angelegt ist, hohe Relevanz. Ausgehend von diesem Wissen kann die Reflexion darüber erfolgen, welche spezifischen Schülerpraktiken die Bewertungspraktiken des Unterrichtsgesprächs hervorbringen und welche Auswirkungen sie auf den Unterricht haben. Dieses Unterrichtsbeispiel zeigt deutlich, dass durch die Bewertungsmechanismen, die hier durch den expliziten sozialen Vergleich des Lehrers noch verstärkt werden, weniger Eigenschaften wie Solidarität das Schüler*innenhandeln bestimmen, sondern vielmehr wettbewerbsorientierte Praktiken hervorgebracht werden. Die daraus resultierende Rivalität zwischen den Schüler*innen destabilisiert die sozialen Beziehungsgefüge in der Klasse und geht mit negativen Auswirkungen auf das Klassenklima

einher. Damit die eigenen Bewertungspraktiken einen Beitrag zum kooperativen
Lernen und der Herstellung einer lernförderlichen Unterrichtssituation leisten
können, müssen Motivation und konstruktive Rückmeldungen in den Fokus der
unterrichtlichen Kommunikation rücken. Angewendet auf das vorgestellte Unterrichtsbeispiel würde dies bedeuten, den Schwerpunkt bei der Kommentierung von
Schüler*innenbeiträgen statt auf den sozialen Vergleich, der Wettbewerb und Rivalität fördert, stärker zu individuellen und kriterialen Maßstäben zu verschieben,
sodass das Spannungsfeld für Schüler*innen zwischen Leistungsanforderungen
und Peer Zugehörigkeit nicht noch durch Wettbewerbscharakter verstärkt wird.

Literaturverzeichnis

Amann, K./Hirschauer, S. (1997). Die Befremdung der eigenen Kultur. Ein Programm. In.
S. Hirschauer, & K. Amann (Hrsg.), *Die Befremdung der eigenen Kultur. Zur ethnographischen Herausforderung soziologischer Empirie* (S. 7-52). Frankfurt/ Main: Suhrkamp.
Bennewitz, H./Meier, M. (2010a). Vom Peer-Sein im Unterricht. Beobachtungen zu Schü-
leraktivitäten im Klassenzimmer. In I. Behnken u. a. (Hrsg.), *Szenen, Gruppen, Peers* (S.
115-117). Seelze: Friedrich.
Bennewitz, H./Meier, M. (2010b). Zum Verhältnis von Jugend und Schule. Ethnographische Studien zu Peerkultur und Unterricht. In A. Brake & H. Bremer (Hrsg.), *Alltags-
welt Schule. Die soziale Herstellung schulischer Wirklichkeit* (S. 97-110). Weinheim &
München: Juventa.
Bernstein, B. (2000). *Pedagogy, Symbolic Control and Identity: Theory, Research, Cri-
tique. Class, Codes and Control.* Vol. 5 (2. Aufl.). London: Lanham.
Boer, Heike de, & Reh, S. (2012). *Beobachtung in der Schule – Beobachten lernen.* Wies-
baden: Springer VS.
Bräu, K./Fuhrmann, L. (2015). Die soziale Konstruktion von Leistung und Leistungsbe-
wertung. In K. Bräu, & C. Schlickum (Hrsg.), *Soziale Konstruktionen in Schule und
Unterricht. Zu den Kategorien Leistung, Migration, Geschlecht, Behinderung, Soziale
Herkunft und deren Interdependenzen* (S. 49-64). Opladen u.a.: Budrich.
Breidenstein, G. (2004). Peer-Interaktion und Peer-Kultur. In. W. Helsper, & J. Böhme
(Hrsg.): *Handbuch der Schulforschung* (S. 945-964). Wiesbaden: Springer VS.
Breidenstein, G. (2010). Von Cliquen, Freunden und Außenseitern. Soziale Beziehungen in
Schulklassen. In I. Behnken et al. (Hrsg.), *Szenen, Gruppen, Peers* (S. 122-125). Seelze:
Friedrich.
Breidenstein, G. et al. (2015). Ethnografie. Die Praxis der Feldforschung (2. Aufl.). Konstanz
& München: UVK.
Breidenstein, G./Kelle, H. (1998). *Geschlechteralltag in der Schulklasse. Ethnographische
Studien zur Gleichaltrigenkultur.* Weinheim & München: Juventa.
Breidenstein, G./Kelle, H. (2002). Die Schulklasse als Publikum. *Die Deutsche Schule 94*
(3), 318-329.

Breidenstein, G., & Meier, M. (2004). „Streber" – Zum Verhältnis von Peer Kultur und Schulerfolg. *Pädagogische Rundschau 58* (5), 594-563.

Fend, H. (1997). *Der Umgang mit Schule in der Adoleszenz. Aufbau und Verlust von Lernmotivation. Selbstachtung und Empathie.* Bern: Huber.

Gellert, U. (2015). Leistungskonstruktion im Mathematikunterricht. In K. Bräu, & C. Schlickum (Hrsg.), *Soziale Konstruktionen in Schule und Unterricht. Zu den Kategorien Leistung, Migration, Geschlecht, Behinderung, Soziale Herkunft und deren Interdependenzen* (S. 79-91). Opladen u.a.: Budrich.

Gellert, U., & Hümmer, A.-M. (2008). Soziale Konstruktion von Leistung im Unterricht. *Zeitschrift für Erziehungswissenschaft 11* (2), 288-311.

Helsper, W. & Böhme, J. (2002). Jugend und Schule. In H.-H. Krüger, & Grunert, C. (Hrsg.), *Handbuch Kindheits- und Jugendforschung* (S. 567-596). Opladen u.a.: Budrich.

Kalthoff, H. (1995). Die Erzeugung von Wissen. Zur Fabrikation von Antworten im Schulunterricht. *Zeitschrift für Pädagogik 41* (6), 925-939.

Kalthoff, H. (2000). „Wunderbar, richtig". Zur Praxis mündlichen Bewertens im Unterricht. *Zeitschrift für Erziehungswissenschaft 3* (3), 429-446.

Oswald, H./Krappmann, L. (1988). *Soziale Beziehungen und Interaktionen unter Grundschulkindern. Methoden und ausgewählte Ergebnisse eines qualitativen Forschungsprojektes.* Berlin: Max-Planck-Institut für Bildungsforschung.

McHoul, A. (1990). The organization of repair in classroom talk. *Language in Society 19* (3), 349-377.

Mehan, H. (1979). *Learning Lessons: Social Organization in the Classroom.* Cambridge, Mass.: Havard University Press.

Rabenstein, K. et al. (2013). Ethnographie pädagogischer Differenzordnungen. Methodologische Probleme einer ethnographischen Erforschung der sozial selektiven Herstellung von Schulerfolg im Unterricht. *Zeitschrift für Pädagogik 59* (5), 668-690.

Reckwitz, A. (2008). *Die Transformation der Kulturtheorien. Zur Entwicklung eines Theorieprogramms. Mit einem Nachwort zur Studienausgabe 2006: Aktuelle Tendenzen der Kulturtheorien* (2. Auflage). Weilerswist: Velbrück Wissenschaft.

Reckwitz, A. (2003). Grundelemente einer Theorie sozialer Praktiken. Eine sozialtheoretische Perspektive. *Zeitschrift für Soziologie 32* (4), 282-301.

Sacher, W. (2004). *Leistungen entwickeln, überprüfen und beurteilen. Bewährte und neue Wege für die Primar- und Sekundarstufe* (4. Auflage). Bad Heilbrunn: Klinkhardt.

Salisch, M. von (2010). Wer oder was ist ein Peer. In I. Behnken et al. (Hrsg.), *Szenen, Gruppen, Peers* (S. 4-5). Seelze: Friedrich.

Strauss, A. L. (1998). *Grundlagen qualitativer Sozialforschung* (2. Aufl.). Paderborn: UTB.

Tillmann, K.-J./Vollstädt, W. (2005). Funktionen der Leistungsbewertung. Eine Bestandsaufnahme. In S.-I. Beutel & W. Vollstädt (Hrsg.), *Leistung ermitteln und bewerten* (2. Aufl.) (S. 27-37). Hamburg: Bergmann + Helbig.

Zaborowski, K. U., Meier, M., & Breidenstein, G. (2011). *Leistungsbewertung und Unterricht. Ethnographische Studien zur Bewertungspraxis in Gymnasium und Sekundarschule.* Wiesbaden: Springer VS.

Sichten auf SpracheN[1]

Steffen Fröhlich und Christine Schlickum

1   Einleitung

Der folgende Beitrag beschäftigt sich mit der Bedeutung und Funktion von SpracheN im wissenschaftlichen Diskurs. Dabei interessiert uns insbesondere die Frage der Perspektive unterschiedlicher Disziplinen. Das Projekt ist als Konsequenz aus der Rekonstruktion von Orientierungsmustern von Studierenden mit Blick auf deren Umgänge mit Differenz entstanden (Schlickum 2014). Die Beiträge der Studierenden verweisen auf spezifische Diskurspositionen, wenn das Thema SpracheN virulent wird. Dabei werden SpracheN bzw. SpracheNkenntnis und verschiedene damit verbundene „Fähigkeiten" an die Sprach(sic)kenntnisse im Deutschen gebunden, ohne dass diese Engführung überhaupt je in den Blick geriete (Gogolin 2008).

Angesichts der multilingualen Schüler*innenschaft sowie der multilingualen Sprachpraxen haben wir uns die Frage gestellt welche „Sichten auf SpracheN"

---

1   In Anlehnung an den von der Humboldt-Universität Berlin (2014) herausgegebenen Band zum Sprachhandeln verstehen wir die von uns eingesetzte Form „SpracheN" als Hinweis auf die im Diskurs um Sprache (sic) zum Ausdruck kommenden gesellschaftlichen Normvorstellungen: Es soll das Nicht-Gesagte, aber implizit Mitgedachte aufgezeigt werden. Die wechselseitige Bezugnahme der Begriffe Sprache, Sprachen, SpracheN soll aufmerksam machen, auf die hinter den Begriffen der Autor*innen/ Diskurse stehenden SpracheNverständnisse bzw. auf die darüber hinaus reichenden Möglichkeitsräume.

es überhaupt gibt und welche Bedeutung diese für Subjektivationsprozesse[2] und den Zugang zu gesellschaftlichen Machtdiskursen haben. Unser Blick richtet sich dabei auf die Analyse der Diskurspositionen im Wissenschaftsfeld.

Der folgende Beitrag diskutiert in einem ersten Schritt die Relevanz von Diskursen und deren Bedeutung für Subjektivationsprozesse. In einem zweiten Schritt werden das Projekt, der Gegenstand der Untersuchung sowie die Auswertungsmethode kurz skizziert. Hauptaugenmerk des Artikels liegt jedoch auf den ersten Ergebnissen, die als möglicher Referenzrahmen für Diskurspositionen und deren Bedeutung für Subjektivationsprozesse verstanden werden können. In der Diskussion geht es dann vor allem darum, die jeweilige Bedeutung der Sichten in Bezug auf pädagogische Fragestellungen zu diskutieren.

2   Theoretische Zugänge

Die Auswahl theoretischer Zugänge im Rahmen empirischer Arbeiten ist nicht nur abhängig von der Forschungsfrage, sondern ebenso vom erkenntnistheoretischen Rahmen. Gegenstand der vorliegenden Auseinandersetzung sind wissenschaftliche Positionen zur Bedeutung und Funktion von SpracheN. Die Relevanz dieser Fragestellung lässt sich aber nur verstehen, wenn die gesellschaftliche Wirkmächtigkeit von diskursiven Praktiken wissenschaftlich begründbar ist. Anknüpfungspunkte für eine solche Auseinandersetzung liefern vor allem sozial- und sprachwissenschaftliche Erklärungsmodelle (z.B. Keller et al. 2012). Für das vorliegende Erkenntnisinteresse sind die Arbeiten von Michel Foucault (1994; 2014) hervorzuheben. Sein Hauptaugenmerk liegt auf den Subjektivierungsweisen, also der Frage, wie Subjekte von Diskursen geschaffen und im sozialen Raum positioniert werden. Zusammenfassend lässt sich der Begriff des Diskurses nach Foucault als „ein Ensemble von Aussagen " definieren (Foucault 1994, S. 170): Diskurse sprechen und prozessieren regelhaft eine sinnhafte Ordnung. Foucault geht es darum, in machtvollen diskursiven Praktiken „die Formen der Ausschließung, der Einschränkung, der Aneignung" (ders., 2014, S. 38) von Diskursen aufzuzeigen, sowie um die Genealogie, welche darstellt, wie sich die Diskurse „gebildet haben, um bestimmten Bedürfnissen zu entsprechen, wie sie sich verändert und verschoben haben, welchen Zwang sie tatsächlich ausgeübt haben, inwieweit sie abgewendet

---

2   Wir beziehen uns hier auf das Subjektverständnis nach Judith Butler: Judith Butler rekonstruiert den Prozess der Subjektwerdung unter Einbezug der gesellschaftlichen Machtdiskurse, wie z.B. mit Blick auf geschlechterspezifische Normierungen, als Subjektivationsprozesse (z.B. Butler 2001).

worden sind." (ebd., S. 39) Somit entstehen durch die verschiedenen Diskurse innerhalb einer Gesellschaft sinnhafte Ordnungen, wodurch die Dinge, einschließlich des Menschen, von denen der Diskurs spricht, erst konstituiert werden. Es geht also um das Sagbare, welches das Machbare präformiert und somit zur Bedingung der Möglichkeit einer jeden Handlung wird. Vereinfacht ausgedrückt, Menschen konstruieren sich ihre Umwelt, die ihnen dann als identitätsstiftend gegenübertritt. Die den sozialen Ordnungssystemen inhärenten Logiken verweisen aber nicht nur auf Möglichkeitsspielräume von z.b. Subjektpositionen sondern ebenso auf die Grenzen derselben, wie auch auf deren Positionierungen im sozialen Raum. Vor dem Hintergrund dieser wissenschaftstheoretischen Positionen lassen sich also ebenso Möglichkeitsspielräume von Subjektwerdung (z.B. Butler 1998) wie auch Prozesse der Herstellung und Reproduktion sozialer Ungleichheiten in den Blick nehmen.

Verweisen die theoretischen Zugänge auf die wissenschafts- und erkenntnistheoretischen Begründungsfiguren eines Forschungszusammenhangs, gilt es im Folgenden zu klären, mit welchen empirischen Zugängen und mit Blick auf welche Gegenstände intersubjektiv nachvollziehbar, d.h. den Gütekriterien der Wissenschaft angemessen, Aussagen getroffen werden können. Für die vorliegende Fragestellung scheint die Auswahl des Gegenstandes recht einfach „Diskurse". Aber was genau kennzeichnet eigentlich einen Diskurs und wo genau werden Diskurse zu manifesten Gegenständen, die sich einer wissenschaftlichen Auswertung nicht entziehen können, wie dies z.B. für Alltagsgespräche typisch ist. Und zweitens, welche Diskurse auf welcher Ebene sollten eigentlich in den Blick geraten?

Die wissenschaftliche Auseinandersetzung um diese Fragen stützt sich grundlegend auf die theoretischen Überlegungen von Foucault und wurde von verschiedenen Autor*innen, wie z.B. von Keller (2011) diskutiert und für die Forschung – unter dem Label Diskursanalyse – fruchtbar gemacht. Als für die Diskursforschung relevante Fragestellungen genannt werden z.B.: wann und wo Diskurse auftauchen und wieder verschwinden; wie und mit welchen Praktiken sie reproduziert werden, welche Akteur*innen, mit welchen Ressourcen, Interessen und Strategien beteiligt sind und welche (Macht-)Effekte von einem Diskurs ausgehen (Keller 2011: 70). Gegenstände für die Analyse von Diskursen könnten z.B. Gesetztestexte, Zeitungsartikel, Diagnosen, Schulbücher, Politiker*innenreden, Gutachten, Diagnoseinstrumente, das Internet, Curricular usw. sein. Die Auswahl der Gegenstände ist an das Forschungsinteresse sowie an die diskursiven Praktiken des jeweiligen Themenfelds gebunden.

▶ **Lesehinweise**
Foucault (2014)
Keller (2011)
Keller et al. (Hrsg.) (2012)

---

3   Das Projekt

Ziel der vorliegenden Untersuchung ist die Rekonstruktion von Diskurspositionen, die sich mit dem Phänomen SpracheN im wissenschaftlichen Kontext aus-
einandersetzen. Uns geht es also weniger darum, Diskursformationen zu identifizieren, denn der Frage nachzugehen, wie (derzeit) im wissenschaftlichen Diskurs
(in Deutschland) das Phänomen SpracheN konstituiert wird, ob es widerstreitende
Positionen gibt und schließlich, welche Diskursfragmente sich in der schulpädagogischen Diskussion (in Deutschland) wiederfinden bzw. welche nicht. Gegenstand
der Untersuchung sind fachwissenschaftliche Publikationen aus verschiedenen
Disziplinen, wie z.b. der Erziehungswissenschaft, den Sprachwissenschaften, der
Politikwissenschaft usw.[3]

Im Folgenden werden erste Ergebnisse der Analyse von acht Fachartikeln aus
unterschiedlichen Disziplinen vorgestellt. Ziel ist die Rekonstruktion der Sichten
auf SpracheN, der damit einhergehenden Normalvorstellungen und Begründungs-
logiken. Nur am Rande berücksichtigt werden die jeweiligen textuellen Praktiken
bzw. argumentativen Schließmechanismen. Die Darstellung selbst erfolgt entlang
der in den Artikeln konstruierten Bezugssysteme. SpracheN werden jeweils mit
Blick auf ihre Bedeutung und Funktion für Nationen oder Staaten und für das Er-
ziehungs- bzw. Schulsystem sowie mit Blick auf SpracheNräume diskutiert.

▶ **Lesehinweise**
Gogolin und Neumann (Hrsg.) (2009)
Sarter (2013)
Thoma (Hrsg.) (2015)

---

3   Derzeit umfasst unsere Recherche ca. 300 Artikel. Wir stehen damit aber noch am
     Anfang unserer Recherchen.

4 Ergebnisse

Ein erster Ausgangspunkt für die Auseinandersetzungen stellen nationalsprach-liche oder staatliche Begründungsfiguren dar. In Norbert Richard Wolfs sprach-geschichtlicher Untersuchung (2008) wird der Etablierung von Deutsch als einer „vollwertigen National- und Kultursprache" (S.41) ungebrochen der Gedanke der Aufklärung zugemessen. Ausgehend von dem Zitat von Ratichius (1612), „ein ein-trächtige Sprach, ein einträchtige Regierung und Endlich auch ein einträchtige Religion" (ders. zit. n. Wolf 2008, S. 33), entwirft Wolf den, wie er schreibt, „deut-schen Kulturpatriotismus sowie Theorie und Praxis des Deutschen" als notwendi-ge Konsequenz einer Entwicklung, die „gerade im Kontakt und durch den Kontakt mit anderen Sprachen und Kulturen in Europa" erst entstehen konnte (ebd., S. 41). Die Bedeutung von Nationalsprachen im europäischen Diskurs wird so an ihre Entstehungsbedingungen gebunden und dabei gleichzeitig bis in die Gegenwart konserviert. Auch wenn bei Wolf ausdrücklich darauf hingewiesen wird, dass die Entstehung des Deutschen als Nationalsprache zu keiner Abwertung anderer SpracheN geführt habe, bleibt ungesagt, dass diese Sicht sich lediglich auf die im europäischen Diskurs der damaligen Zeit anerkannten (National)Sprachen richtet. Innerhalb der jeweiligen Sprachnation muss es automatisch zu einer Abwertung aller nicht (National)SpracheN kommen, wenn der Mythos (europäische) „Natio-nalsprache" als Errungenschaft der Aufklärung aufrechterhalten werden soll.

Im Gegensatz zu Wolf konstruiert Oberndörfer (2005) in seiner Auseinander-setzung nicht eine Parallelität im Aufbau zwischen Nationalstaat und National-sprache, sondern (de)konstruiert[4], ausgehend von historischen Bezügen sowie einem internationalen Vergleich, den Prozess- sowie Konstruktionscharakter der Etablierung europäischer Sprachnationen als „Diktat der Ideologie: Ohne eigene Sprache keine echte Volksnation, kein Recht auf politische Selbstbestimmung und Separation" (S. 232). Dem unhinterfragt gegenübergestellt wird indes die Notwen-digkeit eines „eigene(n) Wir-Bewusstsein(s) und eine(r) eigene(n) Identität" (ebd., S. 236). Sprache (sic) wird dabei einerseits ausschließlich als „primäre(s) Mittel" der Kommunikation, andererseits als „unverzichtbar für die Erhaltung seiner (...) politischen Einheit" (ebd., S. 243) gedacht. So „scheitere" die politische Einheit „Indiens" vordergründig am (inneren) SpracheNnationalismus (ebd.). Ohne die Etablierung einer „neutralen Nationalsprache" sei – hier mit Blick auf Indonesien – die „sprachliche und politische Integration der neuen multiethnischen Staats-

---

4   Unter Dekonstruktion wird ein Vorgang verstanden, welcher die Prozesse der Herstel-lung von „Wahrheit" nachzeichnet, Widersprüche erkennt und damit Normalitätsvor-stellungen als sozial konstruiert entlarvt.

nation gegen die vorhandenen zentrifugalen politischen Kräfte (un)möglich" gewesen (ebd., S. 241). Entgegen dem „Konstruktionscharakter" des romantischen
Sprachnationalismus wird die Notwendigkeit *einer* Nationalsprache als einheits-
stiftende Struktur hervorgehoben. Eine einheitliche (Staats)Sprache wird als unabdingbar, SpracheNvielfalt als Konfliktherd konstruiert.

Einen vergleichbaren Ansatz, wenn auch aus einer anderen Position heraus,
vertritt Harald Weydt (2012). Ausgangspunkt der Überlegungen Weydts sind kon-
flikttheoretische Analysen mehrsprachiger Regionen, deren Basis er in der „natürlichen Rivalität" zwischen Angehörigen verschiedener Sprachgruppen sieht. Der
Grund dieses Konfliktpotenzials sei nach Weydt weder ethnisierter noch ökonomi-
scher Natur, vielmehr versuchen die rational agierenden Akteure, für sich und ihre
Nachkommen ungerechtfertigte Nachteile abzuwehren und einen ihnen geschul-
deten Respekt zu erzwingen (vgl. ebd., S. 9-10). Sprache ist bei ihm an den Zugang zur Macht gebunden, welcher nur durch strukturelle Mechanismen wie Inte-
ressensausgleiche entschärft werden könne, indem die zusätzlich zu erbringenden
Anstrengungen derjenigen honoriert werden, welche die jeweilige (Minderheiten)
SpracheN sprechen. Nur wenn das Erlernen von (Minderheiten)SpracheN in die
Logik rationaler Entscheidungsprozesse überführt würde, indem z.B. Zugänge zu
beruflichen Positionen an das Erlernen solcher gebunden werden, könne ein Aus-
gleich geschaffen werden, sei SpracheNvielfalt „beherrschbar" (S. 9).

Weydt, wie auch Oberndörfer, gründen ihre Argumentationslogiken auf der
Annahme der Monolingualität[5] von Personen als einer unhinterfragten Setzung,
ohne die „Sprachkonflikte" als solche gar nicht erst auftreten können. (Mutter)
Sprachen (sic) spielen dabei insofern eine Rolle, als sie, gebunden an die emotiona-
len und strukturellen Voraussetzungen einer Person, zu konflikthaften Positionen
führen müssen.

Eine Gegenfigur bietet Anil Bhatti (2011) in seiner vergleichenden Betrachtung zwischen dem europäischen und indischen SpracheNverständnis. Um das
indische SpracheNverständnis zu beschreiben rekurriert Bhatti aber nicht nur auf
sprachwissenschaftliche Überlegungen, sondern auch auf Erzählungen europäischer Autor*innen, wie etwa Wittgenstein, Goethe, Doderer, Hammer-Purgstall.
Ausgangspunkt seiner Auseinandersetzung ist die „dominante europäische und
amerikanische Privilegierung der Monoglossie" (ebd., S. 57), die er wie folgt umschreibt:

---

5   Monolingualität meint hier die normative Annahme der „natürlichen" Einsprachigkeit
     von Personen. Mehrsprachigkeit kann vor diesem Hintergrund immer nur als Abwei-
     chung von der Norm gedacht werden.

„Das Normale wäre eine Sprache, eine administrative Sprache, möglicherweise auch
eine poetische Sprache, eine Kodifizierung des Landes, eine saubere Trennung zwischen volkstümlichen Entwicklungen und dem, was zur hohen Kultur gehört. (…)
man hätte am liebsten einen Text, einen Code, eine Deutungsinstanz, eine Möglichkeit, das alles in den Griff zu bekommen. Das wäre das Normale. Alles andere wäre
dann eine Abweichung" (ebd., S. 56).

SpracheN werden in Bhattis Sicht nicht als Teil der Person bzw. personalen Identität[6], sondern als an den Kontext gebunden verstanden, während Personen in dieser
Figur sich der Klaviatur der SpracheN bedienen können, sie aber nicht ausführen
müssen. Indem die einzelnen SpracheN nicht als etwas Isoliertes betrachtet werden, zwischen dem die SprecheNden wechseln (switchen), sondern von einem Zustand des ständigen „Dazwischen" ausgegangen wird, deutet sich das Verständnis
mehrsprachiger Bezüge an. Hierbei kann dann nicht mehr die perfekte, sondern
vielmehr eine hinlängliche – kontextuelle – Beherrschung des Umgangs mit /von
SpracheN das Ziel sein. SpracheN wird dabei ein eher materialer Charakter zugesprochen, demgegenüber Mehrsprachigkeit als eine „praxisorientierte Begabung"
beschrieben wird:

„Genauso wie ein Musiker über verschiedene Repertoires verfügt, mit denen er
arbeitet, die er vorführen kann, je nach Bedarf, je nach Publikum, je nachdem, was
notwendig ist, so ist auch die Mehrsprachigkeit eine musikalisch zu erfassende Situation mit gleitenden Übergängen, mit der Fähigkeit, aus der Kompetenz das für
die Situation herauszuholen, was gerade in diesem Augenblick vielleicht notwendig
wäre" (ebd., S.61).

Erst vor dem Hintergrund der Vorstellungen natürlicher Einsprachigkeit sowie mit
Blick auf die Hervorhebung der (Mutter)Sprache (sic) als Diskussionsfläche für
Identität und/oder gesellschaftliche Konflikte wird der Diskurs um das europäische Sprachenverständnis zugänglich. Einsprachigkeit wird dabei als Normalfall
betrachtet, während zweisprachige Bezüge als kompliziert und Vielsprachigkeit
als absurd gefasst werden (vgl. ebd., S. 56). Lediglich mit Blick auf internationale

---

6   „Dass die Muttersprache, dass eine Sprache allgemein einen Wert hat, war für die
     indische Tradition völlig unverständlich" (ebd., S. 57); „Der hohe Wert, den man in
     Europa der Muttersprache beimisst, (ist) im Grunde genommen keine ontologische
     Grundbefindlichkeit oder eine Grundbedingung für die Authentizität des Menschen"
     (ebd., S. 58),

Bezüge kann der Vielsprachigkeit, hier als dem Erlernen von (Fremd)Sprachen
(sic) dann positive Bedeutung beigemessen werden.

Zu ähnlichen Ergebnissen kommt auch Hans H. Reich in seiner vergleichenden
historischen Untersuchung zur Entwicklung des „herkunftssprachlichen Unterrichts" für Migrant*innen in Europa: Mit Blick auf Frankreich, England, Deutschland und Schweden fasst er die Vorgabe für schulische Sprachbildung der letzten
zwei Jahrhunderte wie folgt zusammen:

> „1. Die Sprache der Schule ist die Sprache (sic) der Nation. 2. Die Sprache der Nation
> ist die Muttersprache (sic) der Schüler (sic)." (Reich 2000, ebd. S. 353)

(Fremd)Sprachen (sic) so Reich (2000) werden dabei „(nur) als Mittel zur internationalen Kommunikation gesehen" und seien „ein Zeichen höherer Bildung" (S.
353), während die Herkunftssprache (sic) von Migrant*innen als „schulisch illegi-
times Wissen" (ebd., S. 354) betrachtet werde.

Anstrengungen zur Bezugnahme auf (Minderheiten)SpracheN im deutschen
Schulsystem, wie z.B. die Einführung bilingualer Schulklassen oder die Anerkennung von sogenannten (Migrations)Sprachen, werden erst vor diesem Hintergrund
verständlich. Beispielhaft steht der von Dirim, Döll und Neumann (2011) heraus-
gegebene Artikel über eine wissenschaftliche Begleitung eines Two-Way-Immer-
sions-Modells einer bilingualen Grundschulklasse in Hamburg. Der von den Autorinnen sogenannte „Schulversuch" (S.129) wird in den Diskurs „über mögliche
Wege der besseren schulischen Integration von Schülerinnen und Schülern mit Migrationshintergrund" (ebd., S. 130) verortet. Erklärtes Ziel der wissenschaftlichen
Evaluation ist es zu dokumentieren, „dass und wie diese Art der bilingualen Erziehung zu sprachlichen bzw. schulischen Lernerfolgen führt" (ebd., S. 129) und „welche Herausforderungen die bilinguale schulische Erziehung in Deutsch und einer
Migrantensprache enthält" (ebd.). Unter dem Label „allgemeine sprachliche Handlungsfähigkeit" getestet wurden Sprachstandmessungen im Deutschen *getrennt*
von Sprachstandmessungen im Türkischen. Die Ergebnisse „rechtfertigen", so die
Autorinnen in ihrem abschließenden Fazit, die Einrichtung bilingualer Zweige,
da „bilinguale Kinder mit Migrationshintergrund unabhängig von ihrer sozialen
Herkunft und dem ökonomischen Status ihrer Familien *dort sehr gut Deutsch
lernen* können» (ebd. S. 153; herv. F. und S.). Als Ziel der (SpracheN)Förderung
wird die Entwicklung „virtuose(r) Kompetenzen in der Mehrheitssprache" genannt, während die „nichtdeutschen Herkunftssprachen" lediglich als „für den
Wissensaufbau zentrale(n) Ressource" Geltung erlangen (ebd.).

Ausgehend von den „vielfältigen Tendenzen der Globalisierung" stellt sich
Hans H. Reich (2000) die Frage „nach Chancen des Kompetent-Werdens im Um-

gang mit einer vielsprachigen, aber nicht länger nach Sprachterritorien aufgestellten Welt" (S. 363). Als Bezugspunkte eines solchen Diskurses verweist er auf
„das sich herausbildende Welt-Sprachensystem auf der einen Seite" sowie auf die
„Lernmöglichkeiten der Kinder und Jugendlichen auf der anderen" Seite (ebd.).
Dennoch: auch für Hans H. Reich steht der „instrumentell-kommunikative" Wert
von Englisch sowie der „jeweiligen Nationalsprache (sic)" außer Frage (ebd.). Zu
diskutieren bliebe „der Wert sprachlicher Bildung für kognitives Wachstum, für
ein differenziertes Ich-Verstehen, für das vertiefte Verständnis einer Kultur und
für die Entwicklung interkulturellen Denkens" (ebd.). Dabei zielen seine Argu-
mente auf die Etablierung eines „spezifischen Typus von Sprachenunterricht", den
er eng an den Typus des Herkunftssprachenunterrichts bindet, ab. Bezugspunkte
dafür bilden die „kulturelle(n) Loyalitäten der Primärsozialisation und des tatsächlichen außerschulischen Sprachgebrauchs" sowie der gesellschaftliche Bedarf
„an vielfältigen und vertiefenden internationalen Beziehungen" (ebd.).

Sowohl bei Dirim, Döll und Neumann, als auch bei Reich wird „Mehrsprachigkeit" kein eigener Wert beigemessen. SpracheN werden rein funktional betrachtet, der Wert von Mehrsprachigkeit liegt nicht in ihr selbst, sondern sie ist
ein Mittel zum Zweck und sollte nur deshalb gefördert werden. Im Zentrum der
Auseinandersetzungen stehen die Nationalsprache Deutsch sowie die mit den
Anforderungen der Globalisierung oder (Welt-)Gesellschaft einhergehenden
Notwendigkeiten des Erwerbs vertiefender (Fremd)Sprachen(sic)kenntnisse. Bezugnahmen auf die SpracheN der Schüler*innen werden entweder als mutter-
sprachliche Voraussetzung für eine bessere Integration der Schüler*innen in das
nationale Bildungssystem betrachtet oder, wie bei Reich, an „kulturelle Loyalitäten" gebunden. Ausgangspunkt bleibt die Monolingualität von Personen. Ziel
wird die Anpassung aller Schüler*innen an die nationalen und damit unreflektiert
einsprachigen Bedingungen und im erweiterten Sinne internationalen Rahmenbedingungen genannt.

Ein zweiter Diskursstrang innerhalb der Schulpädagogik rekurriert auf alltägliche SpracheN(praktiken). Vor dem Hintergrund mehrsprachiger Räume mit viel
Sprachkontakt geht z.B. Sabine Wilmes (2013) mit Bezugnahme auf Hoffmann
(2011) davon aus, dass Mehrkulturalität/Mehrsprachigkeit etwas „natürliches"
sei. Entgegen der instrumentell-ökonomischen Logik nationalsprachlicher Erzie-
hungssysteme wird von ihr das Konzept der Community-Languages von Clyne
(2003) aufgegriffen. Relevant werden nun der „Raum" und die dort gesprochenen
SpracheN, wie sie die Einzelnen umgeben. Den Referenzrahmen für dieses Verständnis von Mehrsprachigkeit bilden hier also die SpracheN, welche im Alltag
längst Realität sind, oder anders ausgedrückt: SpracheN sind dann wichtig, sobald
sie gesprochen werden.

Normann Jørgensen (2005) richtet sein Augenmerk auf Praktiken des Umgangs mit SpracheN: Dabei grenzt er sich explizit von der soziolinguistischen Position des „code switching" ab. Gegenstand seiner Untersuchung ist die Rekonstruktion von Sprachpraktiken Türkisch-Dänischer Grundschüler*innen. In Anlehnung an den Begriff des „language crossing" zeigt Jørgensen auf, „that the Turkish-Danish Grade school students employ a range of languages in their mutual conversations, for a range of purposes such as verbal fights, jockeying for position, testing their way in disagreements i.e. in their negotiations of social relations" (ebd., S. 142). Diese Auswahl der SpracheN folge aber weder einem mechanischen Konzept noch lasse es sich durch das Zählen der Sprachen adäquat beschreiben: „these students are neither mono-, bi, tri- nor quadrilingual. They are „languagers" (ebd., S. 148). Die jeweilige individuelle SpracheN entsteht erst vor der sozialen Situation des Sprechers, in welche sie eingebettet sind.

> "It is part of the students 'relation to language that they can choose between a range of varieties according to their own needs to express themselves. The patterns of their choices involve a number of issues such as competence, preference, power, values attached to the languages in society at large, and precision of terms. This leads to discussions in which opposing interests get into conflict. Social relations are openly negotiated, and the available languages are used without inhibition or narrow-minded norms" (ebd.).

Die Auseinandersetzungen Wilmes wie auch die von Jørgensen brechen den Gedanken der Monolingualität von Personen zugunsten realpraktischer Handlungsräume auf. Ausgangspunkt der Betrachtungen Wilmes ist die Abkehr von der Vorstellung nationalsprachlicher Konzepte hin zu Sprachräumen. In den Fokus ihrer Betrachtungen rückt dabei der Begriff der Community-Languages. Jørgensen geht noch einen Schritt weiter, in dem er auf die Sprachhandlungen oder Sprachpraktiken fokussiert. Der Umgang mit SpracheN wird hier an die Situation und den Kontext gebunden verstanden. In letzter Konsequenz folge aus diesen Überlegungen, dass SpracheN nicht als von den Sprecher*innen in ihrer jeweiligen sozialen Situation getrennt betrachten werden können.

5   Diskussion

Der erste Blick auf die vorliegenden Daten deutet auf zwei sich widerstreitende Positionen im wissenschaftlichen Diskurs über SpracheN hin. Eng gebunden an den, im europäischen Raum entstandenen Diskurs um Sprachnationalismus, ist die Vorstellung einer „SprachIdentität". Der Ankerpunkt für diese Auseinandersetzungen gründet in der Vorstellung natürlicher Einsprachigkeit und bildet gleichzeitig die Diskussionsfläche für Fragen personaler und gesellschaftlicher Identität. Personen sind in dieser Figur an ihre jeweilige (Mutter)Sprache (sic) gebunden, die gleichzeitig das kulturelle Erbe trägt[7]. Die Einheit der (Mutter)Sprache (sic) ist werthaft und identitätsstiftend und damit maßgebend. Nicht-(Mutter)SpracheN sind zugleich (Fremd)Sprachen und an jeweils andere Nationalstaaten oder kulturelle Räume gebunden. Der Wechsel von einer Sprache in die nächste Sprache (switch) markiert den Wechsel von einer Kultur in die nächste, wobei der Ausgangspunkt die (Mutter)Sprache bleibt. Weder lassen sich in dieser Sicht ein vollständiger Wechsel noch multilinguale Bezüge annehmen. Der Umgang mit anderen SpracheN kann nur als ein Lernen von (Fremd)Sprachen (sic) verstanden werden. Ihr Wert ergibt sich vor dem Hintergrund rationaler Entscheidungen, wie z.B. mit Blick auf den Zugang zu internationalen Machtstrukturen.

Für „community-languagers" oder „crossing-languagers" stellt sich die Situation in einem solchen Diskurs als doppeltes Scheitern dar: Einerseits werden sie gebunden an die (Mutter)Sprache, die als Folie für Identitätsmerkmale herhalten muss, andererseits auf die Nationalsprache verpflichtet, die in diesem Diskurs aber (Fremd)Sprache bleiben muss. Werthafte Zugänge personaler und gesellschaftlicher Identität sind in dieser Figur also nur möglich vor dem Hintergrund *einer* (Mutter)Sprache, die im gesellschaftlichen Diskurs gleichermaßen Anerkennung findet, z.b. auf europäischer Ebene Englisch und Französisch als anerkannte (National)Sprachen.

Werden SpracheN dagegen unabhängig von der Person als materiale Figur betrachtet, ergibt sich ein anderes Bild. Ins Zentrum der Diskussion rücken so Fragen des Umgangs mit SpracheN bzw. SpracheNpraktiken sowie ihre situations- und kontextbezogene Bedeutung. Hierbei zeigt sich neben der Ablehnung eines ontologisch[8] verstandenen Kulturbegriffs auch besonders eindrücklich die aktive Position der SpracheNhandelnden. Nicht die Suche nach einem Ursprung oder der Verweis auf die Authentizität von Personen, sondern die Varianz der Klaviatur des Spielens mit SpracheN, die Neugestaltung von SpracheNräumen, die Prozesshaftigkeit von SpracheNfigurationen stehen im Zentrum der Überlegungen.

---

7   Bhatti umschreibt diese Sicht mit einer Haltung, die von den Wurzeln der Kulturen ausgehe, „wo man das erfüllte sein des Menschen durch ein Ringen nach Authentizität und Wurzeln definiert" (ders. 2011, S. 65).

8   Ontologie ist die Lehre des „Seins": Kultur in einem ontologischen Sinn verstanden, spricht Kultur ein „Eigenleben" unabhängig vom jeweiligen konkreten Trägerkreis zu. Kultur wird somit nicht als konstruierte Struktur, sondern als beobachtbare Erfahrung gesetzt.

6   Fazit und Ausblick

Die Ergebnisse der vorliegenden Auseinandersetzung bieten einen ersten Einblick in ein Themenfeld, das für den erziehungswissenschaftlichen Diskurs rund um die Frage der Bedeutung von SpracheN für Subjektivierungsprozesse in multilingualen Gesellschaften zunehmend Relevanz gewinnt.

Im doppelten Sinne zeugt die „Macht der Sprache" (Butler 1998) von Ex- oder Inklusionsverweisen, die die Anerkennung von Personen sowie deren Beteiligung an gesellschaftlichen Prozessen regelt: *Erstens*, entlang der ihnen zugewiesenen Möglichkeiten des überhaupt „Sagbaren" (vgl. Foucault 1994), *zweitens* im Medium *einer* bestimmten SpracheN(praxis). Aus einer Vielzahl möglicher SpracheNpraktiken, wird nur eine ganz bestimmte als gesellschaftlich legitim erachtet. Die Exklusion bezieht sich hier also nicht nur auf bestimmte Personengruppen, *vielmehr* verwalten die Diskurse, dadurch dass Sprache ins Zentrum der Auseinandersetzung gerät, den Zugang zu gesellschaftlichen Prozessen an sich.

Das vorliegende Forschungsprojekt macht aufmerksam auf gesellschaftlich relevante In- und Exklusionsmechanismen, die die Zugänge zu gesellschaftlichen Möglichkeitsräumen auf der Basis von SpracheNpraktiken steuern. Ihr Blick richtet sich dabei *einerseits* auf die Erklärung sozialer Ungleichheitsprozesse, wie z.b. die Frage des Wertes einer Sprache oder des Umgangs mit SpracheN im schulischen Feld; *andererseits* auf die Generierung von Möglichkeitsräumen. Dabei spielen nicht zuletzt „Sichten auf SpracheN", die Normalitätsvorstellungen irritieren, unseres Erachtens eine entscheidende Rolle.

Die hier dargestellten Ergebnisse zeigen einen kleinen Ausschnitt des Diskurses um SpracheN in Deutschland. Ausgehend von diesen Überlegungen lassen sich eine Reihe weiterführender Fragen anschließen: z.b. welche Sichten auf SpracheN finden sich in (bildungs-)politischen Texten oder in Schulbüchern? Wie wird in anderen Ländern das Phänomen SpacheN konstruiert? Lassen sich im historischen Vergleich Positionen für einen Diskurswechsel um das Thema SpracheN finden? Oder spezifischer, welche Sichten auf MinderheitenspracheN in Deutschland gibt es eigentlich? Welche Positionen um SpracheN werden von wem, wie in Bezug auf Englisch z.b. im Vergleich mit Türkisch geführt usw.

Literaturverzeichnis

Bhatti, A. (2011). Sprachenvielfalt und kulturelle Diversität: Vergleichende Überlegungen zwischen Indien und Europa. In: Eichinger, L. M.; Plewnia, A.; Steinle, M. (Hrsg.), *Sprache und Integration: Über Mehrsprachigkeit und Migration* (S. 55-68). Tübingen: Narr.

Bormann, I. (2011). *Zwischenräume der Veränderung*, Wiesbaden: VS Verlag für Sozialwissenschaften.

Butler, J. (1998). *Hass spricht: Zur Politik des Performativen*. Berlin: Berlin-Verlag.

Butler, J. (2001). *Das Unbehagen der Geschlechter*. Frankfurt/Main: Suhrkamp.

Dirim, I.; Döll, M.; Neumann, U. (2011). Bilinguale Schulbildung in der Migrationsgesellschaft am Beispiel der türkisch-deutschen Grundschulklassen in Hamburg. In: Eichinger, L.; A. Plewnia; M. Steinle (Hrsg.), *Sprache und Integration: Über Mehrsprachigkeit und Migration* (S. 129-156). Tübingen: Narr.

Foucault, M. (1994). *Archäologie des Wissens*. Frankfurt am Main: Suhrkamp.

Foucault, M. (2014). *Die Ordnung des Diskurses*. Frankfurt am Main: Fischer.

Gogolin, I./Lange, I. (2011). Bildungssprache und Durchgängige Sprachbildung. In: S. Fürstenau & M. Gomolla (Hrsg.), *Migration und schulischer Wandel: Mehrsprachigkeit* (S. 107-127). Wiesbaden: VS Verlag für Sozialwissenschaften.

Gogolin, I./Neumann, U. (Hrsg.) (2009). *Streitfall Zweisprachigkeit – The Bilingualism Controversy*. Wiesbaden : VS Verlag für Sozialwissenschaften.

Gogolin, I. (2008). *Der monolinguale Habitus der multilingualen Schule*. Münster et al.: Waxmann.

Gogolin, I. (2010). Was ist Bildungssprache? *Grundschulunterricht Deutsch* 4, 4-5.

Gomolla, M./Radtke, F.-O. (2002). *Institutionelle Diskriminierung. Die Herstellung ethnischer Differenz in der Schule*. Opladen: Leske + Budrich.

Hericks, U. & Keller-Schneider, M. (2012). Was wissen wir über die berufliche Entwicklung von Lehrerinnen und Lehrern? Berufswahlmotive – Entwicklungsaufgaben – Anforderungen und Bewältigungsprozesse. *Pädagogik 5*, 42-47.

Hericks, U. (2006). *Professionalisierung als Entwicklungsaufgabe: Rekonstruktionen zur Berufseingangsphase von Lehrerinnen und Lehrern*, Wiesbaden: VS Verlag für Sozialwissenshaften.

Jäger, M. (2008). Diskursanalyse: Ein Verfahren zur kritischen Rekonstruktion von Machtbeziehungen. In: R. Becker & B. Kortendiek (Hrsg.), *Handbuch Frauen- und Geschlechterforschung: Theorie, Methoden, Empirie* (S. 386-391). Wiesbaden: VS Verlag für Sozialwissenschaften.

Jørgensen, N. (2005). Linguistic Minority Students as Languagers. Languaging in Grade 4 of the Køge Project. In Gogolin [u.a.] (Hrsg.), *Migration und sprachliche Bildung* (S. 139-149). Münster [u.a.]: Waxmann.

Keller, R. (2011). *Diskursforschung: Eine Einführung für SozialwissenschaftlerInnen*. Wiesbaden: VS Verlag für Sozialwissenschaften.

Keller, R. et al. (Hrsg.) (2012). *Diskurs – Macht – Subjekt*. Wiesbaden: VS Verlag für Sozialwissenschaften.

Lyotard, J.-F. (1989). *Der Widerstreit*, München: Fink.

Oberndörfer, D. (2005). Sprache und Nation. In Gogolin [u.a.] (Hrsg.), *Migration und sprachliche Bildung* (S. 231-247). Münster [u.a.]: Waxmann.

Reich, H. H. (2000). Machtverhältnisse und pädagogische Kultur: Die Legitimierung von Unterricht in den Herkunftssprachen von Migranten als Gegenstand eines Internationalen Vergleichs. In: Gogolin, I.; Nauck, B. (Hrsg.), *Migration, gesellschaftliche Differenzierung und Bildung* (S. 343-364). Opladen: Leske + Budrich.

Sarter, H. (2013). *Mehrsprachigkeit und Schule: Eine Einführung*. Darmstadt: Wiss. Buchgesellschaft.

Schlickum, C. (2014). Professionelle Orientierungen von Lehramtsstudierenden mit und ohne Migrationshintergrund im Umgang mit sprachlicher Vielfalt. In: K. Bräu, V. B. Georgi, Y. Karakaşoğlu & C. Rotter (Hrsg.), *Lehrerinnen und Lehrer mit Migrationshintergrund: Zur Relevanz eines Merkmals in Theorie*, Empirie und Praxis (S. 107-118). Münster et al.: Waxmann.

Schneider, U. J. (2004). *Michel Foucault*. Darmstadt: Primus Verlag.

Thoma, N. (Hrsg.) (2015). *Sprache und Bildung in Migrationsgesellschaften: Machtkritische Perspektiven auf ein prekarisiertes Verhältnis*. Bielefeld: transcript.

Weydt, H. (2012). Sprachkonflikte unvermeidlich aber beherrschbar. In: Jańczak, B.; Jungbluth, K.; Weydt, H. (Hrsg.), *Mehrsprachigkeit aus deutscher Perspektive* (S. 9-30). Tübingen: Narr.

Wilmes, S. (2013). Mehrsprachigkeit in Minderheitenschulsystemen. In: Ekinci, Y. [u.a.] (Hrsg.), *Migration, Mehrsprachigkeit, Bildung* (S. 101-112). Tübingen: Stauffenburg-Verl..

Wolf, N. R. (2008). Ein einträchtige Sprach, ein einträchtige Regierung und endlich ein einträchtige Religion: Pädagogik und Aufklärung am Beginn des Deutschen als National- und Kultursprache. In: Eichinger, L. M.; Pewlina, A. (Hrsg.), *Das Deutsche und seine Nachbarn. Über Identität und Mehrsprachigkeit* (S. 31-43). Tübingen: Narr.

V Länderübergreifende Forschung im schulbezogenen Kontext

Länderübergreifende Forschung im schulbezogenen Kontext: Definition von Begrifflichkeiten, Kulturkonstruktionen, Bezugstheorien

Carla Schelle

1 Definition von Begrifflichkeiten, Zusammenhänge und methodische Vorgehensweise

Die unter Lehrenden und Studierenden bekannteste länderübergreifende Studie ist vermutlich die internationale PISA-Vergleichsstudie (Programme for International Student Assessment) der OECD, deren Ergebnisse seit 2000 regelmäßig publiziert werden. Bei dieser Studie handelt es sich um ein kostenintensives, enorm aufwendiges und methodisch voraussetzungsreiches Erhebungs- und Auswertungsverfahren, dessen Verständnis mehrere Semesterwochenstunden beanspruchen kann. Auch die ausschnittweise oder „abgespeckte" Anwendung eines solchen quantitativen Verfahrens einer Vergleichsstudie ist in universitären Lehrveranstaltungen kaum denkbar. Für das Anliegen hier, studentische Projekte anzuregen, sind im wahrsten Sinne des Wortes „kleinere Brötchen" zu backen. Um die Möglichkeiten auszuloten, die länderübergreifende Perspektiven und Vergleiche für studentische Projekte in Seminaren und Forschungswerkstätten bieten, sind zunächst verschiedene zentrale Begriffe zu klären.

1.1   Was kann länderübergreifend forschen bedeuten?

Länderübergreifend zu forschen beinhaltet für gewöhnlich die Bezugnahme auf mindestens zwei voneinander abgrenzbare geographische Territorien/Sphären. Obschon der Begriff internationale Forschung dazu häufig synonym verwendet wird, deutet er doch auch noch auf etwas anderes hin. Der in der Bezeichnung bi- oder international enthaltene Begriff *Nation* impliziert nämlich die Vorstellung einer politisch verfassten Einheit. Dies kann, Adick zufolge, als konstruiert und auch inkludierend und exkludierend begriffen werden, wenn beispielsweise in nationalen homogenisierenden Bildungssystemen autochthone, d.h. einheimische Sprachen ausgegrenzt sind, wie z.B. in Ländern Afrikas (vgl. Adick 2009). Dann kann die Rede von einem nationalen Bildungssystem sein, in der de facto aber verleugnet ist, dass es gleichzeitig mehrere bzw. andere Nationalsprachen gibt. Dies kann einer „internationalen" Forschung, die sich allein auf „nationale" Bildungssysteme stützt, schnell aus dem Blick geraten.

Dementgegen scheint der hier gewählte Zugang und Begriff *länder(übergreifend)* vorläufig weniger komplex, unkomplizierter, bescheidener, weniger voraussetzungsreich und kann dem Umstand Rechnung tragen, dass ein Land aus der Sicht der dort lebenden Menschen nicht gleichzeitig als deren Nation verstanden werden muss. Zudem wäre es etwas vermessen, in einem universitären Seminarkontext von einer eigenen internationalen Forschung zu sprechen. Gleichzeitig türmen sich aber auch hier Hürden auf, denn die Bezeichnung länderübergreifend suggeriert, dass es eine Art dritten Standpunkt gibt, der unabhängig von den betrachteten Ländern eingenommen werden könne. Aber geht das überhaupt, welche Konstellationen sind dazu denkbar?

1.2   Länderübergreifende Betrachtungsweisen

Es ist möglich von einem/dem „eigenen" Land aus, in dem der/die Student*in als Forschersubjekt lebt und über dessen „Tellerrand" er/sie auf ein anderes Land blickt (z.B. von Deutschland aus auf das Nachbarland Polen) eine bestimmte Thematik, eine ausgewählte Fragestellung zu betrachten (z.B. Wie ist das allgemeine Schulwesen in Polen aufgebaut?)[1].

Möglich ist vom Standpunkt des Forschersubjektes aus betrachtet auch, eine bestimmte Thematik, eine Fragestellung betreffend, z.B. den Aufbau des allge-

---

1   Zur Unterscheidung von Schulsystem und Schulwesen in der vergleichenden Erziehungswissenschaft siehe Adick 2013.

meinen Schulwesens im „eigenen" Land mit dem eines anderen/fremden Landes zu vergleichen, also z.b. das allgemeine Schulwesen in Deutschland mit dem in Polen, oder mit mehreren anderen Ländern oder einzelne Länder untereinander zu vergleichen.

Zudem könnten zwei Länder, unabhängig von dem Land, dem das Forschersubjekt angehört, miteinander verglichen werden, also z.b. das allgemeine Schulwesen in Polen mit dem in Frankreich oder dem der Türkei, oder mehrere „fremde" Länder, auch unterschiedlicher Kontinente.

Welche Länder und Kontinente dabei auch immer in Betracht gezogen werden, es ist davon auszugehen, dass ein Vergleich nicht um seiner selbst willen geschieht, sondern es einen Anlass, eine Fragestellung gibt, die vom Standpunkt der/des forschenden Studierenden aus realistischer Weise und kompetent bearbeitet werden kann, die für den pragmatischen Seminarkontext „überschaubar" bleibt.

1.3 Was heißt es, von einem bestimmten Standort aus zu forschen?

Der Standpunkt, von dem aus geforscht wird, kann (zunächst einmal) nur der eigene sein. Selbstverständlich kann dieser auf völlig unterschiedlichen Erfahrungen des Aufwachsens in einem oder mehreren Ländern, auf Erfahrungen der Migration, der Transmigration, der Flucht, des temporären Aufenthaltes in einem anderen Land oder mehreren Ländern (Austausch, Auslandssemester) basieren. All diese sozialisatorisch und entwicklungsbedeutsamen Konstellationen und individuellen/subjektiven Erfahrungen bringen die unterschiedlichen Teilnehmer*innen und auch Dozent*innen universitärer Lehrveranstaltungen für gewöhnlich mit. Damit sind ethnographisch gesprochen den „Lernkörpern"[2] und mithin auch den „Lehrkörpern" unterschiedliche Erfahrungen mit fremdkulturellen Lagen (siehe unten) „eingeschrieben". Für das jeweilige Forschersubjekt gilt es, die Folgen des biographischen Werdegangs zu reflektieren. Der „eigene" Standort als eine Art Dreh- und Angelpunkt des Selbst- und Weltverstehens ist nicht zu unterschätzen, will man vorschnelle Zuschreibungen, typisierende Vorstellungen und Subsumtionen vermeiden und vielmehr „Selbst"verständliches hinterfragen.

Auch im alltäglichen Leben sind wir – um handlungsfähig zu bleiben – ständig damit konfrontiert, zu deuten und zu interpretieren was um uns herum geschieht.

---

2   Siehe hierzu die kamera-ethnographische Studie von Mohn und Amann: Lernkörper (DVD 2006).

„Die alltägliche Lebenswelt ist also grundsätzlich intersubjektiv, ist Sozialwelt. Handlungen überhaupt verweisen auf Sinn, der von mir auslegbar ist und von mir ausgelegt werden muß, wenn ich mich in meiner Lebenswelt zurechtfinden will. Sinndeutung, und ‚Verstehen‘, ist ein Grundprinzip der natürlichen Einstellung mit Bezug auf Mitmenschen." (Schütz und Luckmann 1994, S. 39)

Die dabei konstitutiven Deutungsmuster, die eigenen und die anderer, sind immer auch kulturelle Deutungsmuster und als solche lassen sie sich beschreiben, und es lassen sich vermutlich auch Spezifiken für unterschiedliche kulturelle Kontexte und die in ihnen hervorgebrachten sozialen Praxen rekonstruieren. Gleichzeitig mahnt die auf Karl Mannheim zurückgehende „Standortgebundenheit" jeglichen Wissens (Fritzsche 2013), der Umstand „dass jegliches Denken ‚seinsgebunden‘ ist", Wissenschaftler*innen dazu, „diese Gebundenheit theoretisch und methodologisch zu reflektieren" (Cappai 2010, S. 28). Um dies zu bewerkstelligen bzw. um zu vermeiden, dass der eigene Horizont zum alleinigen Maßstab der Beurteilung gerät, können der theorie- und methodengeleitete, kritische und mehrperspektivische Austausch in universitären Seminaren, in Gruppenarbeiten von Studierenden helfen, sich diesen bewusst zu machen, zu relationieren, zu hinterfragen, zu überschreiten. Es wäre darüber nachzudenken, wie sich ein interessiertes Weiterfragen im Sinne einer ethnographischen Neugierde (Clifford Geertz) etablieren ließe.

Es sind also die besonderen Herausforderungen zu berücksichtigen, denen sich eine ländervergleichende Forschung aussetzt, die um das Verstehen des Fremden bemüht und die immer auch an Vergleiche gebunden sind, „wenn über kulturelle und interkulturelle Phänomene überhaupt etwas Gehaltvolles soll gesagt werden können" (Straub 2010, S. 67). Dabei können Unterschiede und vor allem auch Gemeinsamkeiten mehr und weniger deutlich zu Tage treten, die ihren Ursprung in zurückliegenden Ereignissen und Entwicklungen haben. Es sind nicht erst die zunehmenden globalen Verstrickungen, die zu Anleihen aus fremden Kulturen in die eigene führen und umgekehrt und mit denen Differentes zwischen unterschiedlichen kulturellen Kontexten verschwimmt und weniger sichtbar wird (Fritzsche 2013).

Gleichzeitig gilt es, sich vor diesen Hintergründen der verschiedenen Facetten von so genannter Nostrifizierung (das Andere/Fremde aus eigenen Deutungsmustern heraus zu betrachten) bewusst zu sein und möglichst Subsumtion unter das Eigene zu vermeiden. Zu vermeiden gilt es auch, die mehr und weniger bewusste Neigung, andere im Sinne eines Othering „als grundlegend different und minderwertig zu konstituieren, um die jeweils eigenen Gruppe aufzuwerten" (Fritzsche 2013, S. 198) oder das im fremden Feld Wahrgenommene zu dramatisieren oder zu essentialisieren (ebenda, S. 199).

Ebenso ist darauf zu achten, Zusammenhänge zwischen Handlungsweisen/ Praktiken und sozialer, kultureller, ethnischer Herkunft nicht als determiniert, generalisierbar oder grundsätzlich kausal anzunehmen, kulturalistisch zu spekulieren oder kulturalistisch zu reduzieren. Solchermaßen als Typisierungen betriebene Zuschreibungen tendieren (auch unbeabsichtigt) dazu, (Vor)urteile zu untermauern, die schnell ins Rassistische abgleiten. Wie aber kann man vorschnellen Zuschreibungen usf. entgehen/begegnen?

1.4 Zum methodengeleiteten Rekonstruieren als geeignetes Verfahren

Aus der sozialwissenschaftlichen Kulturforschung liegen Erfahrungen vor, die darauf hindeuten, dass insbesondere qualitative rekonstruktive Verfahren geeignet seien, „fremdkulturellen Wirklichkeiten Rechnung zu tragen" (Cappai 2010, S. 153). Das rekonstruktive Paradigma ziele auf „die Erkenntnis kultureller Regelhaftigkeit" ab und verfüge über die „erforderliche Selbstreflexivität" um den eigenen Standpunkt zu hinterfragen (Cappai ebenda). Vorsicht sei dennoch geboten, denn die besondere Sensibilität für Differenz, die qualitativen Verfahren zugesprochen werden kann, ist eine notwendige, aber noch keineswegs ausreichende Bedingung für „empirische Forschung in fremdkulturellen Lagen" (Cappai 2010, S. 151).

Länderübergreifende studentische Forschung benötigt handhabbare Methoden als überschaubare Instrumente. Denkbar sind daher Vorgehensweisen, bei denen beispielsweise bereits vorliegende erhobene Daten (z.B. als Protokolle aus Beobachtungen, Interviews) Abschnitt für Abschnitt (Sinneinheit für Sinneinheit usf.) auf Gemeinsamkeiten und Unterschiede hin näher betrachtet werden. Ein dafür prädestiniertes qualitatives Verfahren ist die dokumentarische Methode der Interpretation (Bohnsack 2010), die sich insbesondere für komparative Analysen eignet (Fritzsche 2013).

Als handhabbar erweist sich im Bereich der kasuistischen Lehrerbildung auch die objektive Hermeneutik bzw. Verfahren in Anlehnung an die objektive Hermeneutik (Schelle et al. 2010). Bei diesem Verfahren wird der Versuch unternommen, die jeweils besonderen Eigenheiten und Strukturen eines Falles zur Geltung zu bringen. Dabei wird zunächst an einer Sequenz eines Unterrichtsprotokolls die Strukturlogik herausgearbeitet und eine These (Fallstrukturthese) formuliert. Anschließend kann geprüft werden, ob diese sich an anderen Stellen des Dokuments aufrechterhalten lässt. Die so gewonnenen Deutungen und Interpretationen fächern vielschichtige Aspekte und Sinnstrukturen auf. Diese ermöglichen, das Handeln der Akteure aus Blickwinkeln zu reflektieren, die wir ansonsten nicht einnehmen.

Schließlich ließe sich die Fallstrukturthese z.b. zu einem Transkript einer Unterrichtssituation mit einem Transkript einer Unterrichtssituation aus einem anderen Land kontrastieren, um z.b. differenzierte Aussagen über Kommunikationsstrukturen in bestimmten Unterrichtsformen (exemplarisch repräsentativ) für den Fall einer Unterrichtssituation in dem einen und dem Fall in dem anderen Land zu erlangen. Die Methode des Rekonstruierens in kleinen Schritten eignet sich dazu „[…] die jeweiligen Eigenarten fremder Kulturen hervortreten zu lassen, indem die verallgemeinerungsfähigen Typen und Strukturen aus der Konkretion der Sache selbst heraus zum Sprechen gebracht werden" (Dersch und Oevermann 1994, S. 27).

Mit Blick auf die vorgestellten methodischen Herangehensweisen ist zum einen kritisch in Betracht zu ziehen, dass sämtliche sozialwissenschaftlichen Methoden der Auswertung auf „den Kulturmustern jener (europäischen) Gesellschaften" aufruhen, in denen sie auch entwickelt wurden (Matthes zit. in Cappai 2010, S. 29 u. 144). Zum anderen – und dies betrifft die Übersetzung von einer Sprache in eine andere Sprache – lassen sich nicht immer für bestimmte, in einem fachsprachlichen Diskurs tradierte Begrifflichkeiten, „linguistische Equivalenzen (…) erzeugen" (Fritzsche 2013, S. 203).

Es gilt also einiges zu bedenken, um das im anderen Feld als fremd, unerwartet usf. Wahrgenommene kritisch-distanziert nachvollziehen zu können, gegebenenfalls zu relativieren bzw. in Relation zueinander zu setzen. Es wäre eine reflexive Haltung als Forscher*in in der Tradition einer reflexiven Anthropologie einzuüben und zu kultivieren (Wer bin ich, welche soziale Position habe ich im Verhältnis zu den Beforschten usf.?) (Friebertshäuser et al. 2009).

Unabhängig davon, welches methodische Verfahren gewählt wird, es geht dabei immer um die Bearbeitung von Differenz (dazu mehr unten) und dazu scheinen – wie bereits oben erwähnt – offenbar sequenzielle Verfahren besonders geeignet. Überhaupt kann es – was die Machbarkeit solcher länderübergreifenden Studien anbelangt – im Rahmen universitärer Seminare kaum um verallgemeinerbare Aussagen gehen, wie sie etwa von Vergleichsstudien mit großen Stichproben reklamiert werden. Vielmehr kann es um Erkenntnisse, etwa über strukturelle Implikationen (Ähnlichkeiten, Besonderheiten, Relationierungen), um Strukturen ausgesuchter Fälle (seien es Protokolle von Unterricht, Protokolle von Gesprächen über Unterricht, didaktische Materialen, wie Schulbücher oder kleinere und überschaubar viele Fragebogenerhebungen) gehen, die exemplarisch repräsentativ sind. Die Erkenntnisse aus der Rekonstruktion eines Dokumentes (z.B. zur Fehlerkorrektur in einer Unterrichtsstunde einer Schule in Dakar) können von da aus nicht typisierend auf die ganze Schule, ein ganzes Land verallgemeinert werden, sondern sind zunächst im Lichte der jeweiligen zugrunde liegenden engeren Rahmungen (Thema, Ziel der untersuchten Stunde u.a.) zu betrachten. Daran können Kontrastierungen zur Fehlerkorrektur in einer Unterrichtsstunde in einem anderen Land und weiterführende Fragen anschließen.

Unabdingbar ist eine offene, neugierige, möglichst unvoreingenommene Haltung dem Neuen und Fremden gegenüber, so wie es Ethnologen, Ethnographen praktizieren, wenn sie in einem fremden Land forschen und arbeiten. Obschon oder gerade weil die Universalität von Schule manchmal den Blick für das Besondere zu verstellen droht und ohne zu ignorieren, dass Beobachtungen immer auch blinde Flecken erzeugen und das Fremde, Neue nicht einfach bloß eingesammelt werden kann (de Boer und Reh 2012).

▶ **Lesehinweise**
Hollstein et al. (2012)
Rademacher (2009)

2 Kulturkonstruktionen, Kontexte, Perspektiven/ Themen für studentische Projekte

2.1 Kultur als oszillierender Begriff?

Kultur konnte lange Zeit verstanden werden als das in größeren Gemeinschaften geteilte Sinnstiftende, das also auf der Ebene von Territorien, Ländern oder auch Nationen in sich geschlossen erscheint: als typische Kultur z.B. eines Landes mit Verweis auf Symboliken, Traditionen usf.. Eine solche typisierende Zuschreibung ist in pluralen Gesellschaften immer weniger anzutreffen. Eine bestimmte abgrenzbare Kultur als eine Art unverwechselbare kollektive Identität ist fraglich geworden. Kultur umfasst zwar immer noch mehr und weniger weit gefasst Sprache, Gewohnheiten, Ausdrucksformen usf., wird aber – darin besteht in der Erziehungswissenschaft weitestgehend Konsens – als dynamisch, wandelbar, transformativ begriffen. Einen definierten Kulturbegriff gibt es nicht und bisweilen wird der Begriff Kultur mit seinen exkludierenden Konnotationen auch als überflüssig betrachtet. Von einer oder der Kultur eines Landes kann also kaum (noch) die Rede sein, vielmehr bringen Menschen in sozialen und sprachlichen Situationen kulturelle Praktiken hervor bzw. konstituieren kulturelle Kontexte (mehr zu den verschiedenen Dimensionen von Kultur siehe Straub 2007).

Es gibt im erziehungswissenschaftlichen Diskurs schon seit langem unterschiedliche Rede- und Sichtweisen zu Kultur als Konstruktion, als Aushandlung, als Konzept. Im schulpädagogischen Diskurs wird Kultur auch jenseits von Ländergrenzen als Kultur von Einzelschulen oder Lernkulturen gefasst.

Im Rahmen der schulpädagogischen und/oder erziehungswissenschaftlichen Schulforschung gibt es unterschiedliche thematische Felder, in denen neuerdings länderübergreifende Studien durchgeführt werden. In einem Band von Hummrich und Rademacher aus dem Jahre 2013 wird ersichtlich, worin solche Zugänge im Bereich der qualitativen Forschung bestehen können: Erste Studien vergleichen Praktiken der Anerkennung (Fritzsche 2013), Konstellationen des Schulanfangs und des Unterrichtsanfangs (Hecht, 2013; Meister und Schelle 2013; Huf und Breidenstein 2013), „Berufskulturen" (Rademacher 2013) in Deutschland mit unterschiedlichen franko- und anglophonen Ländern.

Was also „Kultur" in einem Land auszumachen vermag bzw. was als solche erscheinen mag, wird weitestgehend – darin besteht wohl am ehesten ein Konsens – auf Konstruktionen zurückgeführt und es kann von einer Art kulturellen bzw. „'kulturspezifischen Imprägnierung' des eigenen Blicks auf Schule und Unterricht" (Hollstein et al. 2012, S. 281) ausgegangen werden.

Einerseits werden also Schule und Unterricht durch die je eigene „kulturelle" Brille beobachtbar und gleichzeitig bringen Schule und Unterricht eigene „Kulturen" hervor. Dabei handelt es sich um einen Zugang, den sich insbesondere die ethnographische Schulforschung zu Nutzen macht, indem sie danach fragt: „Was sind die Methoden, mit denen Schülerinnen und Schüler sowie Lehrerinnen und Lehrer Unterricht oder Lernen ‚machen'? Wie bringen sie eine Schul- und Lernkultur im Klassenzimmer durch ihre aufeinander bezogenen Aktivitäten als eine gemeinsame Wirklichkeit hervor?" (Wiesemann 2011, S. 169).

2.2 Vorgehen und mögliche Themenfelder/Kontexte

Wer eine länderübergreifende Studie durchführen möchte, muss sich zumeist auch darauf einstellen, sprachraumübergreifend zu arbeiten. Die Sprache des Landes zu beherrschen, dessen Schul- und Unterrichtswesen das Interesse gilt, ist sicherlich von Vorteil, aber nicht immer gegeben und vielleicht auch keine notwendige Voraussetzung für jede Fragestellung. So kann z.B. zur Analyse der Struktur eines Schulsystems durchaus auf Sekundärliteratur zurückgegriffen werden (z.B. auch in englischer Sprache).

Ähnlich verhält es sich für die Beschaffung von Material und Daten, die aus eigenen Beständen oder aus Beständen anderer hervorgehen können. Dies können Erfahrungsberichte und Dokumente aus Praktika und Studienaufenthalten sein oder bereits publizierte Daten in Veröffentlichungen des Faches, die sich zur Reinterpretation eignen, sowie Daten aus offiziellen Internetpräsentationen z.b. von Schulen, Bildungsministerien, aus Dokumentarfilmen, aus Online-Fallarchiven oder von Forschern, die ihre Materialien zur Verfügung stellen, wie es etwa aus einem Beitrag von Hecht zur vergleichenden anglophonen Forschung hervorgeht (Hecht 2013).

In studentischen Studien zu Schule und Unterricht könnten die starken Thesen der „nationalen" Geschichte und Politik des Schul- und Bildungswesens, der tradierten Erziehungsvorstellungen und Curricula und der kulturabhängigen didaktischen Interventionsformen und pädagogischen Praktiken fokussiert und untersucht werden, wie dies bereits in den weiter oben genannten Publikationen – aber noch keineswegs erschöpfend – geschehen ist.

Erfahrungen aus eigenen Lehrveranstaltungen zeigen, Studierende interessieren sich für vergleichende Studien (des eigenen und/oder eines fremden Landes) in Hinblick auf Fragen, wie:

• Inwiefern lässt sich der Umgang mit Migration im Klassenzimmer beobachten?
• Inwiefern lässt sich der Umgang mit Inklusion im Klassenzimmer beobachten?
• Welche Rituale und welches ritualisierte Handeln (Wie beginnt die Schulzeit? Wie beginnt der Unterricht?) lassen sich beobachten?
• Welche Rolle, welches Image haben Lehrerinnen und Lehrer in der Schule und in der Öffentlichkeit?
• Wie werden Schülerinnen und Schüler durch Lehrpersonen adressiert und als wer anerkannt?
• Was kennzeichnet Aufgabenstellungen und didaktische Interventionsformen z.B. bei der Suche nach Lösungen im Mathematikunterricht?
• Was geschieht im Fremdsprachenunterricht (z.B. im Englischunterricht in Frankreich, z.B. in Senegal, wo die Nationalsprache(n) nicht die Schulsprache ist?)
• Welche Bedeutung haben Fehlerkorrektur und Sprachwechsel?
• Welche Vorstellungen transportieren, konstruieren Schulbücher und andere Materalen?

▶ **Lesehinweise**
Straub (2007)
Cappai et al. (2010)
Hummrich und Rademacher (2013)

3   Bezugstheorien – zur Anregung studentischer Projekte

3.1   Konzipierung und Theorietradition

Für die Konzipierung länderübergreifender Studien sind die historisch gewachsenen und tradierten fachlichen Implikationen und Theorien relevant. Für das
Verständnis des schulpädagogischen Diskurses in Deutschland im Vergleich mit
anderen Ländern ist es wichtig, die besondere bildungshistorische, bildungstheore-
tische Tradition, den Bildungsbegriff mit seiner besonderen Fokussierung auf das
Subjekt, das Selbst- und Weltverstehen und den, etwa bei Peukert, als permanente
Differenzbearbeitung gefassten transformatorischen Bildungsprozessen (Peukert
1998) ein- und zuordnen zu können. Verallgemeinert lässt sich sagen, dass die
erziehungswissenschaftlichen/pädagogischen, (fach-)didaktischen Überlegungen
in der deutschen Erziehungswissenschaft in der Tradition von Philosophie und
Hermeneutik (Friedrich Schleiermacher, Wilhelm Dilthey) bis heute an den Schü-
lersubjekten und dem individuellen Handeln der Akteure im Unterricht orientiert
sind (Hörner 2000).

So ruht beispielsweise das Feld von Schule und Unterricht und dessen Erforschung in Frankreich auf anderen Vorverständnissen und Voraussetzungen. Eine
Übersetzung des Begriffs „Pädagogik" etwa als pédagogie wird kaum den länder-
spezifischen Bedeutungen gerecht. „In Frankreich wird ‚pédagogie' als die Tech-
nik, die Technologie des Lehrenden verstanden, während in Deutschland ‚Pädagogik' aus der Tradition der Bildungsphilosophie stammt und die Wissenschaft von
der Erziehung und Bildung bezeichnet" (Hess 2007, S. 114). So sind auch andere
Begriffe in verschiedenen Sprachräumen unterschiedlich konnotiert, wie z.B. der
schon im deutschen Sprachgebrauch unterschiedlich auslegbare Begriff der Didaktik: „The word didactics originates from the Greek didaskein, which meant to
be a teacher or to educate. As a word used in English, it has a rather negative con-
notation. It is, for example, found as an adjective meaning to behave like a teacher"
(Gundem 2010, S. 292f.). Auch in Hinsicht auf die Verwendung von fachsprachlichen Begrifflichkeiten lohnt der Blick über den Tellerrand und kann helfen, sich
der „selbst"verständlichen und der als allgemein gültig geglaubten Begriffe aufs
Neue zu vergewissern und deren spezifische Logik in einem kulturellen Kontext
überhaupt erst zu erkennen, also mit dem Blick auf das Fremde neue Einsichten
auf das Bekannte gewinnen, das Bekannte reflektieren. Hier könnten studentische
Projekte ansetzen, und es wäre dabei auch die Forschung in anderen kulturellen
Kontexten zur Kenntnis zu nehmen.

3.2 Zur Verortung im wissenschaftlichen Diskurs

Wo aber lässt sich überhaupt eine solche länderübergreifende Schulforschung im wissenschaftlichen Diskurs verorten? Traditionellerweise hat sich die Vergleichende Erziehungswissenschaft mit den Bildungs- und Schulwesen, den Bildungs- und Schulsystemen, – als „aufeinander bezogene und aufbauende, kodifizierte, d.h. letztlich staatlich kontrollierte Institutionen, die zu einem System zusammengefasst sind" (Adick 2013, S. 31) – unterschiedlicher Länder befasst. Obschon sie nicht gleichzeitig eine schulpädagogische bzw. eine Schulforschung im (hier gemeinten) engeren Sinne sein kann, hat sie für diesen Bereich wichtige Erkenntnisse hervorgebracht, etwa über die Universalität der modernen Schule als Institution und als relativ kulturunspezifisches Werkzeug (Adick 1992). Diese, an ökonomischen und gesellschaftlichen Machtstrukturen ausgerichteten Sichtweisen, können kulturalistische oder auch Kultur relationierende und relativierende Betrachtungsweisen gegenübergestellt werden. Im Überblick dargestellt finden sich die hier nur angedeuteten unterschiedlichen Ansätze in der Vergleichsstudie zu Schulanfängen in Deutschland und in den USA von Rademacher, die ihrerseits kulturalistische und strukturtheoretische Zugänge verknüpft (Rademacher 2009).

3.3 Theoretische Diskurse

Mittlerweile können für verschiedene länderübergreifende Studien zur Schule unterschiedliche Theoriebezüge herausgestellt werden, so z.B.:

• Professions- und strukturtheoretisch begründet: zu Schulanfängen in Deutschland und USA (Rademacher 2009); zu Unterrichtsanfängen in Deutschland und Frankreich (Meister 2012, Meister/Schelle 2013).
• Machttheoretisch begründet: zu den Implikationen von Adressierung, Anerkennung und Prozessen der Subjektivation, zu Anerkennungsprozessen in Grundschulen in Berlin und London (Fritzsche im Erscheinen); zu Unterrichtsanfängen und Aufmerksamkeitsherstellung in Deutschland und Kanada (2013)
• Praxistheoretisch begründet: zu beschreibbaren Alltagspraktiken im Mathematikunterricht in Deutschland und Frankreich (Knipping 2003) in Frankreich, Senegal, Deutschland (Schelle und Straub 2016).

Weitestgehend unbestritten sind mittlerweile die für den Kontext Schule, das Unterrichten und Lernen bedeutsamen Konstruktionsprozesse (konstruktivistische Theorien), und es wird kaum mehr in Frage gestellt, dass das, was dort geschieht, zudem institutionell gerahmt ist. Damit wird das Handeln der Akteure beschreibbar hinsichtlich geltender Normen und Regeln usf. der Schule als Institution, und gleichzeitig aber auch hinsichtlich der Praktiken, die von den Akteuren gemeinsam (mehr oder weniger affirmativ, subversiv) hervorgebracht werden (z.b. ritualisierte Begrüßungen zur Etablierung der unterrichtlichen Ordnung, vgl. Wagner-Willi 2005). All diese für die Beschreibung und Analyse schulischen Handelns bedeutsamen Implikationen (Normen, Regeln, Rituale usf.) lassen sich offenbar besonders gut an Anfangskonstellationen zeigen: wie Einschulungen, Aufnahmeprozeduren, Anfänge von Unterricht; aber auch an wiederkehrenden Handlungen, die für das Unterrichten als konstitutiv betrachtet werden können wie z.b. die Korrektur von Fehlern, der Sprachwechsel (siehe Beiträge in diesem Sammelband).

▶ **Lesehinweise**
Koller (2012)
Tervooren et al. (2014)

Literaturverzeichnis

Adick, C. (1992). *Die Universalisierung der modernen Schule. Eine theoretische Problemskizze zur Erklärung der weltweiten Verbreitung der modernen Schule in den letzten 200 Jahren mit Fallstudien aus Westafrika.* Paderborn u. a. O.: Ferdinand Schöningh.
Adick, C. (2009). Reflexionsebenen und Wissensformen in der Vergleichenden Erziehungswissenschaft. In: Hornberg, S., Dirim, I., Lang-Wojtasik, G., Mecheril, P. (Hrsg.): *Beschreiben – Verstehen – Interpretieren. Stand und Perspektiven International und Interkulturell Vergleichender Erziehungswissenschaft in Deutschland.* (S. 129-156) Münster: Waxmann.
Adick, C. (2013). Die Bildungssystemfrage in Senegal. In: Schelle, C. (Hrsg.), *Schulsysteme, Unterricht und Bildung im mehrsprachigen frankophonen Westen und Norden Afrikas.* (S. 31-44). Münster: Waxmann.
Bohnsack, Ralf (2010). *Rekonstruktive Sozialforschung. Einführung in Methodologie und Praxis qualitativer Forschung.* Opladen: Leske + Budrich. (8. Aufl.).
Cappai, G. (2010). Kultur und Methode – Über die Relevanz rekonstruktiver Verfahren für die Erforschung fremdkultureller Lagen. In: Cappai, G., Shimada, S., Straub, J. (Hrsg.) *Interpretative Sozialforschung und Kulturanalyse.* (S. 129-155) Bielefeld: transkript.
De Boer, H./Reh, S. (Hrsg.) (2012). Beobachtung in der Schule – Beobachten lernen. Wiesbaden: Springer VS.
Dersch, D., Oevermann, U. (1994). Methodisches Verstehen fremder Kulturräume. Bäuerinnen im Wandlungsprozess in Tunesien. In: *Peripherie* 53, 26-53.
Friebertshäuser, B., Rieger-Ladich, M. & Wigger, L. (Hrsg.) (2009). *Reflexive Erziehungswissenschaft. Forschungsperspektiven im Anschluss an Pierre Bourdieu.* Wiesbaden: Springer-VS (2. Aufl.).

Fritzsche, B. (2013). Anerkennungsverhältnisse vergleichend, transkulturell und reflexiv gedacht. In: Hummrich, M., Rademacher, S. (Hrsg.) *Kulturvergleich in der qualitativen Forschung.* (S. 193-209) Wiesbaden: Springer-VS.

Fritzsche, B. (im Erscheinen). Wenn niemand zu Schaden kommen darf: Eine kulturvergleichende Analyse schulischer Praktiken der Konfliktbearbeitung. In: *Schwerpunktheft „Videografien schulischer Praktiken der Differenzbearbeitung und -herstellung"* der *Zeitschrift für Qualitative Forschung*, Hrsg. von T. Sturm und M. Wagner-Willi.

Gundem, B.B. (2010). Didactics – Didaktik – Didactique. In: Kridel, C. A. (Ed.): *Enzyclopedia of Curriculum studies*, Bd 1. Thousand Oaks, CA: Sage 292-293.

Hecht, M. (2013). On doing attentiveness. Unterricht als Herstellung von Aufmerksamkeit. In: Hummrich, M., Rademacher, S. (Hrsg.): *Kulturvergleich in der qualitativen Forschung.* (S. 211- 237) Wiesbaden: Springer-VS.

Hess, R. (2007). Intensität versus Dauer. Ein anderer Bezug zur Zeit. In: Weigand, G., Hess, R. (Hrsg.) *Teilnehmende Beobachtung in interkulturellen Situationen.* (S. 112-119) Frankfurt/Main: Campus-Verlag.

Hollstein, O., Schelle, C. & Meister, N. (2012). Die kulturelle Imprägnierung des eigenen Blicks – ein Fallbeispiel aus der Lehrerbildung an der Universität Mainz. In: Schelle, C., Hollstein, O., Meister, N. (Hrsg.), *Schule und Unterricht in Frankreich. Ein Beitrag zur Empirie*, Theorie und Praxis. (S. 279-297) Münster: Waxmann.

Hörner, W. (2000). Stéréotypes nationaux, sciences de l'éducation et travail scolaire. Comparaison France-Allemagne. In : Maggi B. (éd), *Manières de penser, manières d'agir en éducation et en formation.* (S. 157-182) Paris.

Huf, C., Breidenstein, G. (2013). Vergleichende Perspektiven auf die Schuleingangsphase in Deutschland und England. In: Hummrich, M., Rademacher, S. (Hrsg.): *Kulturvergleich in der qualitativen Forschung.* (S. 257-276) Wiesbaden: Springer-VS.

Hummrich, M., Rademacher, S. (Hrsg.) (2013). *Kulturvergleich in der qualitativen Forschung. Erziehungswissenschaftliche Perspektiven und Analysen.* Wiesbaden: Springer-VS.

Knipping, C. (2003). Beweisprozesse in der Unterrichtspraxis. Vergleichende Analysen von Mathematikunterricht in Deutschland und Frankreich. Hildesheim: Franzbecker.

Koller, H.-C. (2012). *Bildung anders denken. Einführung in die Theorie transformatorischer Bildungsprozesse.* Stuttgart: Kohlhammer.

Meister, N. (2012). *Wie beginnt der Unterricht? Hermeneutische Rekonstruktionen von Unterrichtsanfängen in Frankreich und Deutschland.* Opladen, Berlin & Toronto: Budrich UniPress.

Meister, N., Schelle, C. (2013). „Herein!" und „Bonjour" – Lehrer-Schüler-Interaktion im Unterricht in Frankreich und Deutschland. In: Hummrich, M., Rademacher, S. (Hrsg.), *Kulturvergleich in der qualitativen Forschung.* (S. 175-192) Wiesbaden: Springer-VS.

Peukert, H. (1998). Zur Neubestimmung des Bildungsbegriffs. In: Meyer, M., Reinartz, A. (Hrsg.), *Bildungsgangdidaktik. Denkanstöße für pädagogische Forschung und schulische Praxis.* (S. 17-29) Opladen, Leske + Budrich.

Rademacher, S. (2009). *Der erste Schultag. Pädagogische Berufskulturen im deutsch-amerikanischen Vergleich.* Wiesbaden: VS Research.

Rademacher, S. (2013). Kulturvergleich als Möglichkeit der Kontrastierung. Pädagogische Berufskultur im deutsch-amerikanischen Vergleich. In: Hummrich, M., Rademacher, S.

(Hrsg.), *Kulturvergleich in der qualitativen Forschung*. (S. 157-173) Wiesbaden: Springer-VS.

Schelle, C., Rabenstein, K. & Reh, S. (Hrsg.) (2010). *Unterricht als Interaktion. Ein Fallbuch für die Lehrerbildung*. Bad Heilbrunn: Klinkhardt.

Schelle, C., Straub, C. (2016). La construction de l'objet dans les cours au Sénégal, en France et en Allemagne – des comparaisons et des reconstructions comparées. In : Montandon, F., Schelle, C. (dir.) A*ctivités langagières, pratiques pédagogiques et rituels. Une approche interculturelle à l'école et en formation*. (S. 43-57) Paris: L'Harmattan.

Schütz, A., Luckmann, T. (1994). *Strukturen der Lebenswelt*. (Bd. 1) Frankfurt/Main: Suhrkamp.

Straub, J. (2007). Kultur. In: Straub, J., Weidemann, A. & Weidemann, D. (Hrsg.), *Handbuch interkultureller Kommunikation*. (S. 7-24) Stuttgart: J.B. Metzler.

Straub, J. (2010). Das Verstehen kultureller Unterschiede. Relationale Hermeneutik und komparative Analyse in der Kulturpsychologie. In: Cappai, G., Shimada, S., Straub, J. (Hrsg.) *Interpretative Sozialforschung und Kulturanalyse*. (S. 39-99) Bielefeld: transkript.

Tervooren, A., Engel, N., Göhlich, M., Miethe, I. & Reh, S. (Hrsg.) (2014). *Ethnographie und Differenz in pädagogischen Feldern. Internationale Entwicklungen erziehungswissenschaftlicher Forschung*. Bielefeld: transkript.

Wagner-Willi, M. (2005). Rituale von Kindern beim Übergang von der Pause zum Unterricht. In: *Die Deutsche Schule*, 98. Jg. (2), 244-245.

Wernet, A. (2000). *Einführung in die Interpretationstechnik der Objektiven Hermeneutik*. Opladen: Leske & Budrich.

Wiesemann, J. (2011). Ethnographische Forschung im Kontext Schule. In: Moser, H. (Hrsg.), *Forschung in der Lehrerbildung*. (S. 167-185) Hohengehren: Schneider Verlag.

Binationale hermeneutische Rekonstruktion als Zugang zur fremden Schulkultur

Sandra Früchtenicht und Mamadou Mbaye

> *„Wir beginnen mit der Tatsache, dass dasselbe Wort, der gleiche Begriff im Munde sozial verschieden gelagerter Menschen und Denker meistens ganz Verschiedenes bedeuten" (Mannheim 2004, S. 76, Herv. im Orig.).*

1   Einleitung

Seit einigen Jahren wenden sich empirische Forschungsprojekte im schulbezogenen Kontext nicht ausschließlich dem Unterrichtsgeschehen im eigenen Land zu, sondern nehmen auch Unterricht in anderen Ländern in den Blick. Neben vergleichend angelegten Untersuchungen im deutschen und anglophonen Sprachraum, wird vermehrt auch der Unterricht in frankophonen Ländern miteinbezogen. So widmet sich das länderübergreifende Dissertationsprojekt der Autorin dem Fremdsprachenunterricht in Deutschland und Frankreich, während das Dissertationsprojekt des Autors – mitunter begründet durch seine senegalesische Herkunft – den Fremdsprachenunterricht in Deutschland und dem Senegal erforscht. Für beide Forschungsprojekte hat sich der Fremdsprachenunterricht im eigenen und im anderen Land als Untersuchungsgegenstand herauskristallisiert, der inhaltlich gesehen nicht nur das Erlernen einer anderen „fremden" Sprache beinhaltet, sondern auch die Begegnung mit anderen Gepflogenheiten, einer anderen Kultur. Während die Autorin den Umgang mit „Sprachwechseln", der Präsenz von Ausgangs- und Zielsprache im Fremdsprachenunterricht Französisch in Deutschland und Deutsch in Frankreich beforscht, fokussiert der Autor den Umgang mit „Fehlern" im französischen Fremdsprachenunterricht in Deutschland und im deutschen Fremdsprachenunterricht im Senegal. Aufgrund ihrer binational angelegten Ausrichtung bringen beide Projekte besondere Herausforderungen auf theoretischer, methodischer und empirischer Ebene mit sich, die im vorliegenden Beitrag ansatzweise aufgegriffen und diskutiert werden, um einen Einblick in dieses Forschungsfeld zu geben. Beide Studien werden mittels hermeneutisch-rekonstruktiver Forschungsmethoden durchgeführt, die zunächst, auch unter Berücksichtigung der theoretischen Grundlagen, dargestellt werden. Im Anschluss daran erfolgt eine Vorstellung der jeweiligen binational angelegten Dissertationsprojekte sowie von Rekonstruktionsergebnissen, die sich aus der gemeinsamen Interpretation der Autorin und des Autors ergaben. Die Möglichkeiten und Grenzen binational hermeneutischer Rekonstruktionen, sei es alleine oder in einem binationalen Team, werden abschließend diskutiert – auch mit Blick auf die Bearbeitungsmöglichkeiten solcher oder ähnlicher länderübergreifender Themen im Lehramtsstudium.

2   Theoretisch-methodische Zugänge

In den nachfolgend skizzierten Forschungsprojekten der Autorin und des Autors werden Unterrichtssituationen untersucht, die im „eigenen" und im „fremden" Land beobachtet und aufgezeichnet wurden, das heißt, den empirischen Untersuchungen liegt zum Teil fremdsprachliches bzw. fremdkulturelles Datenmaterial zu Grunde. Dieser Umstand ruft einige Fragen hervor: Welche sozialwissenschaftlichen Untersuchungsmethoden sind geeignet, um Datenmaterial, in unserem Fall Unterrichtsgespräche von Schüler*innen und Lehrer*innen, zu analysieren, das teilweise in einer anderen Sprache als der bzw. den eigenen Muttersprache(n)[1] verschriftet ist? Wie geht man als Forschende mit der „Standortgebundenheit" des Wissens (Mannheim 2004) um, das heißt mit dem Umstand, dass die Forschenden bei der Interpretation eigenen Normalitätsvorstellungen verhaftet sind, die durch die jeweilige Sozialisation im deutschen bzw. senegalesischen Kulturraum gegeben ist?

In der Praxis binationaler bzw. internationaler erziehungswissenschaftlicher Unterrichts-forschung hat sich seit einigen Jahren der Einsatz rekonstruktiver Erhebungs- und Auswertungsmethoden als erkenntnisreich und praktikabel erwiesen

---

1   Die Muttersprache der Autorin ist Deutsch, die Muttersprache des senegalesischen Autors ist Wolof, zudem ist er mit der französischen Sprache als offizielle Sprache in seinem Heimatland aufgewachsen.

(z.B. Dersch/Oevermann (1994), Oevermann (2008), Meister (2012), Schelle (2013) im frankophonen Raum und Rademacher (2013) Fritzsche (2013) im anglophonen Raum). Bezüglich der Dissertationsprojekte der Autorin und des Autors werden aufgrund der jeweiligen Forschungsfragen und der methodischen Zielsetzungen ausgewählte Unterrichtssituationen zu „Sprachwechseln" bzw. „Fehlern" mittels der qualitativ-rekonstruktiven Untersuchungsmethode der objektiven Hermeneutik nach Ulrich Oevermann (vgl. u.a. Oevermann 1979, 2000, 2013) ausgewertet. Anspruch der objektiven Hermeneutik ist es, den Sinn von Handlungs- und Kommunikationspraktiken zu erschließen und dadurch zu einem tieferen Verständnis der Interaktions- und Kommunikationsprozesse in Lernsituationen zu gelangen (vgl. Wernet 2011). Dabei werden bestimmte Interpretationsschritte gegangen, die in bereits zahlreich vorhandenen Darstellungen expliziert werden (vgl. u.a., Wernet 2011, Schelle 2010).

Die objektive Hermeneutik ermöglicht es, Datenmaterial (sei es Transkripte, Fotos, Bilder, offizielle Dokumente usw.) aus dem eigenen kulturellen Kontext präzis, detailliert und – wie der Name der Methode bereits beinhaltet – objektiv zu rekonstruieren, damit „Daten, mit denen die Forscher*innen schon zu sehr vertraut sind, wieder mit größerer Distanz betrachtet werden können" (Brüsemeister 2008, S. 218). Dieses Ziel wird ebenso bei der Analyse von Datenmaterialen aus einem fremden kulturellen Kontext verfolgt. Aus den von Cappai (2010) formulierten Annahmen zur Begründung der Relevanz der rekonstruktiven Verfahren bei der Erforschung von Fremdkulturalität geht hervor, dass die westliche sozialwissenschaftliche Tradition geeignete Instrumente entwickelt hat, die in der Lage sind „Differenz bzw. Fremdheit innerhalb der eigenen Gesellschaft zu erkennen, zu beschreiben und zu erklären." (Cappai 2010, S. 129). Denn diese Verfahren „scheinen gegen die Neigung gut gerüstet zu sein, Differenz vorschnell zu assimilieren" (ebd.), da sie den eigenen sowie fremdkulturellen Materialien mit Offenheit begegnen. Der Ansatz der objektiven Hermeneutik erweist sich zudem als tragfähig, da er auf die Erkenntnis kultureller Regelhaftigkeit abzielt und über die erforderliche Selbstreflexivität verfügt, um die „kulturelle Gebundenheit des eigenen Standpunktes zu hinterfragen" (ebd.: 153).

Um die „Sprache des Falles" (vgl. u.a. Cappai 2010, S. 129) ausführlich und objektiv zu rekonstruieren, wird es, sowohl im eigenen wie auch im fremden sprachlichen Kontext, methodisch empfohlen, die Lesarten und Interpretationshypothesen systematisch in Interpretationsgruppen kontrollieren zu lassen, um „die einzelnen, individualspezifischen Beschränkungen der Interpreten dadurch auszugleichen" (u.a. Oevermann 1979, S. 393). Angesichts der „Standortgebundenheit" der Forscher*innen bzw. der „Seinsverbundenheit des Wissens" (vgl. Mannheim 2004, Fritzsche 2012) aber auch der sogenannten „blinden Flecken" bei den transkulturellen und kulturvergleichenden Untersuchungen (vgl. Mattes zitiert in ebd. 95ff. und Schelle 2013, S. 255) lässt sich fragen, welche Maßnahmen ergriffen werden müssen, um die fremdkulturellen Gegebenheiten in gerechter Form zu erschließen bzw. um einer eventuellen „ethnozentrischen Perspektive auf eine erforschte ‚andere' Kultur" (Fritzsche 2012, S. 100) zu entgehen. Cappai (2010) weist ausdrücklich darauf hin, dass

> „Forschung in fremden Kulturen [...] auf eine komplexe Strategie angewiesen [ist], welche die Berücksichtigung unterschiedlicher Informationsquellen und Datensorten auf den Plan ruft. Neben der Rekonstruktion von Sinnkonstrukten Handelnder gehören hier auch sozio-strukturelle Daten sowie ethnographisches und geschichtliches Wissen über das erforschte Milieu zum Rüstzeug des Sozialwissenschaftlers." (ebd.: 151)

Vor diesem Hintergrund schlagen wir vor, eine vergleichende interpretative Unterrichtsforschung in binationalen Forscherteams mit Ländern, deren Kultur beforscht wird, systematisch zu etablieren wie sie beispielsweise zwischen der Erziehungswissenschaftlichen Fakultät (FASTEF) der Universität Cheikh Anta Diop zu Dakar und dem Institut für Erziehungswissenschaft der Johannes Gutenberg-Universität Mainz durchgeführt wird. Diese Kooperation hat bereits den Austausch der Wissenschaftler*innen aus beiden kulturellen Räumen begünstigt, zum Beispiel während gemeinsamer internationaler Tagungen (Mainz 2012, Paris 2014, Dakar 2016), im Rahmen derer hermeneutische Rekonstruktionen aus Deutschland, Frankreich und Senegal vorgestellt und diskutiert wurden (vgl. u.a. Schelle 2013). Solche internationale Treffen bieten die Möglichkeit, gemischte Forschungsteams zu bilden, wie es der Fall bei der Autorin und dem Autor ist.

▶ **Lesehinweise**
Matthes (1992)
Cappai (2008)
Garz und Raven 2015

3 Das Projekt: Binationale Rekonstruktionen im Rahmen der Forschungsprojekte zum Fremdsprachenunterricht

Wie bereits einleitend erwähnt sind die jeweiligen Forschungsprojekte jeweils binational ausgerichtet. Des Weiteren ergaben sich während der Arbeit an den einzelnen Themen (Sprachwechsel und Fehlerkorrektur) Schnittstellen, die zu einer binationalen Rekonstruktion in deutsch-senegalesischer Kooperation führte. Bevor wir näher auf diese binationale Rekonstruktion eingehen, stellen wir zunächst unsere jeweiligen Forschungsprojekte kurz vor.

Aufgrund von Unterrichtsbeobachtungen, in denen der Umgang mit der eigenen und der fremden Sprache für Lehrende und Lernende relevant ist, geht die Autorin in ihrer Arbeit folgender Forschungsfrage nach: Was konstituiert Unterrichtssituationen, in denen Sprachwechsel stattfinden und welche Bedeutung kommt ihnen für das Lernen einer anderen Sprache zu? Dieser Forschungsfrage wird methodisch, wie oben skizziert, anhand der hermeneutischen Rekonstruktion von Unterrichtsprotokollen nachgegangen, die während Hospitationen in „teilnehmender Beobachtung" von Unterricht in Frankreich und Deutschland mittels Audio- und Videoaufnahmen aufgezeichnet und anschließend in der jeweiligen Originalsprache transkribiert worden sind.

Der Autor setzt sich mit der Problematik des Umgangs mit „Fehlern" im Fremdsprachenunterricht auseinander. Hierbei handelt es sich um ein komplexes Thema, das sowohl die Wissenschaftler*innen als auch die (angehenden) Lehrkräfte und Lernenden beschäftigt, weil es oft in der Lehrer*innen–Schüler*innen–Interaktion zu beobachten ist und stellt eine wichtige Basis im Prozess des Fremdsprachenerwerbs dar. Dem Autor geht es nicht darum, die Fehlerkorrektur in Deutschland und Senegal miteinander zu vergleichen, sondern mit Hilfe von Fallkontrastierungen „(...) die Förderung und Schärfung von Wahrnehmungs-, Interpretations- und Reflexionskompetenz für das Schule-halten, die bei der späteren Berufstätigkeit ein angemesseneres, mehrperspektivisch differenziertes und rascheres Erfassen der Strukturen, Handlungsprobleme und Lösungsmöglichkeiten (...)" zu ermöglichen (vgl. Beck u.a. 2000; Schelle 2010, S. 50). Er bezieht sich auf authentische Lehr- und Lernsituationen aus dem Fremdsprachenunterricht an deutschen und an senegalesischen Schulen, die er ähnlich wie die Autorin objektiv-hermeneutisch rekonstruiert und im Hinblick auf Möglichkeiten des Lehrerhandelns diskutiert.

Die Idee, nicht nur binationale Rekonstruktionen im Rahmen der Anlage der Dissertationen mit Bezug auf zwei Länder durchzuführen, sondern ergänzend im binationalen Zweier-Team entstand aufgrund der ähnlichen Forschungsinteressen während einer internationalen Tagung, die 2012 an der Universität in Mainz stattfand. Aus dieser Kooperation entstanden die Rekonstruktionen dreier Unterrichtssequenzen. Der gemeinsame Forschungsprozess wurde von einer Reflexion der Standortgebundenheit begleitet (vgl. Früchtenicht/Mbaye 2013 und 2016). In ihrer Vorgehensweise unterscheiden sich die Vorhaben dahingehend, dass sich die Forschenden einmal an unterschiedlichen Orten bzw. Ländern befanden und einmal am gleichen Ort, was Konsequenzen bezüglich der Kommunikationsformate nach sich zog. Im ersten Fall erfolgte die Kommunikation ausschließlich auf elek-

tronischem Wege. Das heißt, die Autorin und der Autor interpretierten in einem
ersten Schritt das Transkript sequentiell jeder für sich. Es handelt sich um eine
Situation aus dem Deutschunterricht im Senegal, in der eine Partnerarbeit zum
Textverständnis durchgeführt wird – mit anschließender Besprechung der Schü-
lerergebnisse. Neben der Begründung durch die räumliche Distanz stand hinter
dieser Vorgehensweise das Interesse an der Frage, inwiefern die Deutungen sich
– aufgrund der jeweiligen Perspektiven – ähneln oder voneinander unterscheiden
würden. Nach der Übermittlung auf elektronischem Wege nahmen die Forschenden in einem zweiten Schritt einen Abgleich der jeweiligen Deutungen vor. Bei der
gemeinsamen Rekonstruktion der anderen beiden Unterrichtssequenzen befanden
sich beide Autoren an einem gemeinsamen Ort und führen die Interpretationen zusammen durch. Die ausgewählten Unterrichtssituationen weckten das Interesse der
Forschenden, da in ihnen das Hin- und Herwechseln zwischen der französischen
und der deutschen (Ziel-)sprache in Verbindung mit der Thematik der („Fehler")-
korrektur gleichsam relevant erschien und die Forschenden sich die Frage stellten,
inwiefern diese einander bedingen. Der binationale Charakter der Untersuchung
bezog sich dieses Mal nicht nur auf den gemeinsamen Interpretationsprozess im
binationalen Team, sondern auch auf die Kontrastierung der Unterrichtssequenzen
aus dem Fremdsprachenunterricht im Senegal und in Deutschland (vgl. Frücht-
enicht/Mbaye 2016) im Hinblick auf die Adressierungs- und Subjektivationsformen
(vgl. u.a. Reh/Ricken 2012) der Fremdsprachenlernenden.

▶ **Lesehinweise**
Causa (2003)
Henrici und Herlemann (1986)
Kleppin und Königs (1991)
Py (2004)

4   Ergebnisse und Diskussion

Bei der Rekonstruktion der Unterrichtssequenz aus dem Senegal gelangten die
Forschenden, die ihre jeweils spezifischen Horizonte und Perspektiven mitein-
brachten, interessanterweise oftmals zu übereinstimmenden Deutungen und
Hypothesen. So konnte hinsichtlich des Umgangs mit „Fehlern" im Deutschunterricht im Senegal für das Handeln der Lehrperson rekonstruiert werden, dass sie
der korrekten Aussprache in der mündlichen Sprachproduktion der Schülerinnen
und Schüler einen hohen Stellenwert beimisst. Die Schülerinnen und Schüler re-
agierten meist mit Nachsprechen auf die Korrekturhandlungen der Lehrerin (vgl.

Früchtenicht/Mbaye 2013). Es ergaben sich aber auch abweichende Deutungen, die deutlich machen, inwiefern die eigenen „Seh- und Denkgewohnheiten" bzw. Erfahrungshorizonte den Interpretationsprozess begleiten, wie am Beispiel einer Sequenzstelle sichtbar wird:

> „Die Autorin, deutsche Muttersprachlerin mit Französischkenntnissen, mobilisiert an der Sequenzstelle „on va corriger" offenbar andere Erfahrungshorizonte beim Interpretieren, als der Autor, da sie die Verwendung des Verbs „corriger" in dieser Situation im Gegensatz zu dem wolof- und französischsprachigen Autor irritiert."
> [...] Dadurch rekonstruiert sie die Schüler/innen hinsichtlich ihrer Sprachkompetenz im Deutschen als defizitär. Auf den Autor wirkt die Aufgabenaufforderung kaum irritierend und kann daher mit Kenntnis der anderen Denkgewohnheiten (und des kulturellen Kontextes relativiert werden: Er fasst das „corriger" als „jetzt hören wir ihren Vorschlag" auf." (Früchtenicht/Mbaye 2013, S. 236f.).

Mannheim bezeichnet diese Erfahrung in seiner Theorie als „Distanzierungsprozess" (Mannheim 2004, S. 78) und führt zur Veranschaulichung das Beispiel eines Bauernsohnes an, dem die Art und Weise des Denkens und Redens im Dorf selbstverständlich ist, weil er sein ganzes Leben dort verbracht hat. Die Autorin greift bei der Unterrichtssituation im Senegal auf ihre Beobachtungen von Unterricht in Deutschland zurück, in dem eine Ergebnissicherungsphase von den Lehrpersonen wiederkehrend mit den Worten „Wir vergleichen jetzt die Ergebnisse" oder „Wir besprechen jetzt die Übung" eingeleitet wurde." (vgl. Früchtenicht/Mbaye 2013). In Mannheims Beispiel ist es dem Bauernsohn erst möglich seine Perspektive zu ändern, sobald er sein Heimatdorf verlässt, das Leben in der Stadt entdeckt und „sich allmählich der Weise des Städters anpaßt [sic]" (Mannheim 2004, S. 78). Dieser Bauersohn ist nun in der Lage, sich von dem Vertrauten zu distanzieren und „mit aller Bewußtheit [sic] Denkweisen und Gehalte, die er als ‚dörflich' bezeichnet, von solchen, die er als ‚städtische' zu unterscheiden" (ebd.). Durch die Hinweise des Autors konnte die Autorin sich von ihrer Sicht- und Deutungsweise distanzieren und diese relativieren.

In Bezug auf die beiden anderen Unterrichtssequenzen ermöglichte die Kontrastierung strukturelle Ähnlichkeiten im Handeln der Deutschlehrerin im Senegal und des Deutschlehrers in Deutschland herauszuarbeiten: Fehlerhafte Schüleräußerungen wurden zurückgewiesen und es erfolgte eine implizite oder explizite Aufforderung zur (Selbst-)korrektur in der Zielsprache. Die vielleicht erwartete Differenz im Umgang mit Fehlern, einer direkten Korrektur von Fehlern seitens der senegalesischen Lehrperson versus einer Initiierung zur Selbstkorrektur seitens des deutschen Lehrers konnte nicht belegt werden.

5   Fazit

Die Erfahrungen mit dem binationalen Rekonstruieren zeigen, dass wir zu differenzierteren Interpretationen im eigenen und im fremden kulturellen Kontext gelangen. Abschließend kann festgehalten werden, dass die Methode des binationalen Rekonstruierens als Möglichkeit des Zugangs zu einer fremden Schul- und Unterrichtskultur herhalten kann. Nicht nur auf der Ebene von Promotionsprojekten, sondern bereits beim Einsatz von Dokumenten aus anderen Ländern in der Seminararbeit mit Studierenden zeigte sich, dass sich „dieses Material sehr gut dazu eignet, die ‚kulturspezifischen Imprägnierungen' des eigenen Blicks auf Schule und Unterricht thematisier- und damit auch diskutierbar zu machen" (Hollstein/Schelle/Meister 2012, S. 281). Auch im Rahmen von Bachelor- und Masterarbeiten bietet es sich für Lehramtsstudierende an, Unterrichtssituationen aus dem eigenen und einem anderen Land zu untersuchen. Insbesondere dürfte diese Herangehensweise für Studierende interessant sein, die an bi- oder trinationalen integrierten Studienprogrammen teilnehmen und dadurch mit Schulunterricht in einem anderen Land in Berührung kommen. Darüber hinaus wird Studierenden an der Universität Mainz über ein Online-Fallarchiv Datenmaterial in Form von Unterrichtsprotokollen aus Deutschland, Frankreich und dem Senegal zugänglich gemacht, welches zum Teil von Studierenden selbst erstellt wurde. Die Durchführung solcher Projekte trägt dazu bei, das „Fremde" besser kennenzulernen und das Selbst besser zu reflektieren. Denn auch wenn „die Auseinandersetzung mit anderen Kulturen selbstverständlicher und unvermeidbarer geworden [ist], [erscheint] parallel eine klare Unterscheidung der „eigenen" von der anderen Kultur immer schwieriger. Der Vergleich kann somit auch selbst zu einer Konstitution dieser Unterscheidung beitragen und immer geht es zumindest implizit ebenso sehr um ein Verständnis des „eigenen" wie des „anderen" (Fritzsche, 2012, 94).

Literaturverzeichnis

Beck, C., Helsper, W., Heuer, B., Stelmaszyk, B. & Ullrich, H. (2000). *Fallarbeit in der universitären LehrerInnenbildung. Professionalisierung durch fallrekonstruktive Seminare? Eine Evaluation.* Opladen.
Brüsemeister, T. (2008). *Qualitative Forschung – ein Überblick.* 2. überarbeitete Auflage. Vs Verlag für Sozialwissenschaften.
Cappai, G. (2008*). Forschen unter Bedingungen kultureller Fremdheit.* Wiesbaden: VS Verlag für Sozialwissenschaften.

Cappai, G. (2010). Kultur und Methode – Über die Relevanz rekonstruktiver Verfahren für die Erforschung fremdkultureller Lagen. In: Cappai, G., Shimada, S. & Straub, J. (Hrsg.), *Interpretative Sozialforschung* (S. 129-158). Bielefeld: transcript Verlag.

Causa, M. (2003). *L'alternance codique dans l'enseignement d'une langue étrangère. Stratégies d'enseignement bilingues et transmission de savoirs en langue étrangère.* Bern [u.a.]: Peter Lang.

Dersch, D./Oevermann, U. (1994). Methodisches Verstehen fremder Kulturräume. Bäuerinnen im Wandlungsprozeß in Tunesien. *Peripherie, Nr. 53,* 26-53.

Früchtenicht, S./Mbaye, M. (2013). Zum Umgang mit „Fehlern" im Deutschunterricht einer senegalesischen Schule – eine binationale Rekonstruktion. In: Schelle, C. (Hrsg.), *Schulsysteme, Unterricht und Bildung im mehrsprachigen frankophonen Westen und Norden Afrikas* (S. 221-238). Münster [u.a.]: Waxmann.

Früchtenicht, S./Mbaye, M. (2016). L'alternance codique dans le processus de traitement des „erreurs": le cas des cours de langues vivantes étrangères au Sénégal et en Allemagne. In : Montandon, F./Schelle, C. (Dir.), *Activités langagières, pratiques pédagogiques et rituels. Une approche interculturelle à l'école et en formation.* (S. 59-71). Téraèdre.

Fritzsche, B. (2012). Das Andere aus dem standortgebundenen Bilde heraus verstehen. *Zeitschrift für qualitative Forschung, 13 (2012), 1/2,* 93-109.

Fritzsche, B. (2013). Anerkennungsverhältnisse vergleichend, transkulturell und reflexiv gedacht. In: Hummrich , M./Rademacher. (Hrsg.), *Kulturvergleich in der qualitativen Forschung. Erziehungswissenschaftliche Perspektiven und Analysen.* (S.199-209). Wiesbaden: Springer VS.

Garz, D./Raven, U. (2015). *Theorie der Lebenspraxis. Einführung in das Werk Ulrich Oevermanns.* Wiesbaden: Springer VS.

Henrici, G./Herlemann, B. (1986). *Mündliche Korrekturen im Fremdsprachenunterricht.* München: Goethe-Institut.

Hollstein, O., Schelle, C. & Meister, N. (2012). Die kulturelle Imprägnierung des eigenen Blicks – ein Fallbeispiel aus der Lehrerbildung an der Universität Mainz. In: Schelle, C./ Hollstein, O., Meister, N. (Hrsg.), *Schule und Unterricht in Frankreich. Ein Beitrag zur Empirie, Theorie und Praxis.* (S. 279-297). Münster [u.a.]: Waxmann.

Kleppin, K./Königs, F. G. (1991). *Der Korrektur auf der Spur. Beobachtungen und Analysen zum mündlichen Korrekturverhalten von Fremdsprachenlehrern.* Bochum: Brockmeyer.

Mannheim, K. (2004). Die gesellschaftliche „Seinsverbundenheit" des Wissens. *Wissenssoziologie bei Karl Mannheim. Sowi, 33 (2004), 4,* 68-83.

Matthes, J. (1992). *Zwischen den Kulturen. Die Sozialwissenschaften vor dem Problem des Kulturvergleichs.* Göttingen

Oevermann, U. (2013). Objektive Hermeneutik als Methodologie der Erfahrungswissenschaften von der sinnstrukturierten Welt. In: Langer, P. C./Kühner, A./Schweder, P. (Hrsg.), *Reflexive Wissensproduktion. Anregungen zu einem kritischen Methodenverständnis in qualitativer Forschung. (Frankfurter Beiträge zur Soziologie und Sozialpsychologie).* (S. 69–98). Wiesbaden: Springer VS.

Oevermann, U. (2000). Die Methode der Fallrekonstruktion in der Grundlagenforschung sowie der klinischen und pädagogischen Praxis. In: Kraimer, K. (Hrsg.), *Die Fallrekonstruktion. Sinnverstehen in der sozialwissenschaftlichen Forschung.* (S. 58-156). Frankfurt am Main: Suhrkamp.

Oevermann, U., Allert, T., Konau, E. & Krambeck, J. (1979). Die Methodologie einer ‚objektiven Hermeneutik' und ihre allgemeine forschungslogische Bedeutung in den Sozialwissenschaften. In: Soeffner, H.-G. (Hrsg.), *Interpretative Verfahren in den Sozial- und Textwissenschaften*. (S. 352-434). Stuttgart: Metzler.

Py, B. (2004). Pour une perspective bilingue sur l'enseignement et l'apprentissage des langues. In: Gajo, L. [et al.], *Un parcours au contact des langues. Textes de Bernard Py comentés*. (S. 139-148). Paris: Editions Didier.

Rademacher, S. (2013). Kulturvergleich als Möglichkeit der Kontrastierung. Pädagogische Berufskulturen im deutsch-amerikanischen Vergleich. In: Hummrich , M./Rademacher (Hrsg.), *Kulturvergleich in der qualitativen Forschung. Erziehungswissenschaftliche Perspektiven und Analysen*. (S. 157-173). Wiesbaden: Springer VS.

Reh, S./Ricken, N. (2012). Das Konzept der Adressierung. Zur Methodologie einer qualitativ-empirischen Erforschung von Subjektivation. In: Miethe, I./Müller, H.-R. (Hrsg.), *Qualitative Bildungsforschung und Bildungstheorie*. (S.35-56). Opladen/Berlin/ Toronto: Verlag Barbara Budrich.

Schelle, C. (2013). *Schulsysteme, Unterricht und Bildung im mehrsprachigen frankophonen Westen und Norden Afrikas*. Münster [u.a.]: Waxmann.

Schelle, C., Rabenstein, K. & Reh, S. (2010). *Unterricht als Interaktion. Ein Fallbuch für die Lehrerbildung*. Bad Heilbrunn: Verlag Julius Klinkhardt.

Wernet, A. (2011). *Einführung in die Interpretationstechnik der Objektiven Hermeneutik*. Online Ausgabe. Berlin [u.a.]: Springer.

Zur Konstruktion der deutschen Identität in einem französischen Schulbuch

Annika Rauch und Christophe Straub

1 Einleitung

Das Schulbuch als sozialisationsrelevanter Diskurs stellt einen Ort dar, in dem die Schüler*innen ihren Selbst- und Weltbezug verorten können. Als Medium der Wissensvermittlung dient das Schulbuch zugleich der Sensibilisierung für andere Kulturen. Folglich konstruiert es Bilder und Perspektiven von anderen Ländern sowie deren Gesellschaften.

Dem fremdsprachlichen Schulbuch als Medium der Inszenierung von Bildungsräumen wird als Informationsträger anderer Länder und Kulturen eine besondere Bedeutung zugetragen, die sich in der vermeintlich rezipientenorientierten Darstellung von landeskundlichen sowie kulturellen Bedeutungsinhalten zeigt. Das Erkenntnisinteresse der vorliegenden Interpretation liegt in der Deutung verschiedener Bilder und Texte zu Deutschland aus einem französischen Deutschlehrwerk der Sekundarstufe II (Terminale) *Team Deutsch* (2012). Es wird angenommen, dass das im Schulbuch entwickelte Bild Deutschlands nicht nur einen Einfluss auf die unmittelbaren Rezipienten (die Schüler*innen, die sich die Fremdsprache aneignen) ausübt, sondern auch das Selbstbild des im Mittelpunkt stehenden Unterrichtsgegenstandes (der Zielkultur) mit beeinflussen kann.

2   Theoretische und methodische Zugänge

Die theoretische Rahmung der sich anschließenden Interpretation erfolgt durch die
Einbettung in einen schulbuchanalytischen Diskurs zum Thema Identität(en) (vgl.
Schumacher 2013, Höhne et al. 2005). Dem Medium Schulbuch kann eine zentrale
Bedeutung für die Konstruktion von nationalen Identitäten zugeschrieben werden,
da es als kultureller Vermittler (vgl. Maijala 2004, S. 2) die jeweiligen historischen,
politischen und sozialen Vorstellungen eines Landes mitprägen kann. Dem fremdsprachlichen Schulbuch fällt dabei eine vielfältige Bedeutung zu. Klaus Röhlers
Studie von Grammatiken zeigt beispielsweise wie anhand einer „Sammlung von
Modellsätzen für Stilübungen" auch das „Portrait einer Gesellschaft mitgeliefert
wird" (Röhler zit. nach Lißmann 1983, S. 31). Nach Thomas Höhne et al. genießen
Schulbücher den Status eines doppelten wissenschaftlichen Interesses, da sie zum
einen ein pädagogisches Medium darstellen, das im Unterricht zur „Instruktion
und Erziehung" verwendet wird. Zum anderen spiegeln sie die Debatten des öffentlichen Diskurses wider (Höhne et al. 2005, S. 11). Dabei sucht jedes Land seine
eigenen Darstellungsweisen (vgl. Maijala 2004, S. 2) wie es mit kulturell, gesellschaftlich oder politisch bedeutsamen Inhalten verfahren möchte. Die Möglichkeit
und zugleich das Risiko einer Tradierung von typisierten Bildern sind auch Bestandteil des Schulbuchs, insbesondere des fremdsprachlichen Schulbuchs, dessen
Fokus nicht allein auf der Vermittlung sprachlicher Kommunikation liegt, sondern
Schwerpunkte setzt in der Didaktik der Grammatik, der Aussprache sowie in der
Darstellung von Übungen, die der Wortschatzerweiterung dienen. Daneben spielen
die landeskundlichen Aspekte zu den Themenfeldern Familie, Landschaften, Literatur, Freizeit, Geschichte sowie Politik, die bereits seit den 1980er Jahren Einzug
in die Schulbuchforschung gehalten haben (vgl. Krauskopf 1985, Lißmann 1983,
Maijala 2004), eine immer größere Rolle. Dem landeskundlichen Teil im fremdsprachlichen Schulbuch könnte so etwa eine Simplifizierung von beispielsweise
geschichtsrelevanten Ereignissen unterstellt werden, da die Lehr- sowie Lern-
anforderungen an die Rezipienten – den Schüler*innen – mit dem Anspruch der
Kommunikation in einer fremden Sprache, konkurrieren. Im Weiteren verdeutlicht das fremdsprachliche Schulbuch, inwiefern die Aspekte der Fremd- als auch
Selbstbeschreibung Differenzen im Umgang mit Deutungs- und Vorstellungshori-
zonten aufweisen. Dabei stößt die eigene kulturelle Ordnung (vgl. Schriewer 2008,
S. 85) sowie die Vorstellungen, die individuell aber auch kulturhistorisch tradiert
entstanden sind, und die die Rezipient*innen von sich selbst haben, auf Vorstel-
lungs- und Wertesysteme, die „Andere" von der zu betrachtenden Kultur haben.
Anknüpfend an die Prämisse, dass fremdsprachliche Schulbücher, die nun auch
einen landeskundlichen Teil zu ihren Lerninhalten zählen, Einfluss nehmen kön-

nen auf das Bild, das sich Schüler*innen von fremden Ländern und Kulturen machen, ist der Aspekt der Darstellung der Nation sowie der nationalen Identität von zentralem Interesse. Dabei ist die kulturelle Standortgebundenheit der Autor*innen der französischen Deutschlehrwerke insofern von Bedeutung, als dass sie die Interpretation der dargestellten Bilder, Fotografien und Texte in ein neues Licht rückt. Der Aspekt der eigenen Standortgebundenheit verweist auf die Problematik, dass die Schulbücher, die im Unterricht konstituierendes Wissen sind und dieses vermitteln sollen, immer auch an den kulturellen Standpunkt, die Sprache sowie die gesellschaftlichen Realitäten der Schulbuchautor*innen geknüpft sind. Studien der fremdsprachlichen Schulbuchforschung der 1970er Jahre ergaben, dass die in einem französischen Deutschbuch[1] enthaltenen Texte lediglich eine selektive Darstellung Deutschlands darstellten (Eichelbrenner 1977, S. 139). Da fremdsprachliche Schulbücher Medium der Vermittlung zwischen der „Welt des Kindes" sowie der außerschulischen Welt sein sollen, setzen sie zugleich auch „Bildungsprozesse" (Matthes und Schütze 2011, S. 10) in Gang, die dem interkulturellen Verständnis dienen sollen. Dieses Verständnis, welches als Bindeglied zwischen den Nationalkulturen fungiert, ist Voraussetzung für eine reflektierte und offene Auseinandersetzung mit einer anderen Kultur. Da sich nationale Kulturen durch einen Fundus an historisch gewachsenen Gemeinsamkeiten identifizieren (vgl. Gellner zit. nach Schumacher 2013, S. 24) und auch einen Sozialisationsprozess an internalisiertem Wissen mit sich ziehen, sind sie für diejenigen, die eine externe Position einnehmen, nur in einem begrenzten Maße zugänglich oder verständlich. Die Bilder, die sich andere folglich von „uns" machen, stellen somit auch ein Stück weit eine Verzerrung hinsichtlich unserer eigenen Vorstellung über uns selbst dar. Das Bildungssystem als ein de facto „Gewaltmonopol des Staates" (Schumacher 2013, S. 27) hat dabei die Aufgabe, die kulturelle Identität einer Nation zu bewahren, indem sie an die nächste Generation weitergegeben wird. Das Schulbuch ist hierbei eine besondere Form der kulturellen Tradierung, da es sich dem klassischen Arbeitsbündnis zwischen Schüler*innen sowie Lehrer*innen entzieht. Die Inhalte der im Unterricht verwendeten Schulbücher werden stellvertretend für die Schulbuchautor*innen ausgehandelt und können folglich auch verschieden ausgelegt werden. Auch wenn es sich hierbei um ein festes und konstituierendes Wissen handelt, erübrigt sich die Frage, inwiefern die im Schulbuch dargestellten Bilder und Texte von den Rezipienten interpretiert werden können. Eine Auseinandersetzung mit den Inhalten der in den Schulbüchern dargestellten Texten und Bildern, die sich an

---

1   Jean Michel Eichelbrenner weist in seiner Studie darauf hin, dass die im Deutsch-
     unterricht der Sekundarstufe I (Troisième) verwendeten Texte von französischen Leh-
     rer*innen verfasst wurden.

einem qualitativ methodisch kontrollierten Verfahren orientiert, das sich von allen
„Operationen der Introspektion" zu befreien sucht (Oevermann, zit. nach Schelle
2003, S. 141) um sich der eigenen Vorannahmen bewusst zu werden, ermöglicht
erst das „Freilegen" der latenten Sinnstrukturen.

Das Ziel, unterschiedliche Bilder und Texte zur deutschen Identität hermeneutisch anhand eines französischen Deutschlehrwerkes zu rekonstruieren, dient der
Entschlüsselung des in den Schulbüchern transportierten Fremdverstehens und
damit der Erweiterung des eigenen Bedeutungshorizontes. Qualitative Methoden
eignen sich hierbei besonders gut, um sich intensiv und ohne Zeitdruck mit bestimmten Materialien zu beschäftigen und somit deren „eigentliche" Bedeutung
rekonstruktiv zu erschließen. Dabei ist zu beachten, dass sich die erziehungswissenschaftliche und ganz allgemein die sozialwissenschaftliche Forschung bis zum
so genannten *iconic turn* in den 1970ger Jahren hinein kaum mit Bildern und Fotos
beschäftigte, sondern von einer reinen Textförmigkeit der sozialen Wirklichkeit
ausging (vgl. Bohnsack 2003, Heinze 2010). Dies hat zur Folge, dass die Metho-
denlandschaft für Texte heutzutage deutlich gefestigter und regelhafter erscheint
als dies für Bilder der Fall ist. Da jedoch Abbildungen aller Art genauso wie Texte
Bedeutungsgehalte transportieren und beide essentielle, sich gegenteilig bedingen-
de Bestandteile von Schulbüchern darstellen (Kühberger 2010, S. 43f.), sollen hier
explizit beide Medien Einzug finden. Das folgende Dokument wird beispielhaft
mit der Methode der Objektiven Hermeneutik interpretiert, die sich aufgrund der
beabsichtigten Offenlegung der latenten Sinnstrukturen sowie der geringen Ma-
terialmenge für dieses Beispiel besonders eignet. Freilich steht eine ganze Fülle
von anderen qualitativen Forschungsmethoden zur Verfügung, die jeweils in An-
betracht der Forschungsfrage(n) ausgewählt werden müssen.[2]

Ausgangspunkt der Methode ist die Annahme, dass soziales Handeln stets re-
gelgeleitet erfolgt, und diese Regeln aufgrund der eigenen Sozialisation in kulturelle und sprachliche Sinnsysteme unhintergehbar sind. Insofern kommt jeder Handlung, jedem sozialen Produkt eine Bedeutung zu, die jenseits der vermeintlichen
Intention der handelnden Personen liegt (vgl. Wernet 2009, S. 13f.). Um diese zu
erschließen, also zu rekonstruieren ist man auf Protokolle angewiesen, die die soziale Wirklichkeit so authentisch wie möglich dokumentieren. Dies können neben
Texten, worunter vornehmlich auch detailgetreue Transkriptionen fallen, alle sozialen Produkte sein, denen ein immanenter Sinn anhaftet, alles, das man „lesen"
kann. Somit geht die Objektive Hermeneutik von einem sehr weiten Textbegriff

---

2   Einführungen zum qualitativen Forschungsprozess sowie ein Überblick über For-
     schungsmethoden finden sich in Friebertshäuser et al. (2010). Für Methoden der Bild-
     interpretation siehe im Besonderen Marotzki (2006).

aus. In diesem Sinne eignen sich insbesondere Fotografien als Protokolle par excellence, denn, wie Oevermann sagt, „die Maschine ist gewissermaßen dumm und nicht selektiv" (Oevermann 2014, S. 44). Insofern stellen Fotografien geradezu eine Kopie einer sozialen Situation her, ein „Double der Realität" (Boehm 2006, S. 35), auch wenn sie natürlich editiert, selektiert oder verfälscht werden können. Eine Handreichung für den konkreten Forschungsprozess bietet Andreas Wernet mit seinen fünf Prinzipien zum Interpretieren: Wörtlichkeit, Kontextfreiheit, Sequenzialität, Extensivität und Sparsamkeit (vgl. Wernet 2009). Prinzipiell sind diese fünf Prinzipen für Bilder genauso gültig wie für Texte – es geht um das Kontrastieren von Vergleichshorizonten, das letztendlich zum Offenlegen der Sinnstrukturen führt –, auch wenn der Begriff der Sequenzialität anders gedacht werden muss. Während bei Gesprächsprotokollen eine Zeile nach der anderen interpretiert wird, stellt sich die Situation für Bilder und Fotos anders dar, denn diese sind nicht das Resultat eines generativen Gesprächsverlaufs. Hier gibt es verschiedene konkrete Verfahrensweisen, stellvertretend soll an dieser Stelle Peez (2006, S. 124) herangezogen werden. Er schlägt vor, dass das Prinzip der Sequenzialität „über die formale Eigendynamik gelingen (soll), die die zu analysierende Fotografie bietet, über die Gewichtung ihrer Bildgegenstände, über Zentren, Schwerpunkte, dominante Linien wie Diagonale, Senkrechte oder Waagerechte, aber auch mittels Kontrasten, der Formen, Farben, Richtungen oder Hell- und Dunkelverteilungen". Insofern wird hier Sequenzialität als Nachvollzug der Wahrnehmung gedacht.

Bevor mit der konkreten Interpretation der Schulbuchseite begonnen wird, sollen noch einige methodologische Überlegungen zum Forschen in anderen kulturellen Kontexten folgen. Das hier verwendete Schulbuch stellt insofern einen Sonderfall dar, als es zwar im Schulunterricht in Frankreich verwendet wird, allerdings im deutschen Klett-Verlag erschienen ist. Würde es sich um ein rein „französisches" Schulbuch handeln, so stünde man als deutsche Forscherin/deutscher Forscher vor der Problematik, dass man in aller Regel nicht über genug Kontextwissen, über kulturelle und sprachliche Kompetenzen zum Interpretieren verfügt und unbewusst auf seine eigenen Muster und Regeln zurückgreift. Die Gefahr, die dabei entsteht, ist die Manifestation eines Ethnozentrismus, die nur durch eine gesteigerte methodische Reflexion gelöst werden kann (vgl. Cappai 2008, S. 15). Diese Reflexion kann sich im praktischen Interpretationsprozess etwa dadurch äußern, dass man in Interpretationsgruppen forscht, die mit Muttersprachler*innen besetzt sind.

▶ **Lesehinweise**
Maijala (2004)
Matthes und Schütze (2011)

Friebertshäuser et al. (2010)
Marotzki (2006)

3   Das Projekt

Inhaltlicher Gegenstand des vorliegenden Projektes ist die Deutung verschiede-
ner Texte und Bilder zu Deutschland aus französischen Deutschlehrwerken der
Sekundarstufe II (Lycée), die mithilfe des qualitativen Verfahrens der Objektiven
Hermeneutik rekonstruiert sowie kontrastiert werden sollen.

Ziel der Studie ist es, die im Schulbuch dargestellten Bilder und Texte in einer
qualitativ empirischen Untersuchung nach der Thematik *„Identitätsentwürfe im
französischen Fremdsprachenlehrwerk für das Fach Deutsch: Zur Darstellung
Deutschlands[3]"* zu untersuchen. Dabei ergeben sich folgende Forschungsfragen,
die bei der Interpretation von Relevanz sein werden:

- Welche Deutschlandbilder lassen sich rekonstruieren?
- Welche Rolle kommt dabei den Darstellungen bestimmter Ereignisse und Ent-
  wicklungen zu?
- Welche Vorstellungen von deutscher Identität/en lassen sich rekonstruieren?
- Als wer werden die Schülerinnen und Schüler adressiert?

4   Ergebnisse: Interpretation eines Fallbeispiels

Das Material, welches Gegenstand der rekonstruktiven Interpretation ist, entstammt dem Lernfeld der Erinnerungskultur in einem französischen Deutschlehrwerk der Sekundarstufe II (Cycle Terminal), das unter der Leitung von Elke
Körner et al. im Klett Verlag entstanden ist. Dieses für das letzte Schuljahr der
Sekundarstufe II (Terminale) konzipierte Schulbuch (Cycle Terminal) entspricht
einem Alter der Schülerinnen und Schüler, zwischen 17 und 18 Jahren. Das zu
interpretierende Material befindet sich auf Seite 92f. und markiert den Auftakt
zum Themengebiet „Erinnern und Vergessen".

---

3   Hierbei handelt es sich um das Dissertationsprojekt von Annika Rauch mit dem
      Arbeitstitel „'Das sind wir' – Identitätsentwürfe in Deutschlehrwerken aus Frankreich.
      Hermeneutische Rekonstruktionen von Abbildungen und Texten".

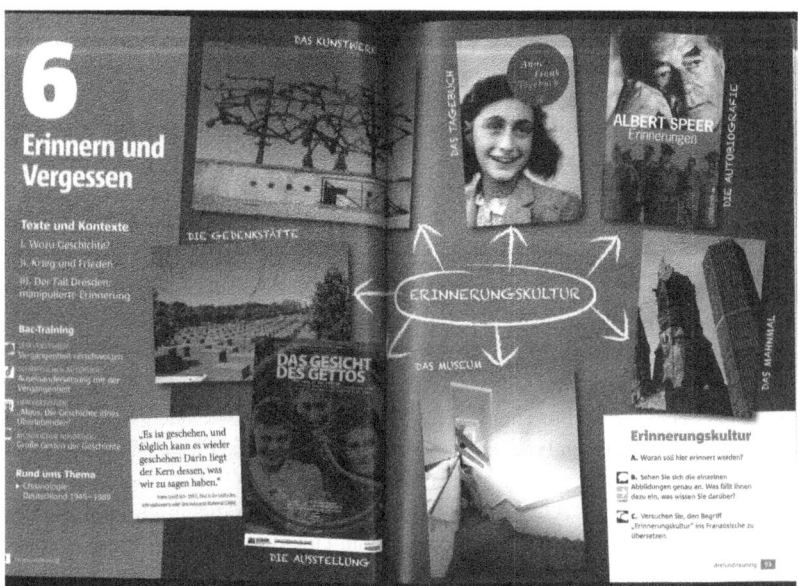

Abb. 1 Team Deutsch (Cycle Terminal) (Körner et al. 2012, S. 92f.)

Anders als bei Fallbeispielen, die dem unterrichtlichen Geschehen entnommen und in Retrospektive transkribiert wurden, ist die chronologisch-sequentielle Betrachtung bei Schulbuchseiten aufgrund ihrer materialen Beschaffenheit eine methodische Herausforderung. Aufgrund der collageartigen Abbildung der Fotografien, orientiert sich die Auswahl der Sinneinheiten nach dem Standpunkt des Betrachters, dies bedeutet, die Schwerpunktsetzung der Interpretation erfolgt von „oben" nach „unten". Nun wird die Betrachtung der Bilder und Fotografien in den Blick genommen. Dabei ist die doppelte Sinnstruktur, die Bildern zugrunde liegt, zu beachten: Als Ausdruck der eigenen Wirklichkeit zeigen sie verschiedene Perspektiven bzw. unterschiedliche Blickwinkel auf die Welt (vgl. Pilarczyk und Mietzner 2005, S. 25). Bilder sind somit immer Projektionen dessen, was der Fotograf bzw. die Fotografin durch die perspektivische Linse zeigen möchte (vgl. ebd.). Zugleich überliefern die ausgewählten Fotografien, die auf der vorliegenden Schulbuchseite abgebildet sind, eine Vielzahl von Vorstellungen darüber, was die Schulbuchautoren und Schulbuchautorinnen zu dem im Schulbuch dargestellten Kapitel zeigen möchten. Die in der Latenz vorhandenen Sinnstrukturen, die vom

Fotografen bzw. der Fotografin intendiert wurden, sind damit nicht zwangsläufig identisch mit den Absichten der Schulbuchautorinnen und -autoren.

Eine erste optische Bestandsaufnahme zeigt, dass die dargestellten Fotografien kreisförmig angeordnet sind; vom Uhrzeigersinn ausgehend, ist zunächst die Fotografie eines Mädchens zu sehen, das lachend – am Fotografen bzw. an der Fotografin vorbei – in die Ferne sieht. Ein großer roter Kreis befindet sich in der oberen rechten Hälfte der Fotografie. Darauf steht in weißer Schrift und kursiv gedruckt *Anne Frank*, darauffolgend abermals kursiv und dieses Mal in Gelb geschrieben, folgt das *Tagebuch*. In der unteren Kreishälfte ist ein Zeichen abgebildet, das skizzenhaft in einander übergehende Fische, deren Köpfe in die jeweils entgegengesetzte Richtung platziert sind, zeigt. Es folgen, zwei vertikal aufeinander folgende Fotografien, die im oberen abgebildeten Teil einen älteren Mann zeigen, der seinen Kopf auf seine rechte Hand stützt. Sein Blick geht, wie auch der Blick des Mädchens im vorherigen Foto, am Fotografen vorbei, in die Ferne. Kontrastierend zur vorherigen Fotografie fällt abermals auf, dass seine Gesichtszüge nachdenklich und müde wirken. Am unteren Rand, der die Fotografie abschließt, steht in Großbuchstaben ALBERT SPEER. Das zweite Dokument zeigt mehrere Männer in Uniform. Auch ihr Blick ist nicht der Kamera zugewandt, was den Eindruck, es handele sich um eine Momentaufnahme, verstärkt. Auch die zweite Fotografie wird graphisch abgeschlossen: Im oberen Bildrand steht *Erinnerungen*. Die beiden Fotografien sind kontrastierend und verbindend zugleich. Das kontrastierende Moment zeigt sich in der optischen Aufbereitung und der Wahl der beiden Bildmaterialien: Während ersteres Material ein Individuum darstellt, sind im zweiten Dokument gleich mehrere Individuen aufgezeigt. Doch ist ihre Präsenz, ihre Individualität weniger sichtbar, aufgrund ihrer objektiven Distanz zur Kamera und ihrer abgewandten Gesichter. Die unterschiedliche Farbwahl (helle versus dunkle Komposition), in der beide Fotografien aufbereitet wurden, verstärkt die Idee einer kontrastierenden Darstellung. Die Schriftzüge fungieren als verbindendes Element der beiden aufeinanderfolgenden Bilder, wobei der subjektiv intendierte Sinn der Darstellung in der manifesten Betrachtung nicht deutlich wird. Handelt es sich um die Erinnerungen Albert Speers? Oder sind es andere, die sich an Albert Speer erinnern? Auf der sich anschließenden Fotografie ist ein zerstörtes Gebäude aus der Froschperspektive dargestellt, das neben einem modernen Hochhaus steht. Erst auf den zweiten Blick fällt das Christuskreuz auf, das auf dem flachen Dach des Hochhauses platziert ist. Daran anschließend folgt ein Bildmaterial, das eine nach unten führende Treppe zeigt, die von einem hellen, lichtdurchfluteten Gang umrahmt wird. Der Flur wirkt, aufgrund der sehr schmalen Abstände zwischen den Wänden, die von „hineinfallenden" Balken gestützt werden, künstlerisch und wirft beim Betrachter sowie der Betrachterin viele Fragen auf. Das darauf folgende Material ist erneut eine ältere schwarz-weiß Aufnahme, die die Gesichter dreier junger Frauen hinter einer Radspeiche zeigt. Am oberen Rand der Fotografie wird zunächst in sehr kleiner Schrift, und für den Betrachter des Schulbuchs kaum lesbar, ein Indiz gegeben, in welchen Kontext das dargestellte Bild einzubetten ist. Es handelt sich um eine Ausstellung von Bildern jüdischer Fotografen, die im Getto Litzmannstadt entstanden sind. Die englische Übersetzung befindet sich etwas weiter unten im Bild im Anschluss an den in Großbuchstaben formatierten und in Gelb gestalteten Titel der Ausstellung: Das Gesicht des Gettos. Primo Levis Zitat *Es ist geschehen und folglich kann es wieder geschehen: Darin liegt der Kern dessen, was wir zu sagen haben.* auf einem weißen Hintergrund, der eher an ein Post-it erinnert, wird zur rechten Seite eingerahmt von einer Fotografie, die an ein „Feld" von grauen Stehlen erinnert. Im Hintergrund sind vereinzelt Menschen zu erkennen. Die grauen Stehlen heben sich sowohl farblich als auch in ihrer Materialität von den angrenzenden Bäumen ab. Die an die ersten Beobachtungen anschließende Bildbeschreibung zeigt eine Mauer bzw. ein Gebäude aus Beton, auf dem zwei Stahlträger stehen, an denen verbogene und zum Teil sehr schmale aus demselben Material geformte „Stahlseile" ineinander übergehen. Erst auf den zweiten Blick wird deutlich, dass es sich um eine Nachbildung von ineinander verketteten Menschen handeln könnte.

Im Anschluss an die ikonografische Beschreibung erfolgt die Interpretation, mit dem Ziel, die latenten Sinnstrukturen des vorliegenden Materials aufzuspüren. Im Sinne der Bildinterpretation, die wie auch die Textinterpretation, nach der Methode der Objektiven Hermeneutik ein „Protokoll der Wirklichkeit" darstellt (Wernet 2009, S. 12), geht die hier angewendete Methode von der Annahme aus, dass der zu untersuchende Gegenstand in seiner ursprünglichen Form vorstrukturiert und damit reflexiv ist. Wenden wir nun unser Kontextwissen wieder an, so gelingt es dem Betrachter bzw. der Betrachterin, dessen/deren Wissen durch kulturelle Sozialisation oder kulturelle Aneignung vorstrukturiert ist, die hier vorliegenden Bilder in den „richtigen" Kontext zu platzieren. Er sieht nun beispielsweise nicht mehr bloß eine zerstörte Kirche, sondern er weiß, es handelt sich um die Gedächtniskirche in Berlin. Nehmen wir uns in die Haltung einer „künstlichen Naivität" und platzieren die ausgewählten Sinneinheiten – ob nun bildlich oder graphisch dargestellt – in andere Kontexte, so gelingt es uns, uns unserer Vorannahmen bewusst zu werden.

Der Hintergrund, auf dem die vorgestellten Sinneinheiten abgebildet sind, ist in einem Tafelgrün gehalten. Somit wird den Darstellungsobjekten eine kontextuelle Rahmung verliehen. Der Begriff *Erinnerungskultur* ist in der methodischen Darstellung eines Brainstormings in die Mitte der Tafel geschrieben. Die von der Tafelmitte ausgehenden Pfeile verbinden den Begriff der Erinnerungskultur mit den dargestellten Objekten. Dabei spielt neben der Frage der Erinnerungsobjekte bzw.

-subjekte (Was? Wer?), an die sich die Schüler*innen erinnern sollen, der Aspekt der Formen (Wie?) von Erinnerungskultur eine bedeutende Rolle. Das Erinnern wird materialisiert in Form von Printerzeugnissen, Denkmälern sowie Museen: Das Kunstwerk, das Tagebuch, die Autobiographie, etc.

▶ **Lesehinweise**
   Pilarczyk und Mietzner (2005)
   Oevermann (2014)

5   Fazit/Ausblick

Anknüpfend an die Thematik der Erinnerungskultur kann angedeutet werden, dass Deutschland als ein Ort, an dem das Erinnern, die Reflektion über die Vergangenheit von großer Präsenz ist, auch in anderen untersuchten kontemporären Deutschlehrwerken eine wiederkehrende Thematik zu sein scheint (vgl. Despas et al. 2011). Das Erinnern sowie die Erinnerung an die jüngste deutsche Geschichte, die Bedeutung geschichtlicher Ereignisse sowie die gesellschaftspolitischen Folgen, sind Bestandteil der Deutschschulbücher des französischen Lehrplans. Dabei kann angenommen werden, dass der im französischen Deutschschulbuch eingenommene Blick auf die deutsche Vergangenheit Aushandlungsprozesse bedingt, die zu einem gänzlich neuen Selbstbild „der Deutschen" geführt haben. In einer ersten Strukturhypothese kann angenommen werden, dass es sich bei dem vorliegenden Material nicht nur um die bloße Wissensvermittlung der deutschen Vergangenheit handelt. Die dargestellte deutsche Vergangenheit wird als „kollektive Lehre" dargestellt, aus der eine „kollektive Identität" abgeleitet wird. Die Thematik – der Zweite Weltkrieg –, mit der sich die Schülerinnen und Schüler im fremdsprachlichen Schulbuch auseinander setzen sollen, ist somit nicht zwangsläufig eine Fremde, sondern soll auch für sie selbst einen Lerneffekt darstellen, aus dem sie kulturell bedeutendes Wissen schöpfen können.

Als ein mögliches Forschungsvorhaben für eine Bachelorarbeit, das sich an die hier vorgestellte Thematik – die Darstellung Deutschlands in einem französischen Deutschlehrwerk – anschließt, eignet sich aus methodischer Perspektive die Kontrastierung zweier Fallbeispiele. Der Blick über den nationalen Tellerrand, der in der Interpretation vollzogen wurde, kann anhand eines internationalen Schulbuchvergleichs, der wiederum ein deutsches Französischlehrwerk als Datenmaterial vorsieht, den Blick auf Darstellungsweisen des französischen Alltags, die Kultur, die Geschichte sowie die Politik unseres Nachbarlandes und damit auch die Offenlegung von eventuell thematisierten Klischees und Stereotypen ermöglichen sowie die auch hier thematisierte Frage, inwiefern die eigenen Vorstellungen von „Anderen", unsere Darstellungsweise derer mitbeeinflussen, ergründen.

Literaturverzeichnis

Boehm, G. (2006). Die Wiederkehr der Bilder. In: Ders. (Hrsg.), *Was ist ein Bild?* (S. 11-38). München: Wilhelm Fink Verlag.

Bohnsack, R. (2003). Qualitative Methoden der Bildinterpretation. *Zeitschrift für Erziehungswissenschaft,* 2/2003, 239-256.

Cappai, G. (2008). Einleitung. Die empirische Erforschung des Fremden. Ein interdisziplinärer Ansatz. In: Ders. (Hrsg.), *Forschen unter Bedingungen kultureller Fremdheit* (S. 9-38). Wiesbaden: VS-Verlag.

Despas, M.-C., Guslevic, S., Kalpakidis, N., Walter, C., Wezemael, O., Métrich, R. (2011). *Einblick.* Paris: Hatier.

Eichelbrenner, J.-M. (1977). Deutschland und die Deutschen in den französischen Deutschbüchern. In: R. Sprenger (Hrsg.), *Zur Sache Schulbuch. Das Deutschlandbild in internationalen Geschichtsbüchern* (S. 139-146). Kastellaun: Henn.

Friebertshäuser, B. et al. (Hrsg.) (2010). *Handbuch Qualitative Forschungsmethoden in der Erziehungswissenschaft.* Weinheim/München: Juventa.

Gellner, E. (1991). *Nationalismus und Moderne.* Berlin: Rotbuch-Verlag.

Heinze, C. (2010). Das Bild im Schulbuch. Zur Einführung. In: C. Heinze, Carsten, E. Matthes (Hrsg.), *Das Bild im Schulbuch* (S. 9-13). Bad Heilbrunn: Klinkhardt.

Höhne, T., Kunz, T., Radtke, F.-O. (Hrsg.) (2005). *Bilder von Fremden. Was unsere Kinder aus Schulbüchern über Migranten lernen sollen.* Frankfurt a. M.: Books on Demand GmbH.

Körner, E., Ceruti, B., Sahlmann, U. & Levicky, A. (2012). *Team Deutsch.* Paris: Éditions Maison des Langues.

Kühberger, C. (2010). Multimodale Narration. Bild-Text-Graphik-Kommunikation in Schulgeschichtsbüchern. In: C. Heinze. E. Matthes (Hrsg.), *Das Bild im Schulbuch* (S. 43-55). Bad Heilbrunn: Klinkhardt.

Krauskopf, J. (1985). *Das Deutschland- und Frankreichbild in Schulbüchern. Deutsche Französischbücher und französische Deutschbücher von 1950-1980.* Diss. Justus-Liebig-Universität Gießen. Tübingen: Gunter Narr Verlag.

Lißmann, H.-J. (1983). Das Deutschlandbild in französischen Schulbüchern. In: *Aus Politik und Zeitgeschichte: APuZ.* Bonn: Bundeszentrale für politische Bildung. Nr. B 32-33/83.

Maijala, M. (2004). *Deutschland von außen gesehen. Geschichtliche Inhalte in Deutschlehrbüchern ausgewählter europäischer Länder.* Frankfurt a. M.: Peter Lang.

Marotzki, W. (Hrsg.) (2006). *Bildinterpretation und Bildverstehen: methodische Ansätze aus sozialwissenschaftlicher, kunst- und medienpädagogischer Perspektive.* Wiesbaden: VS-Verlag.

Matthes, E., Schütze, S. (2011). Aufgaben im Schulbuch. Einleitung. In: Ders. (Hrsg.), *Aufgaben im Schulbuch* (S. 9-19). Bad Heilbrunn: Klinkhardt.

Oevermann, U. (1993). Die objektive Hermeneutik als unverzichtbare methodologische Grundlage für die Analyse von Subjektivität. Zugleich Kritik der Tiefenhermeneutik.

In: T. Jung, S. Müller-Doohm (Hrsg.): „Wirklichkeit" im Deutungsprozess. Verstehen und Methoden in den Kultur- und Sozialwissenschaften (S. 106-189). Frankfurt a. M.: Suhrkamp.

Oevermann, U. (2014). »Get Closer« – Bildanalyse mit den Verfahren der objektiven Hermeneutik am Beispiel einer Google Earth-Werbung. In: K. Kraimer (Hrsg.): Aus Bildern lernen. Optionen einer sozialwissenschaftlichen Bild-Hermeneutik (S. 38-75). Ibbenbüren: Münstermann Verlag.

Peez, G. (2006). Fotoanalyse nach dem Verfahrensprinzip der Objektiven Hermeneutik. In: W. Marotzki (Hrsg.), Bildinterpretation und Bildverstehen: methodische Ansätze aus sozialwissenschaftlicher, kunst- und medienpädagogischer Perspektive (S. 121-141). Wiesbaden: VS-Verlag.

Pilarczyk, U./Mietzner, U. (2005). Das reflektierte Bild. Die seriell-ikonographische Fotoanalyse in den Erziehungs- und Sozialwissenschaften. Bad Heilbrunn: Klinkhardt.

Röhler, Klaus (1976). Die Abrichtung. Die neue Sammlung, Nr. 16.

Schumacher, F. (2013). Nationaler Habitus. Zur Entstehung und Entwicklung nationaler Identitäten. Konstanz: UVK Verlagsgesellschaft.

Schelle, C. (2003). Politisch-historischer Unterricht hermeneutisch rekonstruiert. Von den Ansprüchen Jugendlicher, sich selbst und die Welt zu verstehen. Habil. Universität Hamburg. Bad Heilbrunn: Klinkhardt.

Schriewer, J. (2008). Konstituierung des Eigenen im Medium von Fremdheitskonstruktionen. Einleitung. In: J. Baberowski, H. Kaelble, J. Schriewer (Hrsg.), Selbstbilder und Fremdbilder. Repräsentationen sozialer Ordnung im Wandel (S. 85-87). Frankfurt a. M.: Campus Verlag.

Wernet, A. (2009). Einführung in die Interpretationstechnik der Objektiven Hermeneutik. Wiesbaden: VS-Verlag.

Anerkennungsverhältnisse an deutschen und englischen Grundschulen

Bericht zu einem binational-vergleichenden ethnographischen Projekt

Bettina Fritzsche

1   Einleitung

Die Beziehung zwischen Schüler*innen und Lehrer*innen gilt als zentraler Einflussfaktor des schulischen Lernens und ist in Theorien zu Bildung und Erziehung bereits bei Sokrates und bis heute immer wieder beleuchtet worden. Gleichzeitig ist das Verhältnis von Lehrer*innen zu ihren Schüler*innen – und vor allem zu jenen Schüler*innen, die aus verschiedenen Gründen als ‚problematisch' wahrgenommen werden – in Deutschland von erziehungswissenschaftlicher Seite aus oftmals kritisiert worden. Auch im Rahmen der Diskussion des unter anderem durch die PISA-Studien nachgewiesenen engen Zusammenhangs zwischen sozialer Herkunft und Schulbildungskarrieren wurde dieser nicht nur auf strukturelle Merkmale des gegliederten deutschen Schulsystems, sondern ebenfalls auf einen auch im Lehrpersonal verbreiteten Glauben zurückgeführt, eine mangelnde Begabung oder andere Defizite zumindest einiger Schüler*innen seien das Hauptproblem der eigenen professionellen Tätigkeit (vgl. Böttcher 2003, S. 9; Lange 2003, S. 36). Oftmals wurden in Deutschland tätigen Lehrer*innen mittlerweile außerdem Schwierigkeiten im Umgang mit Heterogenität bescheinigt (vgl. z.B. Heinzel und Prengel 2002; Becker et al. 2004). In der erziehungswissenschaftlichen Diskussion wird angenommen, dass die Tendenz einer abwertenden Perspektive auf Teile der

Schülerschaft sowie Schwierigkeiten im Umgang mit heterogenen Lerngruppen bei deutschen Lehrer*innen sowohl mentalitätsgeschichtliche als auch institutionelle Ursachen habe (Reh 2005).

Das englische Schulsystem weist sowohl auf der mentalitätsgeschichtlichen als auch auf der bildungspolitischen Ebene sehr andere Rahmenbedingungen für pädagogische Beziehungen an Schulen auf: Als Bestandteil des traditionellen Selbstverständnisses englischer Lehrer*innen gilt das „pastoral care", das umfassende Verantwortlichkeit für das persönliche Wohlergehen der einzelnen Schüler*innen und auch eine Übernahme sozialpädagogischer und erzieherischer Aufgaben verlangt (vgl. Lodge und Watkins 1997; Kotthoff 2003, S. 92). Darüber hinaus sind in England seit 1997 von der damals gewählten (New) Labour Regierung umfangreiche staatliche Maßnahmen zur Inklusion aller Schüler*innen und gegen institutionelle Diskriminierung in Gang gesetzt worden. Umstritten ist in der Forschung dabei, inwieweit der Gedanke des „pastoral care" Einfluss auf die aktuelle Praxis englischer Grundschullehrer*innen hat. Einige Studien verweisen darauf, dass die Veränderungen im Zusammenhang mit dem 1988 eingeführten „Education Reform Act" auch einen starken Einfluss auf die Haltung von Lehrer*innen gegenüber ihrer Arbeit und ihren Schüler*innen hatte und dass der Gedanke des „pastoral care" im Zuge dessen an Bedeutung verloren habe: Eine zentrale Folge des „Education Reform Acts" war die Orientierung des Schulsystems an einem Marktmodell, in dem Schulen als Anbieter fungieren, die mit anderen Schulen um gute Rankingpositionen konkurrieren (Fürstenau 2007, S. 19). Im Sinne des nun am Stil des new public management orientierten Bildungssystems gewannen explizite Standards, Messlatten für Performances, Output Kontrollen und Wettbewerbsorientierung an Bedeutung. Gerwitz, Ball und Bowe (1995) bezeichnen die Pädagog*innen in diesem System als „new managerialists".

Angesichts dieser Kontraste in beiden Bildungssystemen war eine Ausgangshypothese des im Folgenden genauer beschriebenen Projekts[1], dass die Beziehungen zwischen Lehrkräften und Schüler*innen an deutschen und englischen Schulen durchaus unterschiedlich gestaltet werden. Auf der Grundlage einer an zwei jeweils innerstädtisch gelegenen Grundschulen in Berlin und London durchgeführten ethnographischen Untersuchung wurde herausgearbeitet, wie sich das Verhältnis zwischen Lehrkräften und Schüler*innen sowohl aus der Perspektive beider Akteursgruppen als auch in Interaktionen konkret gestaltet und welche Rolle hierbei die Heterogenität der Schülerschaft spielt. Vor dem Hintergrund eines im folgenden dargelegten anerkennungstheoretischen Rahmens der Studie wur-

---

1   Die Studie wurde von 2010 bis 2014 von der Deutschen Forschungsgemeinschaft (DFG) finanziert.

de außerdem analysiert, von welchen Normen der Anerkennung die untersuchten Interaktionen und Orientierungsmuster von Lehrer*innen und Schüler*innen gerahmt wurden und inwiefern rekonstruierte Differenzen zwischen den beiden Schulen sich auf länderspezifische Bedingungen zurückführen lassen.

2   Theoretische Zugänge

Angesichts der angesprochenen Kritik am Verhältnis zwischen Lehrkräften und Schüler*innen im deutschen Kontext sind Schwierigkeiten im pädagogischen Verhältnis oftmals auf einen Mangel an Anerkennung zurückgeführt worden (vgl. z.b. Anhut und Heitmeyer 2005; Hafeneger et al. 2002).

Inspiriert durch die anerkennungstheoretischen Überlegungen der Philosophin Judith Butler wurde in jüngeren erziehungswissenschaftlichen Publikationen auch auf die ambivalente Seite von Anerkennung verwiesen, diese unterwerfe Subjekte stets ebenso wie sie sie befreie (Ricken 2009; Balzer 2007). Judith Butler argumentiert, dass das Subjekt erst in der Begegnung mit anderen, die es unter Bezugnahme auf die zur Verfügung stehenden Diskurse bezeichnen, erkennen und anerkennen, entstehen könne. Eine auf diese Weise verstandene Anerkennung beinhaltet immer auch eine Festlegung dessen, was das jeweilige Gegenüber ist und was es sein könnte (vgl. Butler 2005, S. 62). Butler verweist auch darauf, dass bestimmte Kriterien der Beurteilung nötig seien, um jemanden anerkennen zu können und von diesem anerkannt zu werden. Eine Reihe von Normen für das, was Anerkennbarkeit ausmache, seien in der Sprache eingebettet (ebd. 2007, S. 44). Inspiriert von Foucault versteht sie dabei Normen als ein Mittel der Disziplin, das oftmals auf einer impliziten Ebene wirkt und seine Kraft eher über die Konstitution von Idealen als über Verbote entfaltet. Normen sind somit keine klar definierten Regeln, die festlegen, was zu tun und zu lassen sei, sondern haben einen normalisierenden Charakter. Auch sind sie nicht als ‚Überbau' sozialer Praktiken zu verstehen, sondern werden in den „täglichen sozialen Ritualen des körperlichen Lebens" (Butler 2009, S. 85) immer wieder neu aufgerufen und reaktualisiert. Sie können explizit formuliert sein, wirken jedoch zumeist implizit (ebd., S. 73).

Die empirische Untersuchung eines solchermaßen verstandenen Anerkennungsgeschehens ist also auf eine Untersuchung von Praktiken und der diese rahmenden Normen der Anerkennung ausgerichtet. Hilfreich für eine Analyse von Praktiken sind praxistheoretische Überlegungen, wie sie u.a. von Pierre Bourdieu vorgelegt und von Theodore Schatzki systematisiert wurden. Als verschiedenen praxistheoretischen Ansätzen gemeinsam beschreibt Schatzki (2012, S. 13f.) die Vorstellung von Praktiken als organisierte Konstellation der Aktivitäten mehrerer

Menschen sowie die Annahme, dass wichtige Eigenschaften des menschlichen Lebens in diesen Aktivitäten verwurzelt seien.

In mehreren aktuellen praxistheoretisch inspirierten Studien hat es sich als sinnvoll erwiesen, den Zusammenhang zwischen Praktiken und sozialen (Wissens-) Ordnungen über eine Hinzuziehung des von Butler entwickelten Normbegriffs zu konzeptionalisieren (Fritzsche et al. 2011; Reh und Rabenstein 2012).

▶   **Lesehinweise**
     Balzer (2007)
     Reh und Ricken (2012)

3   Das Projekt

Beide im Projekt untersuchten Schulen haben im Vorfeld der Studie in Schulinspektionen insbesondere auch im Bereich der pädagogischen Beziehungen (in London insbesondere in Bezug auf das Ethos das "pastoral care") überdurchschnittlich gute Bewertungen erhalten. An beiden Grundschulen werden jeweils sechs Jahrgänge unterrichtet, wobei die Schule in Berlin jahrgangsübergreifend arbeitet. Die Schülerschaft der Schulen ist insofern heterogen, als sie unterschiedlichen sozialen Schichten entstammt, eine relativ hohe Prozentzahl ethnischen Minderheiten angehört und insofern Schüler*innen mit Förderbedarf aufgenommen werden.

Im Rahmen von zwei an jeder der beiden Schulen durchgeführten mehrwöchigen Feldphasen wurden Beobachtungsprotokolle und Videografien von Unterrichtsinteraktionen jeweils in zwei Klassen erstellt: In der Berliner Schule, die jahrgangsübergreifend arbeitet, in einer Klasse 1-3 und einer Klasse 4-6, wobei in beiden Feldphasen dieselben Lehrerinnen am Projekt beteiligt waren. In der Londoner Schule wurde in der ersten Feldphase in der Klasse 1a und 4b und in der zweiten Feldphase erneut in denselben Klassen, nunmehr 2a und 5b, beobachtet.

Weiterhin wurden Interviews und Gruppendiskussionen mit Lehrkräften und Schüler*innen der beobachteten Klassen, sowie Interviews mit der Schulleitung, der stellvertretenden Schulleitung und mit Pädagog*innen mit speziellen Funktionen an den Schulen (mit "teaching assistants", einer Schulhelferin, der Zuständigen für den Integrationsbereich u.ä.) durchgeführt.

Wichtiger Bestandteil des Projekts war weiterhin die Durchführung von Feedback-Gesprächen zu ersten Forschungsergebnissen gegenüber verschiedenen in das Projekt involvierten Akteuren während der zweiten Feldphase. Diese Rückmeldungsgespräche, die auch Diskussionen von an der jeweils anderen Schule aufgenommenen Videoaufnahmen einschlossen, wurden aufgezeichnet und ausgewertet. Außerdem besuchten während der Projektlaufzeit drei Lehrerinnen aus jeder Schule die jeweils andere Schule und wurden im Rahmen dieser Besuche mittels Gruppendiskussionen zu ihren Eindrücken befragt. Den Interpretationen dieser Gruppendiskussionen sowie der Rückmeldungsgespräche kam ein zentraler Stellenwert bei der vergleichenden Analyse der Normen der Anerkennung an beiden Schulen zu (vgl. Fritzsche 2016a).

Erhobene Daten waren weiterhin schulische Dokumente, wie die jeweiligen Inspektionsberichte und Schulprogramme, "policies" und ausgewählte Verbalzeugnisse.

Die Datenauswertung erfolgte mit der dokumentarischen Methode, einem praxeologischen Interpretationsverfahren, das insbesondere auf eine Rekonstruktion impliziten Wissens und von Orientierungsmustern ausgerichtet ist (Bohnsack 2003).

▶ **Lesehinweise**

Bohnsack (2003)

Fritzsche (2013)

4   Ergebnisse

Vielfach ist – sowohl im englischsprachigen als auch im deutschsprachigen Raum (vgl. z.B. Grace 1972; Helsper et al. 2001) – darauf verwiesen worden, dass das professionelle Handeln von Lehrkräften in einem Spannungsfeld widersprüchlicher Anforderungen stattfindet. Auch die im Projekt untersuchten Beziehungen zwischen Lehrer*innen und Schüler*innen an beiden Schulen wurden im Kontext widersprüchlicher normativer Erwartungen vollzogen. Wie im Folgenden ausgeführt wird, ließen sich an der Art und Weise, wie sich Lehrkräfte in diesen Spannungsfeldern positionierten, Hinweise auf entscheidende Unterschiede zwischen den an der Berliner Schule und an der Londoner Schule jeweils bedeutsamen Normen der Anerkennung rekonstruieren.

Im Blick auf die an beiden Schulen beobachteten Praktiken zeigte sich, dass die Grenzen dessen, was ein „angemessener" Unterrichtsgegenstand ist, die Grenzen des persönlichen Raums von Schüler*innen und Lehrer*innen sowie die Grenzen pädagogischer Zuständigkeit nicht festgelegt sind – und sich wohl auch nicht endgültig festlegen lassen – und somit notwendig zum Gegenstand von Aushandlungen werden. In der vergleichenden Untersuchung der pädagogischen Beziehungen an beiden Schulen wurde jedoch deutlich, dass diese Aushandlungen an der Berliner Schule einen wesentlich größeren Raum einnahmen als an der Londoner Schule.

Die *Grenzen der Angemessenheit von in den Unterricht eingebrachten Themen* verliefen an der Berliner Schule wesentlich diffuser als an der Londoner Schule. Eine Verhandlung von Themen, die nicht dem klassischen Unterrichtsstoff entsprechen, sondern eher dem familiären und peer-kulturellen Bereich entstammen, wurde einerseits durch bestimmte didaktische Formate, wie den Morgenkreis und den Klassenrat, die an der Londoner Schule nicht praktiziert wurden, unterstützt. Andererseits wurden diese durch Adressierungen einzelner Schüler*innen jenseits ihrer Schüler*innenrolle durch die Lehrkräfte während des Unterrichts ermutigt, die sich ebenfalls in London nicht beobachten ließen. In London hingegen wurden jegliche peer-kulturellen Aktivitäten während des Unterrichts und die Thematisierung privater Themen konsequent vermieden. Wie sich im Laufe des Projekts zeigte, waren die entsprechenden Adressierungen in Berlin orientiert an einer Norm der Anerkennung von Schüler*innen als „ganze Personen" und in London orientiert an einer Norm der Fokussierung auf Lerninhalte sowie an einer Norm des Schutzes der Privatsphäre von Schüler*innen.

Die *Grenzen des persönlichen Raums von Schüler*innen und Lehrer*innen* wurden im Projekt auf der Grundlage einer Analyse körperlicher Berührungen zwischen Lehrkräften und Schüler*innen untersucht. An beiden Schulen ließen sich Praktiken der fürsorglichen und der kontrollierenden Berührung sowie der Berührungsvermeidung beobachten. Fürsorgliche Berührungen waren orientiert an einer Norm der Fürsorge als tröstende Reaktion auf die Artikulation negativer Emotionen und auf eine insbesondere bei jüngeren Kindern angenommene Bedürftigkeit nach körperlicher Nähe, kontrollierende Berührungen an der Norm einer Autorität qua Rolle und der Durchsetzung einer angemessenen Lernumgebung / Lernatmosphäre. Praktiken der Berührungsvermeidung waren orientiert an einer Norm des Risikobewusstseins und des Verdachtsausschlusses. In Bezug auf diesen Fokus zeigt sich im Vergleich der beiden Schulen, dass die Grenzen des persönlichen Raumes von Schüler*innen und Lehrer*innen an der Berliner Schule wesentlich eher Gegenstand von individuellen Entscheidungen und situativen Aushandlungen waren als an der Londoner Schule. An dieser wurden Körperkontakte zwischen Lehrkräften und Schüler*innen durch eine schulische "child protection policy" geregelt. Lehrkräfte beschrieben diesen Bereich als durch Verbote strukturiert. In Berlin hingegen ließ sich entsprechend eine große Varianz in der Umgangsweise mit durch Lehrkräfte initiierten Berührungen beobachten, wobei sich jüngere und männliche Lehrkräfte eher berührungsvermeidend verhielten.

Anforderungen und Spielräume der Beziehungen zwischen Lehrer*innen und Schüler*innen hängen stark von der Anwesenheit und den Aufgaben anderer pädagogischer Professioneller im Klassenraum ab. Spezifische pädagogische Professionen (teaching assistants, learning mentors, special education needs coordinator,

Schulhelfer*innen, Sonderpädagog*innen) reagieren dabei auch auf eine angenommene Bedürftigkeit einzelner Schüler*innen. Die von ihnen erwarteten pädagogischen Praktiken stehen somit oftmals im Horizont der Norm einer individuellen Unterstützung von Schüler*innen, bzw. der Fürsorge für diese, teilweise jedoch
auch einer Norm der Gewährleistung eines reibungslosen Unterrichtsablaufs. In
diesem Sinne wurde die Bedeutung des Ethos des "pastoral care" für die Londoner
Schule uns gegenüber als Anspruch, Lernschwierigkeiten von Schüler*innen durch
eine Hilfeleistung auch bei persönlichen Problemen zu begegnen erläutert, wofür
eine Riege pädagogischer Professioneller (teaching assistants, learning mentors,
special education needs coordinator) bereitstand. Die Anwesenheit verschiedener
pädagogischer Professioneller ist notwendig mit Auseinandersetzungen über die
Grenzen pädagogischer Zuständigkeiten verbunden. Während sich in London eine
klare und unhinterfragte Aufgabenverteilung zwischen diesen Professionellen beobachten ließ, nahmen auch auf dieser Ebene Aushandlungen von Grenzen der
jeweiligen pädagogischen Zuständigkeiten an der Berliner Schule einen im Vergleich wesentlich größeren Raum ein.

In beiden Schulen wurde die mit der Lehrer*innenrolle verbundene *Machtposition* der Lehrkräfte sowohl von Seiten der Lehrer*innen als auch der Schüler*innen als konstitutiv für das gegensitige Verhältnis erachtet. Lehrer*innen an
beiden Schulen thematisierten einen Widerspruch zwischen der eigenen Machtposition und dem Anspruch, auch einer Norm der Fürsorge gerecht zu werden.
Entscheidende Unterschiede zeigten sich hierbei in Bezug auf die jeweils ausgeübte Macht: Während diese in Berlin von Schüler*innen und Lehrer*innen vorrangig
als Bewertungsmacht beschrieben wurde, so wurde die Macht der Lehrer*innen
in London von allen Beteiligten als Kontrollmacht erlebt. Die Bewertungsmacht
stand dabei im Horizont der Norm einer gerechten Beurteilung der Schülerleistungen, wobei einzelne Lehrkräfte diese Norm als ausgrenzend gegenüber leis-
tungsschwachen Schüler*innen und insofern als Widerspruch zu einer Norm der
Inklusion aller erlebten. Auch wurde die eigene Machtposition in Berlin als Widerspruch zu der an der Schule bedeutsamen Norm des partizipativen Miteinanders
und einer Norm der Förderung der Selbständigkeit von Schüler*innen wahrgenommen. Dies führte teilweise dazu, dass die eigene Machtposition den Schüler*innen übertragen wurde, indem diese zu Selbstdisziplin, Selbstregulierungen
und auch zu gegenseitigen Bewertungen angehalten wurden. Die in London dominante Kontrollmacht (als "behaviour management" beschrieben) wiederum stand
erneut im Dienste einer Norm des reibungsfreien Ablaufs eines festgelegten schulischen Geschehens und wurde von Seiten einiger Lehrkräfte als Widerspruch zu
einer Norm der Fürsorge, jedoch auch einer Norm der Förderung der Selbständigkeit von Schüler*innen erlebt.

Von Seiten der Schüler*innen wurde die Macht der Lehrer*innen jeweils unterschiedlich bewertet: In Berlin wurde diese als „Strenge" kritisiert, wobei Schüler*innen ein strenges Verhalten von Lehrer*innen mit der Vergabe zu schlechter Noten und mit willkürlichen Regulierungen in Verbindung brachten. Von Seiten der Schüler*innen in London hingegen wurde eine bei den Lehrkräften wahrgenommene "strictness" positiv bewertet und mit einem Schutz vor Störungen beim erfolgreichen Lernen in Verbindung gebracht.

Die an den beiden Schulen vollzogenen pädagogischen Praktiken standen teilweise im Dienste der Konstitution einer schulischen oder schulklassenbezogenen *Gemeinschaft*, teilweise bezogen sich diese *individualisierend* auf einzelne Schüler*innen. Während der schulische Anspruch, auch Schüler*innen, die einer besonderen pädagogischen und/oder pflegerischen Unterstützung bedürfen, aufzunehmen, in Berlin als Herausforderung für das Lehrer*innenhandeln diskutiert wurde, stellten die Professionellen in London das schulische Motto "we celebrate diversity" als effektives Instrument, um der Schule Vorteile im nationalen Wettbewerb zu verschaffen, vor. Im Vergleich zeigte sich weiterhin, dass Adressierungen der Schulangehörigen als sowohl diverse als auch egalitäre Gemeinschaft in London – insbesondere im Rahmen der täglichen "assemblies" – an der Tagesordnung waren, wohingegen sie in Berlin fast nie vorkamen. Praktiken der Vergemeinschaftung bezogen sich hierbei eher auf die jeweilige Schulklasse oder auf Tischgruppen innerhalb der Klassen. Insgesamt spielten umgekehrt Praktiken der Individualisierung – etwa über didaktische Formate wie die Wochenplanarbeit oder auch das Aufhängen riesiger Selbstporträts – in Berlin eine deutlich größere Rolle als in London.

Wie sich in komparativen Analysen von Interaktionen mit als „besonders" wahrgenommenen Schüler*innen (Fritzsche 2014) zeigen konnte, wurden diese an der Berliner Schule vorrangig als Individuen adressiert, die einer besonderen Fürsorge bedürfen, während sich in London eher Adressierungen von Schüler*innen mit "special educational needs" als Angehörige einer egalitären Gemeinschaft rekonstruieren ließen. Es zeigte sich jedoch auch, dass das Ideal einer egalitären Gemeinschaft nicht vor einer impliziten Exklusion „besonderer" Schüler*innen auf der Ebene von Mikro-Praktiken schützt.

5   Diskussion

Wie im Rahmen dieses kurzen Berichts nur angedeutet werden kann, lassen sich die rekonstruierten unterschiedlichen, bzw. unterschiedlich gewichteten Normen der Anerkennung an beiden Schulen auf jeweils verschiedene bildungspolitische und mentalitätsgeschichtliche Entwicklungen in Deutschland und England zurückführen.

Die erläuterte Orientierung der Berliner Lehrkräfte an einer Norm der Anerkennung von Schüler*innen als „ganze Personen", bzw. der Londoner Lehrkräfte an einer Norm der Fokussierung auf Lerninhalte mag überraschen angesichts des in der englischen Pädagogik fest verankerten und an der untersuchten Londoner Schule besonders bedeutsamen Ethos des "pastoral care", das eben gerade mit Verantwortung für die Schüler*innen als ganze Personen einhergeht. Wie bereits angedeutet, zeigte sich im Zuge der Untersuchung allerdings, dass dieses Ethos an der Londoner Schule mit der Bereitstellung zahlreicher, mehr oder weniger qualifizierter pädagogischer Professioneller, die Schüler*innen bei persönlichen Problemen unterstützen und somit deren Lernfähigkeit wiederherstellen sollten, umgesetzt wurde. Diese Professionellen waren ihrerseits hervorragend mit außerschulischen Institutionen vernetzt, die im Falle sozialer und gesundheitlicher Notlagen herangezogen wurden. Diese Beobachtung korrespondiert mit Calverts (2009, S. 269) Analyse der historischen Entwicklung des "pastoral care" in England, die zu einem verstärkten "inter-agency working" sowie einer zunehmenden Abhängigkeit von dessen Umsetzung durch "paraprofessionals" führe. Wie sich im Projekt zeigte, bedeutet dies, dass Lehrkräfte von der Aufgabe der Fürsorge entlastet sind und sich auf eine Vermittlung der Lerninhalte konzentrieren können. Diese Entwicklung steht auch im Kontext der heutigen Orientierung des englischen Schulsystems an einem Marktmodell, das an den Werten des new public management wie expliziten Standards, Messlatten für Performances, Output Kontrollen und Wettbewerb orientiert ist (vgl. Sikes 2001; Jeffrey und Troman 2012). In Abgrenzung zu Positionen, denen zufolge das Ethos des "pastoral care" im Zuge dieser bildungspolitischen Entwicklungen geopfert wurde (z.B. Lance 2006), deuten meine Ergebnisse allerdings eher darauf hin, dass die "performativity" ihren eigenen "ethos of care" produziert hat, der mit einer Entpersonalisierung und Funktionalisierung des ursprünglichen "pastoral care" einherging.

In Bezug auf die Berliner Schule hingegen entstand der Eindruck, dass die in Deutschland von Konrad Wünsche bereits 1993 formulierte Diagnose, dass Lehrer*innen mit der Erwartung konfrontiert seien, ihre Schüler*innen als „ganze Personen" wahrzunehmen, nach wie vor Gültigkeit hat – an der untersuchten Berliner Grundschule möglicherweise auch aufgrund einer dort starken (wenngleich impliziten) Orientierung an reformpädagogischen Idealen.

Die an der Londoner Schule im Vergleich mit der Berliner Schule geringer ausgeprägte Bewertungsmacht lässt sich vor dem Hintergrund der langen Tradition externer Prüfungen von Schüler*innen in Großbritannien erklären. Wie Waldow (2014) argumentiert, soll hingegen in Deutschland ungeachtet der Einführung zen-

tralerer Bewertungsinstrumente in den letzten Jahren in Deutschland eine Gerechtigkeit bei Prüfungen noch immer hauptsächlich durch persönliche Beurteilungen
durch Lehrkräfte gewährleistet werden. Die umgekehrt in England im Kontext
des "behaviour management" ausgeübte hohe Kontrollmacht durch Lehrkräfte
ist Huf (2015) zufolge Bestandteil eines durch top-down-Kontrollen und Wettbe-
werbsstruktur geprägten Bildungssystems. Wie insbesondere in den analysierten
Praktiken der Reflexion der Schüler*innen deutlich wurde, kann eine hohe Bewertungsmacht von Lehrer*innen – im Falle der Berliner Schule vor allem auch
im Zusammenspiel mit einer gleichfalls wirksamen Norm eines partizipativen
Miteinanders – zu Konflikten im Verhältnis von Schüler*innen und Lehrkräften
und entsprechenden Verletzbarkeiten auf beiden Seiten führen. Die in Berlin beob-
achtete Übertragung von Kontroll- und Bewertungsmacht auf die Schüler*innen
im Dienste einer Norm des partizipativen Miteinanders sowie der Förderung der
Selbstständigkeit von Schüler*innen und die Erwartung an diese, sich selbst zu
disziplinieren, zu regulieren und sich gegenseitig zu bewerten, birgt hingegen das
Risiko, dass die Macht von Lehrer*innen zwar einerseits relativiert, andererseits
jedoch auch verdeckt und damit intransparenter und somit bedrohlicher wird.

6   Ausblick

Ziel der hier beschriebenen transkulturell angelegten ethnographischen Untersuchung von im Unterricht vollzogenen Interaktionen sowie der impliziten und
expliziten Wissensbestände von Lehrkräften und Schüler*innen war es, die normativen Rahmungen des alltäglichen pädagogischen Geschehens herauszuarbeiten und mit kulturell spezifischen pädagogischen Idealen und bildungspolitisch
geprägten institutionellen Strukturen in Verbindung zu bringen. Eine Rekonstruktion pädagogischer Praktiken genauer zu analysieren und deren vergleichende
Kontextualisierung ist nur mit einer qualitativen Vorgehensweise möglich. Qualitative Studien, so argumentiert unter anderem Marilyn Osborn, können es eher
als quantitative Studien leisten, einer „contextual sensitivity" gerecht zu werden,
indem sie es im transkulturellen Vergleich anstrebten, die Beziehung zwischen
dem nationalen Kontext, einem institutionellen Ethos und den im Klassenzimmer
vollzogenen Praktiken zu ergründen (Osborn 2004, S. 266). Auch wenn auf der
Grundlage kleiner Stichproben keine generalisierenden Aussagen über länderspezifische Verhältnisse gemacht werden können, so erlauben sie es doch durchaus,
die Auswirkungen struktureller Bedingungen auf Muster alltäglichen Handelns
nachzuzeichnen. In der dargestellten Studie hat sich die vergleichende Vorgehensweise auch insofern bewährt, als sie es erlaubt hat, im Kontrast die Spezifika der

Einzelschulen erst zu erkennen. Als besonders fruchtbar erwiesen hat sich dabei der Einbezug der verschiedenen Akteursgruppen an den Schulen in den Vergleich. Auch im Rahmen von Qualifikationsarbeiten und studentischen Forschungsprojekten ließe sich – gegebenenfalls auf der Grundlage einer kleineren Datenmenge – eine solche kulturvergleichende Herangehensweise realisieren.

▶   **Lesehinweise**
Fritzsche (2015)
Fritzsche (2016b)

Literaturverzeichnis

Anhut, R./Heitmeyer, W. (2005). Desintegration, Anerkennungsbilanzen und die Rolle sozialer Vergleichsprozesse für unterschiedliche Verarbeitungsmuster. In: W. Heitmeyer, & P. Imbusch (Hrsg.), *Integrationspotenziale einer modernen Gesellschaft* (S. 75-100). Wiesbaden: Springer.

Balzer, N. (2007). Die doppelte Bedeutung der Anerkennung – Anmerkungen zum Zusammenhang von Anerkennung, Macht und Gerechtigkeit. In: M. Wimmer, R. Reichenbach, & L. Pongratz (Hrsg.), *Bildung und Gerechtigkeit* (S. 49-75). Paderborn u.a.: Schöningh.

Becker, G., Lenzen, K.-D., Stäudel, L., Tillmann, K.-J., Werning, R., & Winter, F. (Hrsg.) (2004). *Heterogenität – Unterschiede nutzen? Gemeinsamkeiten stärken.* Jahresheft des Friedrich-Verlages XII/2004. Seelze: Friedrich Verlag.

Bohnsack, R. (2003). Dokumentarische Methode. In: ders., *Rekonstruktive Sozialforschung. Einführung in qualitative Methoden.* 5. Auflage. Opladen: Leske Budrich, 31-68.

Böttcher, W. (2003). Verbindliche Standards für ALLE Schülerinnen und Schüler, Interview mit W. Böttcher. *nds – Das Magazin der Bildungsgewerkschaft* 5, 9.

Butler, J. (2005). Gewalt, Trauer, Politik. In: dies. (Hrsg.), *Gefährdetes Leben. Politische Essays* (S. 36-68). Frankfurt a.M.: Suhrkamp.

Butler, J. (2007). Kritik der ethischen Gewalt. Adorno-Vorlesungen 2002. Frankfurt a.M: Suhrkamp.

Butler, J. (2009). Gender-Regulierungen. In: dies. (Hrsg.), *Die Macht der Geschlechternormen und die Grenzen des Menschlichen* (S. 71-96). Frankfurt a. M.: Suhrkamp.

Calvert, M. (2009). From 'pastoral care' to 'care': meanings and practices. *Pastoral Care in Education: An Interactional journal of Personal, Social and Emotional Development,* 27(4), 267-277.

Fritzsche, B. (2013). Anerkennungsverhältnisse vergleichend, transkulturell und reflexiv gedacht. Bericht aus einem an Grundschulen in London und Berlin durchgeführten ethno-graphischen Forschungsprojekt. In: M. Hummrich & S. Rademacher (Hrsg.), *Kulturvergleich in der qualitativen Forschung. Erziehungswissenschaftliche Perspektiven und Analysen* (S. 193-210) Wiesbaden.

Fritzsche, B. (2014). Inklusion als Exklusion. Differenzproduktionen im Rahmen des schulischen Anerkennungsgeschehens. In: A. Tervooren, N. Engel, M. Göhlich, I. Miethe, & S. Reh (Hrsg.), *Ethnographie und Differenz in pädagogischen Feldern. Internationale*

Entwicklungen erziehungswissenschaftlicher Forschung (S. 329-345). Bielefeld: transcript.

Fritzsche, B. (2015). Praxeologische Perspektiven auf die Verzahnung von „doing difference" und „doing pedagogy" im Unterricht. In: J. Budde, N Blasse, A. Bossen, E. Knauß & G. Rißler (Hrsg.), Heterogenitätsforschung. Empirische und theoretische Perspektiven (S. 165 – 192). Weinheim und Basel.

Fritzsche, B. (2016a). Responsive Differenzbearbeitungen. Eine Diskussion der Potenziale und Grenzen einer reflexiv-responsiven Vorgehensweise am Beispiel einer kulturvergleichenden ethnographischen Studie. In: B. Althans, & J. Engel (Hrsg.), *Responsive Organisationsforschung. Feedbackkulturen im Übergang – Methodologien, Materialitäten und institutionelle Rahmungen* (im Erscheinen).

Fritzsche, B. (2016b). Wenn niemand zu Schaden kommen darf: Eine kulturvergleichende Analyse schulischer Praktiken der Konfliktbearbeitung. In: T. Sturm & M. Wagner-Willi (Hrsg.), Schwerpunktheft ‚Videografien schulischer Praktiken der Differenzbearbeitung und –herstellung' der Zeitschrift für Qualitative Forschung (erscheint im Herbst 2016).

Fritzsche, B., Idel, T.-S., & Rabenstein, K. (2011). Ordnungsbildung in pädagogischen Praktiken. Praxistheoretische Überlegungen zur Konstitution und Beobachtung von Lernkulturen. *Zeitschrift für Soziologie der Erziehung und Sozialisation* 31 (1), 28–44.

Fürstenau, S. (2007). Bildungsstandards im Kontext ethnischer Heterogenität. Erfahrungen aus England und Perspektiven in Deutschland. *Zeitschrift für Pädagogik* 53 (1), 16-33.

Grace, G. R. (1972). *Role Conflict and the Teacher.* London: Routledge and Kegan Paul.

Hafeneger, B., Henkenborg, P., & Scherr, A. (Hrsg.) (2002). *Pädagogik der Anerkennung. Grundlagen, Konzepte, Praxisfelder.* Schwalbach: Debus Pädagogik Verlag.

Heinzel, F./Prengel, A. (2002). *Heterogenität, Integration und Differenzierung in der Primarstufe.* Wiesbaden: Springer.

Helsper, W., Böhme, J., Kramer, R. T., & Lingkost, A. (2001). *Schulkultur und Schulmythos. Gymnasien zwischen elitärer Bildung und höherer Volksschule im Transformationsprozeß. Rekonstruktion zur Schulkultur I.* Opladen: Leske + Budrich.

Huf, C. (2015). Children´s Agency and Teachers´ Control – Methodological considerations on the potential of comparative ethnography in childhood studies. In: Bettina Fritzsche & C. Huf (Hrsg.), *The benefits, problems and issues of comparative research- ethnographic perspectives* (S.15-34). E&E Publishing: Glouchestershire.

Jeffrey, B./Troman, G. (2012). *Performativity in UK Education: Ethnographic cases of its effects, agency and reconstruction.* New Cottage et al: E&E publications.

Kotthoff, H.-G. (2003). *Bessere Schulen durch Evaluation? Internationale Erfahrungen.* Münster: Waxmann.

Lance, A. (2006). Power to innovate? A study of how primary practitioners are negotiating the modernisation agenda. *Ethnography and Education* 1 (3), 333-344.

Lange, H. (2003). Wie heterogen sind deutsche Schulen und was folgt daraus? Befunde und Konsequenzen aus PISA und IGLU. *Pädagogik* 9, 32-37.

Lodge, C./Watkins, C. (1997). Governors and Pastoral Care. NAPCE-paper, http://www.napce.org.uk/articles_free/Govenors%20and%20Pastoral%20Care.doc. Zugegriffen: 20.8.2012

Osborn, M. (2004). New methodologies for comparative research? Establishing 'constants' and 'contexts' in educational experience. *Oxford Review of Education* 30 (2), 265-285.

Reh, S. (2005). Warum fällt es Lehrerinnen und Lehrern so schwer, mit Heterogenität umzugehen? Historische und empirische Deutungen. *Die Deutsche Schule* 97 (1), 76-86.

Reh, S./Ricken, N. (2012). Das Konzept der Adressierung. Zur Methodologie einer qualitativ-empirischen Erforschung von Subjektivation. In: I. Miethe & H.-R. Müller (Hrsg.): *Qualitative Bildungsforschung und Bildungstheorie*. Opladen, Farmington Hills: Barbara Budrich, 35-56.

Ricken, N. (2009). Zeigen und Anerkennen. Anerkennung zur Form pädagogischen Handelns. In: T. Fuhr & K. Berdelmann (Hrsg.), *Operative Pädagogik. Grundlegung – Anschlüsse – Diskussion* (S. 111-135). Paderborn u.a.: Schöningh.

Schatzki, T. R. (2012). A primer on practices: Theory and research. In: J. Higgs, R. Barnett, S. Billett, M. Hutchings, & F. Trede (Hrsg*.), Practice-based education: perspectives and strategies* (S. 13-26). Rotterdam: Trede.

Sikes, P. (2001). Teachers' lives and teaching performance. In: D. Gleeson, & C. Husbands (Hrsg.), *The Performing School. Managing Teaching and Learning in a performance culture* (S. 55-77). London and New York: Routledge.

Waldow, F. (2014). Conceptions of justice in the examination systems of England, Germany and Sweden: A look at safeguards of fair procedure and possibilities of appeal. *Comparative Education Review* 58(2), 322-343.

Wünsche, K. (1993). Tabus über den Schülerjob. *Zeitschrift für Pädagogik* 39 (3), 369-381.

VI Ausblick

Studentische Forschung im Praxissemester

Empirische Zugänge zur eigenen Praxis durch Forschendes Lernen

Anne Köker und Jan Christoph Störtländer

1   Einleitung

Empirische Forschung in Schule und Unterricht ist nicht nur Sache der akademischen Disziplin der Erziehungswissenschaft oder der Bildungswissenschaften bzw. Sache des möglichen akademischen Nachwuchses, so wie er durch empirisch ausgerichtete Abschlussarbeiten erzogen werden soll; empirische Forschung in Schule und Unterricht ist auch Sache der Akteur*innen in Schule und Unterricht selber, nämlich die der (angehenden) Lehrpersonen (und idealerweise auch der Schüler*innen). Um (angehende) Lehrpersonen dazu zu befähigen, ist das Forschende Lernen ein Mittel. Gerade in Langzeitpraktika wie dem nordrhein-westfälischen Praxissemester bietet sich den Studierenden tendenziell Zeit und Raum, um durch Forschendes Lernen einen reflexiven Zugang zur (eigenen) schulischen Praxis zu erlangen. Davon berichtet unser Beitrag.

Zunächst werden wir in die Rahmenbedingungen der studentischen Forschung im Praxissemester (Master of Education, NRW) einführen (Kapitel 2). Wenngleich das Praxissemester auch ein ‚spezielles Format' für studentische Forschung zu sein scheint, glauben wir dennoch, in Kapitel 3 recht allgemein beschreiben zu können, wie Studierende aus einem Erkenntnisinteresse zu einer Fragestellung zu entwickeln vermögen, und in Kapitel 4 etwas darüber, welche methodischen Zugänge sich zur Bearbeitung der Fragestellungen anbieten. In Kapitel 5 schildern wir drei typische Verlaufsformen studentischer Forschung an Schulen, die sich sowohl aus unserer Erfahrung mit der Betreuung im Praxissemester als auch aus der Erfahrung in der Betreuung von anderen Fallstudien und Abschlussarbeiten speist. Nach dem Fazit, in dem wir auch (gerade auf das Praxissemester bezogene) offene Fragen an studentische Forschung und somit Forschungsdesiderate formulieren, folgt eine ausschnitthafte Bibliografie von Texten, die wir in unserer Lehre zur Anleitung studentischer Forschung nutzen.

2   Rahmenbedingungen: Struktur des Praxissemesters/ Akteurskonstellationen

In Nordrhein-Westfalen wurde im November 2009 das Lehrerausbildungsgesetz (LABG) novelliert, das nun für Lehramtsstudierende das Absolvieren eines Praxissemesters im Masterstudiengang vorsieht. Dieses Studienelement wird erstmals im Wintersemester 2014/15 von allen an der Lehrerausbildung beteiligten Institutionen – der Universität, den Zentren für schulpraktische Lehrerausbildung (kurz ZfsL, vormals Studienseminare) und den Schulen – gemeinsam verantwortet. Das Praxissemester erstreckt sich über ein Studienjahr. Die Studierenden werden im ersten Mastersemester durch die Universität (Unterrichtsfächer und Bildungswissenschaften) durch eine Reihe von Seminaren auf die Praxisphase vorbereitet. Ein Teil der Seminare führt in fachdidaktische Aspekte der Unterrichtsplanung, der Lehrerrolle und des Lehrerhandelns ein, in weiteren Seminaren bereiten die Studierenden ihre Studienprojekte vor. Im zweiten Semester folgt eine fünfmonatige Praxisphase, in der die Studierenden vier Unterrichtsvorhaben und zwei Studienprojekte an der ihnen zugewiesenen Schule durchführen. Im Anschluss an die Praxisphase erstellen die Studierenden ihre Forschungsberichte und legen in ihren Unterrichtsfächern und den Bildungswissenschaften Prüfungen ab. Die unterrichtliche Tätigkeit in der Praxisphase bleibt hier – anders als im Vorbereitungsdienst bzw. Referendariat – vollständig unbenotet, es finden jedoch Beratungen und Coachings durch die ZfsLs und die betreuenden Mentor*innen statt; die Studienprojekte werden durch die Lehrenden der Universität begleitet und ebenso wie die weiteren universitären Prüfungen benotet. Diese Noten haben eine hohe Gewichtung in der Gesamtnote des Masters und des ersten Staatsexamens, sie sind also für die Studierenden äußerst relevant.

Das gesamte Praxissemester mit seinen spezifischen Einzelelementen, Akteurskonstellationen und Anforderungen (vor allem an die Studierenden) ist sehr komplex. Wir konzentrieren uns in diesem Beitrag deshalb ausschließlich auf die Studienprojekte in den Bildungswissenschaften.

3 Studentische Forschung

Das gesamte Praxissemester, d.h. sowohl die Unterrichtsvorhaben als auch dezidiert die Studienprojekte, folgen dem Leitbild des Forschenden Lernens wie es durch das nordrhein-westfälische LABG vorgegeben ist. Die Bielefelder Umsetzung des Gesetzes orientiert sich an dem Konzept der sogenannten Fallstudien, wie sie am Standort seit 2001 von Lehramtsstudierenden zumeist im Master durchgeführt worden sind (Klewin & Kneuper, 2009). Das Forschende Lernen wird in dieser Tradition als „theoriegeleitete und selbstreflexive Auseinandersetzung mit dem Handlungsfeld Schule unter einer klar formulierten Fragestellung und mittels eines auf Forschungsmethoden gestützten [...] und/oder kriteriengeleiteten Vorgehens" verstanden (vgl. Leitkonzept, S. 8).

In Hinblick auf die Unterrichtsvorhaben geht es zunächst darum, dass die Studierenden „Zugänge zum eigenen Unterricht bis hin zur Umsetzung kleinerer Unterrichtsvorhaben" erhalten sowie ihre „Erfahrungen systematisch und kriteriengeleitet auswerten" und dabei von Kolleg*innen und Expert*innen beraten werden (ebd., S.9). Im Schulforschungsteil, den Studienprojekten, erforschen die Studierenden theoriegeleitet und methodisch kontrolliert jeweils einen sie interessierenden Aspekt schulischer Praxis, der sich sowohl auf eigenen oder fremden Unterricht, Schulentwicklungsfragestellungen, biografische Prozesse als auch auf Einzelfallanalysen beziehen kann.

Das Ziel des Forschenden Lernens in den Studienprojekten ist die Entwicklung eines forschenden Habitus, der die Studierenden dazu befähigt, eine kritisch-reflexive Distanz zu Erfahrungen einzunehmen, die während der Praxisphase gemacht werden. Diese Distanz soll die Studierenden in die Lage versetzen, eben nicht in die „Erfahrungsfalle" (Haascher 2005) zu tappen und eben nicht auf der Ebene sich verhärtender subjektiver Theorien zu verharren, sondern Instrumente und Verfahren kennenzulernen und anzuwenden, um später den eigenen Unterricht evaluieren und entwickeln zu können. Es kommt also, zumindest nach unserer Auffassung, gerade nicht darauf an, Forschung um der Forschung willen zu veranstalten, sondern deren durchaus emanzipatorischen Charakter in Ansätzen zu erfahren: Eine forschende Haltung impliziert einerseits, Gegebenheiten nicht einfach so hinzunehmen, sondern sie zu hinterfragen, andererseits das Wissen, dass man, um diese Fragen beantworten zu können, eine Distanz zur eigenen Person, den subjektiven Theorien und Vorannahmen und zum eigenen professionellen Umfeld einnehmen muss, und dass dafür theoretische Zugänge und methodische Verfahren ein hilfreiches Gerüst liefern. Das Ziel ist also ein ganz pragmatisches: Angehende Lehrer*innen verfügen selber über die methodischen Zugänge und Instrumente, um den eigenen Unterricht aber auch, in Kooperation mit anderen, die eigene Schule evaluieren und entwickeln zu können.

▶ **Lesehinweise**
  Cramer (2014)
  Rothland und Boecker (2014)
  Schüssler et al. (Hrsg.) (2014)

4   Von Erkenntnisinteressen zu vorläufigen Fragestellungen

Der schulpraktische Teil des Praxissemesters findet in der Regel im zweiten Mastersemester statt. Die bildungswissenschaftlichen Vorbereitungsseminare für das Forschende Lernen im ersten Semester zielen didaktisch grundsätzlich darauf ab, dass die Lehrenden mit den Studierenden gemeinsam eine für jede/n einzelne/n Studierende/n gegenwärtig bedeutsame Fragestellung herausarbeiten. Diese muss allerdings notwendigerweise vorläufig sein, weil der Kontakt mit dem eigentlichen Feld erst nach Seminarende besteht, und es zeigt sich, dass die unmittelbaren Erfahrungen im Feld nicht selten zu einer Änderung von Erkenntnisinteresse und Fragestellung führen (s.u.).

Um zu einer vorläufigen Fragestellung zu gelangen, sollen sich die Studierenden zunächst ihrer Erkenntnisinteressen gewahr werden. Die Quellen der Erkenntnisinteressen können vielfältig sein, sie resultieren z.B. aus vorherigen Praxisphasen des Bachelorstudiums oder aus der theoretischen Auseinandersetzung mit Inhalten zurückliegender Seminare. Eine erste Herausforderung besteht darin, diese Erkenntnisinteressen zu je einer Fragestellung ‚kleinzuarbeiten‘ und herauszufinden, welche Fragen überhaupt im Rahmen eines Studienprojektes bearbeitbar sind. Hierzu ist es nicht nur notwendig, einen Überblick über Forschungsmethoden zu haben, sondern auch zu verstehen, dass gewisse Forschungsambitionen, so interessant sie auch sein mögen, ausgeschlossen sind. „Wie effektvoll ist Stationenlernen (im Vergleich zu Frontalunterricht)“ ist ein typisches Beispiel für Fragestellungen, die allenfalls in der sehr aufwendigen Wirkungsforschung, aber keinesfalls im Rahmen studentischer Forschung umsetzbar sind.

Auch wenn die Fragestellungen stark individualisiert sind, gibt es gewisse Themenfelder, die sich offenbar aus unterschiedlichen Gründen einer hohen Popularität erfreuen: An vorderster Front – und dieser Begriff ist mit Absicht gewählt – stehen Auseinandersetzungen mit Fragen der Disziplin, der Klassenführung und auch mit sogenannten Unterrichtsstörungen in all ihren Facetten. Es folgen Fragen zum Umgang mit Heterogenität (in den Lehramtsstudiengängen der Sekundarstufe I verstärkt gekoppelt mit Fragen zur Inklusion, vgl. Störtländer & Koch, i.V.) und daraus hervorgehend Fragen nach Binnendifferenzierung, Individualisierung etc. Auch Fragen nach der Lehrer*innenpersönlichkeit bzw. konkreter der Lehrer*innen-Schüler*innenbeziehung (z.b. Nähe-Distanz-Antinomie) stellen sich für die Studierenden unserer Seminare. Im Unterricht (Gruppenzusammensetzung, Sitzordnung) und außerhalb des Unterrichts (Pausenhof) ergeben sich zudem Fragen zur Interaktion von Schüler*innen untereinander.

5 Empirische Zugänge im Praxissemester

Wie oben bereits beschrieben, wird in unseren Seminaren viel Zeit investiert, damit die Studierenden zu vorläufigen und handhabbaren Fragestellungen kommen. Erst dann wird in die gängigen Verfahren der empirischen Sozialforschung eingeführt, und die Studierenden setzen sich damit auseinander, mit welchen methodischen Herangehensweisen ihre Fragestellungen bearbeitet werden können. Den Studierenden soll klar werden, dass, ähnlich wie auch in der unterrichtlichen Tätigkeit, ein ‚Methodenfetischismus‘ nicht zielführend ist, sondern dass das *Was* (Fragestellung/Ziel) dem *Wie* (Forschungs-/Unterrichtsmethode) vorgeschaltet ist.

Die Studierenden verfügen zudem über sehr unterschiedliche empirische Vorkenntnisse aus dem Bachelorstudium. Dies ist zum einen den nach Schulform unterschiedlichen bildungswissenschaftlichen Anteilen im Lehramtsstudium geschuldet, d.h., dass nur einige Studierende bereits bildungswissenschaftliche Einführungen in die empirische Sozialforschung absolviert haben. Zum anderen sind die verschiedenen Unterrichtsfächer und das Studium in den Bezugsdisziplinen der empirischen Sozialforschung mehr oder weniger zugewandt. Während zum Beispiel in Bielefeld in den Sozialwissenschaften empirische Forschungszugänge gängig und vertraut sind, spielen sie hier etwa in der Philosophie bislang eine untergeordnete Rolle. Dementsprechend variieren auch die Vorannahmen der Studierenden darüber, was bildungswissenschaftliche empirische Forschung sein könnte. So dominiert aus unserer bisherigen Erfahrung mit den Vorbereitungsseminaren die Auffassung, dass eher quantitative-statistische Forschung ‚echte‘ Forschung sei, wohingegen qualitative Forschung, wenn sie denn bekannt ist, Beliebigkeit und wenig verwertbare bzw. unzuverlässige Erkenntnisse produziere: „Was bringt das denn, wenn ich nur zwei von 30 Schülern zu ihren Befindlichkeiten interviewe?"

Dies ist eine berechtigte Frage. Eine Antwortmöglichkeit, zu der ein/e Studierende/r in der Auseinandersetzung mit ihrem/seinem Erkenntnisinteresse kommen könnte, würde vielleicht lauten: Zu wissen, dass x Prozent einer Klasse die bestehende Sitzordnung besser oder schlechter finden als die vorhergehende, dient möglicherweise nicht so sehr dem tatsächlichen Erkenntnisinteresse und einer Entwicklungsmöglichkeit für die (angehende) Lehrperson und ihren Unterricht, als kriteriengeleitet ausgewählte Schüler*innen zu interviewen und fallbasiert zu verstehen, welche Bedeutung sie der Veränderung der Sitzordnung zuschreiben.

Es geht uns jedoch grundsätzlich nicht darum, die qualitative Forschung zu favorisieren, daher bieten wir eine breite Palette quantitativer und qualitativer Zugänge sowohl zur Erhebung als auch zur Auswertung an (z.B. Beobachtung, Interview, Forschungstagebuch, Fragebögen, Schülerfeedback, Beobachtung, Interview, Dokumentenanalyse, qualitative Inhaltsanalyse, Dichte Beschreibung, offene hermeneutische Verfahren etc.). Es geht uns viel mehr darum, mit den Studierenden in einen Diskurs über ihre Erkenntnisinteressen zu treten und gemeinsam zu prüfen, ob der jeweilige Zugang ein vertieftes reflexives Verstehen befördert, oder ob Daten (qualitativer wie auch quantitativer Art) produziert werden, die der (angehenden) Lehrperson ‚nichts sagen‘ oder hinter denen sie sich gar verstecken kann.

▶ **Lesehinweise**
Fichten et al. (2009)
Friebertshäuser, Langer & Prengel (2013)
Moser (2015)

6 Typische (Forschungs-)Verläufe

Nachdem sich die Studierenden im ersten Semester auf das Forschende Lernen vorbereitet haben, d.h. ein Erkenntnisinteresse und eine Fragestellung herausgearbeitet haben und einen möglichen Studienverlauf skizziert haben, und nachdem die Schulzuweisung erfolgt ist, begeben sie sich in das komplexe Handlungs- und Forschungsfeld Schule. Hier kommen zunächst andere dringendere Anforderungen auf sie zu: Die Studierenden müssen sich in der Schule zurechtfinden, mit ihren Ansprechpartner*innen und Mentor*innen ihre Stundenpläne gestalten, es folgen Hospitationen und erste Versuche im ‚Kerngeschäft‘ einer Lehrperson, dem (begleiteten) Vorbereiten und Durchführen von eigenem Unterricht. Wie auch in anderen Praxisphasen zu beobachten, haben die eigenen Unterrichtsversuche für die Studierenden eine hohe Bedeutung. Dementsprechend treten die eigenen Forschungsvorhaben in dieser Phase in den Hintergrund und werden erst in der Mitte bzw. gegen Ende des schulpraktischen Teils stärker relevant (Holler-Nowitzki 2016).

Da also die ursprünglichen Fragestellungen nicht aus dem Feldkontakt heraus entwickelt werden konnten, kommt es häufig zu Brüchen mit der eigentlichen Forschungsplanung. Nach unserer bisherigen Erfahrung mit drei Praxissemesterdurchläufen (beginnend im WS 14/15) kristallisieren sich drei typischen Verläufe der Forschungsprozesse: ein linearer und ein mäandernder Verlauf sowie ein Verlauf, der durch Abbruch und Neubeginn bestimmt ist.

6.1 Linearer Verlauf

Der lineare Verlauf ist dadurch gekennzeichnet, dass das Erkenntnisinteresse und die vorläufige Forschungsfrage sowie der grundsätzliche methodische Zugang bestehen bleiben und lediglich kleinere Anpassungen vorgenommen werden müssen.

Ein/e Studierende/r interessiert sich für Geschlechtskonstruktionen in Jugendliteratur, genauer dafür, ob und wie Schülerinnen und Schüler Geschlechtsstereotype rezipieren und ob dies in ihren Portfolios sichtbar wird. Der/die Studierende hatte sich vorher bildungswissenschaftlich intensiv mit gendertheoretischen Fragen befasst, in der Fachdidaktik Deutsch (und in sehr guter Kenntnis des Kernlehrplans Deutsch) mit möglichen Lektüren und formativen schriftlichen Verfahren der Lektüreerschließung. Die Portfolios sollten inhaltsanalytisch ausgewertet werden. Schon zu Beginn der Praxisphase bemüht sie/er sich um Zugang zu einer Klasse, in der eine Ganzschrift gelesen werden soll. Allerdings nutzt die Lehrperson keine Portfolios, sondern Lesetagebücher, was für das Erkenntnisinteresse der/des Studierenden nur einen marginalen Unterschied macht. Bis auf diese Abänderung führt die/der Studierende die Studie wie geplant durch:

Zunächst besorgt sie/er sich die ‚Daten', d.h., sie/er kopiert in Rücksprache mit der Lehrperson die Lesetagebücher und führt auch eine erste Sichtung während des schulpraktischen Teils durch. Nach Beendigung der Praxisphase erfolgt eine detaillierte deduktive Inhaltsanalyse, die Auswertungskategorien sind von der/dem Studierenden anhand ausgewählter theoretischer Zugänge gebildet worden (z.B. Bearbeitungshäufigkeit von Aufgabenformaten je nach biologischem Geschlecht (sex), Identifikation mit biologisch männlichen und weiblichen Figuren des Buches). Es wird untersucht, ob in den Lesetagebüchern von Schülerinnen andere Kategorien relevant sind, als in denen von Schülern. Die Ergebnisse entsprachen weitestgehend dem aktuellen Stand der Forschung, alles wie erwartet. Allerdings fielen zwei Lesetagebücher durch Besonderheiten auf; diese hat die/der Studierende als Einzelfälle einer spezifischen Analyse unterzogen. So hat sich z.B. eine Schülerin mit dunkler Hautfarbe stark mit einer männlichen Figur identifiziert, die ähnliche phänotypische Merkmale aufweist, allerdings ist diese

Figur auf der Ebene des sozialen Geschlechts (gender) mit stereotyp weiblichen Eigenschaften markiert (schält die Zwiebeln und Kartoffeln, hält das Haus in Schuss, kümmert sich also ‚im Inneren' um die Belange des oikos). Die Bedeutung der Auseinandersetzung mit Literatur hängt für die Schüler*innen in diesem Fall also nicht nur von der Kategorie biologisches Geschlecht (sex) ab, sondern von einer intersektionalen Verschränkung von ethnischen Faktoren und Faktoren des sozialen Geschlechts (gender). Sich fallbasiert diesem Phänomen zu widmen und im Schulalltag zu der oben formulierten Erkenntnis zu gelangen, zeugt von der Sensibilität des/der Studierenden und war für sie/ihn eine bereichernde Erfahrung.

Welche Faktoren haben hier zum Erfolg geführt? Uns scheint zunächst im Erkenntnisinteresse und der Fragestellung eine gelungene Ausgewogenheit zwischen Spezifizierung und Offenheit vorzuliegen. Ganztexte müssen gelesen werden, Geschlechterfragen spielen als schulpädagogisches Thema immer eine Rolle. Auch hier spielt Offenheit – in der Analyse der/des Studierenden – eine starke Rolle: Es gibt eben keine auf theoretischer Ebene unerwarteten Gendereffekte, aber dennoch interessante und überraschende Erkenntnisse in den Einzelfallanalysen. Sich auf Portfolios (oder Lesetagebücher) beziehen zu wollen, stellt ein Wagnis dar, dennoch handelt es sich dabei um Verfahren, die sich im Fach Deutsch einer immer größeren Beliebtheit erfreuen. Dann hat sich die/der Studierende im Rahmen ihrer/seiner Möglichkeiten sehr gut vorbereitet und ihr/sein Ziel konsequent verfolgt. Letztendlich, und dies gilt es niemals außer Acht zu lassen, ist hier auch einfach Glück im Spiel gewesen, bzw. Faktoren, die kaum vorhersehbar und steuerbar sind. So waren die Lehrpersonen an der Praktikumsschule dem Forschungsvorhaben gegenüber sehr aufgeschlossen sowie den Prozess unterstützend und es wurde tatsächlich ein Verfahren formativer schriftlicher Lektüreerschließung (Lesetagebuch statt Portfolio) eingesetzt, was zwar nicht unwahrscheinlich aber eben auch nicht selbstverständlich ist.

6.2   Mäandernder Verlauf

Bei einem mäandernden Verlauf kommt es zu substantiellen Änderungen der Fragestellung und des empirischen Zugangs bei grundsätzlich gleichbleibendem Erkenntnisinteresse. Gründe hierfür sind Gegebenheiten im Feld, die sich anders darstellen als erwartet oder die für Studierende andere Schwerpunkte nahelegen bzw. dringlich erscheinen lassen. Wir führen nun zwei Beispiele für unterschiedliche Grade der Veränderung von Studienprojekten an:

Ein/e Studierender/r interessierte sich für die soziale Interaktion von Schüler*innen mit oder ohne Förderbedarf. Diese Interaktion sollte auf dem Schulhof ethnografisch erschlossen werden, da erstens Vorerfahrungen mit dem empirischen Zugang bestanden haben und zweitens die Vermutung bestanden hat, dass ,ohne Aufsicht' bzw. Steuerung der Interaktion durch die Lehrkraft interessante Aspekte beobachtbar sind. Im Feld musste dieses Vorhaben an mehreren Stellen geändert werden. Erstens war der Schulhof groß und unübersichtlich, außerdem mussten die Schüler*innen das Gebäude nicht verlassen, so dass der/dem Studierenden von Seiten der Schule abgeraten worden ist, dort zu forschen. Deswegen verlagerte sich die Beobachtung auf Freiarbeitsphasen im Fachunterricht, also auf Phasen, in denen immer noch verhältnismäßig wenig Steuerung zu vermuten war. Der sehr offene ethnografische Zugang ließ sich ebenfalls nicht realisieren, da der/dem Studierenden bei ersten Versuchen bewusst geworden ist, wie hochkomplex die Interaktionen im Klassenraum sind. Es wurde nun auf ein bereits bestehendes Instrument zurückgegriffen, einen halboffenen Beobachtungsbogen zur sozialen Interaktion, der von der/dem Studierenden gemäß der Fragestellung adaptiert worden ist. Die Beobachtungsbögen sind dann offen hermeneutisch ausgewertet und im Forschungsbericht mittels dichter Beschreibung dargestellt und analysiert worden. Das Erkenntnisinteresse und weite Teile der Fragestellung sind somit erhalten geblieben, das Setting und der methodische Zugriff mussten geändert werden. Diese Änderungen verliefen allerdings nicht immer linear, sondern bestanden in durch Beratung seitens der Schule und Universität unterstützten Abwägungsprozessen, die letztlich zu diesem Vorgehen geführt haben.

Ein/e andere/r Studierende/r hatte sich im Rahmen des Bachelorstudiums auf theoretischer Ebene mit individueller Förderung von Schüler*innen auseinandergesetzt und im Vorbereitungsseminar das Erkenntnisinteresse nach der konkreten Umsetzung von Binnendifferenzierung im Fachunterricht formuliert. Ein Fokus ihres/seines Interesses war, ob hier domänenspezifische Unterschiede sichtbar werden. Die vorläufige Forschungsfrage lautete dementsprechend: Inwieweit wird Binnendifferenzierung im naturwissenschaftlichen und im sprachlichen Unterricht umgesetzt? Diese Fragestellung sollte methodisch durch eine strukturierte Beobachtung in vier Schulstunden (zwei Stunden im Sprachenunterricht und zwei Stunden im naturwissenschaftlichen Unterricht) bearbeitet werden. Mit Beginn des Praktikums stellte die/der Studierende jedoch fest, dass binnendifferenzierende Maßnahmen in dem von ihr/ihm besuchten Unterricht nicht in einem für eine solche Untersuchung befriedigendem Maße beobachtbar waren. Jedoch hatte die Schule ein Schuljahr zuvor eine Maßnahme ausschließlich für sehr leistungsstarke Schüler*innen initiiert, in der ausgewählte Schüler*innen in zwei Schulstunden pro Woche den Regelunterricht verlassen, um an einem von ihnen selbst gewählten

Projektthema zu arbeiten. Die Schule selbst formulierte ein Interesse an der Evaluation dieser Maßnahme, bei der die/der Studierende auch hospitierte. Nach der Hospitationsphase ergab sich für die/den Studierende/n relativ schnell ein neuer Interessensfokus auf die Perspektive der Schüler*innen. Die Forschungsfrage lautete nun, ob die Maßnahme an der Praktikumsschule aus der Sicht der Schüler*innen eine Förderung und Forderung im positiven Sinne oder eher eine Überforderung darstellt, weil sie zusätzlich zum Regelunterricht stattfindet. Die/Der Studierende führte mit vier freiwilligen, an der Maßnahme teilnehmenden Schüler*innen leicht standardisierte Interviews durch, die qualitativ inhaltsanalytisch auf der Grundlage induktiver Kategorienbildung ausgewertet wurden. Ein Ergebnis der Analyse war, dass die kognitiv leistungsstarken Schüler*innen trotz der äußeren Differenzierung keine homogene Gruppe bildeten und individuell mit Schwierigkeiten der Strukturierung ihres Lernprozesses zu kämpfen hatten, die – so das Fazit der/des Studierenden – auch in einem Binnendifferenzierenden Unterricht hätten aufgegriffen werden können. So schließt sich der Kreis: Trotz der zahlreichen und grundlegenden Veränderungen der Fragestellung, der Methodik und Durchführung wurde das ursprüngliche Erkenntnisinteresse des/der Studierenden befriedigt.

6.3   Abbruch und Neubeginn

In einigen Fällen kommt es zu einem Abbruch des bisherigen Projektes mitsamt der Aufgabe von Fragestellung und Erkenntnisinteresse – ein totaler Neubeginn wird initiiert. Aus unseren Beratungsprotokollen lassen sich drei Faktoren ermitteln, die einen Abbruch und Neubeginn bewirken.

Faktor Rahmenbedingungen: Die strukturellen, technischen, organisatorischen etc. Rahmenbedingungen verunmöglichen die Durchführung des Studienprojektes. Eine/ein Studierende/r möchte unbedingt eine Studie über den Trainingsraum durchführen. Sie/er ist hinsichtlich der genauen Ausrichtung offen, zumal sie/er aus eigener Erfahrung als ‚Aufseher*in' dem Konzept skeptisch gegenübersteht. Die Praktikumsschule hat allerdings weder einen Trainingsraum noch die Absicht auf diese oder ähnliche Weise zu disziplinieren. Die/der Studierende erkennt jedoch sehr schnell im eigenen Unterricht die Notwendigkeit, sich stärker mit Deutsch als Zweitsprache auseinanderzusetzen; die Schule fährt hier ein spezielles Konzept, dass dann zum Thema des Studienprojektes wird.

Faktor Institutionelle Bedingungen: Faktoren, die mehr oder weniger typisch für die Institution Schule bzw. Bildungssystem sind, verunmöglichen das Projekt. Eine/ein Studierend/r möchte mit einem standardisierten Instrument die Einstellungen und die Bereitschaft zur Inklusion in einem Kollegium ermitteln, dessen

Schule sich auf den Weg zu einer inklusiven Schule gemacht hat. Bei den Mentor*innen und Teilen des Kollegiums stößt dieses Vorhaben auf großes Interesse, allerdings wird es dann auf Ebene der Schulleitung verhindert. Die Schulleitung scheint die Ergebnisse der Befragung bereits im Vorhinein klar abschätzen zu können (sie geht von stark ablehnenden Einstellungen und von Un-Bereitschaften aus) und verhindert das Projekt mit der Begründung, dass ja dann die (wohl bereits im Vorfeld sicheren) Ergebnisse von Seiten der Schulleitung gegenüber dem Kollegium vertreten werden müssten. Der Konflikt ließe sich hier sowohl vor allem machttheoretisch beschreiben als auch im Sinne eines diffusen Vorbehaltes gegenüber Veränderung. Die/der Studierende nimmt diese Situation in Beratungsgesprächen zum Anlass, über Fragen der Schulentwicklung zu reflektieren, ihre/seine weitere Forschung beschäftigt sich jedoch fallbezogen mit Fragen der Resilienz einzelner Schüler*innen.

Biografische Faktoren: Ein Abbruch bereits gefasster Vorhaben und ein Neubeginn forschend zu lernen kann auch dadurch verursacht werden, dass man in der schulischen Praxis beinahe unvermittelt etwas über sich selbst erfährt, das persönlich dringend bearbeitet werden soll, dringender als alles andere. Ein Beispiel:

Ein/e Studierende hatte nicht als Schüler*in aber im Rahmen der im Bachelorstudium zu absolvierenden Schulpraktika (Orientierungs- und Berufsfeldpraktikum) Erfahrungen mit der verkürzten Gymnasialschulzeit (G8) in NRW gemacht. Ihr/Sein zu Beginn des Vorbereitungsseminars herausgearbeitetes Erkenntnisinteresse richtete sich auf das Belastungsempfinden der Schüler*innen und mündete in die Forschungsfrage: „Wie beschreiben Schüler*innen der Einführungs- und Qualifikationsphase ihre empfundene Belastung, welche Faktoren wirken besonders belastend und welche Ressourcen setzen Schüler*innen zur Bewältigung ein?" Sie/Er plante mit mehreren leitfadengestützten Interviews mit Schüler*innen Daten zu erheben und diese dann qualitativ inhaltsanalytisch auszuwerten.

Mit Beginn des Praktikums an der Schule und den ersten Unterrichtsstunden, die sie/er selbständig unterrichtete, führte die wahrgenommene Unsicherheit mit der Einschätzung der Schüler*innenreaktionen auf den eigenen Unterrichtsstil zu einem völlig neuen Erkenntnisinteresse. Sie/Er wollte nun eine Untersuchung zur Selbst- und Fremdeinschätzung der Klassenführung durchführen mit der Forschungsfrage: „Was ist mein derzeitiger Stil der Klassenführung und an welchen Stellen lassen sich meine Klassenführungskompetenzen verbessern. Die/Der Studierende nutzte einen schon bestehenden, aber auf die individuellen Gegebenheiten adaptierten Fragebogen (Linzer Diagnosebogen zur Klassenführung). Sie/Er befragte zwei Klassen, ließ sich von zwei Kolleg*innen beobachten und schätzte sich mit diesem Instrument selbst ein. So versuchte die/der Studierende diesen Fragen auf den Grund zu gehen. Die Ergebnisse der Teilbefragungen wurden beschrieben, interpretiert und miteinander in Beziehung gesetzt. Die/Der Studierende kam zu dem Schluss, durch den Einsatz des Instruments und die Analyse der Ergebnisse zu einem vertieften Verständnis über die Benachteiligung einzelner Schülergruppen im eigenen Unterricht gekommen zu sein und dieses Instrument auch in der späteren Praxis einsetzen, aber auf eine Nachbesprechung der Ergebnisse mit den Schüler*innen nicht verzichten zu wollen.

7   Fazit und Ausblick

Mit den Studienprojekten im Praxissemester im Masterstudium erhält ein Großteil der Lehramtsstudierenden an der Uni Bielefeld erstmals einen praktischen Zugang zu empirischen sozialwissenschaftlichen Fragestellungen und Forschungsmethoden. Wie gezeigt werden konnte, sind diese Zugänge je nach Erkenntnisinteresse und den Gegebenheiten im Feld, d.h. der Praktikumsschule, individuell sehr unterschiedlich. Wie für Feldforschung typisch – und für schulische Praxisforschung im Besonderen – sind die einzelnen Forschungsschritte nicht am „Reißbrett" akribisch planbar, sondern erfordern von den forschend Lernenden ein hohes Maß an Flexibilität und Kreativität. Dies ist hochgradig anspruchsvoll, nicht nur für die Studierenden selbst, sondern auch für die sie betreuenden Akteur*innen an den beteiligten Institutionen. Die Ergebnisse der studentischen Forschungsarbeit geben aber mehr als Anlass zur Hoffnung, dass sich dieser Einsatz lohnt.

Wir hoffen, mit unserem Beitrag für ein studentisches Forschen in Schulpraxisphasen geworben zu haben, welches das Ziel verfolgt, dass Studierende eine kritisch-reflexive Distanz zur Institution Schule, zu den beteiligten Akteur*innen und in diesem Sinne auch zu sich selbst und der eigenen Tätigkeit einnehmen. Wir hoffen ebenfalls, nachvollziehbare Beispiele aus den Erkenntnisinteressen, Fragestellungen, Forschungs- und Auswertungsmethoden sowie typischer Verläufe der studentischen Studienprojekte gegeben zu haben.

Für eine effektivere Begleitung der angehenden Lehrpersonen scheint es uns nötig, genauer zu verstehen, *welche* Lerngelegenheiten *wie* von den Studierenden zu *welchem* Zweck genutzt werden, um sich zu (de-) professionalisieren und/oder das Praxissemester zu bewältigen. Uns scheint dies – wen sollte das verwundern – u.a. aus Gründen der sozialen Erwünschtheit nicht unbedingt ausschließlich in den geprüften Studienprojekten und weiteren Veranstaltungen zu geschehen, hier mag es in der Tendenz doch eher zu ‚defensiver' Reflexion kommen (Häcker, 2012, S. 226). Um weitere Lerngelegenheiten zu lokalisieren und die Betreuung der Studierenden in den Bildungswissenschaften zu verbessern, formiert sich gerade eine Forschungsgruppe der Bielefelder Erziehungswissenschaft (VfL Praxis).

Literaturverzeichnis

Cramer, C. (2014). Theorie und Praxis in der Lehrerbildung. *Die Deutsche Schule 4/106*, 344-357.

Fichten, W., Wagener, U., Gebken, U., Beer, T., Junghans, C. & Meyer, C. (2009). Methoden-reader zur Oldenburger Teamforschung. Oldenburger VorDrucke 487.

Friebertshäuser, B., Langer, A. & Prengel, A. (2013). *Handbuch qualitative Forschungs-methoden in der Erziehungswissenschaft.* Weinheim: Beltz.

Gesetz über die Ausbildung für Lehrämter an öffentlichen Schulen(Lehrerausbildungsge-setz – LABG) Vom 12. Mai 2009 (GV. NRW. S. 308) zuletzt geändert durch Gesetz vom 28. Mai 2013 (GV. NRW. S. 272). https://www.schulministerium.nrw.de/docs/Recht/ LAusbildung/LABG/ [25.04.2016]

Häcker, Th. (2012). Portfolio – ein Medium zur Optimierung und Humanisierung des Ler-nens. In Thilo Fitzner, Peter E. Kalb & Erika Risse (Hrsg.), *Praxishandbuch Pädagogik.* (S. 221-231). Bad Heilbrunn/Obb.: Klinkhardt.

Hascher, T. (2005). Die Erfahrungsfalle. *Journal für Lehrerinnen- und Lehrerbildung, 1,* 39-45.

Holler-Nowitzki, B. (2016). *Das Praxissemester. Rahmenbedingungen, Lerngelegenheiten, Belastungserleben. Befunde einer Befragung in BiWi im Anschluss an das Praxissemes-ter. Präsentation im Rahmen des Symposiums „Empirische Befunde zum Praxissemes-ter" am 5. April 2016 in Bielefeld.*

Klewin, G./Kneuper, D. (2009). Forschend lernen in der Bielefelder Fallstudienwerkstatt Schulentwicklung. In: Roters, B. et al. (Hrsg.): *Forschendes Lernen im Lehramtsstu-dium. Hochschuldidaktik – Professionalisierung – Kompetenzentwicklung* (S. 63-85). Bad Heilbrunn: Klinkhardt.

Leitkonzept zur standortspezifischen Ausgestaltung des Bielefelder Praxissemesters (2011). https://praxissemester.uni-bielefeld.de/Seiten/home.aspx [25.04.2016]

Moser, H. (2015). *Instrumentenkoffer für die Praxisforschung: Eine Einführung.* Freiburg i.B.. Lambertus.

Rothland, M./Boecker, S. K. (2014). Wider das Imitationslernen in verlängerten Praxis-phasen. Potenzial und Bedingungen des Forschenden Lernens im Praxissemester. *Die Deutsche Schule 4/106*, 386-397.

Schüssler, R., Schwier, V., Klewin, G., Schicht, S., Schöning, A. & Weyland, U. (Hrsg.) (2014). *Das Praxissemester im Lehramtsstudium. Forschen, Unterrichten, Reflektieren.* Bad Heilbrunn: Klinkhardt.

Störtländer, J.C./Koch, B. (2016; i.V.). Forschendes Lernen in inklusiven Lerngruppen der Sekundarstufe I. In: Schüssler, R., Schöning, A., Schwier, V., Schicht, S., Gold, J. & Wey-land, U. (Hrsg.): *Im Praxissemester forschend Lernen – Umsetzung in Schule, Universi-tät und Studienseminar.* Bad Heilbrunn: Klinkhardt.

Kasuistik in der Lehrerbildung als Vermittlungsinstanz zwischen Theorie und Praxis?

Jessica Dzengel

1 Einleitung

Die Diskurse um die Lehrerbildung in Deutschland sind durch eine Besonderheit gekennzeichnet: Gerade die Tatsache, dass die Lehrerbildung als zweiphasige institutionalisiert ist und damit sowohl für den Erwerb theoretischen Fachwissens als auch für die Einübung in die Handlungspraxis an der Schule gesonderte Zeiten und Räume ausgestattet mit entsprechender Expertise vorliegen, bietet wiederkehrend Anlass zur Kritik (vgl. Terhart 2000). Im Zentrum steht dabei eben jene Differenz zwischen theoretischen und praktischen Ausbildungsanteilen. Diese müssten, um die Qualität der Lehrerbildung verbessern zu können und in diesem Sinne auch eine bessere Vorbereitung der Lehramtsanwärter*innen auf die berufliche Handlungspraxis zu gewährleisten, enger miteinander ‚verzahnt' werden. Hinter der ‚Verzahnungs-Semantik' verbirgt sich zum einen die Forderung nach einem stärkeren Berufsbezug der Inhalte innerhalb der universitären Phase der Lehrerbildung (vgl. Terhart 2000, S. 27). Zum anderen trägt sie die Hoffnung in sich, dass durch einen stärkeren Berufsbezug innerhalb des Lehramtsstudiums eine Verbesserung der Praxis erreicht werden könnte – sowohl der Praxis der Lehrerbildung und als Folge hieraus auch der Praxis in der Schule. Auf diese Forderung(en) wurde insbesondere im Anschluss an die breit angelegten Schülervergleichstests zu Beginn des 21. Jahrhunderts, die den Diskurs um die Qualität der Lehrerbildung neu entfacht haben, mit breit angelegten Reformen reagiert. So lässt

sich etwa bundesweit die Einführung von mehr und längeren Praxisphasen in das
Studium beobachten. Diese Praxisphasen werden in der Regel von erziehungswissenschaftlichen Vor- und Nachbereitungsseminaren gerahmt, innerhalb derer
die Studierenden – abhängig vom eher berufspraktisch oder forschungspraktisch
orientierten Konzept der Lehre – Instruktionen in Form von Aufgabenstellungen
erhalten, die dann die Grundlage für die Inhalte der Nachbereitungsseminare liefern (vgl. Punkt 2).

An dieser Entwicklung lässt sich folgendes ablesen: (1) Der nachdrückliche Ruf
nach mehr Praxisrelevanz hat zu inhaltlichen und strukturellen Veränderungen
des Lehramtsstudiums geführt. Gleichwohl verfügen wir über keine wissenschaftlich abgesicherten Erkenntnisse, die das Phänomen, des andauernden Rufes nach
mehr Praxis erklären können (vgl. Hedtke 2000; Merzyn 2004). (2) Der Wunsch
nach mehr Praxisrelevanz setzt insbesondere die Fachdidaktiken und die Erziehungswissenschaft gesteigert unter den Druck, die berufspraktische Relevanz
ihrer Anteile an der Lehrerbildung aufzuzeigen. Im Gegensatz zu den für die Lehrerbildung relevanten „Fächern" (etwa Mathematik, Germanistik, Biologie usw.),
die als genuin eigenständige Wissenschaftsdisziplinen gewachsen sind, müssen die
Erziehungswissenschaft und die Fachdidaktiken als ‚professionsspezifische Disziplinen' nicht nur wissenschaftlichen sondern auch berufspraktischen Ansprüchen
gerecht werden.[1] (3) Die Herausforderung, sowohl wissenschaftliche als auch berufspraktische Ansprüche bedienen zu müssen, hat Auswirkungen auf der Ebene
der universitären Lehre als soziale Praxis. Die Kasuistik, verstanden als Arbeit
an und mit Fällen aus der schulischen Praxis, nimmt mittlerweile insbesondere

---

1   Für die Fachdidaktiken lässt sich das leicht daran verdeutlichen, dass sie kaum
    als eigenständiges Fach studiert werden können, sondern lediglich aufbauend als
    Masterstudium an einigen Universitäten angeboten werden. Diese Studiengänge
    adressieren Lehramtsstudierende, sind also ohne berufspraktischen Anspruch nicht
    als institutionalisierte Fächer zu denken. Für die Erziehungswissenschaft zeigt sich
    die Ambivalenz, sowohl wissenschaftlichen als auch berufspraktischen Ansprüchen
    nachkommen zu müssen, seit der ersten „realistischen Wendung" (Roth 1962), in
    deren Folge sich aus der ursprünglich geisteswissenschaftlichen Pädagogik eine
    innerdisziplinäre Differenzierung entwickelte: Neben die handlungspraktischen und
    normativen Ansprüche der Pädagogik, die vor allem Orientierung für die pädago-
    gische Praxis bereitstellen will, treten Geltungs- und Erkenntnisfragen, die von der
    Erziehungswissenschaft mit Blick auf die pädagogische Praxis bearbeitet werden.
    Welche Ansprüche jeweils hinter welcher Bezeichnung tatsächlich vertreten werden,
    lässt sich innerhalb der Hochschullandschaft nicht eindeutig ausmachen (vgl. Wernet
    2006). Die innerdisziplinär geführten Selbstvergewisserungsdiskurse, die sich nicht
    zuletzt an Fragen zur Lehrerbildung entzünden, bezeugen die Verpflichtung gegen-
    über berufspraktischen Ansprüchen sowie die Herausforderungen, die sich aus der
    Ambivalenz von Wissenschaftlichkeit und Praxisbezug für die Disziplin ergeben.

innerhalb der Fachdidaktiken und der Erziehungswissenschaft eine herausragende Position ein.

Sowohl auf erziehungswissenschaftlicher als auch auf bildungspolitischer Ebene herrscht Konsens, dass, der forschende Blick auf die Praxis' einen entscheidenden Beitrag im Professionalisierungsprozess der Lehramtsstudierenden leisten könne (vgl. die Empfehlungen der KMK 2004; Terhart 2000, 2002; Moser 2011). Stichworte wie ‚forschendes Lernen' oder ‚Reflexion' sind aus den Diskursen um die Lehrerbildung nicht mehr weg zu denken. In gewisser Weise lässt sich also sagen, dass mit dem Erfolg der Kasuistik einem genuin wissenschaftlichen Bereich – der empirischen Erforschung sozialer Realität – eine besondere Praxisbedeutsamkeit im Kontext der Lehrerbildung zugeschrieben wird. Inwiefern die Kasuistik die ihr zugeschriebene Praxisbedeutsamkeit tatsächlich einlösen kann, ob damit der Ruf nach mehr Praxis stillgestellt werden kann oder gar – ob mit der Verbreitung der Kasuistik eine Verbesserung der Lehrerbildung einhergeht, sind indes empirisch offene Fragen.

Vor diesem Hintergrund zielt der vorliegende Beitrag auf eine Auseinandersetzung mit der Frage, welche Potenziale und Grenzen mit einer kasuistischen Lehrerbildung verbunden werden können und welche Rückschlüsse hieraus für die Diskurse um die Lehrerbildung respektive für die Lehrerbildungsforschung gezogen werden können. Dazu werden zunächst die den Diskurs dominierenden professionalisierungstheoretischen Begründungsmuster in Bezug auf ihre Perspektive auf die für den Lehrerberuf konstitutive Theorie-Praxis-Differenz in den Blick genommen und ihre Implikationen für die Lehrerbildung dargestellt (1). In einem zweiten Schritt werden die sich aus den verschiedenen kasuistischen Ansätzen ergebenden Potenziale und Grenzen der jeweiligen Herangehensweise vorgestellt (2). Abschließend wird der Zusammenhang zwischen Praxiswunsch, Legitimationsdruck und Ausgestaltung der universitären Lehre kritisch reflektiert.

Die Theorie-Praxis-Differenz im Spiegel professionalisierungstheoretischer Überlegungen: Implikationen für die Lehrerbildung

Der erziehungswissenschaftliche Diskurs zur Lehrerbildung ist durch zwei grundsätzlich verschiedene Theorieperspektiven gekennzeichnet. Auf der Ebene der Forschung zeigt sich diese Differenzierung in einer Orientierung am quantitativen und am qualitativen Forschungsparadigma. Auf der einen Seite steht die kompetenzorientierte Perspektive, die vorrangig an das in den 1980er Jahren in den USA entstandene Experten-Paradigma anknüpft (für Deutschland ist die Arbeit von Bromme (1992) grundlegend) und einem Verständnis von pädagogischer Professionalität folgt, das darauf fokussiert ist, zu klären, was Lehrer *wissen* und *kön-*

nen sollten (vgl. Baumert/Kunter 2006, S. 481; Tillmann 2011; einen Überblick gibt Czerwenka 2008). Die empirische Forschung, die diesem Paradigma folgt, prozessiert vornehmlich quantitativ und orientiert sich an der Modellierung und Messung sowohl von Kompetenzen für den Lehrerberuf als auch an der Formulierung von Standards für die Lehrerbildung (vgl. z. B. Oser/Oelkers 2001; Terhart 2002; Blömeke 2007a; Abs 2006, 2007; Döbrich/Abs 2006, 2007; Brunner et al. 2006a und 2006b und die Beiträge zum DFG-Schwerpunktprogramm „Kompetenzmodellierung" in ZfPäd 56/2010). Im Zentrum geht es darum herauszufinden, *wie* die Lehrerbildung *wirkt*, sie evaluierbar zu machen und ihre Qualität darüber für die Zukunft zu verbessern, respektive zu sichern. Kompetenzorientierung und Standardisierung zielen letztlich auch auf eine vereinheitlichte Curricularisierung des Lehramtsstudiums – eine Forderung, die sich auch im Programm des BMBF „Qualitätsoffensive Lehrerbildung" findet. Ob und inwiefern von einem Kausalzusammenhang zwischen Lehrerbildung, Lehrerhandeln und Schülerleistung ausgegangen werden kann, ist indes allerdings sowohl in den USA (vgl. Darling-Hammond/Bransford 2005; Walsh 2001) als auch in Deutschland eine nicht endgültig beantwortete Frage (vgl. Lipowsky 2006; Rothland und Terhart 2009; Terhart 2012; Merki und Werner 2011). Das liegt auch und vor allem in der Komplexität des Forschungsfeldes begründet – der Weg von der Lehrerbildung zur Schülerleistung ist lang und die Zusammenhänge zwischen Vermittlung, Aneignung und Anwendung von Wissensbeständen sind nicht einfach zu konzeptualisieren und empirisch zu überprüfen.[2] Die Entwicklung geeigneter Messinstrumente nimmt nach wie vor einen Hauptaufmerksamkeitsfokus ein (für die Entwicklung anspruchsvoller Messinstrumente richtungweisend vgl. Baumert/Kunter 2006; Brunner et al. 2006a und 2006b; Blömeke et al. 2008; Blömeke und Suhl 2010; Blömeke et al.

---

2   An dieser Stelle sei auch explizit auf das sehr heterogene Feld der soziologischen und kognitionspsychologischen Wissensverwendungsforschung hingewiesen, das in Deutschland erst 1982 mit einem von der DFG ins Leben gerufenen Schwerpunktprogramm entsteht (vgl. Ratdke 2004, S. 101f.). Ziel war es, eine empirisch fundierte Legitimationsbasis für die universitäre Lehrerbildung zu schaffen. Obwohl oder auch gerade weil dies (bisher) nicht gelang, arbeiten die verschiedenen Vertreter in diesem Forschungsfeld je nach Position weiterhin an der Frage, ob und inwiefern ein Zusammenhang zwischen theoretischem Wissen und handlungspraktischem Können besteht bzw. wie dieser Zusammenhang ggf. zu relationieren ist und welche Schlussfolgerungen daraus abzuleiten sind (vgl. etwa Bromme 1992; Neuweg 2002, 2004; Ratdke 2004, Hackl 2004; Schön 1983). Prominente Vertreter dieser Forschungsrichtung wie etwa Radtke oder Neuweg gehen nicht mehr von einem direkten Kausalzusammenhang zwischen der Aneignung von theoretischem Wissen und seiner handlungspraktischem Anwendung aus, dennoch sind die Ergebnisse nach wie vor orientierungsrelevant für die kompetenzorientierte Lehrerbildungsforschung.

2010a und 2010b; Blömeke et al. 2012). Damit ist auch gesagt, dass eine Differenz zwischen theoretischem Wissen und handlungspraktischem Können zwar grundsätzlich anerkannt ist – das bezeugen insbesondere diejenigen Arbeiten, die von einer analytischen Unterscheidbarkeit verschiedener Wissenstypen ausgehen (vgl. etwa Baumert/Kunter 2013; für einen Überblick Linninger et al. 2015), zugleich kommt aber keine Wirksamkeitsuntersuchung umhin, die Differenz zwischen theoretischem Wissen und handlungspraktischem Können mindestens implizit als zu überbrückende anzunehmen. Über eine zielgerichtete und didaktisierte Wissensvermittlung innerhalb der universitären Lehre erhofft man sich, diese Brücke, zwischen theoretischem Wissen und handlungspraktischem Können, stabil einrichten zu können. Das Legitimationsproblem, vor das sich die ‚Theorie' – also die universitäre Phase der Lehrerbildung und hier im speziellen die erziehungswissenschaftlichen und fachdidaktischen Studienanteile – aufgrund der an sie herangetragenen berufspraktischen Ansprüche gestellt sieht, wird diesem Forschungsparadigma folgend also über den Versuch, die Wirksamkeit der Lehrerbildung bezogen auf die Entwicklung und Entfaltung von Kompetenzen auf Seiten der Studierenden nachzuweisen, bearbeitet.

Dem gegenüber liegt die strukturtheoretisch-handlungslogische Perspektive auf den Lehrerberuf (vgl. Oevermann 1996, 2002; Helsper 1996, 2000; Wernet 2003), die von einer grundsätzlichen Differenz zwischen Theorie (Wissenschaft) und Praxis (z.B. Schule) ausgeht, beide Sphären aber als wechselseitig aufeinander verwiesen versteht. Traditionell folgen die Vertreter*innen dieser Perspektive eher dem qualitativ-rekonstruktiven Forschungsparadigma und bearbeiten bislang stärker das Feld der Schul- und Unterrichtsforschung denn das der Lehrerbildungsforschung. In scharfer Distanz zu den Input-Outcome-Modellen der kompetenzorientierten Lehrerbildungsforschung betont diese Perspektive die Eigenlogik und darüber auch den spezifischen Wert einer jeweils als „stellvertretende Krisenbewältigung" bestimmten Handlungspraxis (vgl. Oevermann 2002, S. 23). Konkret auf das Lehrerhandeln bezogen stellt sich die Theorie-Praxis-Differenz wie folgt dar: Theoretische Wissensbestände sind für das pädagogische Handeln in der Praxis notwendig, da Bildung und Erziehung als grundsätzlich zukunftsoffene Interventionsversuche zu denken sind, d.h. als mit Ungewissheit über den Erfolg einer je durchgeführten Intervention behaftete Handlungslogiken. Ob das jeweils zur Anwendung gebrachte Wissen den erwünschten Erfolg zeigt oder nicht, ist allenfalls retrospektiv zu beantworten. Da der Lehrerberuf von der Gesellschaft mit einer hohen Verantwortung betraut wurde (Bildung, Erziehung, Selektion) ist er verpflichtet, die in der jeweiligen klientenbezogenen Interaktion getroffenen Entscheidungen nachträglich im Rückgriff auf bestehende Wissensbestände begründen zu können. Umgekehrt können klientenbezogene Interaktionen innerhalb der

Praxis immer wieder und jederzeit scheitern, d.h. das zur Anwendung gebrachte
Wissen kann in eine Geltungskrise geraten. An dieser Stelle ist es dann wiederum
Aufgabe der Wissenschaft, diese Geltungskrise der Wissensbestände stellvertretend für das professionelle Handeln in der klientenbezogenen Praxis zu bearbeiten
(vgl. Oevermann 1996, S. 88f.; 2002, S. 23f.). Mit dem Begriff der Theorie ist also
die Sphäre der Wissenschaft gemeint, der Begriff der Praxis bezieht sich auf die
Orte der klientenbezogenen professionellen Intervention. Für die Lehrerbildung
legt diese Perspektive die Notwendigkeit eines ‚doppelten Professionalisierungs-
prozesses' nahe. Für die erste Phase an der Universität sehen Vertreter*innen
dieses Theoriemodells die Entwicklung eines forschend-reflexiven Habitus als
notwendige Voraussetzung an, um die Grundlage für das spätere Handeln in der
Praxis zu schaffen. Innerhalb der zweiten Ausbildungsphase an Studienseminar
und Ausbildungsschule steht dann die Aneignung eines (selbst)reflexiv-rekonst-
ruktiven Habitus im Zentrum, der Fachwissen und Können in sich vereint und
damit die Grundlage bildet, um die in der Handlungssituation getroffenen Entscheidungen sowohl im Rückgriff auf die theoretischen Wissensbestände als auch
im Rückgriff auf die handlungspraktisch wirksam gewordenen Routinen evaluieren und begründen zu können (vgl. dazu Oevermann 2005, S. 39; ausführlicher zur
Ableitungsbasis in Bezug auf die Theorie-Praxis-Differenz für die Lehrerbildung
Dzengel 2016).

Die strukturtheoretisch-handlungslogische Perspektive auf den Lehrerberuf
weist demnach die Theorie-Praxis-Differenz als konstitutives Strukturmerkmal
professionellen Handelns aus, indem sie die Bereiche Theorie und Praxis jeweils
funktional und damit zwingend wechselseitig aufeinander verwiesen aus der entsprechenden Handlungslogik heraus bestimmt. Die Frage, was der theoretische
Teil der Ausbildung für die Praxis zu leisten vermag, stellt sich auf der Ebene
der theoretischen Ableitungsbasis nicht (vgl. ausführlich Oevermann 1996, 2002).
Theorie und Praxis sind einzig im professionellen Habitus respektive in der professionellen klientenbezogenen Interaktion als ‚vermittelt' zu denken (vgl. Oevermann 2005, S. 39f.).

Unter dem Stichwort ‚Reflexion' finden heute beide Perspektiven eine Antwort
auf das Legitimationsproblem, vor das sich die universitäre Phase der Lehrerbildung gestellt sieht, wenn auch mit unterschiedlichen Schwerpunktsetzungen und
verschiedenen Schlussfolgerungen für die Ebene der universitären Lehre. Betont
die kompetenzorientierte Perspektive gemäß ihrer Orientierung am gesetzeswis-
senschaftlichen Forschungsparadigma die Notwendigkeit der Ausbildung bspw.
von Beobachtungs- und Diagnosekompetenz für den Lehrerberuf, verortet sie das
Potenzial einer kasuistischen Lehre entsprechend in der Möglichkeit, Handlungsroutinen nachvollziehen zu können und auf ihre Angemessenheit hin zu bewerten

(vgl. Kraler/Schratz 2008). Die professionalisierungstheoretische Perspektive setzt hingegen auf ein wirklichkeitswissenschaftliches Forschungsverständnis und betont im Sinne eines rekonstruktiven Sinnverstehens die Möglichkeit der „Irritation internalisierter Deutungs- und Handlungsmuster von Schule und Unterricht" (Ohlhaver/Wernet 1999, S. 16) als Potenzial von Fallarbeit. Im Folgenden soll skizziert werden, welche Formen kasuistischen Arbeitens welche Potenziale (und Grenzen) in sich bergen.

▶ **Lesehinweise**
Helsper (2002; 2007; 2011)
Mayr (2006)
Mayr und Terhart (2003)

2 Kasuistik im Lehramtsstudium – Wissen, verstehen, verbessern?

Die Kasuistik im Lehramtsstudium hat sich als methodisch differenziertes Feld etabliert (vgl. Pieper et al. 2014; Hummrich et al. 2016; deBoer und Reh 2012; Beck et al. 2000; Ohlhaver/Wernet 1999). An verschiedenen Universitäten sind Fallarchive entweder vorhanden oder im Aufbau befindlich und werden aus der und für die Lehre weiter entwickelt und genutzt (z.B. Frankfurt „ApaeK", Kassel „Fallarchiv Schulpädagogik", Hannover „Kasus", Hildesheim „Hilde", ebenso die Universitäten in Berlin (HU und TU), Göttingen und Flensburg, um nur einige zu nennen). Ungeachtet der beachtlichen methodischen Vielfalt (zu einem Systematisierungsversuch vgl. Hummrich 2016) möchte ich in Anlehnung an Wernet (2006) nur auf einen Unterschied in der Arbeit an und mit Fällen hinweisen, der für den vorliegenden Zusammenhang von zentraler Bedeutung ist: Den Unterschied zwischen einer *illustrativen* und einer *rekonstruktiven* Kasuistik (vgl. Wernet 2006, 84ff). Während erstere traditionell den Fokus auf die Lösung von handlungspraktischen Problemstellungen richtet, sucht letztere den Sinnzusammenhang – etwa einer pädagogischen Interaktion – rekonstruktiv zu verstehen. Sie setzt auf Wissensgenerierung und Geltungsüberprüfung im Dienste einer wissenschaftlichen Theoriebildung, nicht auf handlungspraktische Lösungssuche. Erstere entstammt der Tradition einer „literarischen (...) Thematisierung pädagogischer Sachverhalte und Handlungsprobleme" (Wernet 2006, S. 87). Stark verkürzt lässt sich als illustrative Kasuistik diejenige Arbeit an Fällen begreifen, die sich darauf konzentriert, sowohl pädagogische Problemstellungen als auch pädagogische Idealvorstellungen zu veranschaulichen und so Wissen, aus der Praxis für die Praxis zur

Diskussion zu stellen. Das Datenmaterial entstammt entsprechend häufig aus der Feder der pädagogischen Akteure selbst. Demgegenüber sucht die rekonstruktive Kasuistik die Verfasstheit der Erziehungswirklichkeit zu entschlüsseln. Als Datenmaterial dienen bspw. ethnographische Beschreibungen oder videoethnographisch erhobene Aufnahmen, wörtliche Mitschriften von Lehrer-Schüler-Interaktionen im Unterricht, transkribierte Interviews oder Gruppendiskussionen – kurz alles, was die soziale Realität abbildet und von Akteuren erstellt wurde, die selbst nicht aktiv agierend, sondern distanziert-beobachtend in den jeweiligen pädagogischen Handlungskontext eingebunden waren. Im Gegensatz zur illustrativen Kasuistik können hier Herausforderungen oder Fragen aus der pädagogischen Praxis in den Aufmerksamkeitsfokus geraten, die der pädagogischen Praxis selbst gar nicht als fraglich erscheinen. Es geht ihr weniger um eine Wissensaneignung als um ein Verstehen der spezifischen Verfasstheit der jeweiligen pädagogischen Praxis. Diese Differenzierung kommt der unter (1) aufgezeigten Differenzierung zwischen einer kompetenzorientierten und einer professionalisierungstheoretischen Perspektive auf die Theorie-Praxis-Differenz für den Lehrerberuf entgegen. Erstere setzt auf Wissensaneignung über die Reflexion pädagogischer Situationen, letztere auf ein Verstehen der pädagogischen Praxis im Sinne der Entschlüsselung des jeweiligen ,So-Geworden-Seins'.

Im Kontext der kompetenzorientierten Lehrerbildung etabliert sich mittlerweile eine Arbeit an Fällen, die in Anspruch nimmt, sowohl illustrative als auch rekonstruktive Ansprüche einzulösen, und zugleich das Lernen an *best-practice* Beispielen präferiert (vgl. Lindow/Münch 2014). Zielorientierung ist die – in Anlehnung an Shulman (2004) – formulierte Idee einer Theorie-Praxis-Vermittlung, die entsprechend auf Anwendungsbezug setzt: „Lehramtsstudierende sollen dazu befähigt werden, vernetzt zu denken bzw. bereits erworbene theoretische wie praktische Konzepte situationsabhängig bzw. situationsadäquat anzuwenden" (Lindow/Münch 2014, S. 172). Hummrich (2016) gibt zu bedenken, dass eine Kasuistik, die auf das Lernen an *Best-practice-Fällen* setzt, weniger „das erkennende Subjekt" vor Augen habe, als vielmehr dem Modell eines „Meister-Novizen-Verhältnisses" folge (ebd. S. 27). Fallarbeit würde aus dieser Perspektive eher der Aneignung von „Inszenierungswissen über Unterricht" (ebd.) dienen und verkehre sich in diesem Sinne in eine problematische Zweck-Mittel-Relation: Ermöglicht wird „das eigene Handeln und das der Lernenden zu kategorisieren und unter dem Aspekt der Nützlichkeit zu subsumieren" (ebd. S. 28). Mit Wernet (2006) lässt sich an einer dieserart neu interpretierten illustrativen Kasuistik kritisieren, dass sie einer Verstetigung von Routinen Vorschub leiste: Die von den Akteuren aus der Praxis erstellten Fallschilderungen oder Beispielerzählungen speisen ihr Erkenntnispotenzial aus dem Erfahrungswissen der Praktiker selbst (vgl. Wernet

2006, S. 89f.). Und auch wenn die Fälle nicht von Akteuren aus der Schulpraxis erstellt wurden, sondern im Sinne Shulmans (2004) für die universitäre Lehre von Dozierenden aufbereitet werden, kommt doch die Praxis selbst bezüglich ihrer Problemstellungen und Lösungsoptionen zu Wort. D.h. auch, dass eine dieserart gestaltete Weitergabe von Wissen über Schule, Unterricht und Lehrerhandeln den Möglichkeitsspielraum für ‚Innovationen' der schulischen Praxis – eine sowohl im öffentlich-medialen als auch erziehungswissenschaftlichen Diskurs prozessierende Dauerforderung – deutlich einschränkt. Mindestens lässt sich kritisch in Frage stellen, wie altbewährte und für das Lehrerhandeln zum Teil auch unabweisbar notwendige Routinen, auf ihre Geltung hin befragt werden sollen, wenn die Auseinandersetzung mit dem Fall stärker auf die Reproduktion von Wissensbeständen als auf ihre Hinterfragung zielt.

Die rekonstruktive Kasuistik kommt hingegen den wissenschaftlichen Ansprüchen stärker entgegen, indem sie sich explizit der Frage „Welche Handlungsoptionen sind aus der Analyse für das Handeln in der Praxis abzuleiten?" enthält. Veränderungsvorschläge oder Lösungsansätze bietet sie nicht an. Damit kränkt sie potenziell die an die universitäre Lehre herangetragenen berufspraktischen Ansprüche: Das Erheben von geeignetem Datenmaterial sowie eine qualitativ-rekonstruktive Analyse von fremden oder eigenem Datenmaterial kann von Studierenden als anspruchsvolle und mühsame Tätigkeit wahrgenommen werden, deren Relevanz für den eigenen (Aus)Bildungsprozess sich nicht unmittelbar erschließt. Gerade die wesentliche Zielorientierung für die Lehre, die sich auf die Anbahnung eines forschend-reflexiven Habitus richtet und insofern das Befremden gegenüber der eigenen späteren beruflichen Praxis in den Mittelpunkt rückt, ist als Herausforderung einer rekonstruktiven Kasuistik im Lehramtsstudium zu verstehen.

Bezogen auf die Ebene der Lehre lassen sich mittlerweile sicherlich auf beiden Seiten ‚Mischformen' kasuistischen Arbeitens vorfinden, was nicht zuletzt dem Druck, eben sowohl wissenschaftlichen als auch berufspraktischen Ansprüchen Genüge leisten zu müssen, geschuldet sein mag. Das wird gerade innerhalb der ausgedehnten Diskussionen zu Lehrkonzepten für das kasuistische Arbeiten deutlich (vgl. z.B. Pflugmacher 2014; Steiner 2014; Idel und Schütz 2016). Ebenso kann das Problem der Normativität – wann immer wir es mit einer fallbasierten Arbeit an Erziehung, Schule und Unterricht zu tun haben – nicht aus der (seminaristischen) Auseinandersetzung weggedacht werden (vgl. Wernet 2006, S. 102ff). Vorstellungen zu gutem oder schlechtem Unterricht, wünschenswertem Lehrerhandeln oder Schülerverhalten prozessieren zwingend sowohl auf Seiten der Studierenden als auch auf Seiten der Dozierenden. Gleichwohl macht es einen Unterschied, ob diese Normativitätsvorstellungen über die pädagogische Praxis von vornherein als Maßstab eines Gelingensmodells in die Fallarbeit einfließen und insofern den Rahmen vorgeben, innerhalb dessen sich die Reflexion oder Beobachtung der pädagogischen Praxis vollziehen soll (best-practice), oder ob normative Vorstellungen zum pädagogischen Handeln als deskriptive Kontrastfolie dienen, vor deren Hintergrund das Erkenntnispotenzial des jeweiligen Falles für den einzelnen Studierenden zunächst offen bleiben kann (rekonstruktive Kasuistik).

Unabhängig dieser groben Skizzierung von Potenzialen einer kasuistischen Lehrerbildung sei abschließend deutlich auf ihre Grenze hingewiesen: Die Arbeit an Fällen innerhalb des Universitätsstudiums eröffnet den Studierenden sicherlich „ein Fenster zur Praxis" (Thon 2016). Ob damit der Ruf nach mehr Praxis befriedigt wird oder ob wir von einer Qualitäts-(Verbesserung) der Lehrerbildung sprechen können, wenn sich diese dezidiert der Kasuistik widmet, lässt sich indes nicht beantworten. Welche Möglichkeiten des Wissens- und Kompetenzerwerbs tatsächlich eröffnet oder verschlossen werden, lässt sich in didaktischen Überlegungen legitimieren und konzeptualisieren – was davon wie auf Seiten der Studierenden angeeignet, verinnerlicht oder (nicht) angeregt wird, wissen wir nicht und können wir empirisch auch nicht belegen. Insofern lässt sich der Kasuistik – ebenso wenig wie anderen Lehrformaten – material eine Praxisbedeutsamkeit zuschreiben. Ob und wie Lehramtsstudierende einem spezifischen Lehrformat Sinn zuschreiben und das darin liegende Potenzial produktiv für sich nutzen, hängt nicht von der Überzeugungskraft hochschuldidaktischer Lehrkonzepte ab, sondern maßgeblich von ihrer Haltung zur universitären Lehre. Und die haben wir – was den Ruf nach mehr Praxis angeht – nach wie vor nicht verstanden.

▶ **Lesehinweise**
Pieper et al. (2014)
Hummrich et al. (2016)

---

3   Praxiswunsch – Legitimationsdruck – Ungewissheit

Die oben stehenden Ausführungen hatten das Ziel, aufzuzeigen, dass und wie die Kasuistik innerhalb der Lehrerbildung geschmeidig auf die, den Diskurs um die Lehrerbildung dominierenden, berufspraktischen Ansprüche an die universitäre Phase antwortet. Begründungen für die jeweils gewählte „Spielart" einer Kasuistik (Idel und Schütz 2016) und eine Übersetzung dieser Begründungen in Zielorientierungen für die Lehrerbildung sowie in hochschuldidaktische Konzeptionen sind unabhängig von der jeweils präferierten Perspektive auf den Lehrerberuf leicht zu finden. Darüber hinaus verdankt sie ihre Kraft aber auch und vor allem der Suggestion: Ein Universitätsseminar erscheint dann als praxisbedeutsam, wenn die

Praxis selbst zu Wort kommt oder einen Blick auf die Praxis in Form von Daten-material ermöglicht (vgl. auch Thon 2016). Können so die erhofften Wirkungen bezüglich der Lehrerbildung erzielt werden? Welche sind das eigentlich? Haben wir eine Verbesserung der Qualität der Lehrerbildung erzielt, wenn der beständige Ruf nach mehr Praxisbezug im Lehramtsstudium stillgestellt ist? Der aktuelle Diskurs um die Lehrerbildung scheint mir von einem Missverständnis zwischen der (vermeintlichen) Notwendigkeit der Qualitätsverbesserung der Lehrerbildung einerseits und der Antwort auf die an das Lehramtsstudium herangetragenen berufspraktischen Ansprüche andererseits geprägt. Dieses Missverständnis sehe ich erstens in der Idee, dass mit der Einführung längerer Praxisphasen sowie einer Vor- und Nachbereitung dieser Phasen, eine Qualitätsverbesserung der Lehrpraxis erreicht werden könnte (Kasuistik). Zweitens in der Idee, dass damit der Ruf nach mehr Praxisbedeutsamkeit der universitären Phase stillgestellt werden könnte. Im Zentrum beider Felder sehe ich die Wirkungsunterstellungen als grundlegendes Problem.

Spätestens seit den Ergebnissen der revidierten Wissensverwendungsforschung wissen wir, dass *nicht* von einem Kausalzusammenhang zwischen theoretischer Wissensaneignung und der Verwendung dieses Wissens in der Berufspraxis aus-gegangen werden kann:

> „Wissenschaftliches Wissen wird in der Praxis verwendet. Der Umgang mit wis-senschaftlichem Wissen durch die Verwender ist jedoch autonom, eigensinnig und dabei hoch selektiv bis intentionswidrig. Es werden durch Wissen Wirkungen ausge-löst, der Modus der Verwendung von wissenschaftlichem Wissen kann jedoch nicht von der Wissenschaft/„der Senderseite" gesteuert werden. Der Zusammenhang von Absicht und Wirkung ist zerrissen, die Verwissenschaftlichung der (Lebens-)Welt macht sich selbständig." (Radtke 2004, S. 111, Herv. i. O.).

Wenn wir diese Erkenntnis ernst nehmen, dann bedeutet das auch anzuerkennen, dass für verschiedene Lehrkonzepte durchaus gute Gründe, im Sinne von Aneig-nungspotenzialen, aufgeführt werden können, wir aber keine Aussage dazu ma-chen können, ob mit diesen Lehrkonzepten auch eine Qualitätsverbesserung des Lehramtsstudiums einhergeht. Explorative Evaluationen bezüglich verschiedener kasuistischer Lehrkonzepte – in ihrer Aussagekraft begrenzt und sicherlich kein Maßstab für eine Antwort auf die Frage nach der Praxisrelevanz des Studiums – verweisen auf eine durchaus differenzierte und heterogene Wahrnehmung der Studierenden (vgl. Alexi/Heinzel/Marini 2014). Das scheint im Diskurs zur Leh-rerbildung noch nicht ausreichend zur Kenntnis genommen zu werden. Darüber hinaus – selbst wenn es gelänge einen Kompetenzzuwachs auf Seiten der Stu-dierenden nachzuweisen, und das ist bisher noch nicht der Fall (vgl. Lüsebrink/

Grimmiger 2014) – würde dieser noch keine Aussage über die Wirkung dieses
Kompetenzzuwachses für die Praxis des Lehrerberufes zulassen. Von einer Qualitätsverbesserung der Lehrpraxis kann daher kaum die Rede sein.
     Damit soll nicht in Abrede gestellt sein, dass die anhaltende Kritik an der Leh-
rerbildung als ausreichender Ausgangspunkt für ein Nachdenken über die Lehrpraxis gelten kann und auch nicht, dass Legitimationsdiskurse notwendig sind.
Die erziehungswissenschaftliche als auch die fachdidaktische Lehrpraxis sind,
sofern wir sie als professionalisierte und nicht-standardisierte Praxis verstehen
wollen, begründungspflichtig (Oevermann 1996, 2005).[3] Analog dazu sind m.E.
Dozierende gegenüber den Studierenden begründungspflichtig, wenn die Relevanz
der Studieninhalte in Frage gestellt wird. Entscheidend für die Entwicklung der
Lehrerbildung und der Diskurse um sie ist eine klare Positionierung zu der Frage,
wie diese Begründungspflicht eingelöst werden soll. Die Idee, mit einer Standardisierung und Curricularisierung der Lehrerbildung könne eine Qualitätsverbesserung im Sinne der Praxisbedeutsamkeit der Lehrerbildung einhergehen (vgl. die
Forderungen zur Qualitätsoffensive Lehrerbildung) entbehrt ebenso der Möglichkeit eines empirischen Nachweises, wie die Idee, die Kasuistik könne die Ver-
besserungswünsche bezüglich der Praxisrelevanz einlösen und so die Qualität der
Lehrerbildung verbessern. Vielmehr sind Fragen zur Qualitätsverbesserung der
Lehrerbildung und die Frage, was es mit dem andauernden Ruf nach mehr Praxisrelevanz auf sich hat, getrennt voneinander zu klären. Die Diffusität und Komplexität der Problemlage soll knapp an folgender Überlegung verdeutlicht werden: Es
lässt sich schwer abstreiten, dass ein Lehramtsanwärter über ein fundiertes Fachwissen etwa zu Lehr-/Lerntheorien, dem Erziehungs- und dem Bildungsbegriff,
Sozialisation und sozialisatorischen Prozessen in einer modernen und sich schnell
wandelnden Gesellschaft oder auch methodischen und didaktischen Modellen zu
Wissensvermittlung und -aneignung verfügen sollte. Gleichermaßen werden eben
jene, seit jeher in der Lehrerbildung verankerte Wissensbestände, mit dem Vor-
wurf der Theorielastigkeit und damit Praxisferne belegt. Ähnlich wie der Schüler
seinen Lehrer nach der Relevanz einer Gedichtinterpretation oder Kurvendiskus-

---

3   Die universitäre Lehre kann durchaus als mit einem Technologieproblem konfrontier-
    te verstanden werden, jedenfalls dann, wenn wir in Anspruch nehmen, dass es sich
    um eine Phase der Professionalisierung für den Lehrerberuf handelt, in der eine Ein-
    sozialisation in einen ‚wissenschaftlichen Habitus' grundgelegt werden oder so etwas
    wie ‚eine theoriegeleitete reflexive Haltung zur pädagogischen Handlungspraxis' aus-
    gebildet werden soll. Dann ließe sich das dazu notwendige Wissen eben gerade nicht
    standardisiert zur Anwendung bringen und die universitäre Lehre stünde im Bezug
    auf ihre je konkrete Ausgestaltung vor dem Spannungsverhältnis von Entscheidungs-
    zwang und Begründungsverpflichtung.

sion für sein weiteres Leben fragt, erscheint die Klage der Studierenden in Bezug auf ihr Studium: Jegliche Wissensbestände, die nicht unmittelbar in der Praxis zur Anwendung kommen (können), werden als ‚zu umfangreich', ‚zu kompliziert' eben nicht praxisrelevant kritisiert. Dieser Kritik liegt das gleiche Absicht-Wirkung-Missverständnis zu Grunde, wie innerhalb der Diskurse um die Lehrerbildung. Damit verweist sie auf eine Haltung der Selbstabwertung: Die Klage der Theorielastigkeit zielt letztlich auf ein Studium zweiter Klasse (vgl. Wernet 2016). Bearbeitet werden soll nur das, was in der beruflichen Praxis auch zur Anwendung kommt.

Welche Schlussfolgerung leiten sich hieraus ab? Die Begründungen der Lehrpraxis sollten von Wirkungsvorstellungen befreit werden, ebenso wie die Lehrerbildungsforschung von Legitimationsprogrammen der Lehrpraxis befreit werden sollte. Stattdessen wäre eine Aufklärung des Praxiswunsches als ein für die Entwicklung der Lehrerbildung notwendiges und produktives Forschungsfeld zu begreifen. Damit ist keine Position gegen die Kasuistik und ihr Potenzial für die Lehrerbildung zum Ausdruck gebracht, vielmehr zielt die Forderung auf eine Kritik an den Bemühungen, die Praxisbedeutsamkeit von Lehrformaten – seien es fallorientierte oder andere – material nachzuweisen. Diese Bemühung schmiegt sich in problematischer Weise an die Forderung nach mehr Praxisrelevanz des Studiums an. Sie reproduziert das gleiche Muster, wie der oder die Schüler*in, die nach der lebenspraktischen Relevanz von Wissen fragt. Damit einher geht eine Abwertung des Wissenschaftsanspruchs der Lehrerbildung und das kann, insbesondere auf der Ebene der Lehre, zu einem Problem werden. Der Sache nach betrachtet, können Lektüreseminare nicht weniger relevant für die Ausbildung zum Lehrberuf sein, als fallorientierte Seminare. Zugleich stellt sich die Frage, wie wir diejenigen Wissensbestände in das Lehramtsstudium integrieren wollen, die sich nicht in Form kasuistischer Seminare bearbeiten lassen. Wenn wir analog zu dem Ruf nach mehr Praxis das Hauptaugenmerk auf die Entwicklung didaktischer Konzepte zum Nachweis ihrer Wirksamkeit richten, laufen wir Gefahr Verwerfungen zu produzieren, die sowohl wissenschaftliche als auch berufspraktische Ansprüche kränken. Standardisierung und Curricularisierung zielen letztlich auf eine Angleichung des Lehramtsstudiums an die Struktur von Schule und Unterricht. Die Praxisbedeutsamkeit einer Ausbildung kann sich jedoch schwerlich in einer Angleichung an derjenigen Praxis bemessen, auf die sie vorbereiten soll. Die Interaktionspraxis im Referendariat bezeugt eindrücklich die Problematik, die sich aus Praxiswunsch und Legitimationsdruck ergibt – hier verunmöglichen Didaktisierung und wechselseitig hergestellte Rollendeformationen eine sachorientierte Hinwendung zu den für den Lehrerberuf bedeutsamen Gegenständen (vgl. Dzengel 2013, 2016). Ich sehe diese Gefahr auch für die Lehre innerhalb der ersten Phase, wenngleich bisher noch keine Forschungsergebnisse vorliegen, welche die Lehrpraxis in ihren Möglichkeiten und Grenzen erschlossen haben. Aktuell lassen sich allenfalls die Selbstvergewisserungsdiskurse innerhalb der Erziehungswissenschaft als problematischer Ausdruck der innerhalb der Lehrerbildung prozessierenden Wirkungsvorstellungen angeben. Letztlich stehen wir damit vor der Frage, ob wir an der Zweiphasigkeit der Lehrerbildung festhalten wollen – und damit auch an der Unterteilung in Wissenschaft und Einübung in die Handlungspraxis – auf die Gefahr hin, eben auch die berufspraktischen Ansprüche an das Studium zu kränken. Oder ob wir – auch für die Gymnasiallehrerbildung – auf eine deutlich stärkere Verbindung zwischen Theorie und Praxis setzen wollen und damit entsprechend für ein einphasiges Modell von Lehrerbildung plädieren, wie es für Grund-, Real- und Hauptschule sowohl in Bayern und Baden-Württemberg als auch der Schweiz in Form eines PH-Studiums heute noch der Fall ist?

Literaturverzeichnis

Abs, H. J. (2006). Zur Bildung diagnostischer Kompetenz in der zweiten Phase der Lehrerbildung. In: Allemann-Ghionda, C./Terhart, E. (Hrsg.): Kompetenzen und Kompetenzentwicklung von Lehrerinnen und Lehrern: Ausbildung und Beruf, *Zeitschrift für Pädagogik*, 51. Beiheft, S. 217-234.

Abs, H. J. (2007). Überlegungen zur Modellierung diagnostischer Kompetenz bei Lehrerinnen und Lehrern. In: Lüders, M./Wissinger, J. (Hrsg.): *Forschung zur Lehrerbildung. Kompetenzentwicklung und Programmevaluation.* Münster: Waxmann Verlag, S. 63-84.

Alexi, S., Heinzel, F. & Marini, U. (2014). Papierfall oder Realfall? Zwei Konzepte der Hochschulbildung im Vergleich. In: Pieper, I./Frei, P./Hauenschild, K./Schmidt-Thieme, B. (Hrsg.): *Was der Fall ist. Beiträge zur Fallarbeit in Bildungsforschung, Lehramtsstudium, Beruf und Ausbildung.* Wiesbaden: Springer VS, S. 227-242.

Baumert, J./Kunter, M. (2006). Stichwort: professionelle Kompetenz von Lehrkräften. In: *Zeitschrift für Erziehungswissenschaft,* 9 (4), S. 469-520.

Baumert, J./Kunter, M. (2013). Professionelle Kompetenz von Lehrkräften. In: Gogolin, I./Kuper, H./Krüger, H.-H./Baumert, J. (Hrsg.): Stichwort: *Zeitschrift für Erziehungswissenschaft.* Wiesbaden: Springer VS, S. 277–337.

Beck, C., Helsper, W., Heuer, B., Stelmaszyk, B. & Ullrich, H. (2000). *Fallarbeit in der universitären Lehrerausbildung. Professionalisierung durch fallrekonstruktive Seminare?* Eine Evaluation. Opladen: Leske und Budrich.

Blömeke, S. (2007). Messung der professionellen Kompetenz zukünftiger Lehrpersonen. In: Kraler, C./Schratz, M. (Hrsg.): *Ausbildungsqualität und Kompetenz im Lehrerberuf.* Berlin: LIT Verlag, S. 191- 208.

Blömeke, S., Kaiser, G. & Lehmann, R. (Hrsg.) (2008). *Professionelle Kompetenzen angehender Lehrerinnen und Lehrer. Wissen, Überzeugungen und Lerngelegenheiten deutscher Mathematikstudierender und – referendare.* Münster: Waxmann.

Blömeke, S., Kaiser, G. & Lehmann, R. (Hrsg.) (2010a). *TEDS-M 2008 – Professionelle Kompetenz und Lerngelegenheiten angehender Primarstufenlehrkräfte im internationalen Vergleich*. Münster: Waxmann.

Blömeke, S., Kaiser, G. & Lehmann, R. (Hrsg.) (2010b). *TEDS-M 2008 – Professionelle Kompetenz und Lerngelegenheiten angehender Mathematiklehrkräfte für die Sekundarstufe 1 im internationalen Vergleich*. Münster: Waxmann.

Blömeke, S./Suhl, U. (2010). Modellierung von Lehrerkompetenzen. Nutzung unterschiedlicher IRT-Skalierungen zur Diagnose von Stärken und Schwächen deutscher Referendarinnen und Referendare im internationalen Vergleich. In: *Zeitschrift für Erziehungswissenschaft*, 13 (3), S. 473-505.

Blömeke, S., Dohrmann, M. & Kaiser, G. (2012). The Conceptualisation of Mathematics Competencies in the International Teacher Education Study TEDS-M. In: *ZDM Mathematics Education*, 44 (3), S. 325-340.

Bromme, R. (1992). *Der Lehrer als Experte. Zur Psychologie professionellen Wissens*. Münster: Waxmann.

Brunner, M., Kunter, M., Krauss, S., Klusmann, U., Baumert, J., Blum, W., Neubrand, M., Dubbereke, T., Jordan, A., Löwen, K. & Tsai, Y.-M. (2006a). Die professionelle Kompetenz von Mathematiklehrkräften: Konzeptualisierung, Erfassung und Bedeutung für den Unterricht. Eine Zwischenbilanz des COAKTIV-Projektes. In: Prenzel, M./Allolio-Näcke, L. (Hrsg.): *Untersuchungen zur Bildungsqualität von Schule*. Münster: Waxmann, S. 54-82.

Brunner, M., Kunter, M., Krauss, S., Baumert, J., Blum, W., Neubrand, M., Dubbereke, T., Jordan, A., Löwen, K. & Tsai, Y.-M. (2006b). Welche Zusammenhänge bestehen zwischen dem fachspezifischen Professionswissen von Mathematiklehrkräften und ihrer Ausbildung sowie beruflichen Fortbildung? In: *Zeitschrift für Erziehungswissenschaft*, 9 (4), S. 521-544.

Czerwenka, K. (2008). Wo soll die Lehrerbildungsforschung in zehn Jahren stehen? In: Lütgert, W., Gröschner, A. & Kleinespel, K. (Hrsg.): *Die Zukunft der Lehrerbildung. Entwicklungslinien – Rahmenbedingungen – Grundlagen*. Weinheim und Basel: Beltz, S. 122-134.

Darling-Hammond, L./Bransford, J. (Hrsg.) (2005). *Preparing Teachers for a Changing World. What Teachers Should Learn and be Able to Do*. San Francisco: CA Josey-Bass, S. 1-39.

De Boer, H./Reh, S. (Hrsg.) (2012). *Beobachtung in der Schule – Beobachten lernen*. Wiesbaden: Springer VS.

Döbrich, P./Abs, H. J. (2006). Pädagogische Entwicklungsbilanzen mit Studienseminaren in Hessen (PEB-Sem.) In: *SEMINAR*, 2006 (1), S. 93-100.

Döbrich, P./Abs, H. J. (2007). Bewertungen der zweiten Phase der Lehrerbildung – aktuelle Ergebnisse der Pädagogischen Entwicklungsbilanzen mit Studienseminaren in Hessen. In: *SEMINAR*, 2007 (1), S. 20-32.

Dzengel, J. (2013). Schule spielen – zum Anspruch der Vermittlung praxisrelevanter Inhalte und seinen Folgen für die Interaktionskultur im Studienseminar. In: *Zeitschrift für interpretative Schul- und Unterrichtsforschung, 2* (1), S. 142-158.

Dzengel, J. (2016). *Schule spielen. Zur Bearbeitung der Theorie-Praxis-Problematik im Studienseminar*. Reihe: Rekonstruktive Bildungsforschung Bd. 7, Wiesbaden: Springer VS.

Hackl, B. (2004). Explizites und implizites Wissen. Menschliches Handeln im Spannungsfeld von Intentionalität, Rationalität und praktischem Können. In: Hackl, B./Neuweg,
H.G. (Hrsg.): *Zur Professionalisierung pädagogischen Handelns. Arbeiten aus der Sektion Lehrerbildung und Lehrerbildungsforschung in der Österreichischen Gesellschaft
für Forschung und Entwicklung im Bildungswesen.* Reihe: Österreichische Beiträge zur
Bildungsforschung Bd.1. Berlin: LIT-Verlag, S. 69-112.

Hedtke, R. (2000). *Das unstillbare Verlangen nach Praxisbezug – Zum Theorie-Praxis-
Problem der Lehrerbildung am Exempel Schulpraktischer Studien.* URL: www.uni-bie-
lefeld.de/soz/ag/hedtke/pdf/praxisbezug_lang.pdf (Zugriff: 12.09.14).

Helsper, W. (1996). Antinomien des Lehrerhandelns in modernisierten pädagogischen Kul-
turen. Paradoxe Verwendungsweisen von Autonomie und Selbstverantwortlichkeit. In:
Combe, A./Helsper, W. (Hrsg.): *Pädagogische Professionalität. Untersuchungen zum
Typus pädagogischen Handelns.* Frankfurt am Main: Suhrkamp, S. 521-569.

Helsper, W. (2000). Pädagogisches Handeln in den Antinomien der Moderne. In: Helsper,
W./Krüger, H.-H. (Hrsg.): *Einführung in Grundbegriffe und Grundfragen der Erziehungswissenschaft.* 4. durchges. Aufl. Opladen: Leske und Budrich, S. 15-34.

Helsper, W. (2002). Wissen, Können, Nicht-Wissen-Können: Wissensformen des Lehrers
und Konsequenzen für die Lehrerbildung. In: Breidenstein, G. et al. (Hrsg.*): Die Lehrerbildung der Zukunft – eine Streitschrift.* Opladen: Leske und Budrich, S. 67-86.

Helsper, W. (2007). Eine Antwort auf Jürgen Baumerts und Mareike Kunters Kritik am
strukturtheoretischen Professionsansatz. In: *Zeitschrift für Erziehungswissenschaft,* 10
(4), S. 567-579.

Helsper, W. (2011). Lehrerprofessionalität – der strukturtheoretische Professionsansatz zum
Lehrerberuf. In: Terhart, E., Bennewitz, H. & Rothland, M. (Hrsg.): *Handbuch der Forschung zum Lehrerberuf.* Münster: Waxmann, S. 149-170.

Hummrich, M., Hebenstreit, A., Hinrichsen, M. & Meier, M. (Hrsg.) (2016). *Was ist der
Fall? Kasuistik und Verstehen pädagogischen Handelns.* Wiesbaden: Springer VS.

Hummrich, M. (2016). Was ist der Fall? Zur Kasuistik in der Erziehungswissenschaft. In:
Hummrich, M., Hebenstreit, A., Hinrichsen, M. & Meier, M. (Hrsg.): *Was ist der Fall?
Kasuistik und Verstehen pädagogischen Handelns.* Wiesbaden: Springer VS, S. 13-38.

Idel, S./Schütz, A. (2016). Praxistheoretische Kasuistik im Lehramtsstudium. Wie man mit
Studierenden über pädagogische Normen ins Gespräch kommen kann. In: Hummrich,
M., Hebenstreit, A., Hinrichsen, M. & Meier, M. (Hrsg.): *Was ist der Fall? Kasuistik und
Verstehen pädagogischen Handelns.* Wiesbaden: Springer VS, S. 63-80.

KMK (2005/2004). Standards für die Lehrerbildung: Bildungswissenschaften. Beschluss
der Kultusministerkonferenz vom 16.12.2004. In: *Zeitschrift für Pädagogik,* 51 (2), S.
281-290.

Kraler, C./Schratz, M. (Hrsg.) (2008). *Wissen erwerben, Kompetenzen entwickeln. Modelle
zur kompetenzorientierten Lehrerbildung.* Münster/New York/München/Berlin: Waxmann.

Lindow, I./Münch, T. (2014). Kasuistisches Lehrerwissen: Schulunterricht und Hochschullehre zwischen Theorie und Praxis. In: Pieper, I., Frei, P., Hauenschild, K. & Schmidt-
Thieme, B. (Hrsg.): *Was der Fall ist. Beiträge zur Fallarbeit in Bildungsforschung, Lehramtsstudium, Beruf und Ausbildung.* Wiesbaden: Springer VS, S. 169-182.

Linninger, C., Kunina-Habenicht, O., Emmenlauer, S., Dicke, T., Schulze-Stocker, F.,
Leutner, D., Seidel, T., Terhart, E. & Kunter, M. (2015). Assessing teachers' educational

knowledge: Construct specification and validation using mixed methods. *Zeitschrift für Entwicklungspsychologie und Pädagogische Psychologie* 47(2). S. 62–74.

Lipowsky, F. (2006). Auf den Lehrer kommt es an. Empirische Evidenzen für Zusammenhänge zwischen Lehrerkompetenz, Lehrerhandeln und dem Lernen der Schüler. In: *Zeitschrift für Pädagogik*, 51. Beiheft, S. 47-70.

Lüsebrink, I./Grimmiger, E. (2014). Fallorientierte Lehrer/innenausbildung evaluieren – Überlegungen zur Modellierung von unterrichtsbezogener Reflexionskompetenz. In: Pieper, I., Frei, P., Hauenschild, K. & Schmidt-Thieme, B. (Hrsg.): *Was der Fall ist. Beiträge zur Fallarbeit in Bildungsforschung, Lehramtsstudium, Beruf und Ausbildung.* Wiesbaden: Springer VS, S. 201-212.

Mayr, J. (2006). Theorie+Übung+Praxis=Kompetenz? Empirisch begründete Rückfragen zu den „Standards in der Lehrerbildung". In: *Zeitschrift für Pädagogik*, 51. Beiheft, S. 149-163.

Mayr, J./Terhart, E. (2003). *Wirkungen von Lehrerbildung. Editorial In: Journal für Lehrerinnen- und Lehrerbildung*, 2003 (3), S. 4-7.

Merki, K. M./Werner, S. (2011). Erfassung und Bewertung professioneller Kompetenz von Lehrpersonen. In: Terhart,, E., Bennewitz, H. & Rothland, M (Hrsg.): *Handbuch der Forschung zum Lehrerberuf.* München: Waxmann, S. 573-591.

Merzyn, G. (2004). Lehrerausbildung – Bilanz und Reformbedarf. Baltmannsweiler: Schneider Verlag Hohengehren.

Moser, H. (2011). Das Spannungsverhältnis von Theorie und Praxis. In: Ders. (Hrsg.): *Forschung in der Lehrerbildung. Professionswissen für Lehrerinnen und Lehrer Bd. 10.* Baltmannsweiler: Schneider Verlag Hohengehren, S. 15-28.

Neuweg, H. G. (2002). Lehrerhandeln und Lehrerbildung im Licht des Konzepts des impliziten Wissens. In: *Zeitschrift für Pädagogik*, 48 (1), S. 10-30.

Neuweg, H. G. (2004). Figuren der Relationierung von Lehrerwissen und Lehrerkönnen. In: Hackl, B./Neuweg, H. G. (Hrsg.): *Zur Professionalisierung pädagogischen Handelns. Arbeiten aus der Sektion Lehrerbildung und Lehrerbildungsforschung in der Österreichischen Gesellschaft für Forschung und Entwicklung im Bildungswesen Bd. 1.* Münster: LIT Verlag, S.1-26.

Oevermann, U. (1996). Theoretische Skizze einer revidierten Theorie professionalisierten Handelns. In: Combe, A./Helsper, W. (Hrsg.): *Pädagogische Professionalität. Untersuchungen zum Typus pädagogischen Handelns.* Frankfurt am Main: Suhrkamp, S. 70-182.

Oevermann, U. (2002). Professionalisierungsbedürftigkeit und Professionalisiertheit pädagogischen Handelns. In: Kraul, M./Marotzki, W./Schweppe, C. (Hrsg.): *Biographie und Profession.* Bad Heilbrunn: Klinkhardt, S. 19-63.

Oevermann, U. (2005). Wissenschaft als Beruf. Die Professionalisierung wissenschaftlichen Handelns und die gegenwärtige Universitätsentwicklung. In: *Die Hochschule. Journal für Wissenschaft und Bildung*, 14 (1), S.15-51.

Ohlhaver, F./Wernet, A. (1999). Zwischen Pädagogik und Erziehungswissenschaft. Ansätze zur systematischen Begründung eines interpretativ-fallanalytischen Vorgehens in der Lehrerbildung. In: Dies. (Hrsg.): *Schulforschung Fallanalyse Lehrerbildung: Diskussionen am Fall.* Opladen: Leske und Budrich, S. 11-30.

Oser, F./Oelkers, J. (Hrsg.) (2001). *Die Wirksamkeit der Lehrerbildungssysteme. Von der Allrounderbildung zur Ausbildung professioneller Standards.* Chur/Zürich: Rüegger.

Pflugmacher, T. (2014). Möglichkeiten und grenzen kasuistischer Literaturdidaktik in der Deutschlehrerausbildung. In: Pieper, I., Frei, P., Hauenschild, K. & Schmidt-Thieme, B. (Hrsg.): *Was der Fall ist. Beiträge zur Fallarbeit in Bildungsforschung, Lehramtsstudium, Beruf und Ausbildung.* Wiesbaden: Springer VS, S. 183-200.

Pieper, I., Frei, P., Hauenschild, K. & Schmidt-Thieme, B. (Hrsg.) (2014). *Was der Fall ist. Beiträge zur Fallarbeit in Bildungsforschung, Lehramtsstudium, Beruf und Ausbildung.* Wiesbaden: Springer VS.

„Qualitätsoffensive Lehrerbildung" BMBF: https://www.qualitaetsoffensive-lehrerbildung. de/de/fuer-die-lehrerausbildung-aus-einem-guss-131.html (Zugriff: 25.04.2016)

Radtke, F.-O. (2004). Der Eigensinn pädagogischer Professionalität jenseits von Innovationshoffnungen und Effizienzerwartungen. Übergangene Einsichten aus der Wissensverwendungsforschung für die Organisation der universitären Lehrerbildung. In: Koch-Priewe, B., Kolbe, F.-U. & Wildt, J. (Hrsg.): *Grundlagenforschung und mikrodidaktische Reformansätze zur Lehrerbildung.* Bad Heilbrunn: Julius Klinkhardt,S. 99-149.

Roth, H. (1962). Realistische Wendung in der pädagogischen Forschung. In: *Neue Sammlung* 2, S. 481-490.

Rothland, M./Terhart, E. (2009). Forschung zum Lehrerberuf. In: Tippelt, R./Schmidt, B. (Hrsg.): *Handbuch Bildungsforschung.* 2. überarb. und erw. Aufl. Wiesbaden: VS Verlag für Sozialwissenschaften, S. 791-810.

Shulman, L. S. (2004). Just in case: Reflections on Learning from Experience. In: Ders./ Wilson, S. M. (Hrsg): *The Wisdom of Practice. Essays on Teaching, Learning, and Learning to teach.* San Francisco: Jossey-Bass, S. 461-482.

Schön, D. A. (1983). *The Reflective Practitioner. How Professionals Think in Action.* New York: Basic Books Inc.

Steiner, E. (2014). Fallarbeit als Initiation in wissenschaftliches Arbeiten und als Einführung in eine theoriegestützte reflexive Praxis. In: Pieper, I., Frei, P., Hauenschild, K. & Schmidt-Thieme, B. (Hrsg.): *Was der Fall ist. Beiträge zur Fallarbeit in Bildungsforschung, Lehramtsstudium, Beruf und Ausbildung.* Wiesbaden: Springer VS, S. 243-258.

Thon, C. (2016). Das Fenster zur Praxis. Fallarbeit aus der Perspektive von Studierenden. In: Hummrich, M., Hebenstreit, A., Hinrichsen, M. & Meier, M. (Hrsg.): *Was ist der Fall? Kasuistik und Verstehen pädagogischen Handelns.* Wiesbaden: Springer VS, S. 81-96.

Terhart, E. (2000). *Perspektiven der Lehrerbildung in Deutschland. Abschlussbericht der von der KMK eingesetzten Kommission.* Weinheim, Basel: Beltz.

Terhart, E. (2002). *Standards für die Lehrerbildung. Eine Expertise für die Kultusministerkonferenz.* ZKL-Text Nr. 24. Münster: Institut für Schulpädagogik und Allgemeine Didaktik.

Terhart, E. (2012). *Wie wirkt Lehrerbildung? Forschungsprobleme und Gestaltungsfragen. In: Zeitschrift für Bildungsforschung,* 3 (1), S. 3-21.

Tillmann, K.-J. (2011). Konzepte der Forschung zum Lehrerberuf. In: Terhart, E., Bennewitz, H. & Rothland, M. (Hrsg.): *Handbuch der Forschung zum Lehrerberuf.* Münster: Waxmann, S. 232-240.

Walsh, K. (2001). Te*acher Certification Reconsidered: Stumbling for Quality.* Baltimore, MD: Abell Foundation. URL: http://www.abell.org/pubsitems/ed_cert_1101.pdf (Zugriff: 04.10.2014)

Wernet, A. (2003). *Pädagogische Permissivität. Schulische Sozialisation und pädagogisches Handeln jenseits der Professionalisierungsfrage.* Opladen: Leske und Budrich.

Wernet, A. (2006). *Hermeneutik – Kasuistik – Fallverstehen. Eine Einführung*. Stuttgart: Kohlhammer.

Wernet, A. (2016). Praxisanspruch als Imagerie: Über Lehrerbildung und Kasuistik. In: In: Hummrich, M., Hebenstreit, A., Hinrichsen, M. & Meier, M. (Hrsg.): *Was ist der Fall? Kasuistik und Verstehen pädagogischen Handelns*. Wiesbaden: Springer VS, S. 293-312.

Abschließende Reflexionsfragen

Timo Burger und Nicole Miceli

Zur Vertiefung der im Kapitel *Ausblicke* dargestellten Themen, bieten sich noch folgende Reflexionsfragen für Lehramtsstudierende an, die sich möglichen Herausforderungen der empirischen Forschung im Kontext der Lehrer*innenbildung stellen möchten:

1. Reflektieren Sie, inwiefern die hier gezeigten Forschungsverläufe für Ihren eigenen Forschungsprozess relevant sein könnten.
2. Überlegen Sie sich, wie Sie aus einem Erkenntnisinteresse eine Fragestellung für Qualifikationsarbeiten und/oder kleinere Forschungsprojekte generieren könnten.
3. Wie könnten Sie gemachte Praxiserfahrungen (z.B. durch Praktika) im Rahmen einer Forschungsarbeit im universitären Kontext wissenschaftlich bearbeiten?
4. Reflektieren Sie, ob die eigene Forschungspraxis in der Lehrer*innenausbildung zu einem wissenschaftlich-reflexiven Habitus beitragen könnte. Welche Problematiken könnten in dieser Aufgabe liegen?

The manufacturer's authorised representative in the EU is Springer
Nature Customer Service Centre GmbH, Europaplatz 3, 69115 Heidelberg,
Germany. If you have any concerns regarding our products, please
contact ProductSafety@springernature.com

Printed and bound by CPI Group (UK) Ltd, Croydon, CR0 4YY
24/04/2026
02096311-0007